Alle Rechte, einschließlich das des vollständigen oder auszugsweisen
Nachdrucks in jeglicher Form, sind vorbehalten.

Der Preis dieses Bandes versteht sich einschließlich der gesetzlichen
Mehrwertsteuer.

Umwelthinweis:
Dieses Buch wurde auf chlor- und säurefreiem Papier gedruckt.

Die Handlung und Figuren dieses Romans sind frei erfunden.
Ähnlichkeiten mit lebenden oder verstorbenen Personen
sind nicht beabsichtigt und wären rein zufällig.

Tanja Noy

Teufelsmord

Roman

MIRA® TASCHENBUCH
Band 25758
1. Auflage: Juli 2014

MIRA® TASCHENBÜCHER
erscheinen in der Harlequin Enterprises GmbH,
Valentinskamp 24, 20354 Hamburg
Geschäftsführer: Thomas Beckmann

Copyright © 2014 by MIRA Taschenbuch
in der Harlequin Enterprises GmbH

Originalausgabe

Konzeption/Reihengestaltung: fredebold&partner GmbH, Köln
Umschlaggestaltung: pecher und soiron, Köln
Redaktion: Thorben Buttke
Titelabbildung: Thinkstock/Getty Images, München; pecher und soiron, Köln
Autorenfoto: © Harlequin Enterprises S.A., Schweiz
Satz: GGP Media GmbH, Pößneck
Druck und Bindearbeiten: CPI – Ebner & Spiegel, Ulm
Printed in Germany
Dieses Buch wurde auf FSC®-zertifiziertem Papier gedruckt.
ISBN 978-3-95649-029-3

www.mira-taschenbuch.de

Werden Sie Fan von MIRA Taschenbuch auf Facebook!

Dem Team von „Notwaende".
Doro und Ute.
Für alles, was ich nicht aufzählen kann.

Für Katja.
Immer.

PROLOG

August 1987
Samstag, kurz nach Mitternacht

„Sicher, dass sie hier entlanggelaufen ist? Ich kann, verdammt noch mal, nichts sehen!"

„Ich bin mir sicher. Weiter!"

Sie hörte die Stimmen und schlug die Augen auf. Obwohl es fast vollständig dunkel war, erkannte sie die Schatten der Bäume um sich herum, kalt und unheimlich. Kleine Lichter kreisten ein Stück entfernt und verschwanden dann wieder.

Erneut die Stimmen.

„Sie steckt hier irgendwo, ich weiß es."

„Schneller."

Es dauerte noch einen Moment, bis ihr klar wurde, dass es sich bei den Lichtern um Taschenlampen handelte und dass sie in einem Wald auf dem Boden lag. Und bis sie endlich begriff: Sie suchten sie.

Eine Serie von Bildern schwirrte durch ihren Kopf. Sie hatten sie entführen wollen und sie hatte sich befreit. Irgendwie war es ihr gelungen zu fliehen. Und jetzt waren sie auf der Suche nach ihr.

Schritte waren zu hören. Körper schoben Äste beiseite. Die Lichtkegel der Taschenlampen fegten über Boden und Bäume. Als einer der Kegel über sie hinwegglitt, wurde sie für einen Moment in weißes Licht getaucht.

„Warum hast du sie auch abhauen lassen?"

„Du hast auch nicht aufgepasst."

Sie zwang sich, ganz ruhig liegen zu bleiben, sich nicht zu bewegen, selbst das Atmen verbot sie sich.

Dann herrschten für einen Augenblick wieder Dunkelheit und Stille. Eine Stimme in ihrem Kopf befahl ihr zu laufen. So schnell wie möglich. Sie richtete sich auf, schwankte, taumelte.

„Ich seh sie. Da ist sie!"

Sie bündelte all ihre Energie, alles was sie noch an Kraft in sich hatte, doch gerade als sie sich in Bewegung setzen wollte, wurde ihr schwarz vor Augen.

„Ich hab sie. Hab ihr eine vor den Latz geknallt!"

„Gut. Halt sie fest!"

Körper warfen sich auf sie und drückten sie zurück auf den Waldboden. Instinktiv schloss sie die Augen, weil sie in diesem Moment spürte, dass es ab jetzt keine Hoffnung mehr gab.

Gleich darauf fühlte sie einen feuchten, heißen Mund an ihrem Ohr: „Warum bist du weggelaufen? Du weißt doch, dass du nicht entkommen kannst. Du bist auserwählt."

Die Stimme war so scheußlich, so kalt, so grausam, dass sie die Augen doch noch ein letztes Mal öffnete. Sie hätte es nicht tun sollen. Denn so war das Letzte, was sie in ihrem viel zu kurzen Leben sah, das Gesicht des Teufels, das überlegen grinste.

Sonntag
9:36 Uhr

Wenn es einen Tag gab, der nicht für die Lebenden gemacht war, dann war es dieser. Überall Blaulicht und Streifenwagen, außerdem ein Notarztwagen, und die Spurensicherung war auch schon bei der Arbeit.

Kriminalhauptkommissar Wolfgang Lange ließ den Wagen ausrollen und zog die Handbremse an. Es hatte angefangen zu regnen. Er stieg aus und schlug den Kragen seiner Jacke hoch.

„Da bist du ja." Sein Kollege Ta Quok wandte sich zu ihm um, als er ihn kommen hörte.

Lange kratzte sich am Kinn. „Was haben wir?"

„Das Opfer ist weiblich. Mitte zwanzig. Nackt. Das Gelände wird gerade nach ihrer Kleidung und persönlichen Gegenständen abgesucht, aber bis jetzt haben wir noch nichts gefunden. Sicher ist bis jetzt nur, dass es sich um eine Urlauberin handelt." Ta Quok setzte sich in Bewegung, hielt das Absperrband in die Höhe und sie liefen nebeneinander durch den Wald.

„Wie bei den anderen beiden?", fragte Lange.

„Ja. Auch ihr wurde die Kehle durchgeschnitten."

„Wer hat sie gefunden?"

„Eine Spaziergängerin. Oder besser: der Hund einer Spaziergängerin. Die beiden haben den Schock ihres Lebens bekommen."

„Verständlich. Welcher Rechtsmediziner?"

„Madame."

Lange zog die Augenbrauen hoch. „Wie ist ihre Laune?"

Ta Quok lächelte dünn. „Sprich sie nicht an, ehe sie dich anspricht."

Wenige Meter entfernt standen uniformierte Polizisten und unterhielten sich gedämpft. Dahinter bewegten sich Beamte der Spurensicherung in weißen Overalls auf Händen und Knien langsam über den Boden. Ein weiterer hantierte mit einem Scheinwerfer. Als er die beiden Kriminalbeamten entdeckte, kam er auf sie zu und sagte: „Der Täter muss ziemlich viel Blut abgekriegt haben. Vielleicht hat er eine Spur hinterlassen, die uns zu ihm führt. Der Fährtenhund ist gerade dort drüben." Er deutete in Richtung des dichten Waldes. „Und versucht, die Blutspur zu verfolgen."

„Welcher Staatsanwalt ist zuständig?", wollte Lange wissen.

„Wagner", antwortete Ta Quok. „Dieses Mal hat er es sich nicht nehmen lassen, sich die Sache persönlich anzusehen. Müsste jeden Augenblick hier sein."

Beim Tatort angekommen, rieb Lange sich über die Augen, doch als er die Hand wieder senkte, war das Bild vor ihm immer noch dasselbe: Über einem provisorisch aufgebauten Altar thronte ein schwarzes, auf dem Kopf stehendes Kreuz, mit einem Jesus, der düster zu ihnen heraufsah, als könne er selbst nicht glauben, was sich letzte Nacht direkt vor seinen Augen abgespielt hatte. Auf dem Altar lag eine nackte Frau, Hände und Füße mit Klebeband fixiert – wobei ihre Finger ineinander verschränkt waren, als würde sie ein letztes Mal beten –, und starrte mit leeren Augen in die Baumwipfel. Ihre Kehle war von links nach rechts durchschnitten und es schien keinen Zentimeter um sie herum zu geben, der nicht voller Blut war.

„Ist sie so gefunden worden?", wollte Lange wissen.

Ta Quok nickte.

„Wurde sie missbraucht?"

„Dem ersten Anschein nach nicht. Allerdings hat der Mörder wieder seine ... Markierung hinterlassen. Siehst du? Er hat es mit einem Messer in ihren Bauch geritzt."

Lange nickte langsam. „Ein Pentagramm."

„Jepp. Das Zeichen der Seelenräuber."

Die Luft um sie herum schien geradezu erfüllt von Grauen und nervöser Ratlosigkeit. Beide waren sie sich sicher, den Herzschlag des Bösen im Wald hören zu können.

„Ich versteh das einfach nicht", sagte Ta Quok nach ein paar Sekunden. „Ein Serienmörder, ausgerechnet in Wittenrode? In dem Kaff, in dem die Zeit stillsteht?"

Lange warf ihm einen düsteren Blick zu.

„Entschuldige, aber ich verstehe immer noch nicht, warum du ausgerechnet hierher gezogen bist. Ich meine, hier gibt es nichts. Eine Straße führt rein und wieder raus. Die heiraten nur untereinander und bleiben durch und durch unter sich. Unglaublich, dass es so ein Nest in der Nähe einer Stadt gibt. Wie weit ist Hannover von hier entfernt? Zwanzig Kilometer?"

„Achtundzwanzig", sagte Lange. „Und immerhin ist dieses Nest, wie du es nennst, bei Urlaubern sehr beliebt. Die Ferienhäuser, direkt am Wittenroder See gelegen, sind jedes Jahr ausgebucht."

„Waren", gab Ta Quok zurück. „Drei bestialische Morde innerhalb von zwölf Stunden dürften erst einmal das Ende des Wittenroder Tourismusbooms bedeuten."

„Ja", gab Lange zu. „Da hast du wohl recht."

„Wissen Sie", hörten sie eine Stimme hinter sich, „ich bin kein Kirchgänger und ich bin auch nicht wirklich gläubig, aber ich hab immer an die Existenz des Teufels geglaubt. Daran, dass er in der Welt ist und Böses tut. Und wenn ich das jetzt sehe, dann weiß ich, dass ich recht hatte."

Lange und Ta Quok wandten sich um und sahen sich einem groß gewachsenen, schlanken Mann Anfang vierzig gegenüber, mit dunklen Haaren und markantem Gesicht.

„Herr Staatsanwalt", grüßten sie, fast wie aus einem Mund.

Unruhig zog Sven Wagner an einer Zigarette, deren Asche er in die linke Handfläche schnippte, um den Tatort nicht zu kontaminieren. Mit starrem Gesicht betrachtete er die Leiche. „Zwar handelt es sich dieses Mal um eine Frau, aber wir sind uns wohl einig, dass es sich um denselben Täter handelt."

Lange nickte. „Auch ihr wurde die Kehle durchgeschnitten, auch ihr wurde ein Pentagramm in den Bauch geritzt."

„Außerdem der gleiche Altar", fügte Ta Quok hinzu. „Das gleiche auf dem Kopf stehende Kreuz …"

„Und der gleiche Hass", vollendete Wagner, „soweit ich das verstehe. Oder auch nicht verstehe." Er zog wieder an seiner Zigarette und inhalierte tief.

Frau Dr. Strickner kam auf sie zu und blieb bei ihnen stehen. „Wohl bekomm's, Herr Staatsanwalt", bemerkte sie in seine Richtung. „Ich dachte, Sie hätten aufgehört zu rauchen." Dann drehte sie sich so, dass sie alle drei ansehen konnte. „Bisher gibt es nichts, was diesen Mord von den beiden vorherigen Morden unterscheidet. Sieht man davon ab, dass das erste Opfer ein Kind war, das zweite Opfer ein junger Mann und dass es nun eine junge Frau getroffen hat, ist der Mörder seinem Muster treu geblieben. Er scheint nach der Tat wieder in Richtung Wald gelaufen und später im Wittenroder See verschwunden zu sein. Wenn es so war, dann wird auch diese Spur in einer Sackgasse enden."

„Diese Abgebrühtheit", murmelte Wagner. „Das jagt mir einen echten Schrecken ein."

Nächster Tag
9:34 Uhr

„Also gut", begann Diplompsychologe Dr. Hans-Peter Machleid und blinzelte in die Runde. „Die größte Zielgruppe für ritualisierende Satanisten sind Frauen. Sie können es aber auch auf Kinder und – wie in unserem Fall – auf Männer abgesehen haben. Das Böse lässt sich nicht eindeutig heterosexuell festlegen." Da sich sein Gesicht bei der letzten Bemerkung keinen Millimeter verzog, war schwer abzuschätzen, ob sie in irgendeiner Form mit Ironie versehen war. „Die Opfer wurden vermutlich im Vorfeld beobachtet und verfolgt", sprach er weiter. „Der Täter kannte ihre Gewohnheiten und wusste, dass es eine Gelegenheit geben würde, sie alleine zu erwischen. Der Tatort – ein Wald – ist in diesem Fall nicht als ungewöhnlich zu bezeichnen. Im Gegenteil, es wurde ein abgelegener Ort benötigt, damit er sich mit den Opfern die nötige Zeit lassen konnte. Ich würde davon ausgehen, dass sich der Mann – und wir können uns mit beinahe hundertprozentiger Sicherheit auf einen Mann als Täter festlegen – in der Gegend auskennt. Vermutlich lebt und wohnt er in Wittenrode – oder in der näheren Umgebung des Ortes – und beobachtet aufmerksam das Voranschreiten der Ermittlungen, wie Serientäter es häufig tun."

„Was ist mit den Opfern?", warf Ta Quok ein. „Wir konnten keine Verbindung zwischen ihnen feststellen. Ist das nicht ungewöhnlich? Ich meine, sie unterscheiden sich im Alter und im Geschlecht. Ein Kind, ein Mann, eine Frau. Sie kamen aus völlig unterschiedlichen Gegenden Deutschlands. Die einzige Gemeinsamkeit ist die, dass sie alle am Wittenroder See Urlaub machten."

„Es gibt immer irgendetwas, was die Opfer eines Serienmörders miteinander verbindet", antwortete Machleid. „Hier dürfte es der Ort sein, an dem sie ihm begegneten." Er sah in die Runde. „Der Mensch, mit dem wir es zu tun haben, meine Herren, ist getrieben von der Lust am Töten und ausgeprägter innerer Kälte. Er sieht seine Opfer nicht als Menschen, sondern als Vieh. Er genießt die Macht, über sie zu herrschen, über ihr Leben zu bestimmen, sie zu schlachten, wenn es ihm beliebt."

Niemand sagte etwas. Fast schien es so, als würden alle den Atem anhalten.

„Was ihn antreibt", erklärte Machleid weiter, „ist der Eindruck, den er hinterlassen will. Diese drei Verbrechen wurden sorgfältig inszeniert, um bei denjenigen, die sich das Szenario anschließend ansehen mussten, eine möglichst traumatische Wirkung auszulösen."

„Das hat er geschafft", murmelte Ta Quok.

„Gleichzeitig ist er ausgestattet mit überdurchschnittlicher Intelligenz und kühler Logik. Er ist voller Selbstvertrauen und scheint keine Angst zu haben. Vor allem, weil er sehr geordnet vorgeht. Um Ihnen das näher zu erklären: Im Allgemeinen lassen sich Tatorte in zwei Kategorien einordnen: geordnet oder chaotisch. In diesem Fall haben wir es mit einem geordnet vorgehenden Mörder zu tun, der die Taten plant und sich die Opfer sorgfältig aussucht. Das Fesseln mit Klebeband entspricht den Elementen der Kontrolle und der Planung."

„Warum hat er die Opfer nicht missbraucht?", schaltete Staatsanwalt Wagner sich ein. „Ich meine, geht es bei diesem Satanistenkram nicht eigentlich um Sex, Macht und Gewalt? Hier aber hat keinerlei sexuelle Penetration stattgefunden, bei keinem der Opfer. Es fand sich kein Sperma an den Tatorten, was bedeutet, dass der Täter auch nicht masturbiert hat, es sei denn in ein Kondom. Aber auch dieses Gefühl habe ich nicht."

„Aller Wahrscheinlichkeit nach ist genau das Fehlen dieser sexuellen Handlungen der Schlüssel", sagte Machleid. „Vielleicht wollte unser Mann, konnte aber nicht. Vielleicht wurde er unterbrochen."

Ta Quok strich sich durch die kurzen, dunklen Haare. „Aber dass die Opfer nicht vergewaltigt wurden … könnte das nicht doch bedeuten, dass es sich bei dem Täter um eine Frau handelt?"

„Ich kann mir eine Frau als Täterin nur schwer vorstellen", wandte der Psychologe sich an ihn. „Zum einen erforderte das Überwältigen der Opfer einen ziemlich großen Kraftaufwand und vor allem beim zweiten Opfer – Ronald Süß – dürfte es für eine Frau sehr schwer gewesen sein, ihn zu überwältigen. Zum anderen werden solch sadistische Verbrechen fast ausschließlich von Männern begangen. Weibliche Serientäter gibt es kaum, und wenn doch, sind es sogenannte ‚schwarze Witwen', die vorzugsweise mit Gift oder anderen heimtückischen Methoden arbeiten." Machleid wandte sich wieder an alle. „Begehen Sie nicht den Fehler, nach einem verrückten Einzelgänger zu suchen, meine Herren. Untersuchungen haben ergeben, dass rund die Hälfte dieser Männer verheiratet sind. Und fast alle haben Kinder."

Stille stieg über den Köpfen auf und breitete sich im Raum aus.

So lange, bis Machleids Stimme erneut erklang: „Ich gehe davon aus, dass auch das nähere Umfeld unseres Täters nichts von seinem Hobby, dem Satanismus, weiß. Wahrscheinlich ist er der große Held in seinem Sportverein, ein liebevoller Vater und Ehemann. Er arbeitet vermutlich in einem Beruf, bei dem er mit anderen Menschen in Kontakt kommt, also ist er begabt im Umgang mit anderen. Möglicherweise hat er sich früher einmal asozial verhalten, aber das muss nicht unbedingt schwerwiegend genug gewesen sein, um aktenkundig geworden zu sein. Er besitzt ein gepflegtes Auto, ein schönes Haus. Alles schön sauber und ordentlich. Wenn Sie einen Durchsuchungsbefehl haben, dann achten Sie auf Gegenstände, die in Zusammenhang mit sexuell brutalem Verhalten stehen: Pornohefte, Videos. Er könnte seinen Opfern nicht nur die Kleidung, sondern auch andere persönliche Gegenstände entwendet haben. Suchen Sie auf jeden Fall nach Tagebüchern oder anderen Aufzeichnungen. Vielleicht enthalten sie Einzelheiten über die Opfer, über Fantasien, ja vielleicht sogar über die Verbrechen selbst." Machleid brach ab und holte tief Luft.

„Wird er es wieder tun?", wollte Staatsanwalt Wagner wissen.

„Es ist anzunehmen. Vielleicht zieht er sich ab jetzt aber auch wieder zurück. Diese Möglichkeit besteht ebenso. Aber wenn Sie mich fragen, dann würde ich sagen, dass er seinen nächsten Schachzug bereits gründlich vorbereitet. Wenn Sie ihn nicht vorher erwischen, meine Herren, dann wird er einen wirklich großen Abdruck in der Geschichte der Verbrechen hinterlassen. Einen Abdruck, der für immer sichtbar sein wird."

Drei Tage später
10:06 Uhr

Mit ausgesprochen schlechter Laune griff Polizeichef Kämmerer nach einer der Zeitungen auf dem Tisch und hielt sie in die Höhe.

„Herrschaften! Wir wissen ja, was wir von den Schmierfinken zu halten haben, die diesen Mist hier verzapfen. Aber wir müssen, verdammt noch mal, etwas dagegen unternehmen. Nur wie üblich zu verkünden, dass die Ermittlungen auf Hochtouren laufen, wird hier nicht reichen. Ich hatte heute Morgen bereits ein Gespräch mit dem Ministerpräsidenten. PERSÖNLICH! Natürlich zweifelt niemand an Ihnen und Ihrer Arbeit, aber Sie sollten sich auch im Klaren darüber sein, wie sehr der Ruf der niedersächsischen Polizei auf dem Spiel steht. Von jetzt an gehen wir alle mit mindestens 150 Prozent Einsatz an die Sache heran, damit das klar ist." Mit blitzenden Augen sah Kämmerer in die Runde. „Davon abgesehen sollte man ja meinen, dass es nicht allzu schwierig sein dürfte, einen solchen Verrückten dingfest zu machen, wenn wir erst einmal einen Verdächtigen haben. Wenn wir einen Verdächtigen haben."

Lange meldete sich zu Wort: „Wir sind vollauf damit beschäftigt, sämtliche verfügbaren Unterlagen der letzten Jahre über Straftäter mit satanistischem Hintergrund zu sichten, die auf unseren Täter passen könnten."

„Und kam etwas dabei heraus?", wandte Kämmerer sich an ihn.

„Bruno Kalis." Lange schob eine Akte über den Tisch. „In Wittenrode aufgewachsen, im Waisenhaus. Machte nach seinem Abgang verschiedene Aushilfsjobs dort in der Gegend, ist aber nirgendwo lange geblieben. Hat zurzeit ein Zimmer auf einem Bauernhof, wo er auch arbeitet, etwa einen Kilometer von den Tatorten entfernt. Und: Er ist bekennender Satanist."

„Vorstrafen?"

„Ja. Bitte sehen Sie sich die Akte an."

Unter anderen Umständen wäre das Vorstrafenregister von Bruno Kalis mit ziemlicher Sicherheit belanglos erschienen. In diesem Fall jedoch war alles anders. Mit zwölf Jahren war er das erste Mal aufgefallen, als er einen seiner Mitschüler krankenhausreif geschlagen hatte. Keiner seiner Lehrer konnte sich den plötzlichen Gewaltausbruch erklären. Bis dahin war er nach mehrfach übereinstimmenden Aussagen ein stiller und zurückhaltender Junge gewesen. Lediglich seine schulischen

Leistungen waren schon immer miserabel. Mit fünfzehn wurde Kalis bei einem Einbruch erwischt. Mit siebzehn der erste Raubüberfall, dann einige Zeit nichts mehr. In letzter Zeit allerdings war er wegen Störung der Totenruhe ein paar Mal aufgegriffen worden.

Mit dem Segen und Einverständnis von Staatsanwalt Wagner erhielten Lange und Ta Quok einen Durchsuchungsbefehl noch für denselben Morgen.

Fünf Stunden später
15:05 Uhr

Die angespannte Situation hatte sich nicht gerade positiv auf Bruno Kalis' Erscheinungsbild ausgewirkt. Er war ohnehin schon kein schöner Mann, die Natur hatte ihm nicht viel geschenkt, nur ein mageres Gesicht mit hohlen Wangen und schmalen farblosen Lippen. Nun mischten sich zu all dem auch noch Schweiß und Angst. Reglos wie eine Statue verharrte er auf der Schwelle zum Vernehmungsraum.

Sie hatten ihm zu Hause nur ein paar Minuten gegeben, um das Nötigste zusammenzupacken, dann hatten sie ihn zum Auto gebracht. In Hannover wurde er dann in eine Zelle gesteckt, in der er beinahe vier Stunden lang auf der Kante einer Pritsche gesessen und gewartet hatte. Mehrmals trat er zwischendurch an das vergitterte Fenster und schaute hinaus. Dann ging er in der Zelle auf und ab, ehe er sich wieder auf die Pritsche setzte und weiter wartete. So waren die vier Stunden zu einer einzigen Wanderung zwischen Fenster und Pritsche geworden. Niemand war gekommen, um nach ihm zu sehen oder um ihm zu sagen, worum es eigentlich ging.

Jetzt schob ihn der Polizist weiter in den weißen, kahlen Raum, der keine Fenster hatte, hin zu einem Tisch und einem von zwei Stühlen. Widerwillig ließ Kalis sich darauf nieder.

Ta Quok betrat kurz nach ihm den Raum und stellte einen Pappbecher auf den Tisch. „Hier. Bitte."

Kalis blickte gequält. „Danke. Darf ich … Kann ich eine Zigarette haben?"

„Nein."

„Hören Sie, Sie schulden mir wenigstens eine Erklärung. Sie können doch nicht einfach bei Leuten einfallen und sie verhaften."

Ta Quok ließ sich auf der anderen Seite des Tisches nieder. „Sie wissen nicht, warum Sie festgenommen worden sind?"

„Nein."

Ein Moment Stille.

Dann redete Ta Quok mit freundlicher, neutraler Stimme weiter: „Machen Sie sich keine Sorgen, Herr Kalis. Ich habe ein sehr gutes Gefühl und auf mein Gefühl konnte ich mich noch immer verlassen."

„Ich verstehe nicht …"

„Wir sammeln jetzt alle Fakten, fügen ein Bild zusammen, und die Schlinge um Ihren Hals zieht sich enger und enger. Aber, wie gesagt, machen Sie sich keine Sorgen, denn alles wird sehr schnell gehen. Rein in den Gerichtssaal, eins, zwei, drei, und – hast du nicht gesehen – sind Sie wegen dreifachen Mordes verurteilt und dürfen sich für den Rest Ihres Lebens auf Staatskosten den Wanst vollschlagen."

„Was?" Wie von der Tarantel gestochen fuhr Kalis in die Höhe. „Nein!"

„Setzen Sie sich wieder hin."

Widerwillig tat Kalis wie geheißen.

„Also, womit fangen wir an?" Ta Quok öffnete die Akte, die vor ihm auf dem Tisch lag. „Wie wäre es mit Grazia Habisch?"

„Wer ist das?"

„Das dritte Opfer."

„Kenn ich nicht."

Ta Quok seufzte und schüttelte nun doch eine Zigarette aus der Packung. Dazu fischte er ein Feuerzeug aus der Hosentasche. Beides reichte er an Kalis weiter. „Ich habe heute meinen netten Tag. Genießen Sie es, solange Sie es noch können."

Kalis zündete sich die Zigarette an und zog heftig daran. „Was faseln Sie da von Mord? Ich hab niemanden ermordet."

„Wir haben aber die sicheren Beweise dafür, dass es doch so ist. Also, sagen Sie mir, nach welchen Kriterien Sie Ihre Opfer ausgesucht haben."

„Ich hab gar niemanden ausgesucht. Das ist eine Verwechslung. Sie müssen mich verwechseln."

Ta Quok strich sich übers Kinn. „Sie sollten die Gelegenheit jetzt unbedingt nutzen, Herr Kalis, und beweisen, dass Sie diese Chance auch wirklich verdienen. Die drei getöteten Menschen hatten keine. Also, kommen Sie, erleichtern Sie Ihr Gewissen und …"

„Halten Sie den Mund! Ich hab ein reines Gewissen, da gibt's nix zu erleichtern. Das ist beschissene Polizeiwillkür!"

Ta Quok deutete auf die Tätowierung, die Kalis' Hals von links nach rechts überzog: *EVIL*. „Nette Tätowierung."

Kalis schwieg.

„Sie sind als Vollwaise im Heim aufgewachsen, richtig? Haben Ihre Eltern nie kennengelernt."

Kalis schwieg weiter.

„Das war eine verdammt schwierige Zeit, oder?"

Kalis widerstand dem Impuls, unbehaglich auf seinem Stuhl herumzurutschen. „Ja. Kann man so sagen."

„Gelernt haben Sie nichts. Ich meine, einen Beruf?"

„Nein."

Ta Quok schwieg einen Moment, dann sagte er: „Es heißt, Sie würden gerne mal einen über den Durst trinken. Und nicht nur einfach so, aus Genuss. Nein, Sie trinken so lange, bis Sie einen Blackout haben."

„Woher wollen Sie wissen, dass ich Blackouts habe? Ich hab seit ewigen Zeiten nichts mehr getrunken, und wer was anderes behauptet, der lügt."

Ta Quok sah aufrichtig verblüfft aus. „Aber warum sollte das jemand tun?"

„Ich hab keine Ahnung. Stellen Sie die Frage dem Lügner, nicht mir." Kalis brach ab, als er begriff. „Sie wollen mir anhängen, ich hätte im Suff gemordet, richtig?"

„Sie können sich doch nicht erinnern, haben Sie gerade gesagt."

„Spielen Sie keine Spielchen mit mir, okay? Sie haben gesagt, ich hätte Blackouts. Ich habe gesagt, dass ich seit ewigen Zeiten nicht mehr trinke. Und wenn ich das sage, dann ist das so. Und wenn ich sage, ich hab niemanden umgebracht, dann ist das auch so. Ende der Durchsage."

Ta Quok beugte sich etwas nach vorne. „Ich spiele keine Spielchen, Herr Kalis. Ich bin weit davon entfernt. Es geht hier um drei Menschen, die ermordet wurden. Nein, nicht nur ermordet. Sie wurden dem Teufel geopfert."

„Ich hab damit aber nichts zu tun. Ich will jetzt mit einem Anwalt sprechen."

Ta Quok setzte sich wieder zurück, machte sich ein paar Notizen und ließ Kalis so eine Weile schmoren. Dann sah er wieder auf und sagte: „Wenn Sie es nicht waren, dann beweisen Sie uns Ihre Unschuld. Wir wollen ganz genau wissen, was Sie zu den Tatzeiten gemacht haben. Wir wollen bis auf den Zentimeter genau jeden Ihrer Aufenthaltsorte wissen."

„Scheiße, ich will jetzt einen Anwalt. Sie basteln sich das jetzt alles grad so zurecht, wie Sie's brauchen, damit ich da auch wirklich nicht mehr rauskomme. Ich bin im Waisenhaus aufgewachsen und hatte eine beschissene Kindheit, okay. Im Dorf bin ich der Außenseiter, okay. Und ich interessiere mich für schwarze Messen, okay. Aber das ist ja wohl noch kein Verbrechen."

Ta Quoks Stimme veränderte sich nicht. „Nein, aber Mord ist ein Verbrechen. Sagen Sie mir, was ist das für ein Gefühl, einem Menschen den Hals durchzuschneiden? Ist das ein ganz besonderer Kick? So eine Art Orgasmus obendrauf?"

Kalis atmete tief durch, zwang sich zur Ruhe.

„Wir haben die Kleidungsstücke der Opfer bei Ihnen gefunden", setzte Ta Quok hinterher. „Sind Sie sich im Klaren darüber, was das für Sie bedeutet?"

„Das Zeug muss mir untergeschoben worden sein."

„Aber natürlich."

Noch einmal atmete Kalis tief durch. „Egal, was ich sage, Sie glauben mir sowieso nicht. Ich will jetzt mit einem Anwalt sprechen."

„Sie werden einen Anwalt bekommen, keine Sorge. Und Sie haben recht, ich glaube Ihnen tatsächlich nicht. Ich glaube nämlich nicht an Zufälle. Sie hätten weiter Ihre schwarzen Messen abhalten und Hühner köpfen sollen, oder was auch immer Sie dabei sonst so veranstalten, aber das mit den Menschenopfern, das war ein Fehler. Davon abgesehen … Wenn es diesen mysteriösen Dritten tatsächlich gäbe, von dem Sie behaupten, er hätte Ihnen die Kleidungsstücke untergeschoben – um wen könnte es sich dabei wohl handeln?"

Kalis saugte den letzten Rest Nikotin aus dem Stummel und drückte ihn dann im Aschenbecher aus. „Ja, das finden Sie mal raus. Sie sind doch die Polente. Kann ich noch eine Zigarette haben?"

Ta Quok schüttelte noch eine Zigarette aus der Packung und reichte sie an ihn weiter. „Das ist jetzt wirklich Ihre letzte Chance. Wir nageln Sie so oder so fest. Aber wenn Sie reden, Kalis, dann können Sie vielleicht noch etwas von Ihrer Ehre retten, falls Sie so etwas haben. Zeigen Sie Reue, das kommt bei den Richtern immer gut an. Wenn nicht, wird man denken, dass Sie ein perverses Arschloch sind, das es verdient hat, den Rest seines Lebens hinter Gittern zu verbringen."

„Sagen Sie mal, hören Sie mir zu? Ich hab niemanden umgebracht!"

„Glauben Sie im Ernst, dass Sie jetzt noch davonkommen, Kalis? Wir brauchen Ihr Geständnis nicht. Im Gegenteil, wir haben alle Beweise, die wir brauchen."

Speichel sprühte aus Kalis' Mund. „Ich war es nicht! Und das könnt ihr mir, verdammt noch mal, auch nicht anhängen!"

Am 13. Januar 1988, zwei Tage nach seiner Verurteilung zu lebenslanger Haft plus anschließender Sicherheitsverwahrung, erhängte Bruno Kalis sich in seiner Zelle.

1. KAPITEL

Nie gedacht

29. März 2010
20:30 Uhr

Es kam ohne Vorwarnung. Er verstand es noch nicht sofort. Erst als er das Messer in ihrer Hand sah und den starren, entschlossenen Blick, da begriff er und es erfüllte ihn mit Entsetzen. Er wollte sich wehren, wollte nach dem Messer greifen, doch es war zu spät. Es gab kein Entrinnen mehr, keine Möglichkeit, den Tod noch abzuwenden.

Seine Knie gaben nach, ihm wurde schwindlig. Er wusste, er hatte verloren, wehrte sich nicht mehr, nahm sein Schicksal an, und dann kam es ihm vor, als treibe er in der Tiefe eines Ozeans und fern über ihm schimmerte das Sonnenlicht auf dem blauen Wasser.

Endlich Stille.

Endlich Frieden.

Endlich schweigen die Dämonen in ihm.

Kurz bevor sein Herz aufgab, nahm er noch einmal all seine Kraft zusammen und sagte den Namen der dritten Person im Raum. Er wusste, dass er den Namen aussprach, doch er hörte seine eigene Stimme nicht mehr.

Sein Herz hörte auf zu schlagen.

Es war vorbei.

Ihr Atem ging heftig, als sie zuerst auf das Messer in ihrer Hand und dann auf die Leiche zu ihren Füßen starrte. „Das ... Das ..." Der Anblick war ihr unerträglich. Der Anblick seiner entstellten Leiche. Der Anblick seiner leeren Augen. Der Anblick des vielen Blutes auf dem Teppich, das sich immer weiter unter seinem leblosen Körper ausbreitete. Sie musste wegschauen.

„Du hast ihn umgebracht, Kerstin."

Der Raum um sie herum schien zu schrumpfen. Sie machte den Mund auf und schloss ihn wieder, wollte sich irgendwo festhalten, aber sie fand keinen Halt. Sie schwankte.

Sofort stand er hinter ihr und fing sie auf. „Du musst dich setzen."

„Ich habe ... ihn umgebracht." Sie hörte den weinerlichen Klang ihrer eigenen Stimme. Ihre Unterlippe zitterte.

„Ja", sagte er. „Du hast ihn umgebracht, Kerstin."

Olivia Klose saß zur gleichen Zeit an ihrem Wohnzimmerfenster, die Hände im Schoß gefaltet, während ihr Gehstock an der Armlehne ihres Sessels lehnte. Von hier aus hatte sie einen guten Ausblick auf alle Häuser der Nachbarschaft. Ein Ausblick auf die anderen Menschen in Wittenrode, auf deren Alltagsleben, die großen und die kleinen Dinge, die das Leben so mit sich brachte.

Olivia selbst verbrachte mit ihren zweiundsiebzig Jahren die Zeit nur noch damit, hier am Fenster zu sitzen und zu warten. Eigentlich auf den Tod, doch der hatte sich leider noch nicht blicken lassen. Dafür kam Pastor Jordan hin und wieder vorbei und erkundigte sich nach ihrem Befinden.

Bei seinem letzten Besuch hatte Olivia ihm erklärt, dass sie nach ihrem Tod so wenig Feierlichkeit wie möglich haben wollte. Am besten gar keine Feierlichkeiten. Sie wusste nicht einmal, ob sie einen Pastor bei ihrer Beerdigung haben wollte. Am besten auch keine Nachbarn. Niemand aus dem Dorf. Und schon gar keine Gebete.

„Wirklich, Frau Klose, sind Sie sich da ganz sicher?", hatte Jordan gefragt, dem es zusehends unbehaglicher wurde.

Olivia hatte entschlossen genickt und hätte nun, bei der Erinnerung an die ehrliche Erschütterung im Gesicht des Pastors, eigentlich lächeln müssen. Doch sie tat es nicht. Kein Lächeln legte sich auf ihre Lippen. Sie war viel zu zornig.

Zornig, weil sie Hildchen nie wiedersehen würde.

Zornig, weil das Schicksal sie in diesem Teil der Welt geboren hatte.

Zornig, weil Gott sie nicht einfach sterben ließ.

Zornig, weil er all das hatte geschehen lassen.

Olivia ballte die knochigen Fäuste. All die Jahre hatte sie mit niemandem darüber gesprochen. Nicht einmal mit Edna. Obwohl Edna, die drei Mal in der Woche bei Olivia putzte, eine gute Seele war. Sie arbeitete fleißig und besaß ein freundliches Wesen. Jedenfalls meistens. Gute Arbeit, gutes Herz.

Nur wenn Olivia hin und wieder Dinge vergaß, was in der letzten Zeit öfter vorkam, dann wurde Edna auch wütend. Dann erinnerte sie sie mit ihrem mahnenden Blick daran, dass sie alt war und gebrechlich und dass es an der Zeit war, darüber nachzudenken, das Haus aufzugeben und in ein Heim zu gehen.

Aber das würde Olivia niemals tun. Niemals würde sie dieses Haus verlassen. Nicht lebend. Sie würde hierbleiben, bis sie starb. Das sollte ihre Strafe sein.

In dieser Sekunde sah Olivia etwas im Haus gegenüber, was sie abrupt aus ihren Gedanken riss.

Unwillkürlich richtete sie sich auf. Blinzelte, griff nach ihrer Brille und setzte sie auf.

Konnte das wirklich sein? Oder spielte ihr altes, verkalktes Gehirn ihr nur wieder einen Streich?

2. KAPITEL

Grausiger Fund

Drei Stunden später, um kurz vor Mitternacht, steuerte Arnulf Ebeling, die linke Hand lässig auf das Lenkrad gelegt, den Streifenwagen durch die nächtlichen Straßen Wittenrodes. Ruhig, wie ich es liebe, dachte er zufrieden.

Die Straßenlampen warfen strichförmige Schatten auf der Motorhaube des Wagens. Er drosselte das Tempo, blinkte, bog rechts ab und verließ die Hauptstraße. Nun fuhr er in Richtung Wohnviertel. Vor ihm lag die leere Straße, die langsam breiter wurde, dann kam er bereits zu den ersten Einfamilienhäusern. Es war vollkommen still. So still, dass er den Kies unter den Reifen knirschen hörte.

Wenn er mit der Fahrt fertig war, würde er sich etwas zu essen machen, überlegte er, Brot mit hausgemachter Wurst, und einen Blick in den kleinen Fernseher werfen, den er auf der Wache stehen hatte. Vielleicht würde er sich auch ein kleines Bier gönnen und danach ein Nickerchen machen.

Am Ende der Sackgasse wendete Ebeling den Streifenwagen und während er mit Fernlicht zurückfuhr, kniff er mit einem Mal die Augen zusammen. „Was, zum …?"

Wie aus dem Nichts stand auf einmal eine Frau mitten auf der Straße, mit zerzaustem Haar und wehendem dünnem Kleid. Im Licht der Scheinwerfer konnte der Polizist ihre aufgerissenen Augen erkennen und einen Mund, der offen stand und ein schwarzes Loch bildete.

„Verdammte Scheiße!" Reflexartig trat Ebeling auf die Bremse. Als er zum Stehen kam, passte keine Zeitungsseite mehr zwischen den Wagen und die Frau.

Sofort sprang er aus dem Auto. Er kannte sie, natürlich. Jeder kannte jeden in Wittenrode.

„Was, um Himmels willen, tust du mitten in der Nacht auf der Straße?", fuhr er sie an.

Die Frau antwortete nicht, sah ihn nur mit großen, verweinten Augen an, die fast aus den Höhlen zu fallen schienen.

Unsicher leckte Ebeling sich über die Lippen. Dann trat er einen Schritt an sie heran und bemerkte erst jetzt, dass ihr dünnes Kleid voller Blut war. Augenblicklich wich er wieder zurück. „Meine Güte! Was ist passiert?"

Die Zähne der Frau klapperten. „Er liegt ... drinnen. Im ... Esszimmer."

„Wer?"

„Jürgen. Ich habe ihn ... umgebracht."

Wäre es besser gewesen, wenn er vorher gewusst hätte, was ihn im Haus erwartete?

Später dachte Ebeling noch oft darüber nach, dass er das Haus vermutlich niemals betreten hätte, hätte man ihm vorher gesagt, was er dort vorfinden würde. So aber machte er einen Schritt nach dem anderen, ließ das Wohnzimmer hinter sich und betrat das Esszimmer.

Und dann sah er. Sprachlos vor Entsetzen starrte er auf den Leichnam, der nackt vor ihm auf dem Boden lag. Sein Blick fiel auf das Messer daneben und auf das viele Blut. Der ganze Raum stank förmlich danach.

Ebeling war so erschrocken, dass es ihm den Atem nahm. Es war, als drücke eine eiserne Faust auf seinen Brustkorb und quetschte ihm alle Luft aus der Lunge.

Der Leichnam lag auf dem Rücken, sein Kopf hing zur Seite, die Kehle war von links nach rechts durchschnitten, das freigelegte Fleisch ein Wirrwarr aus mattroten Farbtönen. Die Augen, weit aufgerissen und blutunterlaufen, blickten erstaunt. Und verraten. Ja, sie blickten verraten. Und dann ... Ebeling entdeckte es erst beim zweiten Hinsehen. Unterhalb des Nabels war etwas in den Bauch des Toten geritzt worden: ein Pentagramm.

Erinnerungsfetzen blitzten im Kopf des Polizisten auf. Er kniff die Augen zusammen und öffnete sie wieder, sah tanzende Punkte, Schatten und Geister. Keine Täuschung, sondern die Vergangenheit, die zurückkehrte, um die Gegenwart heimzusuchen. Da halfen weder Kopfschütteln noch Blinzeln.

Als er das verstanden hatte, spürte Ebeling einen Brechreiz in sich aufsteigen. Er stürzte rückwärts aus dem Esszimmer und durch die Haustür nach draußen. Vor der Tür beugte er sich nach vorne und übergab sich.

Kriminalhauptkommissar Wolfgang Lange lebte nun schon seit fast fünfundzwanzig Jahren in Wittenrode. Immer noch gebaut wie ein Terrier, mittelgroß, muskulös, kräftiger Nacken, kräftige Arme, mit millimeterkurzen Haaren, war er inzwischen Anfang sechzig und hatte nicht mehr lange bis zur verdienten Pension. Seine Laufbahn bei der Polizei war mustergültig verlaufen, er hatte einen tadellosen Ruf, galt als ehrlich und tüchtig. Vor allem aber war er 1987 dabei gewesen. Vermutlich deshalb war Ebeling der Meinung, dass es niemanden sonst gegeben hätte, den er unter diesen Umständen mitten in der Nacht hätte anrufen können.

Um fünfzehn Minuten nach Mitternacht wählte er Langes Nummer. „Tut mir leid, dass ich störe", meldete er sich aufgeregt. „Ich bin bei den Jakobs – Jürgen und Kerstin Jakob. Sie hat ihn umgebracht, Wolfgang. Verstehst du? Sie hat ihn *umgebracht*. Du musst sofort herkommen. Du musst …"

„Ich komme", antwortete Lange mit gefasster Stimme.

Als er zehn Minuten später auf das Haus zutrat, saß Ebeling auf der Treppe davor, den Kopf in die Hände gestützt.

„Zeig es mir, Arnulf."

Ebeling ließ die Hände sinken, nickte und erhob sich langsam. Sein Gesicht hatte einen grünlichen Farbton. Wortlos ging er voraus ins Haus und zeigte auf die Leiche, die auf dem blutdurchtränkten Teppich lag.

Lange näherte sich vorsichtig und ging dann in die Knie, um sich den Toten genauer anzusehen. Er berührte das Blut mit dem kleinen Finger, um zu testen, wie trocken es war. Dann sah er wieder auf. „Hast du ihn angefasst?"

„Angefasst?", stieß Ebeling aus. „Bist du verrückt? Ich bin rein und sofort wieder raus, um mich zu übergeben."

„Hast du irgendetwas verändert?"

Erneutes Kopfschütteln. „Wie gesagt, ich bin rein und sofort wieder raus."

„Wir brauchen die Kollegen aus Hannover." Lange richtete sich wieder auf. „Wo ist Kerstin?"

„Sitzt völlig paralysiert im Streifenwagen." Ebeling deutete in Richtung Fenster. „Ist mir quasi vors Auto gelaufen und will jetzt unbedingt verhaftet werden. Übernimmst du das, Wolfgang? Ich meine, Mord … das ist doch dein Gebiet. Und damals …"

Lange schwieg einen Moment, betrachtete noch ein letztes Mal die Leiche. Dann nickte er. „Ich werde mich darum kümmern."

„Daran wird sich nur etwas ändern, wenn ihr mich weiterhin wählt." Wilhelm Raddatz, dessen Kopf auf dem gedrungenen Körper schon immer viel zu groß gewirkt hatte, trank das Bier in sich hinein, als wäre es das Leben selbst. Dann, als er das halbe Glas geleert hatte, fügte er hinzu: „Ich bin euer Bürgermeister. Niemand sonst interessiert sich für Wittenrode und die Menschen, die hier leben. Genau genommen sind wir denen …"

In diesem Moment stürmte Knut Hagen in die Kneipe. „Der Jürgen ist tot!"

Alle Köpfe wandten sich ihm zu.

„Schnaps. Doppelt." Hagen, ein groß gebauter Mann mit gelblich verfärbten Zähnen und viel zu großen Ohren für seinen kleinen Kopf, wartete auf den Alkohol, stürzte ihn dann hinunter und bekam einen Hustenanfall.

„Wenigstens hast du jetzt wieder in bisschen Farbe im Gesicht", sagte Raddatz. „Und jetzt noch mal ganz langsam und von vorn, Knut."

„Der Jürgen ist umgebracht geworden." Hagen wischte sich Schnaps vom Kinn und sagte zum Wirt: „Noch einen." Als das Glas kam, trank er es erneut in einem Zug leer. „Ebeling stand kurz nach Mitternacht mit Blaulicht vorm Haus der Jakobs. Lange war auch dort. Und auf einmal war da das ganze Aufgebot. Alles abgesperrt. Keine Chance mehr, auch nur in die Nähe des Hauses zu kommen."

Raddatz kratzte sich am Kopf, kniff die Augen zusammen. „Der Jürgen ermordet? Kann ich mir nicht vorstellen. Muss was anderes passiert sein."

„So? Und warum haben sie dann die Kerstin mitgenommen? Ich red nicht von irgendwas, Wilhelm, ich red von der Kri-mi-nal-po-li-zei, kapierst du das?" Hagen bestellte sich noch einen dritten Schnaps. „Ich sag euch, jetzt ist es so weit. Das ist das, was wir immer befürchtet haben."

3. KAPITEL

Geständnis und Entschluss

Am nächsten Morgen, um 8:46 Uhr, nahm Wolfgang Lange auf der anderen Seite des Tisches Platz. „Ich muss dir jetzt ein paar Fragen stellen."

„Was für Fragen?" Kerstin Jakobs Gesicht hatte die bleiche Farbe einer Gipsmaske. „Ich habe doch schon gestanden."

„Ich muss dir trotzdem noch ein paar Fragen stellen. Fangen wir am besten damit an, dass du mir erzählst, was gestern Abend genau passiert ist, in Ordnung?"

Durch ihr wirres blondes Haar hindurch, das ihr zum Teil über die Augen hing, blickte sie Lange an. Dann nickte sie langsam und begann: „Jürgen hatte getrunken. In letzter Zeit hielt er es keinen Abend mehr ohne Alkohol aus. Ich kam ein paar Minuten zu spät nach Hause und er schrie mich sofort an, kaum dass ich die Tür hinter mir zugemacht hatte."

„Wart ihr alleine?"

„Ja."

„Die ganze Zeit?"

„Ja."

„Was genau hat dein Mann zu dir gesagt?"

„Er schrie, dass er mir verboten hätte, aus dem Haus zu gehen. Warum ich nicht auf ihn hören würde. Ob ich ihn provozieren wolle und so weiter."

„Und dann?"

Kerstins Lippen zuckten. „Ich weiß es nicht mehr genau. Ich habe plötzlich nach dem Messer gegriffen, danach ist in meinem Kopf alles schwarz."

„Nach dem Küchenmesser?"

„Ja. Es lag auf dem Esszimmertisch. Ich habe es gesehen und

danach gegriffen. Und dann … Ich hab ihn getötet. Ich war wie in Trance."

Im Vernehmungsraum war es heiß und stickig, Lange krempelte die Ärmel seines Hemdes hoch. "Und dabei gelangte das Blut deines Mannes auf dein Kleid und auf deine Hände?"

"Ja." Kerstin blickte auf ihre Hände hinab. Selbst unter den Fingernägeln hatte sich das getrocknete Blut ihres Mannes befunden. Ihr wurde übel.

"Hat er sich gewehrt, als du mit dem Messer auf ihn losgegangen bist?"

"Das … weiß ich nicht."

"Aber du erinnerst dich noch, dass du ihm die Kehle durchgeschnitten hast?"

"Nein. Auch daran erinnere ich mich nicht."

"Okay. Und an das Pentagramm in seinem Bauch?"

Kerstin schüttelte erneut den Kopf und Lange seufzte auf. "Kennst du einen Hexenzirkel in Hannover, Kerstin?"

"Nein."

"Du kennst auch niemanden, der in einem sein könnte?"

"Nein."

"Aber du weißt, welche Gerüchte in Wittenrode um dich kreisen?"

"Natürlich. Und das hier werden die Leute als Beweis dafür nehmen. Egal was sie denken: Ich erinnere mich trotzdem nicht daran, es getan zu haben. Auf einmal lag er vor mir. Und überall war Blut."

"Was hast du dann gemacht?"

"Als ich wieder zu mir kam und erkannte, was ich angerichtet hatte, habe ich mich auf die Couch gesetzt und überlegt, was ich nun tun sollte. Ich saß einfach nur da und hab überlegt. Dann hörte ich draußen einen Wagen. Ich sah aus dem Fenster und erkannte, dass es ein Polizeiwagen war. Und da wusste ich, dass das Schicksal von mir wollte, dass ich mich stelle. Also bin ich aus dem Haus gerannt."

„Okay." Lange richtete sich etwas auf. „Kommen wir zu etwas anderem: Du hast gesagt, du hättest dich gestern Abend verspätet, weil du aufgehalten worden wärst, was deinen Mann ziemlich wütend machte …"

Kerstin nickte.

„Was hat dich aufgehalten?"

„Das habe ich vergessen."

„Vergessen." Dieses Mal lag ein Hauch Ironie in Langes Stimme. „Okay, fassen wir zusammen: Du hast dich gestern Abend ein wenig verspätet, allerdings vergessen, weswegen. Als du schließlich nach Hause kamst, war dein Mann bereits angetrunken und griff dich sofort verbal an. Auf dem Esstisch lag ein Messer aus der Küche, du hast danach gegriffen und ihm die Kehle durchgeschnitten. Dann hast du ihn nackt ausgezogen und ihm ein Pentagramm in den Bauch geritzt. An all das kannst du dich zwar nicht erinnern, aber es passierte so zwischen 20:00 Uhr und 20:30 Uhr. Richtig?"

Kerstin nickte und Lange musste an die alte Polizeiformel denken, dass die Wahrscheinlichkeit, dass eine Geschichte stimmte, immer größer wurde, je absurder sie sich anhörte.

„Und nach der Tat hast du über drei Stunden auf dem Sofa gesessen und darüber nachgedacht, was du nun tun solltest", fügte er hinzu.

„Ja." Nun hob Kerstin den Kopf und sah ihm fest in die Augen. „Ich habe meinen Mann umgebracht. Ich habe die Tat gestanden und nun will ich meine Strafe. So schnell wie möglich."

„Möchtest du mit mir reden, Kerstin?"

„Nein."

Jordan legte die Hände flach auf den Tisch. „Wir sind in deiner Zelle, Kerstin, und wir sind alleine. Du kannst toben, weinen, schreien. Es bleibt zwischen dir und mir und Gott."

Alles um Kerstin herum schien sich zu drehen. Der Boden unter ihr gab nach, vermittelte ihr das Gefühl zu schwanken. „Gott hat mich nicht davon abgehalten, meinen Mann zu töten, Pastor Jordan. Er hat zugelassen, dass ich wie eine Bestie über ihn hergefallen bin. Er hat zugesehen und es nicht verhindert."

„Ich kann deinen Kummer verstehen. Aber wenn du schon nicht Gott vertraust, dann vielleicht mir."

Kerstins Atem ging flach. Ihre Hände waren ineinander verschränkt, mehr aus Verzweiflung als im Gebet. „Ich kann nicht glauben, dass ich das wirklich getan habe."

„Sieh mich an, Kerstin", bat Jordan mit sanfter Stimme. „Bitte."

Sie tat es nicht. „Es ist nicht zu entschuldigen. Mit nichts. Ich habe meinen Mann getötet. Nein, nicht nur getötet, ich habe ihn vernichtet. Und deshalb habe ich keine Vergebung verdient. Es muss ein Ende haben. Es wird ein Ende haben." Bitterkeit stieg wie Säure in ihr auf. Sie konnte sie beinahe schmecken. Es war der Geschmack von Selbstverachtung und Selbsthass. Schließlich sah Kerstin auf und den Pfarrer an. „Und Sie werden es nicht verhindern können."

An all das dachte Kerstin in ihrer letzten Minute. Sie fragte sich, ob sie es schaffen würde. Und wenn sie es schaffte, wozu waren dann all die Jahre gut gewesen?

Das waren sie also, die letzten Sekunden. Bis eben hatte sie noch ihre Hand auf den Bauch gepresst, um es ein letztes Mal zu spüren. Jetzt erhob sie sich und trat zum vergitterten Fenster. Draußen öffnete eine dünne Linie aus Licht den schwarzen Vorhang des Horizonts und die Dunkelheit in der Zelle lichtete sich langsam.

Kerstin zitterte am ganzen Körper.

Bald würde ihre Hölle eine andere sein.

Und dann, noch ehe das erste Zwitschern des frühesten Vogels erklang, stieß sie den Stuhl unter sich fort. Ihr Körper bäumte sich ein letztes Mal auf. Endlich nichts mehr empfinden. Keine Schuldgefühle mehr. Nicht mehr grausam sein. Nicht mehr zutiefst verdorben.

Das alles schoss durch ihren Kopf. In ihrer letzten Sekunde.

Dann war es vorbei.

Ein paar Stunden später klingelte irgendwo in Wittenrode ein Telefon. Als der Angerufene abhob, meldete er sich mit einem genervten: „Ja?"

„Sie hat sich erhängt."

„Gut."

„Gut? Brutaler hätte es wohl kaum enden können."

Der Angerufene knotete seinen Bademantel zu. „Höre ich da etwa Zweifel heraus?"

„Nein." Der Anrufer war nicht wütend. Er war getroffen. „Nein, entschuldige, ich frage mich nur …"

„Überleg dir gut, auf wessen Seite du stehst. Jürgen Jakob wollte uns verraten. Der hätte uns mit seinen plötzlichen Schuldgefühlen alles kaputt gemacht. Und dass seine Frau sich jetzt das Leben genommen hat … Ja, meine Güte. War halt alles zu viel für sie."

„Und was machen wir mit den anderen?"

„Die machen uns keine Probleme. Sie sind sich über die Bedeutung ihres Schweigens im Klaren. Sonst noch was?"

Der Anrufer zögerte einen Moment. „Was ist mit der kleinen Wagner?"

„Julia? Um die werde ich mich kümmern, sobald sie da ist."

Damit beendeten sie das Gespräch.

4. KAPITEL

So nackt wie nie zuvor

Dienstag, 6. April
8:15 Uhr

Julia träumte.

Während über der Ostsee ein heftiges Gewitter den Himmel mit Blitzen erhellte, mühte sie sich, den Traum abzuschütteln, und einen Moment schien es tatsächlich so, als würde sie aus der Tiefe auftauchen. Doch dann zuckten erneut Bilder durch ihren Geist, Menschen und Ereignisse, durch Jahre und Jahrzehnte getrennt, tot oder lebendig, trafen sich an einem Ort, wo so etwas wie Zeit nicht existierte. Und wie in so vielen Träumen zuvor, schritt Julia zwischen den Menschen dahin, die Menge teilte sich und ihr Vater trat vor sie. Er trug denselben dunklen Anzug, den er immer getragen hatte, wenn er zum Gericht gefahren war. Dieses Mal aber bemerkte Julia Blut an seiner Jacke. Der Fleck wurde größer. Dann formte ihr Vater die Lippen zu zwei Worten: „Sei vorsichtig."

Für einen Moment war Julia verwirrt, weil sie seine Stimme nicht hören konnte, dann begriff sie: Der Grund dafür war natürlich der, dass er seit über zwanzig Jahren tot war, genau wie ihre Mutter. Gemeinsam bei einem Autounfall ums Leben gekommen.

Vollkommenes Schwarz. Dann riss Julia mit einem Ruck die Augen auf. Das Herz pochte wild in ihrer Brust, ihr Atem ging flach und schnell.

Jeder Versuch wieder einzuschlafen war zwecklos, das wusste sie aus leidvoller Erfahrung. Also schob sie die Bilder in ihrem Kopf entschlossen zur Seite, schlug die Decke zurück und schwang die Beine über die Bettkante. Das T-Shirt klebte nass auf ihrer Haut.

Sie spürte ihre verspannten Muskeln, als sie sich erhob, und griff gerade nach einem Löffel und einer Kaffeetasse, als ihr Handy klingelte. Sie ignorierte es, schüttete Instantkaffee in die Tasse und schritt zum Wasserkocher. Das Handy klingelte weiter. Das Wasser kochte, sie ließ es in die Tasse laufen. Das Handy klingelte immer noch. Mit dem Löffel rührte Julia in der Tasse und atmete das Kaffeearoma ein. Das Handy klingelte unermüdlich weiter. Schließlich nahm sie das Gespräch entnervt an. „Hallo?"

„Julia? Gut, dass ich dich erwische. Pastor Jordan hier."

Alle Muskeln versteiften sich augenblicklich wieder. „Jordan? Was für eine Überraschung. Was macht der Job?"

„Er ist immer noch meine Berufung und ich gehe ihm mit Leib und Seele nach. Aber deswegen rufe ich nicht an. Ich wollte dir mitteilen, dass Eva wieder in Wittenrode ist."

Überrascht zog Julia die Augenbrauen hoch. „Wirklich? Seit wann?"

„Seit gestern Abend. Greger wird auch noch kommen."

„Nach Wittenrode? Herzlichen Glückwunsch. Und was habe ich damit zu tun?"

„Hast du es denn nicht gehört?"

Julia trank einen Schluck Kaffee, stellte die Tasse ab und suchte nach ihren Zigaretten. „Was hätte ich hören sollen?"

„Es kam in allen Nachrichten."

„Ich befinde mich im Urlaub, Pfarrer Jordan. Ich bin an der Ostsee. Nachrichten interessieren mich gerade nicht. Also, was ist passiert?"

Jordan antwortete erst nach kurzem Zögern. „Es geht um Kerstin." Anscheinend hatte er die ganze Zeit gesessen, denn am anderen Ende schrammten nun Stuhlbeine über den Boden. „Sie hat sich im Gefängnis erhängt."

Wie vom Blitz getroffen, richtete Julia sich auf. „Was? Das ist ein Witz, oder? Was hat Kerstin denn im Gefängnis gemacht?"

„Sie hat ihren Mann getötet. Offenbar konnte sie mit der Schuld nicht leben und hat sich nun selbst gerichtet."

Julia ließ das Handy sinken, zwei Sekunden, drei, dann hob sie es wieder ans Ohr. „Kerstin soll ihren Mann umgebracht haben?" Sie versuchte sich das vorzustellen, was ihr beim besten Willen nicht gelang.

„Sie hat alles weggeworfen, Julia. Ihre Ehe, ihr Zuhause, ihr Leben. Und jetzt ... Hör zu, morgen ist die Beerdigung, und ihr vier, Kerstin, Greger, du und Eva, ihr wart doch mal Freunde. Ich bitte dich in Erinnerung an diese Freundschaft ..."

Julia spürte, wie eine unsichtbare Faust gegen ihre Brust schlug und dort verharrte. „Sie wollen mich jetzt aber nicht dazu überreden, zurück nach Wittenrode zu kommen, oder?"

„Nein, natürlich will ich dich nicht überreden. Ich bitte dich darum. Um eurer alten Freundschaft willen."

Keine Antwort von Julia.

„Also, was sagst du?", sprach Jordan weiter. „Wirst du kommen?"

„Ehrlich gesagt, habe ich überhaupt kein Interesse daran, in meinem ganzen Leben noch einmal einen Fuß nach Wittenrode zu setzen. Ich finde schon allein den Gedanken daran unerträglich."

Es rauschte und knackte in der Leitung und Julia hegte die vage Hoffnung, dass das Schicksal das Gespräch vielleicht beendet hatte, doch Jordans Stimme durchbrach schon in der nächsten Sekunde wieder das Rauschen.

„Meine liebe Julia ..." Wenn er sie früher so angesprochen hatte, wusste sie, dass sie keine andere Wahl hatte. „Meine liebe Julia, kommst du nie auf den Gedanken, dass du dich irren könntest?"

„Ich weiß nicht, was Sie meinen."

„Du denkst, dass Wittenrode und die Zeit im Waisenhaus nur Schlechtes hatten. Und du nimmst an, wenn du es einfach ignorierst, dann ist es vergessen." Der Pfarrer hatte sich offenbar fest vorgenommen, am Ball zu bleiben. „Aber so ist es nicht. Du kannst weglaufen, Julia, du kannst laufen, wohin du willst, es wird dich trotzdem nicht loslassen. Ihr hattet damals keine Wahl. Ihr wurdet nicht gefragt. Ihr musstet mit unheimlichem Mut die Dinge angehen und habt ungeheuer schnell gelernt, was andere vielleicht nie im Leben lernen – nämlich alleine zu überleben."

„Danke für die psychologische Lehrstunde, Herr Pastor, aber es ist doch ein bisschen komplizierter."

„Es geht um Kerstin. Nicht um dich, nicht um mich, nicht um sonst irgendetwas. Eva und Greger fühlen sich nicht weniger unwohl und nehmen trotzdem an der Beerdigung teil."

Schweigen.

„Also, was ist?", fragte Jordan noch einmal. „Kommst du?"

„Nein. Und ich werde auch nicht noch einmal darüber nachdenken."

Der Pfarrer konnte nicht weiter protestieren. Julia hatte bereits aufgelegt.

Und sie dachte doch darüber nach.

Sie bekam es einfach nicht mehr aus dem Kopf.

Leise fluchend stieg Julia unter die heiße Dusche, lief anschließend nackt und rastlos im Zimmer auf und ab, um dann wieder stehen zu bleiben und sich forschend im Spiegel zu betrachten. Ihr Blick fiel auf die dunkelbraunen, halblangen Haare, auf den achtlos zur Seite geschobenen Pony, der ihr über das linke Auge fiel, auf die verschiedenen Tätowierungen: Ein Gitarrenriff von Judas Priest auf dem rechten Unterarm: „Breaking the law", der Drache auf ihrem Rücken, dessen Flügel sich von einer Schulter zur anderen ausbreiteten und dessen Schwanz am Steißbein endete, die geschwungenen lateinischen Buchstaben auf der Innenseite des rechten Oberarms: *Lebe das Leben wahr*. Alles vertraut, alles bekannt. Doch heute kam noch etwas anderes hinzu, ein neuer Gedanke: dass ihr Spiegelbild ihr gar nichts sagte und dass ihre Nacktheit sich plötzlich absoluter anfühlte. Totaler. Irgendwie fühlte sie sich so nackt wie nie zuvor.

Julia wandte sich ab und rubbelte sich die Haare trocken, dann zog sie sich eine ausgewaschene Jeans und ein altes Sweatshirt an und trat hinaus auf den Balkon. Sie legte ein Foto auf den Tisch, das sie seit vielen Jahren immer bei sich trug, und setzte sich.

Während sie den kühlen Wind um sich herum spürte und den regenverhangenen Himmel beobachtete, suchte sie in ihrem Kopf nach einer Beschwörungsformel, nach irgendetwas, was sie darin bestätigte, dass es richtig war nicht zurück nach Wittenrode zu fahren. Aber es ging um alte Freundschaft. Kerstins Tod hatte so viel Unwirkliches. Obwohl sie über zehn Jahre nicht miteinander gesprochen hatten, rechnete Julia fest damit, dass Kerstin jetzt anrufen und mit ihrer unverwechselbaren Stimme in den Hörer sagen würde: „Hi Julia, ich weiß, du hast mich vergessen, aber hey, das ist in Ordnung, ich hasse dich nicht dafür. Du hattest eben wichtigere Dinge zu tun. Was ist? Kommst du wenigstens zu meiner Beerdigung?"

Und als würde das nicht reichen, immer wieder Jordans Stimme im Ohr: „Du kannst laufen, wohin du willst, Julia, es wird dich trotzdem nicht loslassen."

Hatte er recht? Natürlich, gestand Julia sich ein. *Aber wenn ich schon einen Moment ehrlich zu mir selbst bin, dann fliehe ich ja nicht nur vor Wittenrode und den Erinnerungen an das Waisenhaus. Ich fliehe vor allem. Vor Beziehungen. Vor meinem Beruf. Vor mir selbst. Vor meinen Albträumen. Und bitte – bitte! – nicht noch einen Menschen, der in meinen Träumen herumspukt.*

Sie hob das Foto an und betrachtete es. Es war eine Aufnahme von vier Dreizehnjährigen, die die Arme umeinander gelegt hatten und sich vor dem Hintergrund einer verfallenen Burg gegen den Wind lehnten. Julia drehte das Foto um. Da stand nur ein einziges Wort in großen Buchstaben: *WIR*. Sie schluckte, spürte, wie sich ihr Magen zusammenzog, drehte das Foto erneut und starrte die Jugendlichen wieder an. Kerstin. Ein außergewöhnlich hübsches, blondes Mädchen. Auf dem Foto trug sie einen langen, nicht mehr ganz neuen Mantel und auf dem Kopf einen schwarzen runden Filzhut. Ihr Gesicht war der Kamera zugewandt und jeder Zug in ihm war klar und schön. Sie hatte die Lippen zu jener Art Lächeln verzogen, das sie damals stundenlang vor dem Spiegel geübt hatte, und es sah echt aus, so wie es ihre Augen erhellte.

Julia ließ das Foto sinken und blickte erneut aufs Meer. Es gab ja verdammt noch mal genug Gelegenheiten zum Sterben. Krebs. Autounfall. Herzinfarkt. Aber Selbstmord nach dem Mord am Ehemann?

Was ist passiert, Kerstin? Du hattest so viele Hoffnungen und Träume, was ist passiert, dass sich das Blatt so gegen dich gewendet hat?

Warum so, Kerstin?

Plötzlich gelang es Julia nicht mehr, die Ereignisse voneinander zu trennen. Alles verschmolz wieder zu jener Zeit, in der sie zu viert „drinnen" waren. „Drinnen", das war im Waisenhaus. Wochen, Monate, Jahre zogen an ihrem inneren Auge vorbei. Sie entsann sich vieler Kleinigkeiten – Gerüche, Melodien, Wortfetzen –, und am Ende blieb sie bei Eva hängen. Eva würde ihr Verhalten feige nennen, und das wahrscheinlich zu Recht.

Julia hob das Foto wieder an und betrachtete das Mädchen mit den hellroten Locken, die wild von seinem Kopf abstanden. „Curly Sue", so hatten sie damals alle genannt.

Julia erinnerte sich an ihren ersten Tag im Heim und an ihre erste Begegnung mit Eva …

„Brauchst du Hilfe?" Das helle Gesicht mit den Sommersprossen lächelte offen und freundlich.

Julia schüttelte den Kopf, aber Eva ging trotzdem nicht. „Wir haben uns das alle nicht ausgesucht", erklärte sie ziemlich altklug für ihre zehn Jahre und hob dabei die Schultern an, fest entschlossen, sich mit dem Schicksal abzufinden.

Julia konnte das nicht. Julia wollte es auch nicht. Sie packte ihre Tasche nicht aus, sondern legte sich aufs Bett und starrte an die Decke. Eva legte sich auf das Bett daneben und tat dasselbe.

Von diesem Tag an wich sie Julia nicht mehr von der Seite. Sie erzählte ihr von den Vögeln am Himmel und den Tieren im Wald und war in der Lage, jedes einzelne – ob groß oder klein, im Wald, in der Luft oder im Wasser – mit Namen zu nennen. Ob Julia es wissen wollte, interessierte Eva ebenso wenig wie alle mehr oder weniger verbrämten Aufforderungen, sie in Ruhe zu lassen.

Nach zwei Wochen war Julia kurz davor, die Tür von innen abzusperren. Zu der Zeit hatte sie aber bereits begriffen, dass sie dazu auserwählt war, Evas besondere Gunst zu genießen, und dass sie für sie so etwas war wie ein verletztes Reh, das unbedingt gerettet werden musste …

Wieder in der Gegenwart, rieb Julia sich über die Augen. Sandmann war anders gewesen. Greger Sandmann. Wieder sah sie auf das Foto. Der dicke Junge in der Mitte, mit dem dunkelblonden Haar und der viel zu großen Brille auf der Nase. Ein Ass in der Schule, ein wandelndes Lexikon. Außer Eva, Julia und Kerstin hatte Sandmann keine Freunde, und Frauen waren vermutlich heute noch ein Buch mit sieben Siegeln für ihn. Er konnte reden wie ein Wasserfall, ohne Punkt und Komma, aber im Gegensatz zu Eva hatte er Julia nie mit zu viel Nähe bedrängt. Das war etwas, das sie immer besonders an ihm gemocht hatte.

Julia seufzte und ließ das Foto sinken. Das waren sie, die vier Freunde, das Kleeblatt jener Zeit. Verlorene Seelen, die sich für kurze Zeit getroffen hatten, um einander in einer einsamen Zeit Halt zu geben. Jetzt war eine von ihnen tot. War es da nicht ihre Pflicht, wenigstens zur Beerdigung zu erscheinen?

Um 9:45 Uhr rief sie Pastor Jordan an und sagte nur einen Satz: „Ich komme, aber ich werde nicht lange bleiben."

5. KAPITEL

Das kann er doch nicht machen!

Zehn Minuten nach Julias Anruf schritt Jordan auf die Bäckerei von Eddie und Dina Winter zu.

Ein Wagen fuhr vorüber, aus dessen geöffnetem Fenster ein kleiner Arm hing. „Hallo Herr Pastor!", rief ein Kind.

Jordan winkte und antwortete: „Euch einen schönen Tag, meine Lieben!"

Dann überquerte er die Straße und betrat den Laden. Das Ehepaar Winter stand sich hinter der Theke gegenüber, und sofort spürte der Pastor, dass dicke Luft herrschte.

Dina machte ein geradezu verdrossenes Gesicht. Ihr Mund war zu einem schmalen Strich verzogen, während aus Eddies Augen zornige Blitze schossen und seine Körpersprache signalisierte, dass er kurz davor war, nach irgendetwas zu greifen und damit um sich zu werfen.

„Guten Morgen", sagte Jordan an beide gewandt. „Ist etwas nicht in Ordnung?"

„Doch, alles in Ordnung", brummte Eddie und verschwand in der Backstube.

Dina zog die Schultern nach oben und wollte gerade etwas sagen, als die Ladentür erneut aufging.

Ein Mann trat ein, ruhig und selbstsicher, mit dunklem, kurzem Haar und auffallend blauen Augen. „Guten Morgen." Seine Stimme klang angenehm rau, mit niedersächsischem Einschlag.

„Guten Morgen, Herr Holz", entgegnete Jordan freundlich, dem nicht entging, dass Dina rot wurde und offenbar nicht wusste, wo sie hinsehen sollte.

In der nächsten Sekunde schon lenkte Margot, die Dorfälteste, die Aufmerksamkeit auf sich, als sie den Laden betrat, was etwas länger dauerte, weil man mit einhundertundeins Jahren halt mal nicht mehr die Schnellste ist. Glücklicherweise griff Edna Gabriel, die zur gleichen Zeit in die Bäckerei wollte, ihr resolut unter die Arme.

Kaum war die Tür hinter den beiden zugefallen, drehte sich die alte Margot in Fritz Holz' Richtung, was den dünnen, grauen Dutt auf ihrem Hinterkopf bedenklich hin- und herschwanken ließ. Ihr beinahe zahnloser Mund glich nur mehr einer Einbuchtung zwischen Hakennase und vorstehendem Kinn. „Guten Morgen, Fritz. Sag mal, was machst du jetzt eigentlich? Ich meine, jetzt wo dein Chef, der Jürgen, na ja … tot ist und die Schlachterei geschlossen."

Der Mann mit den blauen Augen hob die Schultern. „Vielleicht mache ich endlich Nägel mit Köpfen und ziehe weg aus Wittenrode. Es gibt überall Arbeit für einen fleißigen Mann. Ich denke nicht, dass ich auf dieses Kaff angewiesen bin. Kein Mensch ist das."

Die Dorfälteste wandte sich an Pastor Jordan. „Wenn das so weitergeht, bin ich bald die Letzte, die in diesem Dorf noch die Stellung hält. Entweder ziehen die Leute weg oder sie verlassen uns eines natürlichen Todes – oder sie werden umgebracht."

„Na, na", machte er.

Betont unbekümmert unterbrach Dina Winter von ihrer Seite der Ladentheke: „Zwei Stück Kuchen, wie immer, Herr Pastor?"

„Natürlich. Eins mit Schokolade und eins mit Kirsche, bitte."

Sie nickte, griff nach einer Papiertüte und machte sich daran, die Teilchen einzupacken, während Edna Gabriel von Jordan wissen wollte: „Konnten Sie eigentlich schon mit Evelyn sprechen? Sie tut mir so leid. Dass ausgerechnet ihr Sohn so grausam sterben musste …"

Der Pastor nickte und seufzte leise. „Es geht ihr natürlich gar nicht gut. Sie ist zutiefst erschüttert."

Dina reichte ihm die gefüllte Papiertüte. „Tragisch ist das. Einfach nur tragisch. Und nicht zu glauben. Macht eins achtzig."

Jordan zählte Kleingeld in seiner Handfläche ab, reichte es

ihr und wandte sich dann in Richtung Tür. „Ich muss weiter. Sie wissen ja, viel zu tun."

„Wer kümmert sich eigentlich um die Beerdigung?", fragte Edna in seinen Rücken.

„Ich", antwortete Jordan, ohne sich umzudrehen. „Ich werde mich darum kümmern. Evelyn ist dazu augenblicklich nicht in der Lage ..." Wieder machte er einen Schritt nach vorne und wollte die Tür öffnen.

„Die Beerdigung meine ich nicht", sagte Edna. „Ich meine die andere. Die von dieser ... dieser ..."

„Sie meinen die Beerdigung von Kerstin Jakob?" Nun wandte der Pastor sich doch noch einmal um. „Auch darum werde ich mich kümmern. Immerhin war auch sie ein Mitglied dieser Gemeinde. Und da diese Gemeinde meine Gemeinde ist und ich nicht möchte, dass ..." Er brach ab. „Nun ja, ich habe ihre Freunde bereits verständigt. Sie werden an der Beerdigung teilnehmen. Trotz allem noch einen möglichst angenehmen Tag, meine Damen. Auf Wiedersehen, Herr Holz."

Die kleine Schockwelle war beinahe hörbar. Alle bemühten sich geflissentlich, einander nicht in die Augen zu sehen.

„Das kann er doch nicht machen!", entfuhr es Edna. „Das ist doch ein Verbrechen! An Gott, dem Herrn, an ..." Sie brach ab.

„Du siehst doch, dass er es kann." Dina wandte sich an Fritz Holz. „Zwei belegte Brötchen, Fritz?"

Er nickte.

„Ja, aber darf er das denn überhaupt?" Edna wollte sich gar nicht mehr beruhigen. „Ich meine, darf man denn so eine überhaupt christlich beerdigen?" Sie stockte und fügte hinzu: „Also, normal ist das nicht."

Weder Dina noch Fritz Holz sagten etwas dazu. Die alte Margot verdrehte die Augen und meinte: „Geht das heute noch weiter? Ich bin über hundert Jahre alt. So viel Zeit hab ich nicht mehr."

Fritz Holz griff nach der Papiertüte, die Dina ihm reichte, und warf ihr noch einen letzten Blick zu. „Bis bald." Dann verließ er den Laden.

Dina sah ihm einen Augenblick versonnen hinterher, dann riss sie sich zusammen und wandte sich an die Dorfälteste: „Zwei Brötchen wie immer, Margot?"

Die Alte nickte. „Weiche Brötchen. Du weißt ja, ich kann nicht mehr so gut kauen."

Edna Gabriel schaute in der Zwischenzeit zu, wie ein Streifenwagen vor dem Laden hielt und Arnulf Ebeling mit seinem unproportionierten runden Bauch und einem Kopf, der eine bedenkenswerte Ähnlichkeit mit einer Glühbirne hatte, ausstieg.

Wenige Sekunden später trat er durch die Tür und sagte: „Guten Morgen, meine Damen. Gibt's noch belegte Brötchen, Dina? Schnell bitte, ich hab einen Notfall."

„Komisch", brummte Margot, „dass bei dir immer ein Notfall herrscht, wenn es ums Essen geht und du nicht warten willst, Arnulf."

„Ich bin Polizist", wandte Ebeling sich an die Alte. „Bei mir herrschen immer Notfälle."

„Wirklich? Kann mich nicht erinnern, dass du dich je um einen gekümmert hättest. Aber bitte …" Die Alte seufzte theatralisch. „Esse ich meine Brötchen eben im Himmel, da ich vorher nicht mehr dazu kommen werde."

„Mit Leberwurst?", wandte Dina sich an den Dorfpolizisten.

„Natürlich. Wie immer." Ebeling kramte in seinen Hosentaschen nach Geld. „Wenn sonst schon nichts so wie immer ist."

„Pastor Jordan wird die Kerstin christlich beerdigen", bemerkte Edna hinter ihm.

„Nun ja, das ist sein Job, nicht wahr?" Der Blick des Dorfpolizisten lag weiterhin auf dem Kleingeld in seiner geöffneten Hand. „Und immerhin ist sie ja jetzt tot."

„Ja, aber das ändert doch nichts daran, dass …" Edna suchte

ungläubig nach Worten: „Dass sie den Jürgen kaltblütig ... Also, ich meine, dass sie ihn ermordet hat. Und dass sie eine ..." Sie senkte die Stimme. „Du weißt schon. So eine war. Eine Satanistin."

Ebeling schwieg und betrachtete weiterhin die Münzen.

„Hast du heute schon in die Zeitung gesehen?", schaltete Dina sich in das Gespräch ein.

Jetzt sah Ebeling auf und nickte. „Ich fürchte, die ganze verdammte Welt hat heute Morgen in die Zeitung gesehen." Die Schlagzeile hatte sich über die gesamte Breite des oberen Teils der Seite gezogen, die Buchstaben etwa drei Zentimeter groß. Der Bericht beinhaltete einen kleinen Abschnitt über Kerstin Jakob, einen etwas größeren über den ermordeten Jürgen Jakob und einen wirklich großen Teil über das kleine Örtchen Wittenrode in Niedersachsen. Den „Teufelsort". Das „Dorf des Bösen". Ein Bild, das sich nun endgültig in alle Köpfe einbrennen würde.

„Man kann so eine ... Sache nun mal nicht geheim halten."

Dina warf Ebeling einen düsteren Blick zu. „Ja. Und jetzt wird alles wieder von vorne losgehen."

„Nichts wird wieder losgehen", widersprach er sofort. „Kalis hat sich damals umgebracht. Kerstin ist auch nicht mehr am Leben. Es wird nicht wieder losgehen."

„Hoffentlich."

Ebeling bezahlte seine belegten Brötchen und wiederholte: „Es wird nicht wieder losgehen."

„Hoffentlich", sagte Dina ebenfalls noch einmal und nahm das Geld entgegen.

Von dem, was sich im Laden abspielte, bekam Eddie Winter nichts mit. Er arbeitete in der Backstube und hing dabei seinen Gedanken nach. Er war immer noch wütend auf Dina, weil sie ihm vorhin widersprochen hatte. Das mochte er nicht. Das mochte er überhaupt nicht. Sowieso hatte er das Gefühl, dass sie sich in den letzten Wochen immer mehr verändert hatte.

Eddie lächelte kühl. Aber nein, das bildete er sich nur ein. Sie war ihm immer noch treu ergeben, wie es ihre Pflicht war als gute Ehefrau.

Er dachte an die Dina, die er vor zwanzig Jahren geheiratet hatte, damals das Prunkstück der ledigen Mädchen in Wittenrode. Zweiundzwanzig war sie gewesen, zwölf Jahre jünger als er, schön und viel eleganter als die anderen dämlichen Weiber im Ort. Außerdem war sie liebenswürdig, zurückhaltend und keine Spur eigensinnig. Eddie hingegen war schon immer geltungsbedürftig und herrschsüchtig. Vielleicht war er gerade deshalb so hingerissen von Dina – abgesehen davon, dass er Geld für seine Schulden brauchte. Dina würde die Bäckerei ihres Vaters erben und das war doch ein Geschäft, oder nicht?

Dinas Vater konnte Eddie nie leiden. Bis zu seinem Tod fand er die Beziehung zwischen ihm und seiner Tochter mehr als ungesund, was er allerdings nie aussprach. Er war schlau genug und hatte auf den ersten Blick erkannt, dass er Dina nur noch weiter in Eddies Arme getrieben hätte, hätte er gegen ihn vom Leder gezogen. Also war ihm nichts anderes übrig geblieben, als Eddie gegenüber gestelzt liebenswürdig zu sein und lediglich wie besessen zu husten, wenn er unzufrieden mit der Situation war. Da er ständig unzufrieden war, hustete er beinahe ununterbrochen. Als er dann erfuhr, dass Dina und Eddie heiraten wollten, kam er aus dem Husten gar nicht mehr heraus. Das würde nicht gut gehen. Und bereits die Hochzeit hatte die schlimmsten Befürchtungen auch schon bestätigt.

Eddie war schon bald nach der Trauung nicht mehr in der besten Laune, denn er hatte überhaupt keine Lust auf das ganze „Wittenroder Pack". Er wollte so schnell wie möglich mit Dina allein sein und sie sich nehmen. Immerhin hatte er ja lange genug darauf gewartet. Deshalb pfiff er auf jede Diplomatie, betrank sich zuerst maßlos und bot den Hochzeitsgästen dann ein Schauspiel, indem er ihnen betrunken entgegenschrie, dass er und Dina jetzt nach Hause gingen, weil er „Lust zu ficken" hätte. Kurz darauf war er mit ihr verschwunden und riss ihr zu Hause auch tatsächlich wenig romantisch den Schlüpfer herunter, um sie zu entjungfern.

Ob Dina sich ihre Hochzeitsnacht anders vorgestellt hatte, das wusste Eddie nicht. Er hatte sie nicht gefragt. Das tat er bis heute nicht. Wenn er Lust hatte oder sich langweilte, dann war sie zur Stelle. Sie war schließlich seine Frau.

Zusammengefasst könnte man sagen: Eddie liebte Dina gnadenlos und launisch.

Warum sie, die sie doch eigentlich eine grundehrbare und vernünftige Person war, ihn, der er sie beinahe von Anfang an auf jede nur erdenkliche Art und Weise hinterging, nicht längst verlassen hatte, das überstieg die Vorstellungskraft jedes logisch denkenden Menschen. Jedes Menschen, außer Eddie, denn der dachte über so etwas nicht nach. Es kam ihm nicht einmal in den Sinn, dass die Ehe für Dina schon lange ein Albtraum sein könnte. Noch nicht einmal in dem Moment, in dem sie ihn auf dem alljährlichen Schützenfest hinter einer der Schießbuden dabei erwischt hatte, wie er es mit heruntergelassenen Hosen heftig mit einer anderen Frau trieb ... noch nicht einmal da bemerkte Eddie die Anzeichen in ihren Augen. Und dabei hatte er ihr damit zum ersten Mal nicht wie üblich nur einen Nadelstich, sondern gleich einen ganzen Keulenschlag versetzt.

Aber so ist das eben, wenn sich ein Mensch für den Mittelpunkt des Universums hält. Für Eddie war klar, dass es gut war, so wie es war, und dass er und Dina sich niemals trennen würden. Diese Ehe würde nichts und niemand auseinanderbringen.

Zugegeben, dies alles hatte wenig mit Liebe zu tun. Es ging um Besitz. Dina gehörte Eddie, so sah er es und so benahm er sich. Sie gehörte ihm und weiter dachte er nicht darüber nach.

Noch nicht.

6. KAPITEL

Geister der Vergangenheit

Norbert Kämmerer, der ehemalige Polizeichef von Hannover, saß in seinem Wohnzimmer, in einem Sessel, und schloss verzweifelt die Augen. Inzwischen war er stolze 86 Jahre alt und alleine. Statt seiner Frau, die schon viele Jahre tot war, hatte längst ein anderes Wesen die Räume bezogen. Ein Wesen, das nach ihm rief und dessen Schritte auf den Dielen knarrten.

Akustische Halluzinationen. So hatte der Arzt es genannt. Bei älteren Menschen wäre das keine Seltenheit. Kämmerer jedoch wusste, dass es etwas anderes war. Er wusste, dass es irgendwo dort draußen einen Menschen mit einer unerledigten Aufgabe gab. Die Bestätigung dafür hatte er erhalten, als er heute in der Zeitung von dem erneuten Mord in Wittenrode gelesen hatte. Und jetzt ließ es ihn erst recht nicht mehr los.

Er hatte immer mit der Angst gelebt. Angst davor, dass das, was in seinem Kopf vor sich ging, eines Tages Wirklichkeit werden könnte. Und jetzt war es so weit.

Kein Frieden mehr zu schließen.

Mit niemandem.

Julia fuhr zur selben Zeit von Osten her auf Wittenrode zu und dachte darüber nach, dass das Sterben eine einsame Sache war.

Sie war schon vier Stunden unterwegs, es regnete in Strömen, die Scheibenwischer des Wagens waren auf maximale Geschwindigkeit eingestellt und dem heftigen Regen trotzdem kaum gewachsen. Die Heizung war ausgefallen und sie fror. Es war kurz vor 17:00 Uhr und die Scheinwerfer konnten das Dunkel des elend frühen Abends kaum durchdringen. Um sich weiter abzulenken, fügte Julia in Gedanken hinzu: *Das Leben ist nicht weniger einsam. Und die Liebe? Erst recht nicht.*

Sie hatte Hannover erst wenige Kilometer hinter sich gelassen und war trotzdem schon mitten auf dem Land, fuhr an Schildern vorbei mit Namen, an die sie sich vage erinnerte, über Straßen, die immer noch dieselben Schotterpisten waren wie früher. Und so wusste Julia auch, was gleich kam. Ihr Herz begann schneller zu schlagen und dann sah sie das Schild: *Wittenrode 2 km*. Sie bremste ab, nahm die nächste Kurve, und plötzlich überkam sie eine Erinnerung. Die Erinnerung daran, wie sie mit ihren Eltern an genau demselben Schild vorbeigefahren war, vor mindestens fünfundzwanzig Jahren, im Sommer, auf den Wittenroder See zu. Sie glaubte, das Lachen ihrer Eltern zu hören, was der schönste Teil der Erinnerung war, das unbekümmerte Lachen. Julia wunderte sich, wie klar es in ihr Gedächtnis eingebrannt war und wie lebendig ihre Eltern für diesen kurzen Augenblick schienen. Sie blieben so lange, wie sie an dem Schild vorbeifuhr.

Dann fiel das Bild in sich zusammen und einmal mehr schwappten Wut und Zorn in Julia hoch wie eine Flut, die sich Welle für Welle in Richtung Deichkrone kämpfte. Sie spürte es als körperliche Schmerzen, als ein Nagen im Bauch, ein Ziehen im Kopf.

In der ersten Zeit nach dem Unfall hatte sie sich eingeredet, ihre Eltern wären nicht wirklich tot. Sie war fest davon überzeugt, dass alles nur ein schrecklicher Irrtum war. Ihre Eltern waren am Leben und warteten zu Hause auf sie. Ja, Julia war davon überzeugt gewesen, dass sie ihre Eltern antreffen würde, wenn man sie nur zurück nach Hause gelassen hätte. Aber man ließ sie nicht. Und spätestens bei der Beerdigung hatte sie den Glauben daran dann auch endgültig verloren. Und auch allen anderen Glauben.

Julia zwang sich in die Realität zurück. Gleich würde es dort oben auf dem Berg zu sehen sein. Sie sah nach oben und, ja, da war es. Gelbe Lichter gaben sich alle Mühe, über den dichten Regen hinweg zu leuchten, und sie stellte fest, dass das große

Haus immer noch genauso beeindruckend war wie früher. Etwas weiter links befand sich die alte Burgruine und dazwischen die kleine alte Kapelle.

So lange Julia denken konnte, gab es dieses Bild, standen das Waisenhaus, die Kapelle und die verwitterte Burg nebeneinander dort oben. Der Wagen kam gefährlich ins Schleudern und sie fluchte: „Scheiße, verdammte!" Der Fluch galt der ganzen Welt, aber vor allem dem Waisenhaus, und als sie einen Gang herunterschaltete, fiel ihr auf, dass aus dem Zittern ihrer rechten Hand mittlerweile eine tiefe Lähmung geworden war. Der Linken wäre es nicht besser ergangen, hielte sie nicht mit weißen Knöcheln das Lenkrad umklammert.

Jeder in dieser Gegend wusste, dass das Haus dort oben stand und was es zu bedeuten hatte. Doch es wurde ignoriert. Geleugnet. Ein unsichtbares Haus. Ein Haus, von dem alle nur hinter vorgehaltener Hand sprachen. Ein Haus, in dem so manches Kind verschwunden war. Für Jahre.

Natürlich wusste Julia, dass sie unfair war. Die Menschen dort oben waren gute Menschen. Sie hatten alles für sie getan – und nicht nur für sie – und nichts dafür erwartet. Sie hatten es ihr ermöglicht, ihr Leben sinnvoll zu gestalten. Eben das Beste aus dem zu machen, was ihr geblieben war. Sie hatte lange aufbegehrt und doch irgendwann verstanden, dass sie Kompromisse eingehen musste. Und so fühlte sich ihre Erinnerung ab einem bestimmten Zeitpunkt an wie die anderer Menschen auch: verschiedene Stationen des Lebens, von Zufällen bestimmt, vielleicht auch vom Schicksal beeinflusst, irgendwo zwischen neurotisch und normal, zwischen gewöhnlich und verzweifelt. Sie hatte all die Dinge getan, die niemand tun sollte und die doch jeder tat. Sie fühlte sich schuldig und auch wieder nicht. Und dann, mit achtzehn, war sie förmlich aus dem Waisenhaus geflohen. War nach Hannover gegangen, zur Polizei. Nur weg von Wittenrode und all dem …

Vierzehn Jahre war das inzwischen her. Und nun war sie wieder hier. Ein ganz merkwürdiges Gefühl. Als wäre sie nie weg gewesen.

Und doch gab es einen entscheidenden Unterschied. Sie war jetzt kein Kind mehr.

Sie war nicht mehr zehn Jahre alt.

7. KAPITEL

Verlogenes Pack

Knirschend fuhr der Spaten in die Erde. Einmal und noch einmal.

Obwohl es all seine Kraft erforderte, das Grab auszuheben, ging Adam Adaj die Arbeit leicht von der Hand. Dasselbe, was auch schon sein Vater und sein Großvater getan hatten. Friedhofsgärtner, das lag bei ihnen in der Familie.

„Ich verstehe die Toten und die Toten verstehen mich", sagte Adaj immer, wenn ihn jemand danach fragte, ob ihm die Arbeit denn wirklich Spaß mache. Warum sollte sie ihm keinen Spaß machen? Er war gerne draußen und er mochte es, sich zu bewegen. Mehr brauchte es für ihn nicht.

Er setzte den Spaten ab, als er bemerkte, dass er nicht mehr alleine war.

„Ist es nicht wunderbar friedlich hier draußen?", sagte der Besucher und sah sich für einen Moment zwischen den einzelnen Gräbern um. Dann legte er seine Aufmerksamkeit wieder auf den Friedhofsgärtner. „Hast du dich inzwischen entschieden?"

„Verlogenes Pack." Adaj spuckte aus. „Einmal Mörder, immer Mörder. Verschwinde. Ich lass mich nicht mehr erpressen."

„Niemand will dich erpressen, Adam. Du sollst dir nur über die Bedeutung deines Handelns im Klaren sein."

Adaj kletterte aus dem Grab und baute sich vor der Gestalt auf. „Und was ... willst du machen, wenn ich den Mund nicht länger halte, hm?"

Die Gestalt zog ein langes Messer unter dem Mantel hervor. Die Spitze zeigte gefährlich in seine Richtung. „Du weißt genau, was dann passiert."

Wilhelm Raddatz, der Bürgermeister von Wittenrode, starrte zur gleichen Zeit auf einen Zettel, der vor ihm auf dem Schreibtisch lag. Dabei drückte er sich ein weißes Stofftaschentuch wie eine Kompresse gegen die Stirn und tupfte sich damit die Schweißtropfen ab. Keine fünf Sekunden später griff er nach einem Glas mit Pflaumenschnaps und schleuderte es quer durch den Raum. Befriedigt stellte er fest, dass es genau in der Mitte der Tür landete.

Ich treffe immer. Und warum treffe ich immer? Weil ich zielgenau handele. Deshalb treffe ich auch immer die richtigen Entscheidungen. Und weil ich immer die richtigen Entscheidungen treffe, habe ich es bis dahin gebracht, wo ich heute bin. Ich habe ein großes Haus mit einem großen Garten und ich bin der Bürgermeister.

Raddatz lehnte sich in seinen Sessel zurück, zündete sich seine Pfeife an und legte die Füße auf den Tisch.

Vielleicht bin ich primitiv. Na und? Immerhin habe ich stets bekommen was ich will. Nur die Stärksten überleben, so ist es immer gewesen.

Und immerhin war ich stets bemüht, den Wohltäter zu spielen, väterlich besorgt um die Zukunft jedes einzelnen Bürgers in Wittenrode. Ich habe niemals jemanden in die Irre führen wollen, im Gegenteil, ich wollte immer nur helfen. Dass ich dabei vor allem mir selbst geholfen habe, nun ja … Ich muss schließlich auch sehen, wo ich bleibe.

Ich bin, wer ich bin. Und das bin ich, weil ich immer alles richtig gemacht habe. Und weil ich immer alles richtig mache, werde ich auch jetzt keinen Fehler machen. Denn wenn ich einen Fehler mache, dann könnte das meinen Tod bedeuten. Vielleicht nicht sofort, vielleicht nicht morgen, aber irgendwann wird er auf mich warten. Und dann wird er auch mir die Kehle durchschneiden.

Raddatz nahm die Füße vom Tisch, beugte sich noch einmal nach vorne und las die kurze Nachricht ein weiteres Mal durch. Dann griff er nach dem Zettel, zerriss ihn in kleine Stücke und warf ihn in den Papierkorb.

8. KAPITEL

Das Spiel beginnt

Wittenrode hatte nur etwa vierhundert Einwohner (davon über fünfzig Prozent dem Tod näher als dem Leben und die Kinder vom Waisenhaus mitgezählt, die Statistik würde sonst noch düsterer ausfallen) – trotzdem reichte es aus, um sich zu verfahren. Julia musste an einem verfallenen Bauernhof wenden, fand dann endlich die Abzweigung, die in die Ortsmitte führte, bog nach rechts ab und fuhr an einem Gebäude vorbei, auf dessen Front in bedrohlichem Schwarz stand: *GRUND-SCHULE.*

Sie fuhr weiter, einen Schotterweg entlang, überholte einen Traktor, und dann, endlich, tauchte die schmale Hauptstraße vor ihr auf. Sie passierte ein paar Geschäfte, wie sie in jedem kleineren Ort zu finden sind: ein Friseur, eine Bäckerei, eine Kneipe, eine – geschlossene – Schlachterei, und musste hart abbremsen, als ein paar Kinder gedankenlos die Straße überquerten.

Julia blinzelte, gab wieder Gas und dachte erneut an Kerstin. Wie lange hatte es wohl gedauert, bis sie tot war? Und was hatte sie dabei empfunden? Hatte sie sich für den Bruchteil einer Sekunde gefragt: Was, zum Teufel, mache ich hier eigentlich? Hatte sie vielleicht doch noch nach Halt gesucht? *Eben bist du noch am Leben, in der nächsten Sekunde bist du tot. Ein Schritt genügt. Aus.*

Aber es gab noch viel mehr Fragen, die Julia beschäftigten. Zum Beispiel, ob Kerstin neue Freunde gefunden hatte, nachdem das „Kleeblatt" sich in alle Richtungen zerstreut hatte? Und ob sie ihrem Mann alles – wirklich alles – von sich erzählt hatte? Hatte sie all ihre Geheimnisse mit ihm geteilt? Julia glaubte nicht daran. Irgendetwas hielt jeder zurück. Bei dem einen war es vielleicht nur etwas ganz Kleines, bei dem anderen war es ein regelrechter Dämon, der irgendwo tief in der Seele vergraben saß. Jeder Mensch tat sein Bestes, aber nicht alle waren dazu geschaffen, mit Schuld leben zu können. Kerstin war es offenbar nicht.

War sie einsam gewesen? Sie war einsam gestorben, das stand fest. Julia seufzte. Einsam, aber mutig, denn Kerstin musste große Angst vor dem gehabt haben, was nach ihrem Tod auf sie zukommen würde. Sie waren im Waisenhaus im Glauben an den Himmel erzogen worden und an sein Gegenstück, die Hölle, die gleich große und entgegengesetzte Kraft. Selbstmord war ihnen als Sünde verkauft worden. Und was geschah mit einem Sünder? Trotzdem hatte Kerstin keinen anderen Ausweg gesehen und von ihrem Leben Abschied genommen. Für immer.

Wie viele Geheimnisse hast du mitgenommen, Kerstin? Wie viele Geheimnisse, von denen nun niemand erfahren wird?

Als sie fünf Minuten später ihren Wagen auf einem Parkplatz abstellte, der „Nur für Gäste der Pension" reserviert war, blieb Julia noch einen Moment im Wagen sitzen und blinzelte in den schräg fallenden Regen. Das Gefühl, das sich ihr in den nächsten Sekunden aufdrängte, war gleichzeitig vertraut und fremd: ein inneres Feuer, ein regelrechter Brand. Es kam von einem Punkt zwischen Magen und Brustkorb und legte alles in Schutt und Asche.

Unfassbar, dachte sie bei sich. *Unfassbar, dass ich tatsächlich wieder hier bin.*

Sie versuchte eine Zigarette an den Mund zu führen, doch ihre rechte Hand gehorchte ihr immer noch nicht. Sie versuchte die Finger zu spreizen, aber nicht das geringste Zittern verriet, dass das Signal des Gehirns durchdrang. Nichts.

Und so blieb sie sitzen, zwei Minuten, drei, bis sie sich förmlich dazu zwang auszusteigen – und sofort spürte sie Blicke auf ihrer Haut.

Sie drehte sich um, doch es war nirgendwo jemand zu sehen. Nur eine schwarze Katze, die durch die leere Straße streunte.

Instinktiv suchte Julia mit den Augen die Fenster der umliegenden Häuser ab.

Lieber Himmel! Ich bin noch keine fünf Minuten wieder hier und drehe schon durch.

Entschlossen straffte sie die Schultern und betrat die Pension.

Wenn sie gewusst hätte, wie recht sie mit ihrem Gefühl hatte, beobachtet zu werden.

Nachdenklich stand er hinter dem Vorhang, sah, wie Julia in der Pension verschwand, und in seinem Kopf herrschte dabei eine ungewöhnliche Stille.

Dann lächelte er das erste Lächeln des Tages, dachte darüber nach, wie er nun weiter vorgehen sollte.

Er dankte dem Schicksal, dass es ihm in die Hände gespielt hatte. Bis gestern hatte er noch vor dem schier unlösbaren Problem gestanden, wie man Julia Wagner dazu bewegen konnte, zurück nach Wittenrode zu kommen – an den Ort, den sie mehr hasste als irgendetwas sonst auf der Welt. Und das, ohne einen Verdacht zu erregen.

Er lächelte das zweite Lächeln des Tages.

Das Problem hatte sich mit Kerstins Selbstmord ganz von alleine gelöst.

Jetzt aber gab es das nächste Problem: Julia war wie ihr toter Vater – unberechenbar. Genau das war aber gleichzeitig auch ihre Schwäche. Sie liebte ihren Daddy, himmelte ihn an, auch – oder erst recht – über seinen Tod hinaus. Und genau da würde er sie packen.

Er verzog die Lippen zum dritten Lächeln des Tages.

Er würde ihre Seele brechen. Er konnte das, denn er wusste, wie es ging. Er presste die Stirn an die kühle Fensterscheibe, und für einen Moment schien es, als würde die Zeit stillstehen.

Ihm war klar, dass sein Plan immer noch schiefgehen konnte. Es war durchaus möglich, dass sie schon in der nächsten Sekunde ihre Koffer wieder packte und davonfuhr, ohne sich noch einmal umzublicken.

Eben unberechenbar.

Abwarten.

Mit Besessenheit und Liebe zum Detail begann er zu planen und Rollen zu besetzen. So lange, bis das Stück perfekt war.

„Willkommen zu Hause", flüsterte er und lächelte das letzte Lächeln des Tages.

9. KAPITEL

Alles ganz anders

„Die Edna, die hört das Gras wachsen", so redeten die Einheimischen über Edna Gabriel, die Putzfrau. Und sie hatten damit nicht unrecht. Während sie den Teppich im Speiseraum der Pension saugte, dachte Edna darüber nach, dass sie gar nicht nachzählen mochte, wie viele Jahre sie in Wittenrode das Gras schon wachsen hörte. Sie saugte in der Ecke und seufzte dabei leise auf. Wie sehr wünschte sie sich ihren verstorbenen Mann zurück, und wenn es nur für ein paar Tage gewesen wäre. Mit wem sollte sie über ihre Ängste und Beobachtungen sprechen, wenn nicht mit ihm? Blieb nur Pastor Jordan. Und das hatte Edna dann auch getan.

Sie war zu ihm gegangen und hatte ihm gesagt, dass sie den Teufel gesehen hatte. Oder ... Nun ja, zumindest glaubte sie, ihn gesehen zu haben. Seinen Schatten. Bei sich zu Hause. Im Badezimmer.

Jordan hatte nur die Augenbrauen gehoben und nichts gesagt.

„Ich schwöre", beharrte Edna. „Ich habe ihn gesehen."

„Frau Gabriel", hatte Jordan gedehnt und ohne das kleinste Lächeln angesetzt. Im Grunde war der Pastor ein gut gelaunter Mensch, der gerne lachte, aber wenn es um solche Themen ging, dann war er immer vollkommen ernst und konzentriert. Nun ja, das gebot wahrscheinlich die Ernsthaftigkeit des Themas. Da galt es, höchst aufmerksam und kritisch zu bleiben. „Was macht Sie so sicher, dass er es war?"

„Ich habe es gespürt."

Jordan nahm den Blick nicht von Edna. „Sie wissen, man sollte vorsichtig sein mit solchen Dingen. Sonst fängt man an, sich auf das zu verlassen, was man zu spüren glaubt, und kann dadurch in die Irre geführt werden. Ich will damit sagen, dass es gefährlich ist, sich auf ein vermeintliches Gespür zu verlassen. Das Gefühl der gesteigerten Wahrnehmungsfähigkeit kann selbst eine Täuschung sein. Wir müssen Disziplin wahren und Gottes Gebote achten, das ist unsere größte Stärke."

Edna verstand kein Wort, nickte aber heftig.

„Stellen Sie immer Ihre Vernunft über Ihre Intuition", redete Jordan weiter. „Hüten Sie sich vor Eingebungen."

„Aber wenn es nun eine göttliche Eingebung ist?", wollte Edna wissen.

Jordan nahm den Blick immer noch nicht von ihr. „Wie beurteilen Sie, dass sie göttlich ist?"

Edna erstarrte. „Also war es doch der Teufel."

Daraufhin herrschte erst einmal Schweigen.

„Was ich sagen will", setzte Jordan dann noch einmal an, „ist, dass wir uns stets bemühen müssen, den wahren Gott zu erkennen. Das Böse erzählt uns Lügenmärchen. Das Böse erscheint uns plausibel. Wir müssen uns vor allem hüten, was man als Fehlinformation bezeichnen könnte."

Edna nickte wieder heftig, obwohl sie immer noch nichts verstand.

„Es ist wichtig, das richtige Augenmaß nicht zu verlieren, Frau Gabriel", redete Jordan weiter. „Wenn wir solche Erscheinungen dramatisieren, wenn wir mit fuchtelnden Armen gegen die Mächte der Finsternis wettern, wenn wir sie zu wichtig nehmen ... dann ist das zu viel der Ehre."

„Sie meinen also, ich habe gar nichts gesehen?", fasste Edna zusammen.

„Es ist sehr viel passiert in den letzten Tagen", sagte Jordan und erhob sich. „Trotzdem hätte ich es gerne, dass Sie bei der nächsten Versammlung dabei sind. Vorsorge ist besser als die Sorge danach, nicht wahr?"

Die Rezeption war nicht besetzt. Julia betrat den Frühstücksraum, wo eine hagere Frau in einer blauen Kittelschürze einen Staubsauger über den ausgeblichenen Teppich schob.

Die Wände waren mit braunem Holz vertäfelt und wirkten ausgesprochen bedrückend. Julia konnte sich nur schwer vorstellen, hier mehr Zeit als nötig zu verbringen. Sie rief der Frau in der Kittelschürze etwas zu, aber die hatte ihr den Rücken zugewandt und hörte sie nicht. Erst als sie ihr auf die Schulter tippte, schrak die Frau zusammen und schaltete den Staubsauger aus. „Meine Güte, haben Sie mich erschreckt!"

„Entschuldigung. Mein Name ist Julia Wagner. Ich hatte heute Nachmittag angerufen, wegen eines Zimmers."

Edna zuckte mit den Schultern. „Ich bin hier nur die Putzfrau. Warten Sie, ich hole die Chefin." Damit verschwand sie in einem Hinterzimmer und kehrte mit einer Frau um die fünfzig, das Haar weißblond und so hell, dass es silbrig schimmerte, wieder. Sie saß in einem Rollstuhl und ihre Beine waren in eine Decke eingeschlagen. Aufmerksam sah sie Julia aus hellen blauen Augen an.

„Julia Wagner", sagte Julia noch einmal. „Ich hatte heute Nachmittag angerufen, wegen eines Zimmers."

Die Frau nickte. Mit der Routine eines Menschen, der es nicht anders gewohnt war, bewegte sie ihren Rollstuhl hinter die Empfangstheke. „Mein Name ist Ursula Faber. Sie sind hier wegen der Beerdigung, richtig?"

Julia nickte.

„Das ist eine wirklich tragische Geschichte." Während die Besitzerin der Pension ein Buch aufschlug und ein paar Eintragungen machte, fügte sie ohne aufzusehen hinzu: „Ihre beiden Freunde sind im Ort unterwegs." Dann reichte sie einen Schlüssel über den Tresen. „Gehen Sie bis zum Ende des Ganges. Dort ist eine Treppe, die nach oben zu den Zimmern führt. Ihres ist ganz hinten links."

Damit war das Gespräch beendet und Julia machte sich auf den Weg nach oben.

Als sie das Zimmer betrat, stellte Julia fest, dass auch hier schon lange kein Geld mehr für eine Renovierung ausgegeben worden war.

Die Wände zierte eine rosa Blümchentapete, links stand ein altes Holzbett, dessen Bettdecke ein Rosenmuster zeigte, gegenüber eine alte Couch, ein ebenso alter Sessel mit Schottenkaromuster und ein kleiner runder Tisch. Die Lampe an der Decke summte und sirrte und es gab zwei billige Picassodrucke an den Wänden und einen runden Spiegel mit abgeplatztem Goldrand. Auf dem Nachttisch stand ein altertümliches, schwarzes Telefon, das in jedem Agatha-Christie-Krimi eine perfekte Mordwaffe abgegeben hätte. Julia inspizierte das Gerät einen Moment irritiert, dann trat sie hinaus auf einen kleinen Balkon. Der Wald gegenüber wirkte bedrohlich bei dem grauenhaften Wetter.

Vielleicht, überlegte sie, ist das ja alles nur eine Halluzination. *Vielleicht spielt sich das alles nur in meinem Kopf ab. Vielleicht wache ich morgen früh auf, bin wieder an der Ostsee, Kerstin ist noch am Leben, und Pastor Jordan hat nie angerufen.*

Sie ließ die Balkontür offen, um das Zimmer durchzulüften, ging wieder hinein und betrachtete sich im Spiegel an der Wand. Ihr Gesicht war blass und ihre Augen wirkten in diesem Moment nicht mehr hellbraun, sondern schwarz. Sie wandte sich ab, schritt zum Bett, ließ sich auf die Kante sinken – und zuckte zusammen, als das Zimmertelefon klingelte.

Einen Moment starrte Julia das Telefon an und das Telefon starrte zurück. Dann nahm sie ab. „Hallo?"

Am anderen Ende war nur ein leises, gleichmäßiges Atmen zu hören.

Falsche Nummer, entschied sie und legte auf.

Zeit, es anzugehen und sich selbst zu einem Teil dieser vermeintlichen Halluzination zu machen.

Gerade wollte Julia das Zimmer wieder verlassen, als das Telefon erneut klingelte. Zornig nahm sie den Hörer noch einmal ab und zischte: „Was?"

Am anderen Ende meldete sich eine männliche Stimme. „Julia?"

„Pastor Jordan? Haben Sie eben schon mal angerufen?"

„Nein."

„Und woher wissen Sie, dass ich schon da bin?"

„Ich bitte dich, Julia, wir befinden uns in Wittenrode. Die Leute wussten, dass du im Ort bist, noch bevor du es selbst wusstest." Er sagte es, als sei es das Natürlichste der Welt. „Wollen wir uns in einer halben Stunde treffen? Ist das in Ordnung für dich?"

„Natürlich. Und wo?"

„Im ‚Eck'. Das ist die Dorfkneipe, falls du dich noch erinnerst. Dort kann man gut sitzen und reden."

„Okay", sagte Julia. „In einer halben Stunde bin ich da."

10. KAPITEL

Hexe

Sie hatte beschlossen, den Weg zu Fuß zu gehen. Dann konnte sie sich wenigstens mit gutem Gewissen betrinken, je nachdem, wie die nächsten Stunden verliefen. Und da machte Julia sich wenig Hoffnung.

Es bedurfte nicht viel, um hier Angst zu bekommen. Genau genommen bedurfte es überhaupt nicht viel, diesen Ort als bedrohlich und unheimlich zu empfinden, auch ohne all die Erinnerungen, die die Fantasie beflügelten.

Für einen Moment blieb sie stehen, sah sich auf der Straße um und stellte fest, dass außer ihr kein Mensch unterwegs war. Wie eine Filmkulisse, dachte sie bei sich und betrachtete die weiß verputzten Häuser mit den dunklen Fenstern, die aussahen, als hätte sie jemand – ohne Sinn und Plan – wie Salzkörner einfach links und rechts an die Straße gestreut.

In der nächsten Sekunde durchbrach ein unvermitteltes und ungewöhnlich lautes Fluchen die Stille. Eine wahrhaft reiche Vielfalt an Schimpfwörtern, die auf großen Zorn hindeuteten.

Julia wandte sich um und entdeckte eine kräftige Frau um die fünfzig, mit grauem Haar, das zu einem Pferdeschwanz zusammengebunden war. Sie trug dunkle Cordhosen und schlammige Stiefel und reckte die Fäuste gen Himmel. Die Tür zu dem Haus, vor dem sie stand, stand offen, was nahelegte, dass sie gerade dort herausgekommen war.

Einen Moment kämpfte sie mit sich, dann machte Julia ein paar Schritte auf die fremde Frau zu. Die wandte den Kopf und stellte fest: „Sie sind nicht von der Polizei."

„Nein. Ich kam zufällig vorbei und dachte, Sie bräuchten vielleicht Hilfe."

„Verdammt noch mal, ja, ich brauche Hilfe!", zischte die Frau. „Sehen Sie selbst!" Sie trat zur Seite, sodass der Blick auf die weiße Hauswand frei wurde, die von dem überdimensional großen Wort *HEXE* verunziert wurde, das offenbar gerade erst aufgesprüht worden war. Jedenfalls roch die Farbe noch frisch.

„Vandalismus!", zischte die Frau. „Reiner, bösartiger Vandalismus! Wo bleibt die Polizei, wenn man sie braucht?"

Im selben Moment fuhr ein Streifenwagen um die Ecke. Ein kräftiger Polizist mit birnenförmigem Schädel stieg aus und kam auf sie zu.

„Na, da haben Sie ja die Hilfe, die Sie benötigen", stellte Julia fest und wollte sich umdrehen, um weiterzugehen.

„Nein, warten Sie!" Die Frau griff nach ihrem Arm. „Ich möchte, dass Sie hierbleiben. Bitte."

Julia hob die Augenbrauen. „Warum?"

„Ich möchte, dass Sie sich ansehen, wie einem hier von der Polizei geholfen wird."

Am Ende hatte sie sich, so gut es ging, zurückgehalten, und die Frau, von der Julia inzwischen wusste, dass sie Paula von Jäckle hieß, beruhigte sich immerhin so weit, dass sie einigermaßen zusammenhängend über die Situation berichten konnte. Sie war gerade erst nach Hause gekommen, erzählte sie, und hätte dann die Bescherung gesehen. Nachdem sie ins Haus gerannt war, um die Polizei zu verständigen, und dann wieder nach draußen, um sich die Sache noch einmal genauer anzusehen, war diese junge Frau dort vorbeigekommen … An der Stelle lenkte ein ausgestreckter Zeigefinger die Aufmerksamkeit des Polizisten auf Julia, die sich nach Kräften bemühte, den Anschein der unbeteiligten Dritten zu erwecken, die sie ja schließlich auch war. Der Polizist, von dem sie inzwischen wusste, dass er Ebeling hieß, sah sie einen Moment prüfend an und wollte dann wissen: „Wie war noch mal Ihr Name?"

Julia sagte es ihm und für einen kurzen Moment schien er sich zu verspannen. Doch es war wirklich nur ein ganz kurzer Moment, in dem er sie taxierte, und zu welchem Urteil er dabei kam, war nicht zu erkennen. Dann wandte er sich wieder an Paula von Jäckle. „Hast du nichts mitbekommen?", wollte er wissen.

Nein, meinte Paula, sie hätte nichts mitbekommen. Sie wäre ja auch gar nicht da gewesen. „Heute Nachtmittag, als ich wegfuhr, stand das da noch nicht auf meiner Hauswand", stellte sie fest. „Und ich kann mir auch nicht vorstellen, dass, wer auch immer dahintersteckt, mutig genug wäre, das anzurichten, während ich im Haus bin."

Ebeling machte sich nicht einmal die Mühe, die Aussage mit ein paar Notizen festzuhalten. Er atmete lediglich einmal tief ein und dann langsam wieder aus, ehe er die nächste Frage stellte: „Hast du dich kürzlich mit jemandem gestritten?"

„Gestritten?", fuhr Paula auf. „Hier im Dorf? Nicht mehr als üblich."

„Dann waren es vermutlich Kinder, die sich einen kleinen Spaß erlaubt haben."

„Kinder?", zischte Paula. „Ganz bestimmt waren das keine Kinder. Das weißt du so gut wie ich, Ebeling."

Der Polizist lächelte dünn. „Du weißt, dass dein ... Hobby vielen im Ort schwer im Magen liegt. Und gerade jetzt trägt es nicht gerade zur Beruhigung der Gemüter bei."

„Das ist nichts als das Geschwätz böswilliger Leute, die nichts Besseres mit sich anzufangen wissen, als anderen Schlechtes nachzusagen. Wozu braucht man Feinde, wenn man solche Mitbürger hat?" Paula verstummte, um Atem zu schöpfen.

Ebelings dünnes Lächeln blieb ungebrochen.

„Ich sagte, wozu braucht man Feinde, wenn man solche Mitbürger hat?", wiederholte Paula.

„Ich hab es gehört", gab Ebeling zurück. „Hör zu, nimm es als üblen Scherz, mach es weg, und halt dich in Zukunft ein wenig zurück. Mehr kann ich dir im Augenblick nicht raten." Seine gesamte Mimik war die eines Mannes, der einen Auftrag hinter sich gebracht hatte, der in seinen Augen von vornherein zum Scheitern verurteilt war.

„Sehen Sie, genau das meine ich!", polterte Paula in Julias Richtung, nachdem er mit dem Streifenwagen wieder aus ihrem Blickfeld verschwunden war. „Und dafür zahle ich meine Steuern! Das ist doch nicht in Ordnung!"

„Ich würde sagen, er hat sich die größte Mühe gegeben, so zu tun als würde ihn die Sache interessieren." Julia konnte sich einen kleinen Anflug von Sarkasmus in der Stimme nicht verkneifen. „Melden Sie es am besten Ihrer Versicherung." Sie sah auf die Uhr. „Ich muss jetzt wirklich …"

„Natürlich." Paula blickte sie jetzt aufmerksam an. „Danke, dass Sie geblieben sind. Wie sagten Sie, war Ihr Name?"

„Julia Wagner."

Als hätte sie der Blitz getroffen, richtete Paula sich auf. „Nein!"

Noch einmal sah Julia auf die Uhr. „Hören Sie, ich muss jetzt wirklich …" Als sie Schritte hörte, wandte sie sich um und erkannte zuerst den schwarzen Anzug mit dem weißen Kragen, dann den dazugehörigen schlanken Mann mit dem dunklen, leicht angegrauten Haar. Fast eine feminine Schönheit, die mehr an einen – etwas in die Jahre gekommenen – Rockstar erinnerte als an einen katholischen Pastor.

Der Mann lächelte. „Hallo Julia. Hat es dir die Sprache verschlagen?"

Julia lächelte zurück. „Pastor Jordan."

„Ich war gerade auf dem Weg ins ‚Eck', als ich dich hier stehen sah. Wollen wir? Oder hast du hier noch etwas zu erledigen?"

Julia schüttelte den Kopf. Noch ein letztes Mal drang Paula von Jäckles Stimme in ihr Bewusstsein: „Wir müssen miteinander reden, Frau Wagner. Hören Sie? Es ist wichtig! Ich habe Ihnen etwas sehr Wichtiges mitzuteilen! Melden Sie sich bei mir!" Dann nickte sie Jordan kurz zu, ehe sie im Haus verschwand.

11. KAPITEL

Stille Hoffnung, leise Drohung

Seit über einer Stunde putzte Petra Hagen nun schon unglücklich die Küche. Sie stand so sehr neben sich, dass sie beinahe vergaß, das Abendessen rechtzeitig in den Ofen zu schieben. Gott sei Dank ist er noch in der Kneipe, dachte sie bei sich und sah ihn vor sich, den grobschlächtigen Mann, der am Tresen saß und sich betrank, wie er es immer tat. Ihren Vater, Knut Hagen.

Sie versuchte sich zur Ordnung zu rufen, zur Ruhe zu kommen, indem sie ganz langsam durch die Nase atmete.

„Du musst nicht tun, was er dir sagt. Du bist erwachsen."

Worte, an die Petra sich klammern wollte. Aber so einfach war es leider nicht. Sie spürte, wie es ihr in den Zähnen wehtat, wenn sie an ihren Vater dachte. Man mochte allen anderen etwas vormachen können, sich selbst etwas vormachen konnte man nicht.

„Petra, die Fliege", das war sie. Immer unauffällig, wie die sprichwörtliche Fliege an der Wand, die zwar alles hört, der man aber keinen Blick schenkt.

Bei den Hagens fand ohnehin niemand Geschmack an unnötigen Gesprächen. Schon gar nicht Petras Vater, das Familienoberhaupt, das niemals in seinem Leben weiter als vom Hof bis zur Kneipe gekommen war. Verschlossen wie ein Geldtresor, das war er, und wen er übersah, der existierte nicht für ihn. Auch ein Wittenroder Talent, das nicht erlernt werden konnte.

Wenn Petra als Kind geweint hatte, dann meinte ihr Vater, dass sie das gefälligst in ihrem Zimmer tun sollte. Vor anderen mache man sich mit dem Geheule nur lächerlich. Petra wunderte sich, dass ihre Eltern zu den „anderen" zählten. Denn wenn ihre Eltern die „anderen" waren, wer gehörte dann zur Familie? Aber sie hatte die Lektion gelernt. Sie hatte nichts vergessen, besaß ein gutes Gedächtnis. Ein ausgezeichnetes sogar.

Noch heute erinnerte sie sich an eine Weihnachtsfeier in der Schule. Damals war sie acht Jahre alt gewesen und ihre Eltern erlaubten es ihr nicht, daran teilzunehmen. Es gäbe genug Arbeit auf dem Hof, meinte Knut Hagen, und Petra hatte sich schon damit abgefunden, als das Telefon klingelte und ihre Klassenlehrerin Frau Baakes anrief. Ohne sich auf eine Diskussion einzulassen, kündigte sie an, sie werde das Kind um 14:00 Uhr abholen. Und erschien dann auch tatsächlich um die besagte Zeit. Weder ihr Vater noch ihre Mutter legten sich mit der resoluten Lehrerin an. Sie wechselten lediglich ein paar Blicke.

Erstaunlich, dass Frau Baakes sich so für sie eingesetzt hatte, fand Petra noch heute, denn schüchtern und wenig selbstbewusst wie sie nun mal war, fand sie – selbst nach langem Nachdenken – noch heute keinen Grund, warum jemand sie mögen sollte. Sie empfand sich selbst als farblos, was sie auch tatsächlich war. Zu blass, zu dünn, die Augen wässrig, und zu all dem mangelte es Petra an Fantasie und Lebensfreude – was daran liegen mochte, dass es in ihrem bisherigen Leben nur wenig Freude gegeben hatte.

Ihre Mutter war gestorben, als sie zehn Jahre alt war, und in den Jahren darauf wurde ihr Vater immer launischer, tyrannischer, selbstsüchtiger. Was immer sie für ihn tat, es wurde kritisiert oder gar nicht erst beachtet.

So wurde das Leben außerhalb Wittenrodes mehr und mehr zu einer Fiktion für Petra. Unwirklich. Unerreichbar. Sie sah immer schlechter aus, genau genommen geradezu leichenhaft, was ihrem Vater nicht auffiel, dafür aber Margot, der Dorfältesten, bei einem der wenigen Male, die sie sich im Ort begegneten. Die Alte befand, dass das Mädchen etwas mehr Spaß bräuchte, aber Knut Hagen befand, dass seine Tochter weiß Gott genug Spaß hätte.

So begann Petra irgendwann an Flucht zu denken. Ein Zimmer oder eine kleine Wohnung in sicherer Entfernung vom Hof ihres Vaters, irgendwo in der Stadt, das wär's gewesen. Aber so etwas erforderte Mut und noch mehr Durchsetzungsvermögen. Über beides verfügte Petra nicht und trotzdem hatte sie an einem Abend, bei einem der unzähligen schweigsamen Abendessen, gewagt, es auszusprechen. Und wenn sie hundert Jahre alt werden würde, was sie sich nicht wünschte, sie würde diesen Abend nicht vergessen.

„Ich denke darüber nach, wegzugehen und eine Ausbildung zu machen", hatte sie gesagt.

Mit einer einzigen Bewegung hatte Knut Hagen daraufhin seinen Teller zur Seite gewischt, so heftig, dass er vom Tisch gefallen und auf dem Boden zersplittert war. „Du gehst nirgendwo hin." Dann war er aufgestanden und verschwunden und Petra war allein in der Küche sitzen geblieben. In diesem Moment wünschte sie sich zum ersten Mal, wenn auch nur für einen kurzen Moment, dass ihr Vater sterben würde. Dieser Gedanke war jedoch so schnell wieder verflogen, wie er gekommen war. Und wahrscheinlich hätte sie es sogar dabei belassen, wenn, ja wenn …

„Vielleicht kann ich eines Tages ja doch noch glücklich werden", flüsterte sie sich selbst zu. „Vielleicht gibt es ja doch Gerechtigkeit."

Sie spürte, wie ihre Augen feucht wurden, aber sie verbot es sich zu weinen, flüsterte nur noch einmal: „Vielleicht."

Knut Hagen ahnte nichts von dem, was in seiner Tochter vorging. Selbst wenn er es geahnt hätte, es hätte ihn nicht interessiert. Er saß, einem Rausch gefährlich nahe, mit Wilhelm Raddatz an einem der Tische im „Eck", als Eddie Winter die Kneipe betrat.

Der Bürgermeister hob eine Hand. „Hier!"

Eddie nickte, kam zu ihnen und nahm auf einem der freien Stühle Platz.

„Trink was", sagte Hagen und klopfte ihm dabei auf die Schulter. „Bist noch viel zu nüchtern."

„Was für dich zur Abwechslung auch mal nicht schlecht wäre", bemerkte Raddatz mit düsterem Blick in seine Richtung.

„Ach was." Hagen winkte ab und gab dem Wirt ein Zeichen.

Keine zwei Minuten später legte Eddie eine Hand um ein kühles Bierglas und grinste. „Auf dich, Knut, und darauf, dass du die Schnapsbrennereien auf den Beinen hältst."

„Die schon, nur sich selbst nicht", bemerkte Raddatz ungnädig. „Hat einer von euch beiden die Evelyn in letzter Zeit gesehen?"

„Evelyn Jakob?" Eddie kippte eiskaltes Bier die Kehle hinunter und stellte das Glas dann zurück auf den Tisch. „Nein. Wüsst auch nicht, was ich ihr sagen soll."

Raddatz warf ihm einen finsteren Blick zu. „Beileid, vielleicht?"

„Scheiße, das alles", sagte Hagen und versuchte sich zu konzentrieren. „Hab gehört, sie geht seit dem Mord an ihrem Jürgen nicht mehr aus dem Haus."

„Was soll das scheiß Getue?" Eddie schaukelte leicht mit dem Stuhl vor und zurück. „Der Jürgen ist tot, das ist blöd. Aber Kerstin hat den Mord gestanden und das ist doch das Beste, was uns passieren konnte, oder nicht?"

Raddatz' Glas stockte auf halbem Weg zum Mund. „Wie meinst du das?"

„Wie ich's gesagt hab."

„Dann lass es und sag es nicht."

„Ja, ja." Eddie lächelte kühl. „Ich weiß schon, Wilhelm."

Einen Moment entstand Schweigen am Tisch. Dann griff der Bürgermeister nach seiner Pfeife und begann sie langsam und bedächtig zu stopfen. „Was weißt du, Eddie?"

„Dass die Kerstin dir gefallen hat. Mehr als das. Und durchaus verständlich, denn immerhin, hübsch war sie ja. Kein Wunder, dass du die Finger nicht von ihr lassen konntest."

„Eddie, hör auf", brummte Hagen dazwischen.

„Wieso? Stimmt's etwa nicht?" Eddies Blick lag unverwandt auf Raddatz. „Stimmt's nicht, dass du dachtest, du könntest sie mit deinem Geld beeindrucken, Wilhelm? Hat nur leider nicht geklappt. Sie hat dich abblitzen lassen und das hat dich ziemlich wütend gemacht. War es nicht so? Du kannst es ruhig zugeben."

„Willst du vielleicht irgendwas sagen, was du dich nicht traust auszusprechen, Eddie?"

„Und ob ich mich traue. Ich sag es genauso, wie es war: Sie hat dich abblitzen lassen und dir gedroht. Das hat dir ganz und gar nicht gepasst, also hast du ihr auch gedroht. Deshalb hat sie dich doch angerufen, ein paar Stunden bevor sie verhaftet wurde, richtig?"

„Halt jetzt die Klappe, Eddie", warnte Knut Hagen noch einmal.

„Man könnte Kerstin ja viele Motive unterstellen", sprach Eddie unbeeindruckt weiter. „Rache, Boshaftigkeit, Geld. Aber das hat sie alles gar nicht interessiert. Sie wollte einfach nur die Wahrheit. Die Wahrheit, weil's halt mal die Wahrheit ist."

„Du bist wirklich ein kluger Mann, Eddie", ätzte Raddatz. „Aber du bist auch ein Idiot."

„Ach was?", zischte Eddie zurück. „Kann man mit der Wahrheit etwa keine Existenzen zerstören?"

Einen Moment sahen sie sich in die Augen. Eddies Blick sagte: *Ich weiß es. Und vielleicht werde ich mein Wissen irgendwann gegen dich einsetzen.*

Im selben Moment sahen sie es beide noch einmal vor sich: Jenen Tag, an dem Eddie unerwartet das Haus des Bürgermeisters betreten hatte. Zuvor hatte er geklopft und gerufen, aber er war nicht gehört worden. Gehört hatte dann Eddie – und zwar Kerstins Stimme, die klar und deutlich sagte: „Ich werde dich anzeigen, Wilhelm."

Wie erstarrt war Eddie stehen geblieben und vernahm dann Raddatz, der antwortete: „Stell dich doch nicht so an. Ich kann dir alles bieten, Kerstin, alles, was du willst. Mehr als dein Schlachter. Tausend Mal mehr als dein Schlachter."

„Ich will dich aber nicht, Wilhelm." Das war wieder Kerstin. „Dich nicht und dein schleimiges Geld will ich auch nicht. Ich habe dir gesagt, wenn du mich noch einmal anfasst, dann zeige ich dich an …"

„Anzeigen? Und wer, meinst du, wird dir glauben? Ich bin ein angesehener Mann, Kerstin, und was bist du?"

„Du fühlst dich auf der sicheren Seite, ja? Sei dir nicht zu sicher, Wilhelm. Ich weiß mehr, als du ahnst, und ich zögere nicht, von meinem Wissen Gebrauch zu machen. Geht das in deinen runden Schädel?"

„Was kannst du schon wissen, womit du mir drohen könntest?"

„Wenn ich es will, kann ich das ganze verdammte Dorf in die Luft fliegen lassen!" In der nächsten Sekunde flog etwas anderes und zwar die Wohnzimmertür. Mit einem Knall donnerte sie gegen die Wand des Flurs und Kerstin stürzte heraus. Raddatz folgte ihr auf dem Fuß. „Du kleine, verdammte …" Dann entdeckte er Eddie und sein eben noch hochrotes Gesicht wurde augenblicklich leichenblass.

Kerstin schritt auf Eddie zu und man musste anerkennend feststellen, dass sie es mit sehr viel Würde tat. „Geh zur Seite, Eddie."

Er tat es, sie schritt an ihm vorbei und verließ das Haus.

„Ich weiß nicht, was du gehört hast, Eddie …", hatte Raddatz angesetzt, nachdem die Haustür hinter ihr zugeschlagen war.

Eddie hatte sich vor ihm aufgebaut, sodass er nur noch mit

etwa zwanzig Zentimeter Abstand zu seinem Gesicht sprach: „Genug, Wilhelm."

„Dann hast du es sicher falsch verstanden."

„Was hast du getan, Wilhelm? Sag's mir. Wenn du es nicht tust, werde ich zu ihr gehen und sie persönlich danach fragen. Und glaub mir, sie wird es mir erzählen."

Raddatz räusperte sich laut. Es klang wie ein kranker Hund. „Ich habe nur versucht, sie zu küssen. Mehr nicht."

„Du hast nicht ...?"

„Was?"

„Hast du sie vergewaltigt, Wilhelm?"

„Nein!"

„Wilhelm, ich kenne dich. Wenn du etwas unbedingt haben willst und es nicht bekommst ..."

„Ich hab ihr nichts getan. Ich hab versucht, sie zu küssen, sie wollte nicht, das war alles."

„Komisch, dass sie dem Jürgen noch nichts erzählt hat", bemerkte Eddie nach ein paar Sekunden der Stille. „Ich meine, was glaubst du, was passiert, wenn sie ihm erzählt, dass du schon seit Monaten versuchst, ihr ins Höschen zu fassen?"

Raddatz schaute zur Seite, was zeigte, dass er sich sehr wohl darüber im Klaren war, was passieren würde, wenn Jürgen davon erfuhr.

Genau das geschah dann auch. Lediglich ein paar Stunden später. Jürgen Jakob kam in die Kneipe gestürmt und brüllte: „Du dreckiges Stück Scheiße! Ich bring dich um! Ich schneid dir den Schwanz ab und stopf ihn dir ins Maul! Du wagst es, meine Frau anzufassen?"

In der Sekunde darauf hatte er Raddatz vom Stuhl gezerrt und zugeschlagen.

„Wag dich nie wieder auch nur in ihre Nähe! Wenn du sie noch einmal anrührst, bring ich dich um! Aber vorher lass ich dich hochgehen. Ich ruinier dich! Ich ruinier dich so, dass du nie wieder auf die Füße kommst. Nie mehr. Hast du das kapiert, Wilhelm?"

Jetzt, in diesem Moment, durchlebte der Bürgermeister das Ganze noch einmal, und er wusste genau, woran Eddie dachte. Kurz danach war Jürgen tot. Und Kerstin auch.

„Niemandem hilft die Wahrheit", sagte er mit einer Beiläufigkeit, als würde er einen Kaffee bestellen, was er niemals tat. „Auch dir nicht, Eddie. Schon gar nicht dir. Das solltest du niemals vergessen."

In diesem Moment wurde die Tür zur Kneipe geöffnet und alle drei blickten hin. Pastor Jordan trat ein. Und er war nicht alleine.

Mit großen Augen stellten Raddatz, Eddie und Knut Hagen fest, dass er in Begleitung einer Frau war, die bisher noch keiner von ihnen gesehen hatte. Von der aber jeder instinktiv wusste, wer sie war.

12. KAPITEL

Wolf im Schafspelz

Paula von Jäckle saß inzwischen wieder in ihrer Küche. Vor ihr stand ein Glas Rotwein, das sie noch nicht angerührt hatte, und bis auf ein paar Kerzen brannte im Haus kein Licht. Immer und immer wieder legte sie die Karten, und immer und immer wieder kam dasselbe dabei heraus: Gefahr und Tod.

Paula hob das Glas an die Lippen und trank einen Schluck.

Sie ist also zurück. Und sie wird für etwas verantwortlich gemacht, was sie selbst nicht einmal ahnt. Es gibt jemanden, der ihr schaden will, und im Zentrum steht der Tod ihres Vaters vor über zwanzig Jahren. Sie weiß von all dem nichts, und diese Unwissenheit ist gefährlich. Sie muss das Rätsel lösen und hat nicht viel Zeit.

Paula seufzte leise.

Ich hätte sie bitten sollen, bei mir zu bleiben. Aber wie soll ich ihr all das beibringen? Wie soll ich ihr beibringen, was ich hier vor mir auf dem Tisch liegen sehe?

Nein, diese Frau war ein hoffnungsloser Fall. Sie würde es lächerlich nennen und sich weigern es anzunehmen.

Paula hob den Kopf und sah ihr Spiegelbild im Fenster. Bei dem Anblick zuckte sie zusammen, woraufhin sich die Konturen im Glas verdoppelten. Als sie sich wieder gefasst hatte und erleichtert im Stuhl zurücklehnte, war das Gesicht immer noch da. Und es war nicht ihr eigenes. Es war das Antlitz des Teufels.

Der Stuhl kippte um, als Paula erschrocken in die Höhe fuhr. Das Herz schlug ihr bis zum Hals. Sie blinzelte. Als sie dann das nächste Mal zum Fenster sah, war da nur die Schwärze der Nacht.

Sie legte sich die Hand aufs Herz, ging vorsichtig in Richtung Fenster und sah hinaus. Da war nichts. Zu gerne hätte sie sich eingeredet, dass sie sich den furchtbaren Anblick nur eingebildet hatte, doch sie wusste es besser.

Die Bedrohung war nahe.

Ganz nahe.

„Ich kenne Paula von Jäckle natürlich", sagte Pastor Jordan. „Nun ja, sofern man von ‚kennen' sprechen kann. Keiner aus dem Dorf kennt sie wirklich. Man grüßt sich und geht dann seiner Wege. Sie ist eine nette und im Grunde sehr höfliche Frau, aber sie legt Karten und hält sich für so etwas wie ein Medium. Das macht den Leuten natürlich Angst. Durchaus verständlich, wenn man bedenkt, was Wittenrode schon alles hinter sich hat."

„Was halten Sie persönlich von ihr?", wollte Julia wissen.

„Ich denke, sie hat einen messerscharfen Verstand. So, und jetzt wäre ein kleines Bierchen nicht das Falscheste."

Fast gleichzeitig sahen sie sich in dem nicht sehr großen Raum mit der niedrigen Decke um, der vier Zweier- und zwei Vierertische beherbergte und eine Theke mit einer Reihe von Stühlen, deren Sitze in der Mitte abgewetzt waren.

Köpfe waren ihnen zugewandt und es gab ein paar Begrüßungsworte, allerdings nur an Jordan gerichtet, nicht an Julia. Auf sie richteten sich lediglich Blicke, die von Neugier über Spekulation bis hin zu offener Ablehnung reichten. Julia erfasste es, registrierte es und legte es fein säuberlich in ihrem Gehirn ab. Sie zählte fünf Personen, alles Männer. Zwei saßen an der Theke, drei an einem Tisch. Ihr Blick blieb an den dreien am Tisch hängen. Einer von ihnen war kräftig gebaut und gedrungen, das musste der Bürgermeister sein, Julia erinnerte sich, sein Gesicht auf einem Wahlplakat gesehen zu haben, der Zweite hatte große rote, abstehende Ohren, ihn kannte Julia nicht, aber er sah aus wie ein Bauer, und der Dritte verfügte über auffällig markante Züge.

Dieser dritte Mann sah genau in dem Moment auf, als Julia an ihm vorbeiging. Für den Bruchteil einer Sekunde trafen sich ihre Blicke und etwas in der Art, wie er sie musterte, ließ ihr das Blut in den Adern gefrieren. Das war ein Blick, den sie kannte. Ein Blick, den sie schon zu oft gesehen hatte. Das war der Blick eines Mannes, dessen Aggressivität unter der Oberfläche lauerte, jederzeit bereit hervorzubrechen. Jetzt zog er die Augenbrauen hoch, und die Art wie er dasaß, lässig, aber allzeit zum Angriff bereit, ließ Julia an ein ruhendes Raubtier denken. Er strahlte eine Gefahr aus, die ihr wie eine Windbö entgegenschlug.

Dann waren sie an dem Mann vorbei und trotzdem fühlte sie immer noch, wie sein durchdringender Blick in ihrem Rücken brannte.

Die Kneipentür ging ein zweites Mal auf und ein weiterer Mann kam herein. Ein großer und sehr dünner Mann. Er ließ den Blick in die Runde schweifen, und als er auf Julia fiel, verharrte er für einen Moment. Es sah aus, als könne er mit ihrem Gesicht nichts Rechtes anfangen, wüsste jedoch, dass er sie schon einmal irgendwo gesehen hatte. Dann wandte er sich ab, begab sich zur Theke und bestellte sich dort etwas zu trinken.

Pfarrer Jordan schien von all dem nichts zu bemerken. „Scheint, als seien Eva und Greger noch nicht da. Nun ja, sie kommen sicher gleich. Nehmen wir den Tisch dort drüben?" Er deutete auf einen der Vierertische in der Ecke.

Julia nickte und folgte ihm. Am Tisch angekommen, wirkten die Stühle derart alt und mitgenommen, dass sie erst einmal argwöhnisch beobachtete, wie Jordan sich auf einen davon setzte. Als dieser nicht unter ihm zusammenbrach, nahm sie ebenfalls Platz.

Sie bestellten Bier und zwei Mal Kotelett mit Salzkartoffeln. „Hallo Paul, immer noch keine Bedienung gefunden?", wollte Jordan vom Wirt wissen.

Der kräftige Mann mit der weißen Schürze schüttelte mürrisch den Kopf. „Kriegen Sie hier mal gutes Personal, Herr Pastor." Damit wandte er sich ab und schenkte den drei Männern am Nebentisch Schnaps nach.

Julia versuchte immer noch, Muskel um Muskel zu entspannen, aber ihr Blick blieb trotzdem wachsam und konzentriert. Mein Hirn läuft Amok, dachte sie bei sich. *Liegt das am Stress, den ich empfinde? An der Angst, die ich vor diesem beschissenen Kaff habe?*

„Fantasie ist gut für einen Polizisten", hatte Wolfgang Lange einmal zu ihr gesagt, „aber zu viel davon kann auch schädlich sein."

Trotzdem konnte Julia es nicht lassen. Sie warf einen weiteren verstohlenen Blick zum Nebentisch. „Was sind das für Männer?", fragte sie. „Ich meine die drei am Nebentisch."

„Oh, der Mann ganz links, das ist Wilhelm Raddatz, der Bürgermeister", antwortete Jordan. „Der mit den großen Ohren, das ist Knut Hagen. Und der ganz rechts, das ist Eddie Winter. Der eine ist Bauer, dem anderen gehört die Bäckerei im Ort."

Eddie Winter. Nun hatte Julia immerhin einen Namen zu dem Mann, dem sie von der ersten Sekunde an alles zutraute.

Jordan indessen ahnte nichts von ihren Gedanken. Er verschränkte die Hände ineinander und legte sie auf den Tisch. „Du verstehst immer noch nicht, wie man hier leben kann, nicht wahr?" Das war eine rhetorische Frage, denn er redete sofort weiter. „Ich hingegen mochte schon immer die Schroffheit der Gegend und der Menschen. An einem Ort wie diesem beschränkt sich das Leben auf das Wesentliche. Übrigens ein ganz wunderbares Mittel gegen Selbstmitleid, man hat erst gar keine Zeit, über vieles nachzudenken. Aber natürlich wird den Menschen hier auch viel abverlangt. Ich glaube, die meisten würden selbst viel lieber in Hannover oder Hamburg oder sonst irgendwo leben, wenn da nicht die Wurzeln wären, die so tief in den Boden reichen, dass sie keine Wahl haben."

Julia schüttelte den Kopf. „Jeder hat eine Wahl."

„Vielleicht", meinte Jordan. „Aber wollen nicht alle Kinder die Erwartungen ihrer Eltern erfüllen?"

„Und sind die meisten damit nicht überfordert?"

Einen Moment schwiegen sie, dann sagte Jordan: „Ich gehe nicht davon aus, dass du inzwischen verheiratet bist?" Als er Julias Blick begegnete, einer Mischung aus Belustigung und Befremden, fügte er schnell hinzu: „Nein, natürlich nicht. Das war ja nie dein Lebensziel."

Es folgte eine weitere Pause, in der man dem Pastor förmlich ansah, wie er darüber nachdachte, ob er die Themen Familienleben und persönliche Umstände noch weiter verfolgen sollte. Glücklicherweise kam im nächsten Moment der Wirt mit zwei Tellern und zwei Biergläsern an ihren Tisch.

Jordan senkte tief die Nase über den Teller und seufzte zufrieden auf. „Es riecht fantastisch."

„Gut so." Der Wirt wandte sich an Julia. „Wo kommen Sie her? Stadt, oder?"

Sie nickte.

„War mal da." Naserümpfend kratzte der Wirt sich am Kopf. „In der Stadt, mein ich. Nicht meins. Voller Ausländer. Hier gibt's keine von denen. Wollen die auch nicht hier haben."

Julia, die sich nicht mit ihm unterhalten wollte, wandte sich demonstrativ Jordan zu. Erst als sie wieder alleine waren, meinte sie: „Mir scheint, Sie haben hier noch eine Menge zu tun, was die Nächstenliebe angeht."

Jordan seufzte. „Ich weiß. Aber jetzt iss, Julia, sonst wird es kalt. Guten Appetit."

Julia tat ihm den Gefallen, nahm ihr Besteck und aß ein paar Bissen, doch ihr Geschmackssinn schien eine Auszeit zu nehmen. Sie spürte die Konsistenz der Nahrung, das war aber auch schon alles. Mit Jordan an einem Tisch zu sitzen und zu essen, erinnerte sie an früher. Im Waisenhaus hatte er jeden Tag mit allen Kindern gemeinsam am Tisch gesessen, sich aber selten an irgendwelchem Geplänkel beteiligt. Er hatte einfach nur bei ihnen gesessen, gegessen und darauf geachtet, dass seine Schäfchen auch tatsächlich etwas zu sich nahmen. Nun, zumindest dazu konnte er sie heute nicht mehr zwingen. Nach einer Weile legte Julia das Besteck wieder beiseite und griff nach ihrem Bier.

Jordan sah auf. „Schmeckt es dir nicht?"

„Doch. Ich hab nur keinen Hunger."

„Schade. Es ist köstlich. Und du solltest wirklich mehr essen, Julia. Du bist viel zu dünn. Noch dünner als damals."

„Hmm", machte sie, während er sich genussvoll ein weiteres Stück Kotelett in den Mund schob.

„Also, bitte erzähl von dir. Warum hast du bei der Polizei aufgehört?"

Julia sah auf. „Woher wissen Sie das?"

„Wolfgang Lange hat es mir erzählt."

Natürlich. In Wittenrode sprach man miteinander und natürlich unterhielten sich auch Lange und der Pfarrer.

Wolfgang Lange war Julias Mentor bei der Polizei gewesen und hatte außerdem ihren Vater gut gekannt. Offenbar war er heute noch über ihren Werdegang informiert. Und das, obwohl sie sich schon ewig nicht mehr gesehen hatten.

„Sehr schade", unterbrach Jordan ihre Gedanken. „Ich muss zugeben, dass ich diese Entscheidung für sehr bedauernswert halte."

„Es war die richtige Entscheidung."

„Du bereust es also nicht?"

„Nein."

Sie schwiegen wieder einen Moment.

„Ehrlich gesagt hätte ich nicht damit gerechnet, dass du tatsächlich kommen würdest", gestand der Pfarrer dann.

„Ich hätte es auch nicht getan, wenn es nicht um Kerstin ginge", gab Julia zu. „Beantworten Sie mir eine Frage?"
„Natürlich."
„Wie hat sie sich umgebracht?"
Die Linien in Jordans Gesicht vertieften sich. „Sie hat sich in ihrer Zelle erhängt. Sie muss Fürchterliches durchgemacht haben. Die ganze Geschichte ist einfach nur … tragisch. Ich bete ununterbrochen für sie."
Wenn es hilft, dachte Julia, hob ihr Glas in Richtung Theke, und der Wirt nickte. Dann wandte sie sich wieder dem Pfarrer zu. „Gab es Anzeichen für … dafür?"
„Du meinst für den Selbstmord?"
„Nein, für den Mord an ihrem Mann."
Jordan schüttelte den Kopf. „Ich kann mich nicht erinnern, jemals beobachtet zu haben, dass Kerstin ihm Feindseligkeit gegenüber gezeigt hätte. Ich habe auch nie mitbekommen, dass die beiden sich stritten. Nach außen hin führten sie ein ganz normales Leben, das sich nicht von dem anderer Ehepaare unterschied." Er brach ab, seufzte auf und fügte dann hinzu: „Aber manches köchelt lange in einem Menschen, nicht wahr? Sanft zuerst, dann immer heftiger. Und irgendwann bricht es sich Bahn. So muss es bei Kerstin gewesen sein. Ich versuche es, aber ich kann es mir nicht erklären. Beim besten Willen nicht."
„Gibt es noch jemand anderen, der einen Grund gehabt haben könnte, Kerstins Mann zu töten?", wandte Julia ein.
„Nein. Kerstin hat die Tat auch ohne Wenn und Aber gestanden. Sie hat es mir selbst gesagt und mir dabei in die Augen gesehen. Ich meine, wenn sie mich angelogen hätte, hätte ich das doch bemerken müssen, oder nicht?"
Vielleicht, dachte Julia, vielleicht aber auch nicht. Und bedauerte zutiefst, dass nicht sie es gewesen war, die Kerstin in den letzten Momenten ihres Lebens in die Augen gesehen hatte.

„Wann war das?", wollte sie weiter wissen. „Ich meine, wann hat sie Ihnen die Tat gestanden?"

Jordan kratzte sich am Kinn. „Einen Tag bevor sie sich das Leben nahm. Ich werde nie wieder ihren Blick vergessen. So etwas ..." Er brach ab und fluchte extrem ungeistlich: „Verdammt!"

Der unerwartete Ausbruch ließ Julia zusammenzucken.

Lächelnd griff Jordan in die Tasche seiner schwarzen Jacke. „Mein Handy vibriert. Entschuldige mich bitte."

Er hievte sich vom Stuhl und trat ein paar Meter zur Seite. Julia sah, wie er nickend ein kurzes Gespräch führte, ohne den Blick vom Boden zu nehmen. Nach einer halben Minute kam er zu ihr an den Tisch zurück. „Sei mir nicht böse. Du weißt ja, ich habe immer zu tun. Im Waisenhaus, in der Kirche, im Ort. Überall. Ich hatte schon befürchtet, dass so etwas passieren würde, aber ich wollte doch ..." Er klimperte mit seinen Schlüsseln. „Ich komme bald wieder. Eva und Greger sind sicher jeden Moment da und ihr habt euch bestimmt viel zu erzählen. Bis später."

13. KAPITEL

Liebe

Ihr Versteck war eine Holzhütte im Wald. Sie bot Schutz vor dem Regen, und die Wahrscheinlichkeit, dass sie hier jemand überraschte, war ausgesprochen gering. Vermutlich wusste außer ihnen kaum jemand, dass es diese Hütte überhaupt gab.

Und sowieso waren die berauschenden Gefühle an diesem Abend viel zu überwältigend, um sich von unwahrscheinlichen Risiken und falschen Ängsten beeinflussen zu lassen.

Sie lagen nah beieinander und sahen sich an. Fritz Holz hatte die immer noch offene Hose hochgezogen, Dina Winters Rock war hochgeschoben bis zu den Oberschenkeln. Ein leiser, glücklicher Seufzer entfuhr ihr. Ihr Gesicht schien viel glatter und jünger. Als wären für einen kurzen Moment aller Stress und aller Ärger wie weggezaubert.

Bis Dina sich Fritz das erste Mal hingegeben hatte, hatte es lange gedauert, aber dann hatte ihr verzweifelter Liebesakt nichts Zögerliches oder Passives mehr.

Jetzt, während er neben ihr lag, erinnerte er sich daran, wie ihre Beziehung vor acht Monaten begonnen hatte.

Auf dem Schützenfest. Eddie war mal wieder betrunken gewesen, hatte mit seinen Freunden gelacht und einen heftigen Streit mit Dina angezettelt. Dann hatte er es mit irgendeiner Frau hinter einer der Buden getrieben, wobei er von Dina erwischt worden war. Sie hatte nichts gesagt, hatte sich einfach nur umgedreht und war gegangen. Fritz hatte es beobachtet und war ihr aus einem Gefühl heraus gefolgt. Vor ihrem Haus angekommen, hatte er gesehen, wie sie mit hängenden Schultern halb gegen die Tür lehnte. Sie schien nicht mehr in der Lage, den Schlüssel ins Schloss zu stecken, deshalb war er spontan auf sie zugegangen, hatte ihn ihr aus der Hand genommen und die Tür geöffnet.

Dina hatte die Erschöpfung im Gesicht gestanden und sie war den Tränen nahe. Ohne zu zögern, hatte er ihr einen Arm um die Schultern gelegt und ihr ins Haus geholfen. Sie hatte sich an ihn geklammert und nach ein paar Minuten waren sich ihre Lippen begegnet und sie hatten sich leidenschaftlich geküsst.

Dass sie sich wiedersehen würden, war daraufhin unausweichlich gewesen. Fritz war schon immer heimlich in Dina verliebt gewesen und nun war Dina auch verliebt in ihn, fest entschlossen, ihn nicht mehr loszulassen.

Dabei wollte Fritz gar nicht gehen. Jedenfalls nicht alleine. Pläne kreisten in seinem Kopf, doch noch während er sich die Zukunft in den schönsten Farben ausmalte, wurde ihm bewusst, dass Dina ihren Mann nicht verlassen konnte. Weil Eddie sie gar nicht gehen lassen würde.

Dina hob den Kopf und sah ihn an. Sie schien zu wissen, was in ihm vor sich ging, denn sie sagte: „Ich kann es nicht, Fritz. Er wird mich nicht gehen lassen. Auf seine Art liebt er mich."

„Eddie liebt niemanden außer sich selbst", gab er zurück. „Vielleicht kann er Gefühle gerade noch so beschreiben, aber er kann sie nicht empfinden."

Sie schob sich über ihn, blickte hinunter in sein Gesicht, und ihre Brüste berührten dabei seine Wangen. „Lass uns nicht darüber reden, bitte", sagte sie leise. „Nicht jetzt."

14. KAPITEL

Nichts mehr so, wie es einmal war

Zuerst unterhielten sie sich über gemeinsame Bekannte aus der Jugendzeit. Greger Sandmann war immer noch kräftig – um nicht zu sagen, ziemlich rund – und kurzsichtig. Nur sein dunkelblondes Haar war schütterer geworden. Das Kneipenlicht brach sich in seinen runden Brillengläsern, während er von verschiedenen Jahrgangstreffen erzählte und Julia dabei immer wieder – mehr oder weniger dezent – darauf hinwies, dass ihre Abwesenheit nicht unbemerkt geblieben war.

Julia hörte zu, aber ihr Blick lag auf Eva, während sie versuchte, sich daran zu erinnern, wann sie ihr das letzte Mal so gegenübergesessen hatte. Es war eine kleine Ewigkeit her. Doch Eva wirkte um einiges älter geworden als die Jahre, die vergangen waren, vor allem, weil sie offenbar ziemlich erschöpft war. Sie hatte dunkle Schatten unter den grünen Augen und machte nicht den Eindruck als hätte sie in den letzten achtundvierzig Stunden viel geschlafen. Das fröhliche Gesicht, das Julia in Erinnerung hatte, war grau vor Müdigkeit. Selbst Evas Sommersprossen schienen an diesem Abend blasser als sonst. Jetzt blinzelte sie und fuhr sich mit den Fingern ein paar Mal durch die hellroten Locken. Falls das ein Versuch war, irgendeine Ordnung hineinzubringen, war der jedoch genauso vergebens wie früher.

„Und jetzt sag, Julia", redete Sandmann weiter, „warum hast du dich nie bei einem unserer Jahrgangstreffen blicken lassen?"

„Ich wollte nicht."

„Ach so." Zum ersten Mal, seit sie sich zusammengesetzt hatten, blitzten Evas grüne Augen auf. „Weil du es so beschlossen hattest."

„Genau. Weil ich es so beschlossen hatte." Julia machte eine kurze Pause. „Ich wollte Wittenrode, das Heim und alles, was damit zusammenhängt ein für alle Mal hinter mir lassen."

Der Wirt brachte Sandmann den nächsten Whisky. Der deutete auf Julia und meinte: „Wissen Sie eigentlich, dass diese Frau eine waschechte Kriminalkommissarin ist?"

„Halt doch die Klappe", zischte Julia.

„Sie ist bei der Mordkommission." Sandmann unterstrich seine Aussage mit wildem Armgefuchtel.

Der Wirt kratzte sich am Kinn. „Ist das so wie im Tatort?"

„Nein. Überhaupt nicht." Julia schüttelte den Kopf und damit schien sein Interesse auch schon wieder erloschen. Er nickte und verschwand hinter seinen Tresen, wo er zu dem dünnen Mann sagte: „Geh nach Hause, Adaj. Du hast genug für heute."

Der Dünne beharrte jedoch auf einem weiteren Bier.

„Geh nach Hause", sagte der Wirt noch einmal. „Bevor du uns beiden noch Ärger machst."

„Steckst du etwa auch mit dem da unter einer Decke?", zischte der Dünne und deutete mit dem Daumen in Richtung Bürgermeister. „Alles eine Suppe in dem beschissenen Kaff. Alles eine einzige trübe Suppe."

Plötzlich herrschte Totenstille in der Kneipe.

Der Dünne drehte sich um und wandte sich an alle. „Ihr würdet doch alles machen, was der Lump dort euch sagt. Und warum? Weil jeder von euch was zu verbergen hat. Aber ich sag euch, Gott sieht alles und irgendwann wird er Bilanz ziehen, der Herr im Himmel. Jawohl, das wird er machen! Und dann könnt ihr nichts mehr vertuschen. Gar nichts mehr könnt ihr dann vertuschen!"

Raddatz erhob sich von seinem Stuhl. „Wenn du meine Ehre und die deiner Mitbürger in irgendeiner Form infrage stellen willst, Adaj, dann solltest du es wie ein echter Mann tun. Heißt: Steh auf und sag deutlich, was du vorzubringen hast."

Adam Adaj versuchte tatsächlich, auf die Füße zu kommen, war dafür aber schon zu betrunken. Mit lautem Krachen fiel er auf den Hocker zurück und schwankte damit gefährlich hin und her. In der nächsten Sekunde war der Wirt um den Tresen herumgeeilt und packte den Friedhofsgärtner am Kragen. Wenig später hatte er ihn nach draußen geschafft.

Es dauerte nur ein paar Sekunden, dann nahmen die Gespräche in der Kneipe wieder an Fahrt auf und die nächsten Getränke wurden bestellt. Nur der Bürgermeister rührte sein Glas nicht mehr an. Er war wütend, das war ihm deutlich anzusehen. Julia beobachtete, wie er sich kurz darauf erhob und ebenfalls die Kneipe verließ.

„Wie viele Verbrecher hast du in den letzten Jahren geschnappt?", durchbrach Sandmanns Stimme ihre Gedanken.

Sie konzentrierte sich wieder auf ihn, hob leicht die Schultern an. „Keine Ahnung. Ein paar."

„Ein paar!", rief er aus. „Das ist ja so, als würde ich sagen, ich habe in meinem Leben ein paar Bücher gelesen. Nicht so bescheiden, Julia. Ich habe alles über dich gelesen, was es zu lesen gab. Zum Beispiel über deine Ernennung zur jüngsten Kommissarin Niedersachsens. Wann war das? 2004, richtig?"

Als Julia nichts darauf sagte, sondern nur nickte, fragte er: „Und warum bist du kurz danach ausgerechnet zur Kripo nach Mainz gegangen?"

Eigentlich wollte sie nicht darauf antworten, tat es anstandshalber aber doch: „Ich hatte eine Frau kennengelernt, die aus Mainz kam. Wir dachten, wir könnten es zusammen versuchen."

„Und jetzt sag bloß, das hat nicht funktioniert", bemerkte Eva mit reichlich Sarkasmus in der Stimme.

Julia wandte ihr den Kopf zu. „Richtig."

„Warum nur nicht?"

Einen Moment sahen sie sich in die Augen, dann wandte Julia

sich wieder an Sandmann: „Mal ganz abgesehen davon, dass du nicht alles glauben solltest, was du irgendwo liest, mein Freund, habe ich im Januar den Dienst quittiert."

„Was?" Er ließ sein Glas sinken. „Warum? Es heißt, du hättest ein untrügliches Gespür, wärst unfehlbar."

„Du redest vom Papst, nicht von mir."

„Warum hast du aufgehört?", wollte Eva wissen.

„Ich wollte einfach nicht mehr." Julia zuckte mit den Schultern. „Das Thema ist für mich aus und vorbei. Das muss als Erklärung reichen."

„Und womit bestreitest du jetzt deinen Lebensunterhalt?", fragte Eva trotzdem weiter.

„Ich hab eine kleine Erbschaft gemacht. Damit komme ich im Augenblick ganz gut über die Runden."

Sandmann zupfte sich nachdenklich am Ohrläppchen. „Konntest du nachts nicht mehr schlafen vor lauter bösen Männern um dich herum?"

Julia sah ihn über den Rand ihres Glases hinweg an. Wollte er wirklich die Wahrheit wissen? Wollte er wissen, wie sehr sie manche Fälle heute noch beschäftigten? So sehr, dass die Opfer sie tatsächlich bis in ihre Träume verfolgten? Wollte er hören, dass all die Mordfälle sie nicht abgehärtet hatten? Dass sie es nicht geschafft hatte, gegen die menschlichen Abgründe und die damit einhergehende Finsternis immun zu werden, die sie Tag für Tag hatte sehen und erleben müssen? Der Ausstieg aus dem Dienst war die einzige Möglichkeit gewesen, wieder den nötigen Abstand zu gewinnen. Doch Julia hatte keine Lust, jetzt eine Analyse anzufangen, deshalb sagte sie nur: „So in etwa. Was machst du eigentlich beruflich?"

„Ich bin Consultant für Computersicherheit", antwortete er. „Meine Arbeit besteht darin, die Daten und Netzwerke von großen Firmen vor Gefahren, seien es Viren, Botnet-Angriffe oder klassische Hackerattacken, zu schützen."

Für Julia war das reines Chinesisch. Deshalb wandte sie sich an Eva: „Und du? Was machst du so den lieben langen Tag?"

Eva nippte an ihrem Wein. „Ich bin Biologin." Das war es. Mehr sagte sie nicht und es machte auch nicht den Eindruck, als wolle sie noch etwas hinzufügen. Selbst Sandmann schien das zu begreifen. Er seufzte auf. „Es geht ja auch um Kerstin, nicht wahr? Ich wünschte, ich hätte ihr irgendwie helfen können. Furchtbar, so abzutreten. Als Mörderin. Als Selbstmörderin. Ich hab sie in Erinnerung, so ... energiegeladen. So enthusiastisch ... Und jetzt das", fügte er deprimiert hinzu. „Was für ein Elend. Das Leben ist manchmal echt für'n Arsch. Aber wisst ihr was? Ich glaube, Kerstin wusste, was sie mit diesem Selbstmord bezweckte. Nämlich, dass wir drei wieder zusammenkommen. Vielleicht ist es Schicksal." Er sah Julia an. „Glaubst du an Schicksal, Julia? Also, ich glaube daran. Vorsehung."

Julia schüttelte den Kopf und Eva sagte: „Habt ihr mal darüber nachgedacht, dass hier was faul sein könnte? Ich meine, Kerstin war doch keine psychopathische Killerin. Sie war überhaupt nicht der Typ dafür. Sie hat früher nicht mal den Spinnen in ihrem Zimmer etwas getan. Die musste Sandmann mit einem Glas einfangen und vor die Tür tragen."

„Ja, daran erinnere ich mich gut", bemerkte er versonnen.

Julia wollte erwidern, dass das nun wirklich kein Unschuldsbeweis war, verkniff es sich aber. „Hattet ihr noch Kontakt zu ihr?", fragte sie stattdessen an beide gewandt.

„Kommt darauf an, was man unter Kontakt versteht", antwortete Eva. „Ich habe ihren Weg mehr oder weniger noch eine Zeit lang verfolgt. Aber am Ende habe ich es dann doch nicht so aufrechterhalten, wie ich es hätte tun sollen. Es gibt vieles, was ich hätte tun sollen und nicht getan habe."

„Geht mir genauso." Eine leichte Röte zog sich über Sandmanns runde Wangen. „Direkt nach der Zeit im Waisenhaus wollte ich fest daran glauben, dass sich nichts verändern würde. Aber die Wahrheit ist, dass ich Kerstin in den letzten Jahren aus den Augen verloren habe. Und deswegen fühle ich mich echt beschissen. Ich habe das Gefühl, als wäre ich zumindest zu einem Teil schuld an dem, was passiert ist. Als hätte ich etwas tun können, wenn ich mich nicht zu sehr um mein eigenes kleines Leben gekümmert hätte."

Sie schwiegen einen Moment. Dann sagte Julia: „Sandmann, wir wissen nicht, was in anderen Menschen vor sich geht. Wir können es nicht wissen. Deshalb sind wir für das Leben und die Entscheidungen anderer nicht verantwortlich. Und wir sollten uns auch nicht dafür verantwortlich machen."

Sandmann spielte mit seinem Whiskyglas. „Das sage ich mir auch. Trotzdem habe ich ein verdammt beschissenes Scheißgefühl."

Er spricht weniger über Kerstin als vielmehr über seine Mutter, dachte Julia bei sich. Deshalb hatte es auch keinen Sinn, weiter auf das Thema einzugehen. Sandmann war nämlich davon überzeugt, dass er als Neunjähriger seine Mutter vom Suizid hätte abhalten müssen.

„Was hat Kerstin nach dem Abitur gemacht?", wechselte sie das Thema.

Eva sah sie an. „Sie hat angefangen, Kunst zu studieren. Hat tolle Bilder gemalt, das Studium dann aber abgebrochen, als sie ihren Mann heiratete. Ich weiß nicht, ob sie das je bereut hat."

„Sie war Künstlerin?" Julia trank einen Schluck von ihrem Bier. „Und du fandest sie gut?"

Eva lächelte traurig. „Ja, ich fand sie sehr gut. Sie hatte echtes Talent."

„Hat sie auch etwas verkauft?"

„Sie hat es nie versucht. Aber sie hätte es schaffen können." Evas Stimme war brüchig vor Erschöpfung.

„Wer war ihr Ehemann?"

„Jürgen Jakob, der Schlachter von Wittenrode."

Julia hob erstaunt den Kopf. „Wie alt war er?"

„Mitte vierzig." Eva brach ab und fügte mit einem dünnen Lächeln hinzu: „Da muss ganz schön was los gewesen sein in dem Kaff, als die beiden geheiratet haben. Jakob war nämlich ein Alteingesessener. Die Familie lebt hier schätzungsweise schon seit Anbeginn der Zeitrechnung. Und Kerstin …"

„Kam von draussen", vollendete Julia. Das sagte man hier so. Fremde, die nicht im Dorf lebten, kamen für die Einheimischen von ‚draussen', selbst wenn sie auf dem Berg im Waisenhaus lebten, nur wenige Hundert Meter von ihnen entfernt. Die einen waren hier unten, die anderen dort oben. Es war nicht dasselbe. Man gehörte nicht dazu. „Haben sich die Leute irgendwann mit der Heirat abgefunden?"

„Na ja, die Gerüchte um Kerstin und ihren Mann sind wohl nie ganz verstummt", schaltete Sandmann sich wieder ein. „Wir wissen ja, wie die Leute hier sind, die haben immer was zu erzählen. Aber Kerstin hat sich nie was zuschulden kommen lassen. Bis … ja, bis …" Seine letzten Worte flossen ineinander und verklangen dann.

„Hatten die beiden Kinder?"

„Nein. Aber Kerstin soll schwanger gewesen sein."

Erneut sah Julia überrascht auf. Das würde bedeuten, Kerstin hätte sich und ihr Kind umgebracht. Was musste in ihr vorgegangen sein, um solch einen Entschluss zu fassen? „Hat einer von euch beiden mit ihr über ihren Mann und ihre Ehe gesprochen?"

„Ich", sagte Sandmann. „Kurz nach ihrer Heirat."

„Hat sie dir gesagt, ob sie glücklich ist?"

Er schüttelte den Kopf. „Nein, das Wort Glück hat sie nicht benutzt. Sie konnte mir auch nicht erklären, warum sie ausgerechnet für den Dorfschlachter alles aufgegeben hat. Studium und so. Aber vielleicht war es für sie ja tatsächlich die grosse Liebe. Wir glauben ja immer, das gefunden zu haben, was wir finden wollen, nicht wahr?"

„Also, mir gelingt das nicht", bemerkte Julia.

„Dazu müsstest du auch erst einmal wissen, was du überhaupt finden willst", gab Eva in ihre Richtung zurück.

„Vielleicht war es am Ende doch nur die Suche nach einem Vaterersatz", redete Sandmann weiter, ehe Julia darauf eingehen konnte. „Auf jeden Fall ist er jetzt tot und Kerstin soll ihn umgebracht haben." Er trank sein Glas leer und stellte es auf den Tisch. „Ende der Geschichte."

„Ja genau, und Schweine können fliegen", murrte Eva, trank ihren Wein aus und stellte das leere Glas ebenfalls zurück auf den Tisch.

„Du zweifelst an Kerstins Schuld?", wandte Julia sich an sie.

„Allerdings, das tue ich."

„Und was bringt dich auf diesen Gedanken? Ich meine, der Sachverhalt liegt doch klar auf der Hand, oder nicht? Kerstin hat gestanden."

„Aber was, wenn sie es vielleicht doch nicht war?", wandte Sandmann ein. „Wenn es in Wahrheit etwas ganz anderes war, nämlich das perfekte Verbrechen."

Julia sah einen Moment aus dem Fenster. „Das mag jetzt vielleicht arrogant klingen", sagte sie dann, „aber in der Regel sind Verbrecher nicht besonders klug. Weshalb es auch keine perfekten Verbrechen gibt."

„Aber wir können doch wenigstens mal über die Möglichkeit nachdenken, dass Kerstin es nicht war", blieb Sandmann am Ball. „Immerhin waren wir einmal Freunde."

„Was ewig her ist", gab Julia zurück. „Wir haben sie schon lange nicht mehr gekannt."

„Ich bin sicher, Kerstin würde sich freuen, wenn sie wüsste, dass du ihre Ehre so energisch verteidigst", murrte Eva.

„Ich weiß, du hältst mich für gefühllos", wandte Julia sich an sie. „Aber ich sage nur, wie die Dinge nun mal liegen."

„Du kannst mir erzählen, was du willst, Julia. Menschen verändern sich nicht auf solch drastische Art und Weise. Bananen werden ja auch nicht über Nacht zu Ananas."

„Du kannst nicht einfach behaupten, eine Tatsache sei falsch, nur weil du es gerne so hättest, Eva."

„Aber was du glaubst, ist richtig, ja?"

„Das habe ich nicht gesagt. Im Gegensatz zu dir versuche ich nur nicht, mein schlechtes Gewissen mit Fantastereien zu beruhigen, das ist alles."

Eva warf Julia einen Blick zu, der die Hölle hätte augenblicklich einfrieren lassen. „Jetzt hör mir mal gut zu, Julia Wagner. Ich weiß, dass es in deinem Leben nicht um Freundschaften geht. Ich mache mir keine Illusionen mehr, was das betrifft. Du hast ja immer nach etwas anderem gestrebt, und damit wirst du irgendwann als einsame Frau sterben. Worum es hier geht, ist Loyalität. Und Loyalität ist wichtiger als Achtung."

„Es ist das Gleiche."

„Ganz bestimmt nicht."

Julia spürte, wie es in ihr zu brodeln begann. „Ich würde das Thema nicht überstrapazieren wollen, aber du hast doch den Wert einer Sache immer danach beurteilt, wie hoch sie von anderen geschätzt wurde, Eva."

„Wir waren deine einzigen Freunde, Julia. Darüber solltest du mal nachdenken."

„Mädels!", ging Sandmann dazwischen. „Wir sollten persönliche Eitelkeiten hintenanstellen und uns auf Kerstin konzentrieren, kriegen wir das hin?"

„Wir können sie nun mal nicht zurückholen." Julia griff nach ihrer Zigarettenschachtel. „Die Polizei hat ihren Job gemacht. Ich glaube nicht, dass es am Ergebnis etwas zu rütteln gibt."

„Aber wir können vielleicht herausfinden, was in ihr vorgegangen ist", erklärte Sandmann ernst. „Es muss ihr in der letzten Zeit verdammt schlecht gegangen sein, und wir sollten uns wenigstens jetzt dafür interessieren. Ich appelliere an unsere ehemalige Freundschaft, okay?"

Julia schwieg mit ausdrucksloser Miene und Eva bemerkte

murrend: „Man braucht keine höhere Mathematik, um zu wissen, dass das alles totaler Schwachsinn ist und dass Kerstin es gar nicht gewesen sein kann. Ich kannte ihren Mann nicht persönlich, aber ich weiß, dass er ein ziemlich großer und kräftiger Kerl gewesen sein muss. Der Mann war Schlachter. Er hätte Kerstin in null Komma nichts aufs Kreuz gelegt, ohne dabei auch nur ins Schwitzen zu geraten."

„Körperliche Überlegenheit vermag aber nicht unbedingt etwas gegen eine Waffe auszurichten", erklärte Julia. „Wie hat Kerstin ihn …?"

„Mit einem Küchenmesser erstochen", antwortete Sandmann.

„Gab es Abwehrversuche seinerseits?"

Er schüttelte den Kopf. „Offenbar keine. Komisch, oder? Ich meine, wenn man angegriffen wird, dann wehrt man sich doch instinktiv."

„Manchmal kommt man aber auch gar nicht dazu, zum Beispiel bei einem Überraschungsangriff." Julia blieb völlig pragmatisch. „Manchmal ist das Offensichtliche das Offensichtliche, weil es halt mal die Wahrheit ist."

„Meine Güte", murrte Eva. „Wir sind alle vier in einem katholischen Waisenhaus aufgewachsen. Die Betonung liegt auf katholisch. Wenn wir etwas mit dem Frühstück, dem Mittagessen und dem Abendessen eingeflößt bekamen, dann ja wohl, dass Selbstmord eine Todsünde ist. Erst recht, wenn man ein Kind im Bauch trägt. Und zu Kerstin passte es schon gar nicht."

„Gewöhnliche Menschen tun jeden Tag das Undenkbare."

„Ach komm, Julia, hör auf."

Sandmann blinzelte hinter seiner runden Brille. „Ich gebe Eva recht. Ich kann es nicht beweisen, aber ich meine Kerstin auch gut genug gekannt zu haben, um zu wissen, dass sie zu keinem solchen Verbrechen fähig war."

„Eben." Eva straffte die Schultern. „Schon gar nicht zu so einem."

Julia zog die Augenbrauen zusammen, blickte von einem zum anderen. „Was heisst das? Zu so einem?"

Eva schwieg und tat, als hätte sie bereits vergessen, warum sie und Julia sich überhaupt hier trafen.

„Eva?"

Keine Antwort.

Julia wandte sich an Sandmann. „Was meint sie damit?"

Er nippte an seinem nächsten Whisky. „Erinnerst du dich noch an die Teufelsmorde?"

„Klar erinnere ich mich daran. Wer nicht? Warum fragst du?"

„Was weisst du noch darüber?"

„Ist das dein Ernst? Du willst dich jetzt mit mir über die Teufelsmorde unterhalten?"

„Tu mir den Gefallen. Bitte."

„Na gut." Julia holte tief Luft und berichtete alles, was sie über die drei Morde auf der Polizeischule gelernt hatte, die dem ortsbekannten Satanisten Bruno Kalis zugeschrieben worden waren und bei denen ihr Vater der leitende Staatsanwalt war. Schliesslich brach sie für einen kurzen Moment ab und fügte dann leise hinzu: „Wittenrode hat lange gebraucht, um das Ganze einigermassen zu verkraften. Es kam alles gross und breit in der Presse und plötzlich war der Ort in aller Munde. Immer im Zusammenhang mit dem Teufel und dem Bösen, und so blieben natürlich die Touristen aus. Und was hat das Ganze jetzt mit Kerstin zu tun?"

Sandmann räusperte sich. „Du erinnerst dich also noch an die Pentagramme, die den Opfern in die Bäuche geritzt wurden?"

Julia nickte. „Klar."

„Das Pentagramm, Zeichen der Seelenräuber. Zwei Zacken nach oben und einer nach unten. Zwei Hörner und der Bocksbart. Der Ring drumherum symbolisiert eine Schlange, die sich in den Schwanz beisst." Sandmann beugte sich etwas zu Julia hinüber. „Und jetzt kommt der eigentliche Hammer: Kerstins Ehemann wurde ebenfalls die Kehle durchgeschnitten und in seinen Bauch war auch ein Pentagramm geritzt." Er verstummte, um zu sehen, welche Wirkung seine Worte auf sie hatten, und Julia reagierte auch prompt, indem sie sich an ihrem Bier verschluckte. „Willst du mich auf den Arm nehmen? Willst du damit sagen, Kerstin wäre in den letzten Jahren zu einer Satanistin mutiert? Was ist denn das für ein Schwachsinn?"

„Wir erzählen dir nur, was man hier im Ort redet", gab er zurück „Das heißt nicht, dass wir dasselbe denken."

„Wenn man hier einen solchen Mist über Kerstin erzählt, dann war sie halt nicht besonders beliebt in dem Kaff. Wir wissen, wie die Leute hier ticken. Mehr brauche ich dazu nicht zu sagen." Als Julia sich daranmachte, Zigaretten und Feuerzeug einzustecken und sich zu erheben, strich Eva sich die roten Locken zurück und sagte mit müder Stimme: „Hör es dir wenigstens bis zum Ende an, Julia."

„Satanismus", murrte Julia. „Da muss ich ja lachen."

Eva rieb sich über die Stirn. „Können wir vielleicht ein paar Schritte gehen? Ich muss versuchen, einen klaren Kopf zu kriegen."

„Klar", sagte Sandmann sofort. „Wir gehen rauf zur Burg. Was meint ihr dazu?"

Sie hatte es ihnen nicht ausreden können und so waren sie den gesamten Weg zur Burg hinaufgelaufen, anstatt mit dem Auto zu fahren. Der Regen hatte inzwischen aufgehört, aber der Weg war trotzdem mehr als beschwerlich, weil der Boden unter ihnen matschig und rutschig war. Julia fluchte, als sie mehr als einmal fast mit ihren Schuhen stecken blieb.

„Wie früher", keuchte Sandmann, kaum dass sie oben angekommen waren, und versuchte sich dabei so aufrecht hinzustellen wie ein Ritter aus alten Zeiten. Ein Held, wie er immer so gerne einer gewesen wäre. Ein Abenteurer, kraftvoll und ohne Ängste. Im Herzen aber war er immer noch der dicke, schüchterne Junge mit der viel zu großen Brille auf der Nase. „Die Burg und die Kapelle stehen hier seit achthundert Jahren", plapperte er los. „Sie waren lange vor uns da und werden noch lange nach uns hier sein. So vergänglich sind wir und unsere Geschichten. Man hat ja zu Lebzeiten keine Ahnung, wie schnell man vergessen ist." Er wandte sich an Julia. „Und? Was meinst du?"

„Wozu?", stellte sie die Gegenfrage. „Zur Burg? Zur Kapelle? Oder zu unserer vergänglichen Geschichte?"

„Zu Kerstin und ihrer Geschichte." Sandmanns Worte hingen in der Luft, hohl wie die alte Ruine hinter ihnen. „Was ist, wenn sie es tatsächlich nicht war und es eine Verbindung zu den Teufelsmorden gibt?"

„Sandmann, bitte, das ist doch Schwachsinn", gab Julia schlecht gelaunt zurück. „Wirklich, wenigstens von dir hätte ich mehr erwartet."

„Danke auch", murmelte Eva und kickte einen Stein den Berg hinunter.

„Ihr glaubt nicht daran, dass Kerstin eine Mörderin sein soll", redete Julia weiter. „Und das ehrt euch, wirklich. Aber Vermutungen sind leicht anzustellen. Wenn ihr auch andere überzeugen wollt, dann werdet ihr etwas Handfesteres brauchen als lediglich eine Geschichte, bei der einem ein Schauer über den Rücken läuft. Nämlich Antworten. Und zwar die richtigen. Das nennt man dann Beweise."

„Kerstin war meine Freundin", gab Eva zurück. „Sie war immer für mich da. Und nicht nur für mich, auch für Sandmann. Und für dich, Julia. Und trotzdem willst du mir erzählen, dass du ihr einen solchen Mord zutraust?" Sie verzog das Gesicht, als hätte sie einen schlechten Geschmack im Mund. „Nein, natürlich traust du es ihr nicht zu. Aber wenn man sich überhaupt jemals auf irgendetwas bei dir verlassen konnte, dann war es deine Sturheit."

Julia drehte sich zu ihr um. „Sag mal, warum legst du es eigentlich permanent darauf an, mit mir zu streiten, seit wir uns heute Abend wiedergetroffen haben?"

„Weil du ein Brett vorm Kopf hast. Deswegen."

„Es ist nun mal eine Tatsache, Eva. Kerstin hat die Tat gestanden."

„Das ist mir bewusst", gab Eva zurück. „Aber daran zu zweifeln erscheint mir immer noch richtiger als der Gedanke, dass Kerstin eine satanistische Killerin gewesen sein soll. Ich möchte einfach nicht zulassen, dass ihr Name derart durch den Dreck gezogen wird. Sie war ein ganz besonderer Mensch und *das* hat sie nicht verdient. Aber wie gesagt, es ist ja nicht so, dass ich mich auch nur eine Sekunde darüber wundere, dass dir das völlig am Ar…"

„Mädels!", ging Sandmann erneut dazwischen. „Wenn Kerstin den Mord begangen hat, dann werden wir das akzeptieren müssen. Aber dann stellt sich immer noch die Frage, was sie dazu gebracht hat, einen Weg solcher Verheerung einzuschlagen. Was für ein Unrecht ist ihr zugefügt worden, um eine derartige Zerstörungswut zu entfesseln? Darum geht's." Er sah Julia an. „Davon abgesehen, was spräche schon dagegen, ein paar Fragen zu stellen? Wittenrode ist ein überschaubarer Ort, die Zahl der – theoretisch – Verdächtigen wäre also begrenzt."

So falsch, dachte Julia, kann nur jemand liegen, der keine Ahnung von Ermittlungsarbeit hat. Wenn in einer kleinen Gruppe von Menschen jeder Einzelne intelligent und vorsichtig genug war, seine Meinung für sich zu behalten, und dem Drang widerstand, mehr preiszugeben als unbedingt erforderlich, dann konnte das jede Befragung nicht nur erschweren, sondern sogar vereiteln. Und sie zweifelte keine Sekunde daran, dass es in Wittenrode genauso sein würde. Aber darum ging es gar nicht. Sie öffnete den Mund, um etwas zu sagen, doch Eva war schneller: „Vielleicht sollten wir uns ein wenig mit Pastor Jordans ‚Seelenerrettung e.V.' beschäftigen."

„Seelen… was?"

„Seelenerrettung e. V.", wiederholte Eva und Sandmann fügte

erklärend hinzu: „Die beschäftigen sich mit Exorzismus. Jordan hat mir irgendwann einmal davon erzählt."

„Exorzismus?" Julia hustete. „Sagt mal, dreht ihr jetzt völlig durch?"

„Ein eingetragener Verein. Absolut seriös", erklärte Sandmann. „Wurde 1987 – nach den Teufelsmorden – gegründet."

Julia wollte es nicht und fragte es doch: „Das heißt, man geht zu ihm, wenn …?"

„… man Angst vor dem Teufel hat", erklärte Sandmann weiter. „Im schlimmsten Fall, wenn man glaubt, ihn gesehen oder gar selbst im Leib zu haben. Oder wenn man glaubt, jemanden zu kennen, der den Teufel gesehen hat. Oder wenn man jemanden kennt, der jemanden kennt, von dem er glaubt, er habe ihn im Leib. Also, den Teufel."

„Alles klar", sagte Julia und wandte sich ab.

„Du kannst es weiter abtun", sagte Sandmann in ihren Rücken. „Aber ich sage dir, ich habe inzwischen einige Bücher über Satanismus gelesen und spätestens nach dem dritten kommt dir der Weg morgens vom Schlafzimmer zur Küche viel unheimlicher vor."

Julia blieb stehen, wandte sich noch einmal um, und das darauf folgende Schweigen zog sich in die Länge. Eva starrte mit bleichem Gesicht über Wittenrode. Sandmann schien abwartend, in sich selbst versunken.

„Also bitte", seufzte Julia schließlich ergeben. „Nachdem es sich ja offenbar nicht vermeiden lässt, lass mich an deinem unerschöpflichen Wissen teilhaben, Sandmann. Gibt es viele Leute, die sich für den Scheiß interessieren? Aber fass dich kurz, bitte."

Er nickte zufrieden und schob seine runde Brille nach oben. „Reichlich. Man muss sich nur ansehen, wie gut sich all die Filme und Bücher über Tod und Teufel verkaufen. Aber das ist nicht das, wovon wir hier reden. Wir reden von echtem Satanismus, und das ist ein Kult um Macht, Reichtum und Sex. Luzifer als

Schutzheiliger der Gierigen und Selbstsüchtigen. Das geht zurück auf ein paar der alten gnostischen Lehren: Gott ist in seinem Himmel, während der Teufel hier unten bei uns das Sagen hat, und wenn man in der Welt weiterkommen will, dann muss man ins Erfolgsteam einsteigen. Reiner Pragmatismus und hat sich in den Achtzigern schneller verbreitet als kurz darauf der Computer. Es gibt praktizierende Hexenzirkel für schwarze und für weiße Magie und ..."

„Sandmann!"

„'tschuldigung." Er brach ab und räusperte sich.

„Hier in Deutschland?", wollte Julia wissen.

Sandmann nickte. „Aber hallo."

„Auch in Hannover und Umgebung?"

„Oh ja. Zum Glück praktizieren die meisten aber weiße Magie."

„Das bedeutet, die Zauberei für gute Zwecke einzusetzen, oder?"

„Ganz recht."

„Und schwarze Magie ...?"

„Gibt sich harmlos, ist es aber nicht. Laut den Autoren der Bücher, die ich gelesen habe, soll niemand über den Menschen bestimmen dürfen. Der Satanismus gesteht es seinen Anhängern zu, verbotene Gelüste auszuleben. Es ist kein Zufall, dass man bei Ermittlungen in den USA beispielsweise auf den rituellen Missbrauch von Kindern gestoßen ist. Die meisten Zusammenkünfte enden auch mit Gruppensex. Sodomie kommt ebenfalls vor. Wie du sicher weißt, gibt es bei schwarzen Messen auch Tieropfer. Das größte Opfer ist allerdings ein Menschenopfer. Das kam bisher allerdings so gut wie nicht vor. Na ja, bis auf ..." Er brach ab.

Eine Weile schwiegen sie daraufhin.

Julia ließ den Blick über das schlafende Wittenrode schweifen, als übe das Dorf irgendeine Anziehung auf sie aus. Was natürlich nicht so war. Sie verabscheute den Ort zutiefst. Eine negative und tödliche Aura ging davon aus, fand sie.

„Also, wenn du meine ganz ehrliche Meinung dazu hören willst", sagte sie dann, wandte sich nun endgültig ab und bewegte sich in Richtung der alten Kapelle. „Das ist abstruses Zeug, das man auf keinen Fall für bare Münze nehmen sollte. Die Hälfte des kirchlichen Personals gibt inzwischen mehr oder weniger selbst offen zu, ihre Zweifel an einer Existenz Gottes zu haben. Und wo es keinen Gott gibt, da gibt es auch keinen Teufel, richtig?"

Eva starrte ihr mit ausdrucksloser Miene hinterher. „Ach was? Das Böse in der Welt existiert also nicht, Julia?"

„Ich war immerhin lange genug bei der Polizei, um zu wissen, dass es wirklich böse Menschen gibt, Eva. Aber meiner Überzeugung nach hat das andere Ursprünge. Ich würde keinen einzigen Mörder mit der Ausrede davonkommen lassen, dass ihm das Getane vom Teufel eingegeben wurde." Damit verschwand Julia in der Kapelle.

Eva und Sandmann sahen ihr einen Moment hinterher, dann folgten sie ihr.

Einen Moment lang blieb Julia stehen und leuchtete mit der winzigen Taschenlampe an ihrem Schlüsselbund in das gruftartige Dunkel der alten Kapelle. Die Holzbänke links und rechts waren morsch oder teilweise herausgerissen und am hinteren Ende waren die Schemen eines Altars mit Kreuz zu erkennen. Dazu ragten in jeder Ecke Marmorsäulen in die Höhe, als bräuchte das alte Kirchlein eine zusätzliche Stütze.

„Gespenstisch", murmelte Sandmann hinter Julia. „Ein echt gespenstischer Ort. Glaubst du an Geister, Julia?"

„Nein." Ohne sich nach ihm umzudrehen, schritt sie in Richtung Altar. „Ich glaube nicht an Geister und ich glaube nicht an abstruse, haltlose Theorien. Davon abgesehen – nur um das

Ganze ein für alle Mal abzuschließen – hat eure Theorie einen gewaltigen Haken: Bruno Kalis hat sich 1987 im Gefängnis umgebracht. Er könnte den Mord an Jürgen Jakob also nicht begangen haben. Und wenn Kerstin es auch nicht war – wer war es dann? Ich meine …" Sie brach ab. „Boah, was stinkt hier so?"

Eva und Sandmann verzogen ebenfalls die Gesichter. Der Gestank war widerlich. Julia richtete den Strahl ihrer kleinen Taschenlampe auf den Altar und stellte fest, dass er mit irgendetwas beschmiert war, das sie nur schwer erkennen konnte, aber wenn sie einen Tipp hätte abgeben müssen, dann hätte sie „Blut" gesagt, denn über dem Kreuz hing – über den Kopf von Jesus hinweg – ein geköpftes Huhn.

„Oh mein Gott!", entfuhr es Eva.

Und dann ging auf einmal alles ganz schnell. Eine Gestalt kam mit einem Satz aus dem Nichts und wollte an ihnen vorbeirennen. Instinktiv streckte Julia einen Arm aus, um sie aufzuhalten. Fast zeitgleich traf sie etwas hart im Gesicht. Sie hatte es nicht kommen sehen und stürzte von der Wucht hintenüber, ehe es ihr für einen Moment schwarz vor Augen wurde.

Als Julia wieder zu sich kam, sah sie als Erstes Sandmanns rundes Gesicht über sich. „Das war nicht sehr klug von dir. Der Typ hätte eine Waffe haben können."

Eva sprach währenddessen in ihr Handy: „Hallo? Spreche ich mit der Polizei? Wir brauchen eine Streife. Hier wurde eine Kapelle geschändet und eine Freundin von mir wurde zusammengeschlagen. Okay, ich warte … Wie ich bereits sagte, eine Kapelle wurde geschändet und eine Freundin von mir … Ja, in Wittenrode. Ja, wir sind vor Ort. Eva Haack. Lieber Gott, wollen Sie jetzt einen Wagen schicken oder die Sauerei hier einfach ignorieren? Ja, wir warten. Und es wäre nett, wenn Sie sich beeilen." Damit klappte sie das Handy zu.

15. KAPITEL

Mein lieber Herr Wachtmeister

Auf dem Polizeirevier von Wittenrode ging es nach 23:00 Uhr eigentlich nicht so zu. Eigentlich ging es auf dem Polizeirevier von Wittenrode nie so zu.

„Ich sag doch, da ist einer rumgeschlichen und in mein Haus eingebrochen." Unterstreichend klopfte die einhundertein Jahre alte Margot mit ihrem Gehstock auf den Boden. „Vorhin hab ich's erst bemerkt, sonst wär ich schon früher gekommen."

Ebeling tunkte einen gegrillten Hühnerschenkel in einen Pappbecher mit Ketchup und biss herzhaft zu. „Es wurde doch aber überhaupt nichts gestohlen, hast du gesagt."

„Na und? Vielleicht war es ja ein Drogensüchtiger auf der Suche nach Stoff."

„Wer würde denn in deinem Haus nach Stoff suchen, Margot? Wenn einer nach Stoff sucht, dann bricht er in eine Apotheke ein."

Die Alte hob die krummen Schultern in die Höhe. „Keine Ahnung. Auf jeden Fall ist bei mir eingebrochen worden, und ich wüsste nicht, was dagegen spräche, dass du ausnahmsweise einmal deinen Hintern in Bewegung setzt und ein paar Ermittlungen anstellst, Ebeling."

„Ich verspreche dir, mich darum zu kümmern. Morgen werde ich als Erstes einen ordentlichen Bericht schreiben. Allerdings stellt sich mir schon die Frage, warum jemand bei dir einbricht und dann nichts mitgehen lässt."

„Tja, das weiß ich auch nicht. Aber Tatsache ist, dass es so geschehen ist."

Das Licht der Neonröhren ließ die Glatze auf Ebelings birnenförmigem Schädel aufleuchten. „Hör zu, ich hab dir versprochen, dass ich die Sache nicht auf die leichte Schulter nehme, okay? Aber im Moment ist hier einfach zu viel los, als dass ich mich um einen Einbruch kümmern könnte, bei dem nichts gestohlen wurde."

„Ach?", machte Margot neugierig. „Was ist denn passiert?"

„Nichts."

„Arnulf!"

Ebeling seufzte auf und deutete mit dem angenagten Hühnerschenkel in Richtung Fenster. „Die alte Kapelle auf dem Berg ist geschändet worden und ich hab hier drei Leute sitzen, die sagen, sie hätten es entdeckt. Eine Person wurde zusammengeschlagen."

„Himmel!" Margot legte eine arthritische Hand auf die Brust. „Geschändet, sagst du?"

„Allerdings. Deshalb hab ich jetzt wirklich keine Zeit. Aber wie gesagt, gleich morgen früh …"

„Nicht nötig." Ohne einen Abschiedsgruß und so schnell wie es ihr möglich war, eilte Margot mit ihrem Stock aus dem Revier.

Denn wenn es tatsächlich wieder losging, das wusste sie aus Erfahrung, dann war auf Ebeling sowieso kein Verlass. Nur Selbsthilfe konnte die Menschen im Ort dann vielleicht noch retten.

Ebelings Büro war ein schlichter Raum mit nichts weiter als ein paar Aktenschränken, einem Schreibtisch und einem alten Plakat, das auf das alljährliche Schützenfest hinwies.

„Na schön, Frau Wagner", sagte er, wobei sich sein Blick einmal mehr auf die Tätowierung auf Julias Unterarm legte. Dann auf ihr ausgewaschenes AC/DC-Sweatshirt. Schließlich hustete er. „Ich weiß jetzt, warum Sie in Wittenrode sind. Aber was genau haben Sie oben bei der Ruine gesucht?"

Julia seufzte ungeduldig. „Das habe ich Ihnen jetzt auch schon zwei Mal gesagt. Wir waren alle lange nicht mehr hier und wollten wissen, wie es jetzt dort oben aussieht. Außerdem wollten wir ein bisschen frische Luft schnappen."

Ebeling fragte: „Wer von Ihnen dreien kam auf die Idee hinaufzugehen?"

„Weiß ich nicht mehr. Ich glaube, Sandmann. Greger Sandmann."

„Und ist Ihnen auf dem Weg nach oben etwas aufgefallen?"

„Nein. Wir sind auf den Berg und nach einer Weile in die Kapelle. Und dann … na ja."

Ebeling verschränkte die Arme vor der Brust. „Die Tür zur Kapelle war also nicht verriegelt?"

„Nein."

„Sprechen Sie weiter. Warum haben Sie Blut im Gesicht?"

Julia fuhr sich mit den Fingern übers Gesicht. Aus dem Mundwinkel war Blut gelaufen. „Weil in der Kapelle plötzlich eine Gestalt auftauchte und mir einen Schlag versetzt hat. Ich war kurz bewusstlos. Frau Haack hat die Polizei gerufen. Das war es." Julia klappte den Mund zu und verschränkte ebenfalls die Arme vor der Brust, als wäre jeder Gedanke, es könnte anders gewesen sein, eine Beleidigung für sie.

„Eine Gestalt, hm."

„Eine Gestalt, ja."

„Haben Sie die Gestalt erkannt?"

„Wenn ich sie erkannt hätte, dann wäre es keine Gestalt. Dann wäre es eine Person mit einem Namen. Zumindest eine Person mit einem genauen Aussehen." Nach einem Moment der Stille fügte Julia mit ungeduldigem Seufzen hinzu: „Sie können mich noch hundert Mal fragen, die Geschichte wird sich nicht ändern. Es war genauso, wie ich es gesagt habe. Ende. Aus. Micky Maus."

„Und Sie tragen immer eine Waffe bei sich." Das war eine Feststellung, keine Frage.

„Für die ich einen Waffenschein habe, wie ich auch schon mehrfach sagte."

„Richtig. Sie waren ja auch bei der Polizei."

„Wenn Sie es nicht glauben, lässt sich das ja ganz leicht nachprüfen."

Darauf ging Ebeling nicht ein. „Aber jetzt sind Sie nicht mehr bei der Polizei", sagte er stattdessen.

„Nein."

„Wie können Sie sich das leisten?"

„Was?"

Mit den gemütlichen Bewegungen eines Mannes, der seine Trägheit genießt, griff Ebeling nach seiner Kaffeetasse. „Den Dienst zu quittieren."

„Erbschaft."

„Erbschaft, aha."

Eine Weile sahen sie sich über den Tisch hinweg an.

„Ich werde Ihnen nicht mehr dazu sagen", kam es dann von Julia, und Ebeling räusperte sich. „Sie hatten keinerlei Ausweispapiere bei sich. Nur eine Waffe. Würden Sie das an meiner Stelle nicht auch etwas … merkwürdig finden?"

„Meine Papiere liegen in meinem Zimmer in der Pension. Ich hatte nicht damit gerechnet, dass ich sie heute Abend noch einmal benötigen würde. Aber wir können gerne zusammen hingehen, jetzt sofort, dann können Sie sich von der Richtigkeit meiner Aussage überzeugen."

Ebeling lächelte selbstgefällig. „Natürlich. Verzeihen Sie, wenn Ihnen meine Fragen aufdringlich erscheinen, aber Sie werden sicher verstehen, dass ich Ihnen diese Fragen stellen muss."

Wäre sie nicht von Ebeling befragt worden, hätte Julia darauf hingewiesen, dass es sich lohnen würde, anderen andere Fragen zu stellen, bei ihm jedoch verkniff sie es sich. Es würde nichts bringen, das wusste sie inzwischen.

„Frau Haack, Herr Sandmann und Sie sind also alte Freunde?", unterbrach er ihre Gedanken.

„Wir kennen uns von früher." Mehr wollte Julia eigentlich nicht dazu sagen, aber der Blick des Dorfpolizisten wartete auf eine Fortsetzung, deshalb fügte sie hinzu: „Wir drei sind alle im Waisenhaus aufgewachsen. Bei Pastor Jordan."

Ebeling nickte. „Kerstin Jakob wuchs ebenfalls dort auf. Und deshalb waren Sie vier …"

Jetzt riss Julia der Geduldsfaden. „Sagen Sie mal, was genau werfen Sie uns eigentlich vor? Verdächtigen Sie etwa uns, die Kapelle geschändet zu haben?"

Ebeling hustete. „Nein, eigentlich nicht."

„Und warum halten Sie uns dann hier fest?"

„Weil es noch ein paar offene Fragen gibt."

„Komisch, ich dachte, ich hätte Ihnen alle Fragen bereits mehrfach beantwortet. Hören Sie, weder meine beiden Freunde noch ich hätten ein Motiv für eine solche Tat. Fangen Sie am besten damit an, die Kapelle gründlich unter die Lupe zu nehmen, suchen Sie alle Spuren zusammen und stellen Sie fest, ob es sich bei der Schändung um eine Art Kulthandlung handelt. Das wäre immerhin ein Anfang."

Es entstand eine kleine Pause.

„Sie meinen eine schwarze Messe?" Ebeling hustete noch einmal. „Ich denke, es handelt sich eher um ein paar halbwüchsige Idioten mit perversem Humor. Ein Akt von Vandalismus ohne konkreten Hintergrund."

Julia legte den Kopf etwas zur Seite. „Hab ich so was Ähnliches heute nicht schon mal gehört? Mein lieber Herr Wachtmeister, ich muss schon sagen, Sie trauen den Kindern hier im Ort ja eine Menge zu."

„Etwas anderes gibt die Sachlage nicht her."

„Die Sachlage? Die Sachlage ist ja wohl eher, dass ein paar Kinder, die sich mal eben einen kleinen Spaß machen wollen, nicht extra ein Huhn dafür köpfen." Julias Ton ließ keinen Zweifel daran, dass sie Ebeling für einen Idioten hielt.

Der kratzte sich an der Nase, dann beugte er sich etwas nach vorne, und auf einmal schien alle Geruhsamkeit von ihm gewichen. „Hören Sie, Frau Wagner, ich verstehe Sie. Wirklich. Eine ehemalige Freundin von Ihnen ist tot und so weiter. Das nimmt einen ganz schön mit. Aber gerade bellen Sie den völlig falschen Baum an."

„Ich belle nicht", versicherte Julia ihm. „Noch nicht."

„Ich will damit sagen, wenn man sich nur an das hält, was tatsächlich passiert ist", fügte Ebeling hinzu, „kommt man zwangsläufig zu dem Ergebnis, dass es ein harmloser Spaß war. Mehr nicht."

„Sie erinnern sich aber schon noch daran, dass ich angegriffen wurde?"

„Sie haben die Kinder erschreckt, nehme ich an."

„Ach so." Julia machte eine erschöpfte Handbewegung. „Na klar. Wie sollte es auch anders gewesen sein?"

„Hören Sie", sprach Ebeling eindringlich weiter, „ich bin seit über fünfundzwanzig Jahren Polizist in Wittenrode. Und ich bin sehr stolz darauf, meinen Teil dazu beigetragen zu haben, dass es hier – nach allem, was war – nun wieder ruhig und friedlich abläuft. Und kaum ist das eine vergessen, da geht es schon wieder los, und zwar dank eines Mordes, den Ihre Freundin begangen hat. Nehmen Sie an der Beerdigung teil und fahren Sie dann wieder zurück nach Hause, wo immer das ist. Ich möchte, dass wieder Ruhe und Frieden einkehren. Und dafür werde ich sorgen. Ende der Geschichte."

16. KAPITEL

Zu Tode erschrocken

Ursula Faber vernahm ein schwaches, monotones Geräusch und richtete sich etwas auf. Wahrscheinlich der Kühlschrank oder ein anderes elektrisches Gerät. Sie lauschte noch einen Moment, dann legte sie sich wieder zurück in die Kissen, legte den Arm angewinkelt unter den Kopf.

Gerade als sie sich wieder etwas entspannte, traf sie ein kalter Luftzug. Vermutlich hatte sie die Balkontür nicht richtig zugemacht, sodass der Wind sie aufgestoßen hatte. Das kam öfter vor.

Ursula seufzte, richtete sich auf und zog ihren Rollstuhl heran. Sie hievte sich hinein, schob sich bis zur Balkontür und schlug sie mit einem kräftigen Ruck zu.

Als sie den Rollstuhl gerade wieder drehen und zurück zum Bett fahren wollte, vernahm sie ein anderes Geräusch. Sie hielt inne und lauschte. Nein, es war wieder nur der Wind. Jetzt war Ursula allerdings wach. Vielleicht sollte sie sich eine Tasse Tee machen, überlegte sie. Ja, sie würde es mit einem Tee versuchen.

Sie rollte in die Küche und griff nach einem Beutel Kamillentee. Dann machte sie Wasser heiß.

Als es zu kochen begann, goss Ursula es in eine Tasse und senkte den Beutel hinein. Die Rollläden klapperten, der Wind wurde stärker.

Und dann war da auf einmal ein ganz anderes Geräusch.

Eine Gänsehaut überlief die Pensionswirtin. Fest legte sie die Hände um die Greifreifen des Rollstuhls und wendete langsam auf der Stelle. Doch hinter ihr war nichts.

Kein Grund, Angst zu haben.

Auf einmal hörte sie Schritte.

Einen.

Zwei.

„Wer ist da?"
Die Antwort war ein Lachen.
Metallisch.
Kalt.
Furcht einflößend.

„Ich kann nicht glauben, dass der uns das wirklich zutraut", murrte Eva, während sie von der Hauptstraße abbogen und sich auf die Pension zubewegten.

„Ebeling?" Julia kickte eine leere Coladose zur Seite. „Das tut er nicht."

„Ach nein?" Eva drehte sich zu ihr hin. „Und warum sagt er's dann?"

„Er versucht, mit aller Macht die Ruhe im Dorf zu wahren."

„Der Mann ist eine dämliche Nervensäge. Ein geisttötender Labersack." Eva wollte sich gar nicht mehr beruhigen.

„Also, an meinen Nerven sägt er nicht", wandte Sandmann ein. „Da lass ich ihn erst gar nicht ran. Was meint ihr, will er was vertuschen?"

„Vielleicht", meinte Julia.

„Warum ist Tragisches eigentlich gleichzeitig immer so fürchterlich grotesk?", murmelte Eva vor sich hin.

Inzwischen hatten sie die Pension erreicht und traten ein. Genau in dem Moment, in dem es in der Küche einen Schlag tat. Gedämpft und leise zwar, aber da es in der Pension normalerweise still wie in einer Gruft war, fiel das Geräusch auf.

„Was war das?", fragte Eva sofort.

„Es kam auf jeden Fall aus der Küche." Julia setzte sich in Bewegung, und die anderen beiden folgten ihr. Sandmann zuletzt.

In der Küche entdeckten sie Ursula Faber, die mit vor Schreck geweiteten Augen in ihrem Rollstuhl saß, als hätte sie gerade einen Geist gesehen.

„Frau Faber?", sprach Julia sie an, und als die Pensionswirtin nicht reagierte, sagte sie noch einmal: „Frau Faber? Hören Sie mich?"

Jetzt wandte die Frau ihr langsam das Gesicht zu. „Wie? Natürlich. Ich höre Sie."

„Wir haben ein Geräusch gehört und wollten nachsehen, was passiert ist."

„Es ist ... nichts. Ich habe nur ... die Teetasse fallen lassen."

Eine zerbrochene Tasse lag wie zum Beweis zerschlagen auf dem Küchenboden.

„Es ist ... nichts", sagte Ursula Faber noch einmal, und jetzt klang ihre Stimme schon wieder etwas fester. „Gehen Sie schlafen. Gute Nacht."

17. KAPITEL

Nachtwache

Und dann war es Julia, die nicht einschlafen konnte. Während die halben Stunden nur langsam an ihr vorbeizogen, dachte sie an Sandmann und an Eva. Natürlich wollten die beiden nicht glauben, dass Kerstin den Mord an ihrem Mann begangen hatte. Aber die entscheidende Frage war doch wohl: Warum hätte Kerstin eine solche Tat auf sich nehmen sollen, wenn sie sie nicht begangen hatte? Das machte kein Mensch, es sei denn, er wäre nicht bei Sinnen.

Als Nächstes dachte Julia an den Überfall in der Kapelle. Zufall? Hatten Sie rein zufällig jemanden gestört, der sich nicht anders zu helfen wusste, als sie niederzuschlagen? Kinder? Jugendliche? Nein, natürlich waren das keine Kinder gewesen. Da steckte etwas anderes dahinter.

Julia wurde immer unruhiger. Sie dachte an Paula von Jäckle, deren Haus mit dem Wort „Hexe" besprüht worden war. Hier hatte Ebeling mit derselben Ignoranz beschlossen, dass es das Werk von Kindern war, dass es einfach nur ein schlechter Scherz war. Genauso, wie er es vorhin auf dem Revier auch wieder getan hatte.

Als Letztes dachte Julia an Ursula Faber, die hilflos und zu Tode erschrocken in der Küche in ihrem Rollstuhl gesessen hatte.

Das alles ging so lange in ihrem Kopf hin und her, bis es ihr gelang, die Gedanken abzuschalten und in einen kurzen, unruhigen Schlaf zu fallen.

Sie träumte, aber der Traum bestand dieses Mal nur aus Gefühlseindrücken, so als sähe sie nichts, sondern könne alles nur ertasten. Niemand sprach und trotzdem teilte sich ihr eine Erwartung mit, so als stünde etwas Unfassbares bevor. Dann erschien Kerstin in dem Traum, und sie schien zu wissen, worum es ging, aber auch sie sagte kein Wort.

Kurz darauf wachte Julia mit einem Ruck wieder auf.

Sie hoffte, dass es schon Morgen war, aber draußen war es unverändert dunkel.

Entnervt wollte sie die Balkontür öffnen und eine Zigarette rauchen, als sie feststellte, dass sie keine mehr hatte. Der schlimmste anzunehmende Härtefall.

Sie erinnerte sich, dass im Eingang zur Pension ein Automat hing, also machte sie sich fluchend auf den Weg hinunter zur Rezeption.

Unten brannte zwar Licht, aber natürlich war hinter dem Tresen alles leer. Die Totenstille war wieder eingekehrt. Fröstelnd, in ihrer Jogginghose und einem dünnen Sweatshirt, schritt Julia auf den Zigarettenautomaten zu, als sie eine Bewegung aus dem Augenwinkel registrierte.

Die Erkenntnis traf sie wie ein Schlag: Sie war nicht allein hier.

Erschrocken fuhr sie herum und sah, wie ein Mann sich von einem der Stühle erhob und auf sie zukam. Wolfgang Lange.

„Lieber Himmel! Haben Sie mich erschreckt!", stieß Julia aus und empfand gleichzeitig Erleichterung. Dann allerdings schoss ihr die logischste aller Fragen durch den Kopf: „Was machen Sie hier?"

„Aufpassen", gab er zurück.

Sie runzelte die Stirn. Sie hatte ihn ewig nicht mehr gesehen, und jetzt kam es ihr fast so vor, als begegne sie einem Fremden. Gleichzeitig gab es aber immer noch einiges an ihm, was ihr vertraut war. Sein zerfurchtes Gesicht, zum Beispiel, sein durchdringender Blick. Die Art, wie er jetzt lässig die Schultern anhob und sagte: „Ursula hat mich angerufen. Sie fühlt sich nicht gut heute Nacht, ist ziemlich unruhig. Verständlich nach allem, was in den letzten Tagen passiert ist. Ich dachte, ich mache es ihr ein bisschen leichter, indem ich hier sitze und aufpasse."

Als Julias Augenbrauen daraufhin immer noch skeptisch nach oben zeigten, lächelte er. „Das macht man so in einer Dorfgemeinschaft, Julia. Man passt aufeinander auf."

Das war nicht ganz die Wahrheit, sie fühlte es. Ursula Faber hatte nicht nur Angst gehabt, sie war regelrecht panisch gewesen. Julia wusste aber auch, dass er ihr nicht mehr erzählen würde, deshalb unterließ sie es zu fragen. Vorerst. Immer noch mit klopfendem Herzen zog sie eine Packung Zigaretten, dann ließ sie sich auf einen der Stühle sinken und Lange setzte sich neben sie.

Und jetzt, wo sie so neben ihm saß, kamen Julias Erinnerungen an ihn zurück. An das, was sie vor Jahren so sehr an ihm fasziniert hatte: seine enorme, intuitive kriminalistische Begabung. Dafür hatte sie schon immer eine Schwäche gehabt. Aber natürlich war es nicht nur das, das wusste sie. Sie war nicht naiv. Sie hatte früh ihren Vater verloren und dann auf der Polizeischule in Lange so etwas wie einen Ersatz gefunden. Ein Mann wie ein Baum, stark und verlässlich. Jemand, der das Ungelöste aufzulösen vermochte.

Das war einer der Gründe, warum sie beide während ihrer Ausbildung so gut miteinander auskamen. Der andere Grund war, dass Lange stets behauptete, Julia hätte dasselbe intuitive Gespür für Verbrechen wie er selbst. Einen Instinkt, eine Ahnung. Etwas, was mit reiner Vernunft nicht zu erklären war, weil es hinausging über das intellektuell Fassbare. Etwas, so hatte er einmal gesagt, was sie zu einer guten Polizistin machen würde. Und er hatte recht behalten. Zumindest für ein paar Jahre.

Mit einer seiner Pranken – und es war wirklich eine Pranke, seine Hände waren riesig – zog er nun eine Schachtel Zigarillos aus seiner Jackentasche. „Darf ich?", fragte er höflich.

Julia zuckte mit den Schultern. „Klar."

„Ich frage nur, weil es Leute gibt, die den Geruch nicht mögen."

„Mich stört's nicht."

Er zündete sich einen der Zigarillos an und Julia stellte fest, dass es tatsächlich erbärmlich stank. Sie musste unwillkürlich husten, ihre Augen begannen zu tränen. „'tschuldigung", machte sie und wedelte mit der Hand vor der Nase. „Das ist tatsächlich ein heftiges Kraut."

Er lächelte. „Aus Kolumbien. Das einzig Teure, was ich mir ab und zu gönne. Aber wenn es dich stört, wie gesagt, ich kann …"

„Nein, nein." Julia hustete noch einmal. „Alles okay."

Dann saßen sie einen Moment nur da, und während sie noch mit dem Kratzen in ihrem Hals kämpfte, sagte Lange: „Du bist also zu deinen Wurzeln zurückgekehrt."

„Ich hab hier keine Wurzeln."

„Trotzdem bist du zurückgekehrt."

„Nur für Kerstins Beerdigung."

Lange wandte den Kopf, sah Julia aufmerksam an. „Die Sache geht dir nahe, oder?"

„Ich begreife immer noch nicht, was da passiert ist."

Sie schwiegen wieder einen Moment, dann sagte er: „Ich hab ihre Vernehmung geführt."

„Wirklich?" Julia sah auf. „Wie wirkte sie, als Sie mit ihr gesprochen haben?"

Er hätte sie darauf hinweisen können, dass er nicht befugt war, darüber zu sprechen. Aber er wusste natürlich, dass sie das selbst sehr genau wusste.

„Sie war klar bei Verstand", sagte er schließlich, brach ab und fügte hinzu: „Ich hatte hier im Ort nie viel mit ihr zu tun, weißt du? Ich wusste so gut wie nichts über sie, und auch die anderen hier hatten nicht viel Kontakt zu ihr. Und natürlich fühlen sich jetzt einige bestätigt, nachdem sie getan hat, was sie getan hat. Hast du von den Gerüchten um sie gehört?"

„Dass sie eine Satanistin gewesen sein soll? Ja. Ein Brüller."

Lange zog wieder an seinem Zigarillo. „Ich weiß, wie sich das in deinen Ohren anhören muss. Ich habe mich selbst lange geweigert, es zu glauben. Aber …"

Unwillkürlich gingen Julia Sandmanns Worte durch den Kopf: das perfekte Verbrechen.

„Aber wenn Kerstin es nicht gewesen wäre", sagte sie. „Nehmen wir es nur einmal für eine Sekunde an, ja? Nur Perfektion würde ausreichen, um so etwas hinzukriegen, nicht wahr?"

Lange hielt einen Moment inne, ließ sich die Worte durch den Kopf gehen. „Du meinst, dass sie die Tat für jemand anderen auf sich genommen hat? Du weißt, ich halte sehr viel von dir, Julia, und natürlich verstehe ich, dass du misstrauisch bist. Aber ich denke trotzdem, dass du dir nicht allzu viel von diesen Gedanken erhoffen solltest. Ich muss dir nicht erklären, dass sich Vermutungen von selbst verstärken, weil …"

„… man unbewusst nach etwas sucht, was die eigene Meinung bestärkt", vollendete Julia. „Ich weiß." Sie neigte den Kopf etwas zur Seite. „Trotzdem wäre es nicht unmöglich."

„Nein. Unmöglich wäre es nicht. Aber dann hätte sich jemand sehr viel Mühe gemacht. Davon abgesehen war ich am Tatort. Glaub mir, Julia, da sah es aus wie in einem Schlachthaus. Es gab eindeutige Hinweise darauf, dass Kerstin die Tat begangen hat. Auch der forensische Befund ließ keinen Zweifel daran und deckte sich mit ihrer Aussage. Außerdem gab es keinerlei Anzeichen für einen Einbruch und nichts deutete auf einen Kampf zwischen Täter und Opfer hin. Das alles führt zu dem Schluss, dass es keine dritte Person im Haus gab. Und dass Jürgen Jakob seinen Mörder kannte. Sehr gut kannte. Er hat ihm vertraut."

„Sie sagen, der forensische Befund deckte sich mit Kerstins Aussage", hakte Julia nach. „Inwiefern?"

Lange zog wieder an seinem Zigarillo. „Das Esszimmer glich einem Schlachthof und jedes Mal, wenn sie sich bewegte, hinterließ Kerstin Fußabdrücke im Blut ihres Mannes. Jeder einzelne wurde fotografiert und alle stammten eindeutig von ihr, auch die blutigen Abdrücke auf dem Teppich im Flur."

„Und die Tatwaffe? Das Messer?", fragte Julia weiter. „Darauf waren wohl nur ihre Fingerabdrücke, oder?"

Lange nickte. „Und die von Jürgen. Aber der wird sich die tödlichen Verletzungen wohl kaum selbst zugefügt haben."

Julia seufzte leise auf. „Hatte er Familienangehörige, die einen Schlüssel zum Haus haben?"

„Es gibt eine Mutter, aber ich habe nie erlebt, dass sie ihn besuchte. Wenn, dann besuchte Jürgen sie. Seine Mutter und Kerstin waren sich nicht besonders grün, um es mal so auszudrücken."

„Und was ist mit engen Freunden?"

Nun war es an Lange, leise aufzuseufzen. „Jakob hatte keine so engen Freunde, dass er ihnen einen Schlüssel zu seinem Haus gegeben hätte." Er schien Julias Gedanken zu erahnen, denn er fügte hinzu: „Und es war auch kein Raubmord, es wurde nichts gestohlen. Nein, auch wenn du es nicht hören willst, es kann nur Kerstin gewesen sein. Sie sagte zwar bei der Vernehmung aus, sie könne sich nicht erinnern, wie alles passierte, aber es muss ein unglaublicher Hass in ihr gebrodelt haben. Sie sagte, sie hätte das Messer auf dem Esstisch liegen sehen und wäre dann mit einem Mal wie in einer Art Rausch gewesen."

„Aber Drogen haben Sie keine in ihrem Blut gefunden?"

„Nein."

Eine Pause entstand.

„Was können Sie mir über Bruno Kalis sagen?", wechselte Julia dann das Thema.

Lange hob den Kopf. „Du fragst wegen der Art und Weise des Mordes? Nun, das hat sich alles vor langer Zeit abgespielt. Die meisten Leute würde lieber nicht mehr darüber reden."

Julia sah auf und ihm in die Augen. „Gehören Sie auch zu den meisten Leuten, Herr Lange?"

Er atmete tief durch. „Den Mord an Jürgen Jakob kann Kalis schlecht begangen haben, nicht wahr? Er hat sich ja damals im Gefängnis umgebracht."

Julia nickte. „Wer war 1987 eigentlich noch an den Ermittlungen beteiligt? Ich meine, außer Ihnen."

„Ta Quok", antwortete Lange. „Guter Kollege. Guter Polizist. Leider inzwischen tot."

Julia schaute ihn fragend an.

„Wurde wenig später bei einem Einsatz von einem Verdächtigen erschossen", fügte er erklärend hinzu und konzentrierte sich dann wieder auf die eigentliche Frage. „Ja, also, wir beide haben die Ermittlungen geleitet. Unser Chef hieß Kämmerer. Sei froh, dass du den nicht mehr erlebt hast. Der Mann hat nicht geführt, der hat regiert. Schwieriger Mensch, aber fair. Tja, und Anklage erhoben hat dein Vater, wie du weißt."

Julia nickte nachdenklich. „Gab es damals noch andere Verdächtige außer Kalis?"

„Nein."

„Und mein Vater war absolut davon überzeugt, dass Kalis der Täter war?"

Lange spitzte den Mund. „Es hat alles auf Kalis hingedeutet. Die Beweise reichten allemal für eine Anklage." Er brach ab. „Das war nicht deine Frage, ich weiß. Ja, dein Vater war sicher. Wir waren uns alle sicher. Als wir Kalis' Zimmer durchsucht haben, fanden wir jede Menge Bücher mit den Teufel verherrlichenden Texten. Unter dem Bett lagen noch mehr davon. Dazu jede Menge schräger Pornos. Und – aus unserer Sicht – das Beste: In einer Holztruhe fanden wir die Kleidungsstücke der Opfer. Wir nahmen Kalis fest, er kam vor Gericht und wurde für schuldig befunden. Ende der Geschichte."

„Aber betreibt man solche Opferriten nicht eigentlich zu mehreren?", wollte Julia nachdenklich wissen. „Ich meine, sind das nicht immer Gruppen, die so was tun?"

„Vielleicht. Aber nicht in diesem Fall. Kalis hat es alleine getan. Etwas anderes ließ sich zumindest nicht nachweisen." Lange brach ab und sagte nach ein paar Sekunden: „Ich kenne den Ton, in dem du nachfragst, Julia. Wirst du es schaffen, dich rauszuhalten?"

Sie hob die Schultern an. „Wenn ich das alles so höre, ist für Zweifel ohnehin nicht viel Platz."

„Überhaupt kein Platz. Dreiundzwanzig Jahre, Julia. Die Teufelsmorde liegen dreiundzwanzig Jahre zurück, vergiss das nicht."

„Was sind schon dreiundzwanzig Jahre in einer so kleinen Gemeinde wie Wittenrode?"

Lange ließ Julia nicht aus den Augen. „Wenn du dich entschließen solltest, weitere Fragen zu stellen, dann werde ich dich nicht davon abhalten können. Aber ich kann dir jetzt schon sagen, du wirst gegen eine Mauer des Schweigens rennen. Es hat lange genug gedauert, bis die Geschichte um Kalis einigermaßen in Vergessenheit geraten war. Die Leute sind nicht begeistert, schon wieder mit so etwas konfrontiert zu werden."

Julia nickte. „Ich weiß. Ein verdammt verschworener Haufen ist das."

Damit verabschiedeten sie sich. Sie ging zurück in ihr Zimmer, während er auf seinem Stuhl sitzen blieb und weiter darauf wartete, dass es hell wurde.

Er hatte in den letzten vierundzwanzig Stunden viel erreicht.

Er hatte sie alle in Angst und Schrecken versetzt. Er war vor dem Fenster der Kartenlegerin aufgetaucht und hatte dafür gesorgt, dass sie den Teufel sah. Sie war zu Tode erschrocken, und so sollte es sein, denn sie musste wissen, dass ihr Gefahr drohte, wenn sie sich einmischte. Sie mussten alle eingeschüchtert werden. Deshalb hatte er Ursula Faber dasselbe sehen lassen. Und er war in das Haus der alten Margot eingebrochen, und sogar

Kämmerer in Hannover ging mittlerweile schon zum Arzt vor lauter Unsicherheit.

Alle, alle waren sie jetzt starr vor Angst. Und genau das wollte er. Er wollte auf- und wieder abtauchen, Gerüchte, Halbwahrheiten säen, weil er wusste, dass er nur so das Schweigen derer sichern konnte, die weiter schweigen mussten.

Er hatte alles im Griff.

Seine Gedanken schweiften zu Julia Wagner. Noch glaubte sie, sie wäre Herrin der Lage, aber das war sie nicht.

Ich bin der Tod. Der Tod, den du nicht einmal begreifen kannst.

Er fragte sich, ob sie spürte, dass ihr nicht mehr lange blieb? Hatte sie eine vage Vorahnung? Gab es eine unbewusste Stimme, die ihr sagte, was unweigerlich kommen würde? Selbst wenn, es würde ihr nichts nützen. Es lag in seiner Hand.

Die unstillbare Wut in ihm schwoll für einen Moment an zu ungebremstem Hass, wurde jedoch sofort darauf wieder ersetzt von dem befriedigenden Gefühl, genau zu wissen, was er als Nächstes tun musste.

Du wirst sterben, Prinzessin, dachte er und fragte sich ob sie beten würde, wenn es so weit war. Würde sie Gott im Himmel anflehen, ihr Leben zu verschonen? Oder würde es doch ihr heiß geliebter Daddy sein, nach dem sie schrie, ehe sie das ominöse helle Licht sah?

Er würde es erfahren. Und es würde nicht mehr lange dauern.

18. KAPITEL

Wirklich wichtig!

Mittwoch, 7. April
7:10 Uhr

Schwester Carla war Altenpflegerin und eine gepflegte, gut genährte Frau mit blonden Strähnchen, wie zum Beweis dafür, dass ihr Friseur schon lange nicht mehr up to date war. Als sie an diesem Morgen mit ihrer Arbeit begann, war sie bereits spät dran und mit nicht viel Geduld ausgestattet. „So. Sie müssen jetzt Ihre Tabletten nehmen, Frau Baakes."

Die alte Frau sah sie nicht einmal an. Sie lag in ihrem Bett und starrte an die Decke.

Die Pflegerin hielt ihr einen kleinen Plastikbecher mit weißen und roten Pillen hin. „Na kommen Sie."

„Er ist zurück." Hilde Baakes wandte den Kopf und sah die Pflegerin an. „Und er ist wütend."

Carla befand, dass es besser war, nicht darauf einzugehen, und schüttelte den Behälter mit den Pillen. „Also dann, Zeit für Ihre Tabletten."

Hilde Baakes ignorierte den Pillenbehälter auch weiterhin. „Sie ist auch zurück."

„Soll ich das Wasser halten oder schaffen Sie es alleine?"

„Sie weiß nicht, gegen wen sie kämpft", sagte die alte Frau, gänzlich desinteressiert an Wasser und Medikamenten. Ihr weißes Haar leuchtete wie ein Heiligenschein. „Sie weiß es nicht."

Die Pflegerin nickte geflissentlich. „Nun kommen Sie. Jetzt nehmen wir unsere Tabletten. Wir müssen uns beeilen, die anderen Bewohner warten auch auf ihre Medikamente."

Endlich öffnete die alte Frau den Mund und nahm die Pillen an. Sie wartete mit dem Schlucken, bis die Pflegerin ihr das

Wasser gereicht hatte, dann glitten sie geräuschvoll ihre Kehle hinunter. Anschließend wischte sie sich mit dem Handrücken über den Mund und sagte entschieden: „Geben Sie es ihr."

„Was?"

„Das schwarze Buch auf dem Tisch. Geben Sie es ihr."

„Wem?"

„Julia Wagner. Geben Sie ihr das Buch. Aber nur ihr, niemandem sonst. Hören Sie? Niemandem sonst."

„Natürlich", sagte die Pflegerin und wandte sich ab.

„Geben Sie ihr das Buch."

Carla seufzte, schritt zum Tisch und nahm das schwarze Notizbuch an sich. „Ich werde es ihr geben." Auch wenn sie keine Ahnung hatte, wer diese Julia Wagner war.

Die alte Frau keuchte leise. „Er wird sie töten. Er ist das Böse. Und er ist wütend. Geben Sie ihr das Buch."

Schließlich war sie wieder allein.

„Warum?", flüsterte Hilde Baakes in die Stille.

Sie schloss die Augen, und sofort verweilten die Bilder der Vergangenheit vor dem Spiegel ihres Bewusstseins.

Als die Tür leise geöffnet und wieder geschlossen wurde, ging ein leichter Luftzug durchs Zimmer. Die alte Frau drehte sich etwas und erstarrte. Angst überfiel sie mit einer solchen Heftigkeit, dass sie meinte zu ersticken.

Es war der Teufel. Er war hier. Und er war gekommen, um sie zu holen.

„Helft mir", flehte Hilde Baakes leise.

Zur gleichen Zeit stieg Evelyn Jakob, die Mutter des ermordeten Jürgen Jakob, Stufe um Stufe die Treppe zum Speicher hinauf. Oben angekommen, öffnete sie die alte Holztür. Der kurze Blick zurück nach unten ließ sie für einen Moment schwindlig werden. Schnell schaute sie wieder nach vorne und tastete nach dem Lichtschalter. Gleich darauf erwachte der alte Dachboden zum Leben und der Raum erstreckte sich über die gesamte Hauslänge, von vorn bis nach hinten, in der Mitte verlief ein schmaler Gang und auf beiden Seiten des Ganges befanden sich ordentliche Stapel mit Koffern, Schachteln und Kisten.

Einen Moment stand Evelyn da und lauschte. Dann ging sie langsam durch den Gang und ließ den Blick auf den Schätzen ruhen, an denen sie vorbeikam. Zweimal blieb sie stehen. Zuerst öffnete sie den Deckel eines Koffers und der Geruch von Mottenkugeln schlug ihr entgegen. Sie strich über einen der alten Anzüge ihres verstorbenen Mannes, dann schloss sie den Koffer wieder und ging zu einem der Kartons. Darin befand sich ihr Hochzeitskleid. Sie schloss die Augen und grub die Finger in den Spitzenbesatz.

Eines Tages würden sie, ihr Mann und ihr geliebter Sohn Jürgen – so Gott es wollte – wieder vereint sein. Sie wollte den Karton gerade wieder verschließen, als ihr Blick auf ein Stück Papier fiel. Sie nahm es zwischen Daumen und Zeigefinger und zog es heraus. Es war ein Stück eines mit Tinte geschriebenen Briefes. Er war nicht vollständig, der Anfang und das Ende fehlten, aber Evelyn kannte die Handschrift, sie gehörte Jürgen.

Sie las das Geschriebene. Und las es noch einmal. Und noch einmal.

Dann durchzuckte ein stechender Schmerz sie, wand sich durch ihre Brust wie eine Schlange. Sie schrie leise auf.

Dann stolperte sie mit dem Papier in der Hand die Treppen wieder nach unten.

19. KAPITEL

Drecksack

Paula von Jäckle war fest entschlossen, sich nicht von dem Geschmiere an ihrer Hauswand beeindrucken zu lassen. Sie war fest entschlossen, sich überhaupt nicht beeindrucken zu lassen. Zwar mochten die Menschen in Wittenrode frei von allen Bösartigkeiten, die ein friedvolles Leben störten, sein, aber das erschien nur so. Wer etwas anderes glaubte, der war ein Narr, und Paula war weit davon entfernt, eine Närrin zu sein. Und wenn ihr Verstand es ihr nicht schon gesagt hätte, ihre Karten sagten es ihr deutlich.

Nun stand sie auf der obersten Treppenstufe, die zu ihrer Haustür führte, und bemühte sich, das Wort „Hexe" wegzuwaschen, welches sie eindeutig als Drohung empfand. Oder als Bestätigung dafür, dass ihr Leben im Ort wohl kaum das Idyll war, das sie sich irgendwann einmal erhofft hatte. In der nächsten Sekunde befiel sie eine seltsame Ahnung – falls man ein ungutes Gefühl eine Ahnung nennen konnte. Jedenfalls bestätigte sich diese Ahnung, als sie eine Stimme hinter sich sagen hörte: „Das sieht aber gar nicht gut aus."

Paula wandte den Kopf und erkannte Wilhelm Raddatz. Er trug eine rote Jacke und auf dem runden Kopf eine ebenso rote Pudelmütze, was ihn zusammengenommen ziemlich lächerlich aussehen ließ. Interessiert betrachtete er die Schmiererei an der Hauswand. „Seit wann steht das da?"

Paula strich sich mit einer Hand eine graue Strähne aus der Stirn und machte sich weiter daran, die Wand zu säubern. „Seit gestern Abend. Aber wenn ich mich nicht sehr täusche, dürften Sie das besser wissen als ich, Herr Bürgermeister."

„Wie kommen Sie denn darauf, Paula?"

„Sie kennen Ihre Pappenheimer im Dorf besser als ich."

Darauf ging Raddatz nicht ein. „Haben Sie Anzeige erstattet?"

Paula schnaubte. „Natürlich. Und Ihr Dorfpolizist zeigte sich so arbeitswütig wie eh und je."

„Ebeling tut, was er kann."

„Ja, davon bin ich überzeugt." Paula ließ den Schwamm in den Eimer fallen und wandte sich um. „Wenn einer nicht zu bremsen ist, dann ist es Ebeling."

„Wissen Sie, was Ihr Problem ist, Paula?" Raddatz lächelte dünn. „Sie nehmen die Dinge viel zu ernst."

„Was?" Klug wäre es gewesen, ihn einfach zu ignorieren, aber dazu war Paula momentan nicht in der Lage. „Was haben Sie gerade gesagt?"

„Na ja ..." Er hob beide Hände in die Höhe. „Sie wissen schon ..."

„Nein. Ich weiß nicht. Meinen Sie, ich soll vernünftig sein, die Dinge auf sich beruhen lassen und Tod und Teufel, Mord und Rache einfach ignorieren?"

„Und Speere aus Licht und glühende Dreizacke", fügte Raddatz sarkastisch hinzu.

Paula stand immer noch auf der obersten Stufe der Treppe. Mit blitzenden Augen starrte sie zu ihm hinunter. „Alle Bemühungen Ihrerseits, es zu vertuschen, werden nichts nützen. Er ist wieder da und Sie wissen es."

„Und da wundern Sie sich, dass Ihnen die Leute solch einen Mist an die Hauswand schmieren?", brauste Raddatz auf. „Lassen Sie es, Paula, Sie machen sich mit all dem nur Feinde. Es wird nicht aufhören, solange Sie nicht aufhören."

Langsam ging Paula die Stufen hinunter. „Ich werde trotzdem nicht still sein. Ich will niemanden vor den Kopf stoßen, Herr Bürgermeister, aber hier ist jemand unterwegs, der uns allen nicht gerade freundlich gesinnt ist."

„Ich halte das für stark übertrieben."

„Ich übertreibe gern ..."

„Allerdings", pflichtete Raddatz gallig bei.

„Aber nicht in diesem Fall", endete Paula.

„Dann wundern Sie sich nicht, wenn solche Schikanen in Ihre Richtung auch zukünftig nicht aufhören." Damit wandte der Bürgermeister sich ab und ging schnellen Schrittes weiter in Richtung Evelyn Jakobs Haus.

Dies eine wusste Evelyn über Raddatz zu sagen: Sein Besuch hatte nichts mit Jürgens Tod, Schmerz, Bedauern oder gar mit Respekt zu tun. Im Gegenteil. Dieser Mann war ein eiskalter Taktierer, einer, der immer alles an sich reißen wollte. Immer schön alles unter Kontrolle haben. Bis zum Letzten. Jetzt, in dem kleinen Wohnzimmer, wirkte er wie ein Hai mit großem Maul und spitzen Zähnen, einschüchternd und gefährlich.

Nicht, dass er Evelyn beeindruckt hätte. Ihr Blick ruhte auf ihm, während er so tat, als betrachte er interessiert die Fotos von Jürgen. Dann wandte er sich ihr zu und sagte: „Ich kann immer noch nicht verstehen, wie das passieren konnte. Wie man sie so unterschätzen konnte. Kerstin, meine ich. Also …"

Evelyn nahm die Porzellantasse samt Untertasse von ihrem Knie und strich sich den Rock glatt. „Wilhelm, erspar uns beiden deine vorgetäuschte Trauer …" Sie balancierte die Tasse in Richtung Tisch, wobei sie auf der Untertasse umkippte und etwas Kaffee vom Rand auf den Teppich tropfte. Sie schien es gar nicht zu bemerken. „Du bist wegen dem Haus hier, in dem sich die Schlachterei befindet, wir wissen es beide."

Raddatz räusperte sich. „Ich wollte wissen, ob du schon darüber nachgedacht hast, was jetzt damit passiert. Ich meine, Jürgen hatte sich schon entschieden, und es wäre doch eine Missachtung seines Andenkens, sich nicht an seinen Wunsch zu halten, nicht wahr?"

Evelyn rollte mit den Augen. Warum nur hatte sie die Jagdflinte ihres verstorbenen Mannes weggegeben? Wenn sie sie noch hätte, könnte sie Raddatz jetzt krumm und lahm geradewegs aus dem Haus schießen. Mit jeder Sekunde empfand sie mehr Abscheu gegenüber diesem Menschen, aber sie wusste auch, dass seine Machenschaften nicht gänzlich auf seinen miserablen Charakter zurückzuführen waren. Immerhin hatte Jürgen ihm zu Lebzeiten tatsächlich Hoffnungen auf das Haus gemacht. Sie sagte: „Jürgen ist tot. Und weil das so ist, bin ich jetzt dran zu entscheiden. Und das tue ich so, wie ich es für richtig halte. Du hast das Haus immer gewollt, das weiß ich. Und für einen Moment warst du tatsächlich sehr nahe dran. Aber wie gesagt, jetzt entscheide ich."

Der Puls des Bürgermeisters beschleunigte sich etwas, obwohl er an Evelyns Art eigentlich gewöhnt sein müsste. Sie hatte ihn noch nie gemocht, hatte ihm bei der Wahl nicht einmal ihre Stimme gegeben. Daraus hatte sie nie einen Hehl gemacht. „Ich meine es nur gut. Was, wenn du morgen auch tot bist? Was soll aus all dem dann werden, Evelyn?"

„Allein um dir den Gefallen nicht zu tun, Wilhelm", sie spitzte die Lippen, „gebe ich mein Bestes, um morgen noch nicht zu sterben."

Er lachte kurz und trocken auf.

„Es ist mein Ernst."

„Du willst das Haus also nicht verkaufen?"

„Ich habe es bereits überschrieben. An Pastor Jordan und die katholische Kirche."

Raddatz wurde blass. Einen Moment glaubte er sogar, er würde ohnmächtig. Das übertraf bei Weitem alles, was Evelyn sich in all den vielen Jahren geleistet hatte.

„Du alte Hexe", fuhr es dann aus ihm heraus. „Das hast du nicht wirklich getan."

„Doch, Wilhelm. Ich dachte, wenn ich das Haus gleich der Kirche überlasse, habe ich ein für alle Mal meine Ruhe vor dir. Und jetzt sei so nett und lass mich in Ruhe um meinen Sohn trauern."

„Du weißt ja nicht, was du tust! Jürgen ist tot, aber andere Menschen sind noch am Leben!"

„Noch, Wilhelm. Noch."

Raddatz öffnete den Mund, holte sogar Luft, um noch etwas zu sagen, aber dann erkannte er, dass es nichts nützte. Also wandte er sich ab und verließ wie geheißen das Haus.

Kaum war die Tür hinter ihm zugefallen, kam Edna Gabriel aus der Küche, in der Hand einen nassen Lappen.

„Fandest du das dumm von mir?", wollte Evelyn wissen, ohne sich nach ihr umzudrehen.

„Nein", sagte Edna. „Das war nicht dumm. Das war das Klügste, was Sie tun konnten."

20. KAPITEL

Ganz allein im Dunkeln unter der Erde

In dieses winzige Loch soll Kerstin passen?

Julia zitterte, während sie beobachtete, wie der Sarg einen Moment in der Luft zu schweben schien, ehe er in die Erde hinabgelassen wurde. Links von ihr weinte Eva, rechts tupfte Sandmann verstohlen hinter der runden Brille herum. Vom Himmel herab regnete es schon wieder wie aus Kübeln und ihre Schuhe versanken fast vollständig in der weichen Erde.

Dann umgab sie für einen Moment ein Kreis aus Stille. Jenes Gefühl, das in dem Moment entsteht, in dem man loslässt. Kurz darauf drang Pastor Jordans Stimme wieder in Julias Bewusstsein. Seine Worte endeten mit: „Ruhe in Frieden." Er sprach leise, und was er sagte, hatte nichts von erzwungener Emotionalität. Es kam aus tiefstem Herzen und sie musste zugeben, dass er überhaupt gute Arbeit geleistet hatte. Sie hatte an sich nicht sehr viel Vertrauen in die Tröstungen, die die Kirche für Hinterbliebene bereithielt, hier aber hatte Kerstin einen schönen Sarg bekommen, schöne Blumen, und es war weder ein Wort über Mord oder Selbstmord noch über irgendwelchen Satanistenkram verloren worden.

Ja, es war gut.

Als die feuchte Erde auf dem Sarg landete, war es zu Ende und Julia stand einen Moment still. Dann wandte sie sich um, machte ein paar Schritte vom Grab weg und beobachtete die wenigen anderen Trauergäste, in deren Zügen sie keine Trauer las, nur Neugierde und Sensationslust. Nein, diese Leute waren Kerstin nie nahe gewesen, nicht eine Minute. Der einzige Mensch, der wirklich um Kerstin wusste, war gerade eben in das Grab hinabgelassen worden.

„Julia Wagner?"

Vor Schreck wirbelte Julia so schnell herum, dass die Steinchen des Weges von ihren Schuhen aufspritzten.

Der große dünne Mann, der am vorigen Abend betrunken in der Kneipe an der Theke gesessen hatte und so unsanft vom Wirt vor die Tür gebracht worden war, stand vor ihr und sah sie aufmerksam an. Jetzt erst bemerkte Julia, dass die linke Hälfte seines Gesichts und auch ein Teil seines Halses schlimm vernarbt waren. Es sah aus wie eine alte Brandverletzung. Am Abend zuvor war ihr das nicht aufgefallen, weil er mit der gesunden Gesichtshälfte zu ihr gesessen hatte.

„Woher kennen Sie meinen Namen?", wollte sie wissen und versuchte, nicht allzu auffällig auf die hässlichen Narben zu starren.

Der Mann lächelte matt. „Jeder hier weiß, wer Sie sind." Er verharrte einen Moment, dann sagte er leise: „Sprechen Sie mit Hilde Baakes."

Das war es. Er ging ohne ein weiteres Wort und ohne sich noch einmal umzudrehen.

So lange sie denken konnte, war Julia der Meinung, dass das Leben – wenn man es einigermaßen in Frieden leben wollte – eigentlich ein Stummfilm sein sollte. Überall ein beinahe panisches Kommunikationsbedürfnis, Menschen, die nur darauf brannten, ihr Leben zu einer Show zu machen, die etwas von einem haben oder einem etwas verkaufen wollten. Menschen, die sich im Herzen für echte Idealisten hielten und fest daran glaubten, dass ihre Träume niemals starben – was für sich genommen schon völlig absurd war und noch lange nicht das ganze Gerede erklärte. Das Ergebnis davon war in allen Fällen eine endlose Abfolge von Wörtern, Sätzen und Bildern, die in einer Endlosschleife im All verschwanden, um wenig später erneut auf einen einzuprasseln. Darüber dachte Julia nach, während Eva ihren Kopf wie eine Schildkröte aus dem hochgeschlagenen Mantelkragen schob und ungläubig den alten, zerbeulten Volvo fixierte. „Das ist ein Witz, oder?"

„Nein." Julia öffnete die Fahrertür und stieg ein. „Das ist mein Wagen. Er sieht ein bisschen mitgenommen aus, aber er ist top in Schuss."

„Was du nicht sagst." Mit Mühe zog Eva die Beifahrertür auf, die sich heftig und mit kreischenden Scharnieren dagegen wehrte. „Lieber Himmel!" Unelegant zwängte sie sich durch den Spalt. „Hast du nicht was von einer Erbschaft gesagt?"

„Ja. Aber das Geld muss ich ja nicht unbedingt für einen neuen Wagen ausgeben. Ein Auto ist ein Gebrauchsgegenstand." Julia drehte den Zündschlüssel und der Motor hustete auf. Einmal, zweimal. Die Anzeigen am Armaturenbrett flackerten, ehe alles zusammen in einem röchelnden Geräusch erstarb. „Immer mit der Ruhe", sagte sie, ehe Eva zur nächsten Bemerkung ansetzen konnte. „Das wird schon." Sie versuchte es ein zweites Mal, aber jetzt gab der Motor überhaupt keinen Laut mehr von sich.

„Ruf den ADAC", sagte Eva.

„Bin kein Mitglied."

„Was?" Fassungslos richtete Eva sich auf. „Du fährst einen solchen Schrotthaufen und bist nicht Mitglied beim ADAC?" Sie öffnete die Tür, die sich erneut heftig dagegen wehrte.

„Wo willst du hin?"

„Wir fahren mit meinem Wagen."

Das wollte Julia nicht auf sich sitzen lassen. Und auch nicht auf ihrem Volvo. Sie drehte den Schlüssel noch einmal – und der Motor sprang sofort an.

„Ich glaub's nicht", murmelte Eva, stieg wieder ein und zog die Tür mit aller Macht zu.

„Ich hab doch gesagt, es ist ein großartiges Auto. Nur manchmal ein bisschen launisch."

„Mir bleiben Parallelen zwischen Wagen und Besitzerin nicht verborgen."

Mit einem süffisanten Lächeln fuhr Julia los.

„Machst du mal bitte die Heizung an?", sagte Eva nach ein paar Minuten. „Es ist saukalt hier drin."

„Funktioniert nicht."

„Was?" Evas Blutdruck schoss schon wieder in die Höhe.

„Ist gestern auf der Fahrt hierher ausgefallen."

Innerhalb von Sekunden beschlug die Windschutzscheibe von innen und Julia musste das Fenster herunterkurbeln. „Du wolltest ja unbedingt mitkommen. Ich hatte dich nicht darum gebeten."

„Oh, entschuldige, dass ich es genauso ernst nehme wie du, wenn dir auf dem Friedhof ein fremder Mann den Hinweis gibt, dass du dich mit unserer ehemaligen Lehrerin unterhalten sollst. Ich konnte ja nicht ahnen, dass wir in einer solchen Rostlaube zu Frau Baakes fahren würden."

„Ach komm." Julia winkte ab. „Dir geht's doch gar nicht um den Wagen."

Eva kniff die Augen zusammen. „Nein? Worum dann?"

„Lass uns ein anderes Mal darüber reden."

„Wir reden jetzt darüber."

„Du hast Schuldgefühle, darum geht's. Kerstin ist tot und du warst nicht da. Deshalb regst du dich so auf." Das klang aggressiver, als Julia es beabsichtigt hatte.

„Die Psychologiekurse bei der Polizei haben sich echt bezahlt gemacht, was? Schade nur, dass sie in allen anderen Bereichen deines Lebens nicht greifen."

Innerhalb des Bruchteils einer Sekunde schien es noch einmal fünf Grad kälter im Auto.

„Red weiter, Eva. Sprich es aus."

Eva wandte den Kopf, sah aus dem Fenster. Erst nach einer Weile sagte sie mit gedämpfter Stimme: „Du hast recht. Ich mache mir tatsächlich schreckliche Vorwürfe. Immerhin standen wir uns alle einmal sehr nahe. Und jetzt denke ich die ganze Zeit daran, dass Kerstin allein im Dunkeln unter der Erde liegt, bis in alle Ewigkeit, und ich wünschte mir, ich könnte wenigstens noch ihre Ehre irgendwie retten."

Julia raste über die Straßen, zerschnitt mit dem Wagen die Landschaft wie mit einem Messer.

„Ja, ich habe ein schlechtes Gewissen", fuhr Eva fort. „Aber immerhin habe ich wenigstens eins. Ganz im Gegensatz zu dir. Leider – oder Gott sei Dank – verfüge ich nicht über deine Selbstsucht, Julia."

„Ich hab schon mitbekommen, dass du mich nicht mehr magst."

„Du kannst es doch gar nicht ertragen, gemocht zu werden. Das würde deine Selbstgefälligkeit überhaupt nicht aushalten."

„Ich weiß, das glaubst du mir jetzt nicht, aber ich kann dich verstehen. Ich habe mich nicht mehr bei dir gemeldet, nachdem ich das Waisenhaus verlassen hatte, und natürlich ärgerst du dich darüber."

„Falsch, Julia. Ich ärgere mich nicht darüber. Ich ärgere mich darüber, wie du Menschen einfach zurücklässt, als wären sie es nicht wert, dass du dich länger als nötig mit ihnen befasst."

Darauf antwortete Julia nicht. Was sollte man darauf auch sagen? Was hätte Eva noch hinzufügen, Julia noch korrigieren können?

In Ermangelung anderer Möglichkeiten verbrachten sie den Rest der Fahrt schweigend.

21. KAPITEL

Warum gehen sie nicht?

Während Sandmann auf die Bäckerei der Winters zuging, beobachtete er zwei Kinder, die auf der anderen Straßenseite spielten, und stellte ganz nebenbei fest, dass es von irgendwoher mächtig nach Mist stank.

Die Tür zum Laden öffnete sich mit einem leisen Klingeln und die Gespräche, die gerade geführt wurden, verstummten jäh, als er eintrat. Alle Augenpaare wandten sich ihm zu und musterten ihn aufmerksam.

„Guten Tag", sagte Sandmann tapfer in die Runde, doch sein freundliches Lächeln prallte an den verschlossenen Mienen ab. Lediglich Dina Winter hinter dem Tresen lächelte zurück und sagte: „Guten Tag. Was kann ich für Sie tun?"

„Haben Sie noch frischen Kuchen?"

„Natürlich. Vanille oder Kirsche?"

„Vanille, bitte."

„Ein Stück, zwei?"

„Zwei."

Dina griff nach einer Papiertüte, packte die beiden Teilchen ein, und während Sandmann wartete, versuchte er es mit höflicher Konversation: „Sie wohnen alle hier in Wittenrode?"

Vermutlich war das die falsche Frage, denn das Schweigen um ihn herum wurde nur noch eisiger und die Mienen noch feindseliger.

„Ja", antwortete Dina stellvertretend und reichte ihm die Tüte über den Tresen. „Alle hier geboren und aufgewachsen. Macht eins achtzig."

Sandmann kramte in seinen Taschen nach Kleingeld. „Und Ihnen gefällt es hier?"

„Na ja, wer will als junger Mensch nicht lieber in der Stadt leben?" Dina lächelte ein halbes Lächeln und nahm die Münzen entgegen. „Aber am Ende bleibt man eben doch hier. Das ist das Leben, nicht wahr?"

„Das Leben in Wittenrode."

„Das Leben in Wittenrode."

Ein Mann mit einer kalten Pfeife im Mundwinkel meldete sich zu Wort: „Sie gehören zu den Freunden von Kerstin Jakob, richtig?"

„Richtig." Sandmann wandte sich ihm zu. „Greger Sandmann. Und Sie sind?"

„Wilhelm Raddatz, der Bürgermeister. Schlimme Sache, das mit der Kerstin. Sie werden nun sicher wieder abreisen, wo die Beerdigung jetzt vorbei ist, oder?"

„Wieso? Sollten wir das?"

Raddatz hustete, hielt sich aber nicht die Hand vor den Mund. „Offen gestanden denke ich, dass Sie das tatsächlich tun sollten. Es wäre besser für Sie."

Sandmann hob die Augenbrauen in die Höhe. „Wir fahren zurück, sobald wir der Meinung sind, dass wir es mit unserem Gewissen vereinbaren können. Einen schönen Tag noch." Damit wandte er sich ab und verließ die Bäckerei.

Wieder alleine, hing eine schwere Stille über dem Laden.

„Warum reisen die nicht einfach wieder ab?", murmelte Eddie Winter.

Die anderen wandten sich zu ihm um. Sie hatten ihn gar nicht aus der Backstube kommen hören.

„Was machen wir jetzt?", wollte Dina wissen.

„Nichts", sagte Raddatz. „Wie die letzten Jahre auch."

22. KAPITEL

Keine Ahnung, was das soll

Im Empfangsbereich des Altenheims mussten Eva und Julia einen Bogen um eine Gruppe älterer Frauen mit Rollatoren schlagen, die miteinander plauderten und ihnen den Weg versperrten. Dank des heftigen Regens zogen sie eine feuchte Spur hinter sich her, ehe ihnen eine Pflegerin in weißer Kleidung entgegenkam, sie stoppte und ihnen nach Rückfrage mit bedrückter Stimme mitteilte: „Frau Baakes ist heute Morgen verstorben." Sie wandte sich an Julia. „Mein Name ist Carla und, nun ja, ich finde es sehr ... interessant, dass Sie Frau Baakes besuchen wollen, Frau Wagner." Man sah ihr an, dass sie mit sich kämpfte. Schließlich fügte sie hinzu: „Das macht mir noch größere Gewissensbisse, als ich ohnehin schon habe."

Julia wunderte sich. „Warum?"

Das Gesicht der Pflegerin wurde noch ein wenig länger. „Weil ... Nun ja, es ist nicht angenehm für mich. Frau Baakes hat von Ihnen gesprochen. Sie wollte mich ins Vertrauen ziehen, aber ich habe es nicht ernst genommen. Meine stressige Arbeit, die vielen anderen Prioritäten. Ich dachte, es wäre ... nun ja ... ich habe sie nicht ausreden lassen. Inzwischen wünschte ich, ich hätte es getan. Ich hätte besser zuhören sollen."

Julia schob die Hände in die Taschen ihrer Jacke. „Was hat Frau Baakes genau gesagt?"

„Folgen Sie mir bitte." Carla wandte sich um und führte sie einen Flur entlang. „Sie sagte, dass Sie wieder da wären. Dass Sie zurückgekommen seien. Ich nehme an, damit meinte sie nach Wittenrode, dort hat Frau Baakes ja ihr gesamtes Leben verbracht, ehe sie zu uns kam. Trotz ihrer voranschreitenden Demenz konnte sie sich noch sehr gut an das Waisenhaus und die Kinder dort erinnern."

„Ja. Sie war eine Lehrerin von uns", räumte Julia ein. „Aber das ist schon ziemlich lange her, und offen gestanden waren sie und ich damals nicht sehr dicke miteinander. Deshalb wundert es mich, dass sie ausgerechnet auf mich kam." Sie brach ab, schwieg einen Moment und der Moment zog sich in die Länge. Es war nicht so sehr die Tatsache, dass Hilde Baakes mit ihrer Pflegerin über sie gesprochen hatte, eigentlich mehr die Tatsache, dass sie überhaupt wusste ... „Sagte sie, woher sie wusste, dass ich wieder in Wittenrode bin?"

„Nein. Sie meinte nur, Sie wären wieder da. Und er wäre auch wieder da. Und er wäre das Böse. Für mich klang das alles ziemlich durcheinander und ... na ja. Aber jetzt im Nachhinein habe ich den Eindruck, dass sie große Angst hatte."

Sie gingen weiter den Flur entlang. „Hat sie gesagt, wen sie meinte?", wollte Julia wissen.

„Nein. Nur, dass er das Böse wäre. Und wütend."

„Auf wen?"

„Das sagte sie nicht. Aber ich habe inzwischen viel darüber nachgedacht und Frau Baakes klang wirklich beunruhigt. Sie hatte Angst, und ich vermute, um Sie. Sie wüssten nicht, gegen wen Sie kämpfen, das hat sie gesagt. Verstehen Sie, was sie damit meinte?"

„Nein", gab Julia zu. „Es ist einfach nur seltsam. Woran ist sie gestorben?"

„Schlaganfall. Es ging sehr schnell. Ich habe ihr heute Morgen noch ihre Tabletten gegeben, zwei Stunden später war sie schon nicht mehr am Leben."

„Passiert das öfter?", wollte Julia wissen. „Ich meine, dass Sie einem Bewohner seine Tabletten geben und zwei Stunden später ist er tot?"

Schwester Carla blieb stehen und sah sie an. „Nun ja, es kommt vor. Immerhin haben wir es hier mit alten Menschen zu tun, nicht wahr? Warten Sie hier einen Moment." Sie wandte sich ab und betrat ein Büro.

Während Julia wartete, fiel ihr Blick auf eine großformatige farbige Fotografie an der Wand. Sie ging näher heran und betrachtete den Mann in dem schwarzen Anzug und dem eng anliegenden weißen Kragen. Betrachtete sein schön geschnittenes Gesicht und den offenen, klaren Blick, der nichts verheimlichte und als Gegenleistung das Gleiche erwartete.

Nach wenigen Minuten kam Carla mit einem schwarzen Buch zurück. „Das ist Pastor Jordan", sagte sie. „Das Altenheim gehört der katholischen Kirche und er ist der oberste Leiter. Er hält es mit Leib und Seele zusammen. Er ist ein wirklich guter Mensch."

„Wir kennen ihn", sagte Julia und wusste nun, woher Frau Baakes wusste, dass sie zurückgekommen war.

„Hier." Die Pflegerin hielt ihr ein schwarzes Buch hin. „Das soll ich Ihnen geben."

„Was ist das?"

„Ein Notizbuch." Carla räusperte sich. „Es gehörte Frau Baakes. Sie hat darauf bestanden, dass ich es Ihnen gebe. Und nur Ihnen." Sie drückte Julia das Buch in die Hand und die starrte irritiert darauf. Dann hob sie den Kopf wieder an. „Hatte Frau Baakes in letzter Zeit Besuch? Von einer gewissen Kerstin Jakob vielleicht? Wissen Sie das?"

Carla nickte. „An den Namen erinnere ich mich. Diese junge Frau war vor ziemlich genau einer Woche das letzte Mal hier."

Zurück im kalten Wagen, starrte Julia immer noch auf das schwarze Notizbuch in ihren Händen. „Ehrlich, ich versuche mich geschmeichelt zu fühlen, dass Frau Baakes ausgerechnet mich ... Aber ich habe keine Ahnung, was das soll. Ich meine, was hab ich damit zu tun? Worum geht's hier?"

„Wenn du es nicht weißt, wirst du es wohl herausfinden müssen", meinte Eva schlicht.

Julia warf ihr einen kurzen Blick zu, dann begann sie in dem Buch zu blättern. Bei den meisten Dingen, die die alte Frau eingetragen hatte, handelte es sich um Alltägliches, wie Haare kämmen zum Beispiel. Dinge, an die sie sich erinnern musste. Dann kam eine Eintragung, ein Zitat: Jeder Mensch hat einen Abgrund. Julia blätterte weiter und fand auf der nächsten Seite mit zitternder Handschrift geschrieben: Er ist zurück. Darunter: Sie ist zurück. Und wieder darunter: Sie weiß nicht, gegen wen sie kämpft.

„Meint sie wirklich dich damit?", wollte Eva wissen.

Julia runzelte die Stirn. Die Einträge waren zu Ende. Trotzdem blätterte sie die weiteren Seiten durch.

„Vielleicht wollte der Mann auf dem Friedhof deshalb, dass du mit ihr sprichst", redete Eva weiter. „Weil du, Julia Wagner, gegen jemanden kämpfst, ohne zu wissen, dass du kämpfst."

„Und ohne zu wissen, gegen wen ich kämpfe." Julia blätterte weiter in dem Buch. „Da steht noch etwas."

Sofort war Evas Kopf wieder neben ihrem. „Wirklich? Was?"

Es stand auf der letzten Seite. Und diesmal war es nur ein einziges Wort: Teufelsmorde.

Adam Adaj war auf dem Weg nach Hause. Er war zufrieden mit sich. Er hatte sich nicht einschüchtern lassen, dieses Mal nicht, und genau deshalb hatte er Julia Wagner den entscheidenden Tipp gegeben. Jetzt freute er sich auf seine Frau Silvia. Wenn es überhaupt einen Menschen gab, mit dem er gern seine Zeit teilte, dann war sie es.

Gerade als er die Straße überquerte, hörte er ein Motorgeräusch. Ein Aufheulen, so als erhöhe jemand abrupt die Drehzahl eines Wagens.

Adaj schaute hoch, und als er nach rechts blickte, sah er den Wagen mit unglaublicher Schnelligkeit auf sich zukommen. Er riss den Mund auf, aber ob er wirklich rief oder schrie? Er hätte es nicht sagen können. Noch während er einen Satz nach hinten machte, wusste er, dass er zu spät gesprungen war.

Und das, dachte er, ist das Ende.

Du hättest mitspielen sollen, dachte der Fahrer des Wagens. *Verräter verdienen den Tod.*

„Warum müssen wir uns das unbedingt noch einmal ansehen?" Der Wind wühlte in Evas roten Haaren, während sie sich zwischen Burg und Kapelle umsah. „Und wonach suchen wir eigentlich genau?"

Julia hob die Schultern. „Keine Ahnung. Ist nur so ein Gefühl."

„Ach so." Eva versuchte, sich die Locken aus den Augen zu streichen. „Quasi eine Intuition."

„Nein. So würde ich es nicht nennen."

Sie betraten noch einmal die Kapelle. Julia schritt voran und versuchte sich einen besseren Blick auf den Blutfleck zu beschaffen, der das Einzige war, was noch an das tote Huhn erinnerte, das in der vergangenen Nacht hier geköpft worden war.

„Erinnerst du dich, wie wir uns früher erzählt haben, die Gemäuer hier wären verflucht?", murmelte Eva. „Irgendwie glaub ich heute noch mehr daran als früher."

Als Julia nicht darauf antwortete, sondern weiter aufmerksam den Blutfleck betrachtete, verzog Eva das Gesicht und fügte hinzu: „Ich kann mir nicht erklären, was einen Menschen dazu bewegt, so etwas zu tun. Ich meine, das können doch nur Irre sein. Psychopathen. Denen fehlt es doch völlig an ... völlig an ... Demut. Die haben kein Mitgefühl, für gar nichts."

„Affektive Störung", sagte Julia und inspizierte nun die nähere Umgebung des Altars. Erst als die Worte schon über ihre Lippen gekommen waren, wurde sie sich bewusst, dass sie sie laut ausgesprochen hatte. Deshalb fügte sie erklärend hinzu: „So nennt man das in der Kriminalpsychologie. Es ist, als würde in den Köpfen dieser Menschen etwas fehlen. Deshalb üben sie Gewalt aus, weil nur Brutalität und Grausamkeit ein ähnliches Gefühl wie Liebe in ihnen hervorruft. Schwierig zu erklären und nur in gröbsten Zügen zusammengefasst."

Eva schüttelte den Kopf. „Und genau deshalb weigere ich mich zu glauben, dass das harmlose Teenager waren. Harmlose Teenager schneiden keinem Tier einfach mal so den Kopf ab. Himmel, ich muss hier raus. Ich ertrage das keine Sekunde länger."

Julia folgte ihr und sagte in ihren Rücken: „Ebeling ist aber davon überzeugt, dass es Jugendliche waren. Wenn man ihm glaubt, gibt es hier in der Gegend schon lange keine Satanistenszene mehr. Genau genommen sollte es – bis auf Kalis und Kerstin – nie eine gegeben haben."

Eva blieb stehen und wedelte mit dem Zeigefinger. „Du hast doch selbst gesagt, dass Ebeling ein Idiot ist."

Julia nickte. „Allerdings. Und ich bleibe dabei. He, schau mal dort."

Eva wandte den Kopf und folgte ihrem Blick. „Was?"

„Was ist das?"

„Was?"

Julia machte ein paar Schritte. „Gab's die früher schon?"

„Was denn?" Eva folgte ihr, dann starrte auch sie irritiert auf den Boden. „Ist das eine Falltür?"

„Sieht so aus. Die ist mir nie aufgefallen. War die früher schon hier?"

„Vermutlich haben wir sie nicht entdeckt, weil sie fast völlig unter Moos und Gras versteckt ist. Du willst da jetzt aber nicht runtersteigen, oder?"

„Natürlich will ich." Julia betrachtete den Metallring und den langen, schweren Metallriegel, der die verrostete Klappe von außen verschloss. Es kostete sie einige Anstrengung, den Riegel mit

Tritten aus seiner Halterung zu lösen. Dann hob sie die Falltür an und zog ihre winzige Taschenlampe aus der Jackentasche, mit der sie nach unten leuchtete. „Ganz schön tief", bemerkte sie. „Bestimmt fünf Meter." Sie richtete sich auf und sah sich um. Nach ein paar Minuten hatte sie in einem Gebüsch gefunden, wonach sie suchte: eine alte Holzleiter.

„Woher wusstest du, dass es hier eine Leiter gibt?", fragte Eva.

„Irgendwie musste man ja früher runter- und wieder hochkommen."

Das klang logisch. „Du willst aber jetzt nicht wirklich da runter, oder?", sagte Eva noch einmal. „Die Leiter ist alt und morsch, du wirst dir den Hals brechen."

„Das könnte dir doch nur recht sein." Julia war schon auf dem Weg nach unten.

„Julia, das ist gefährlich! Bleib hier!"

„Willst du mich aufhalten? Dann komm und hol mich."

„Ach, leck mich doch", zischte Eva und blieb oben stehen.

„Ist ja nicht zu glauben", kam es nach ein paar Sekunden absoluter Stille von unten.

„Was?", flüsterte Eva. „Tote? Geister? Beides?"

„Natürlich nicht." Julia bewegte sich durch einen winzigen Raum, der so sehr mit Spinnweben durchzogen war, dass sie fast wie Vorhänge wirkten. Angeekelt schob sie ein paar davon beiseite und entdeckte eine vermoderte Holzpritsche und einen uralten verrosteten Eimer in der Ecke. Sie machte einen weiteren Schritt und zischte: „Autsch!" Sie war gegen einen großen Stein gestoßen, der in der Mitte des Raumes auf dem Boden lag. Darauf befanden sich drei halb abgebrannte Kerzen, die irgendwann einmal mit Wachs befestigt worden waren.

Julia sah wieder nach oben und stellte fest, dass der Ausgang ohne Leiter unmöglich zu erreichen war. Sie hatte keine Ahnung, was in diesem Raum geschehen war und warum, aber sie wusste, dass sie keinen Augenblick länger hier unten sein wollte.

Und so war sie dreimal schneller wieder oben, als sie nach unten geklettert war.

Wieder oben angekommen, schloss Julia die Falltür und sah Eva an. „Sieht aus wie ein Gefängnis, ein Kerker. So, wie man es aus alten Ritterfilmen kennt. Ins Loch geworfen und verschimmelt."

Eva blinzelte. „Lass uns gehen. Komm." Sie wandte sich um, setzte sich in Bewegung und hörte Julia noch rufen:

„Pass auf!"

Aber es war zu spät. Evas Fuß versank völlig in der feuchten Erde, blieb an einer Wurzel hängen. Sie verlor das Gleichgewicht und kippte mit wirbelnden Armen zur Seite weg. Für den Bruchteil einer Sekunde fühlte sie, wie ein Hammer gegen ihr Bein schmetterte, spürte einen bohrenden Schmerz über ihrem Knöchel, dann prallte der Rest ihres Körpers auf den Boden. „Oh Shit!", entfuhr es ihr.

Sofort war Julia bei ihr und ging neben ihr in die Hocke. „Hast du Schmerzen?"

Das war gar kein Ausdruck. Kalte Schauer durchfuhren Eva, sie zitterte am ganzen Körper, solche Schmerzen hatte sie. Es war so schlimm, dass sie hätte schreien wollen.

„Kannst du den Kopf bewegen?", wollte Julia wissen.

„Ich hab mir das Bein gebrochen, nicht das Genick." Eva hob den Kopf vom Boden und starrte an ihrem Körper hinunter zu ihrem rechten Fuß. Ungläubig stellte sie fest, dass ihr Schienbein nach oben gebogen war. Bei dem Anblick gesellte sich zu dem Schmerz noch Übelkeit.

„Kannst du dich aufsetzen?", fragte Julia.

Eva atmete heftig durch die Nase. „Ich glaube schon." Sie spannte die Bauchmuskeln an und rappelte sich hoch. Plötzlich ließ der Schmerz in ihrem Bein nach und an seine Stelle trat intensive Hitze. Sie rang keuchend nach Luft, ihr Körper schwitzte, ihre Nase tropfte.

„Ich fahr dich ins Krankenhaus." So fest sie konnte, schlang Julia den Arm um Evas Rücken, zog sie nach oben und machte einen Schritt.

Glühender Schmerz schoss durch Evas Körper. Sie hüpfte auf einem Bein, biss die Zähne zusammen. „Tzzzzzz ... Was soll man ... davon ... halten? Da treffe ich dich ... nach über zehn Jahren ... wieder ... und sofort ... tritt ... von allen denkbaren ... Situationen ... die schlimmste und ... schmerzhafteste ... ein."

„Und du musstest noch nicht mal lange darauf warten."

Eva war mehr als dankbar, als der Wagen in ihrem Blickfeld erschien.

23. KAPITEL

Canossa

Keine halbe Stunde später lag Eva – in ein Krankenhausnachthemd gehüllt und das gebrochene Bein von mehreren Kissen gestützt – in einem Bett mit weißem Eisengestell. Inzwischen war ihr eine Infusion gelegt worden, und was immer es war, was da durch ihre Adern lief, es schien starker Stoff zu sein, denn die Furchen des Schmerzes und der Erschöpfung, die ihr Gesicht vorhin noch gezeichnet hatten, waren auf wundersame Weise verschwunden. Tatsächlich hatte Julia sie seit ihrem Wiedersehen noch nicht so entspannt erlebt. „Kleine Julia, wie geht es dir?", flötete sie ihr entgegen.

„Es geht." Julia schloss die Tür hinter sich. „Und bei dir?"

„Oh Mann, ich bin ein Fan dieser Behandlungsmethode." Eva lachte und dieses Lachen unterschied sich deutlich von ihrem bisherigen Lachen, es klang unbeschwerter, jünger. „Ich hab mich noch nie besser gefühlt."

„Gut." Julia lächelte leicht. „Und was macht dein Bein?"

„Schau es dir an." Eva schob einen Eisbeutel zur Seite. Das Bein war geschwollen und spektakulär verfärbt. „Wahnsinn, oder?"

„Hmm. Ich habe übrigens Sandmann angerufen. Er kommt so schnell wie möglich hierher."

Eva packte das Eis wieder auf den Bruch und lehnte sich zurück. „Hoffentlich bringt er mir etwas Süßes mit."

Julia sah sich nach einem Stuhl um, musste aber feststellen, dass sich außer einem Rollwagen voller Mullbinden und dem Infusionsständer nichts in dem Zimmer befand.

Eva klopfte auf die Bettkante. „Kannst dich ruhig hierher setzen, oder hast du etwa Angst?" Und lächelte dabei auf derart einnehmende Art und Weise, dass es Julia unheimlich wurde.

„Ich bin an diese Seite von dir noch nicht gewöhnt", bemerkte sie und blieb stehen, wo sie war.

„Du glaubst ja gar nicht, wie viele Seiten von mir du noch entdecken kannst, wenn ich in diesem Nachthemd erst einmal aufstehe." Eva lachte wieder. Dann wirkte es so, als wollte sie noch etwas sagen, schien es sich aber gleich darauf wieder anders zu überlegen und verfiel in Schweigen. Vier Sekunden. Fünf. Dann sagte sie: „Erzähl, was du bisher für Theorien hast. Du bist doch unschlagbar, was mörderische Theorien angeht."

„Wir sollten später darüber reden. Ich habe gerade nicht das Gefühl, dass du sehr aufnahmefähig bist."

In diesem Moment betrat ein Arzt das Zimmer. „Ich bin Dr. Camill." Er lächelte Julia freundlich an. „Und Sie sind eine Verwandte der Patientin?"

Julia sagte: „Eine Freundin. Ich habe sie hergefahren."

„In Ordnung. Wir überlassen die junge Dame nun fürs Erste der Radiologie. Danach können wir die Sache sofort in Angriff nehmen."

Eva nickte und wandte sich ein letztes Mal an Julia. „Du musst mir etwas versprechen."

„Was?"

„Wenn ich das hier überlebe, besuch mich wieder."

Julia lächelte. „Versprochen."

Während Eva in die Radiologie gebracht wurde, rauchte Julia vor dem Eingang des Krankenhauses eine Zigarette und dachte nach.

Kerstin hatte also vor acht Tagen mit Frau Baakes gesprochen. Warum? Und worüber? Und jetzt waren beide Frauen tot. Eine Tatsache. Wer könnte davon profitieren? Hatte überhaupt jemand einen Nutzen davon? Und warum hatte Frau Baakes gewollt, dass man ihr das schwarze Notizbuch gab? Und warum hatte die alte Frau das Wort „Teufelsmorde" notiert?

Julia seufzte, blickte auf und sah, dass unter einer dunklen und bedrohlichen Wolkenbank ein Streifen blauen Himmels zu erkennen war.

Ich werde Fragen stellen müssen, dachte sie. *Es wird mir nichts anderes übrig bleiben, wenn ich Antworten haben will.*

Aber wo sollte sie anfangen?

Noch einmal seufzte sie, dann warf sie die Zigarette weg.

Es ging nicht anders.

Auf zum Gang nach Canossa.

Distanz.

Mit diesem einen Wort gewappnet, begab sich Julia auf der Suche nach Pastor Jordan zum Waisenhaus. Sie fand ihn auf dem Hof davor, inmitten von etwa zwei Dutzend Säcken mit Altkleidern stehend, während er einigen der Kinder Anweisungen gab.

Einen Moment lang blieb sie stehen, die Hände in den Taschen ihrer Jacke vergraben, die Schultern nach oben gezogen, und beobachtete das Treiben, ehe sie sagte: „Und? War es ein guter Fang?"

Jordan sah zu ihr auf und lächelte. „Hallo Julia. Es ist immer dasselbe. Die Leute geben im Frühjahr ihre Winterkleidung weg, was wir aber jetzt bräuchten, wäre Sommerkleidung. Was kann ich für dich tun? Entschuldige übrigens, dass ich gestern Abend nicht noch einmal zu euch stoßen konnte. Ich hatte schrecklich viel zu tun …"

Julia winkte ab. „Ich würde gerne kurz mit Ihnen reden, Herr Pastor. Es dauert auch nicht lange."

„Natürlich. Komm mit." Er betrat das Gebäude und Julia folgte ihm zögernd.

Angst? Oh ja. Und eine viel zu blühende Fantasie. Sie hatte so heftiges Herzklopfen, dass es schon fast wehtat. Ruhig bleiben, befahl sie sich. Manchmal muss man einfach weitermachen, auch wenn man Angst hat. Und so sah sie sich um und stellte überrascht fest, dass die Räume des Waisenhauses inzwischen radikal modernisiert und damit alle Erinnerungen getilgt worden waren, die mit dunklen Wänden und schweren Möbeln aus Mahagoni zusammenhingen. Jetzt war alles strahlend hell, die Wände in sonnigem Gelb gestrichen und die Räume mit viel Glas und Farbe sowie künstlicher Beleuchtung ausgestattet.

„Ich nehme doch an, du trinkst eine Tasse Kaffee mit mir?", sagte Jordan in ihre Gedanken.

Julia nickte und murmelte: „Hier ist ja nichts mehr, wie es einmal war."

Sie befanden sich im Morgenraum, dem Frühstückszimmer, das am frühen Abend natürlich vollkommen leer war.

„Oh doch", gab Jordan zurück, während er Kaffee aus einer Thermoskanne in zwei Tassen schenkte und sich dann an den massiven Eichentisch setzte. „Ich bin immer noch derselbe. Und ich muss zugeben, dass ich es vorher schöner fand. Alle anderen sind vom Umbau völlig begeistert. Ich habe mir erklären lassen, dass sich alles um Raum und Weite dreht, das sei heilsam gegen Stress."

„Wenn man das so sagt." Julia trat ans Fenster und blickte hinüber zur Burgruine. „Früher haben wir uns Schauergeschichten darüber erzählt, dass Kinder, die hier im Heim nicht brav sind, dort drüben vom Berg gestoßen werden."

Jordan lächelte. „Ich kenne diese Geschichten. Sie werden heute noch erzählt."

„Was ist eigentlich aus dem alten Pfarrhaus im Ort geworden?", wollte Julia wissen. „Ich war heute Morgen dort und musste feststellen, dass es gar nicht mehr existiert."

„Ja, das stimmt. Es wurde verkauft. Die Kirche braucht immer Geld, wie du weißt, und Wilhelm Raddatz hat uns ein sehr gutes Angebot gemacht."

„Das heißt, das beeindruckende Privathaus, das jetzt dort steht, gehört dem Bürgermeister?", fragte Julia weiter.

„Ja. Aber lass uns über etwas anderes reden. Lass uns über dich reden, Julia. Du siehst angespannt aus. Wie schläfst du inzwischen?"

Die Frage kam so überraschend, dass sie sich zu Jordan umwandte. „Unruhig", gab sie zu. Und da sie unbedingt das Thema wechseln wollte, fügte sie schnell hinzu: „Ich wollte mit Ihnen über Frau Baakes sprechen."

„Oh. Sie ist heute Morgen verstorben."

„Ich weiß. Deswegen bin ich hier."

Jordan verstand diesen Satz offenbar falsch, denn er lächelte aufmunternd. „Sie hat es hinter sich. Wo sie jetzt ist, herrschen Frieden und Vergebung."

„Vergebung", wiederholte Julia. „Das ist ein großes Wort."

„Und eine große Sache."

„Ja, ich erinnere mich. Die Engel auf der Schwelle." Julia trat vom Fenster weg und setzte sich zu Jordan an den Tisch. „Und da, wo Kerstin jetzt ist? Herrschen da auch Frieden und Vergebung?"

„Es sind genau diese verlorenen Seelen, die Jesus haben möchte."

Früher hatte sich das aber ganz anders angehört.

„Sie und Frau Baakes standen sich sehr nahe, nicht wahr?", fragte Julia weiter.

„Ja, das stimmt." Jordan nickte. „Wir haben viele Jahre hier im Waisenhaus zusammengearbeitet. Ich als Leiter des Heimes, sie als Lehrerin. Sie war ein ganz wunderbarer Mensch, fleißig und ehrlich."

„Haben Sie sie in letzter Zeit im Altenheim besucht?"

„Natürlich. Wann immer ich dort war und es meine Zeit erlaubte. Ich wollte nicht, dass sie sich einsam fühlt."

„Hatten Sie den Eindruck, dass sie in den letzten Wochen geistig abbaute?"

„Nun ja, sie hatte gute und weniger gute Tage, wie jeder andere Mensch in ihrem Alter auch. Vielleicht möchtest du mir sagen, warum du mich das alles fragst, Julia?"

„Weil Sie mir vielleicht helfen können."

„Gerne." Pastor Jordan lächelte sanft. „Aber wie und womit?"

Julia legte das schwarze Notizbuch auf den Tisch und schlug es auf. Aufmerksam las Pfarrer Jordan die einzelnen Notizen der alten Frau, dann sah er auf und schüttelte nachsichtig den Kopf. „Es ist die Chemie, Julia. Die Chemie im Kopf erleichtert es manchen Menschen, mit dem Gedanken an den bevorstehenden Tod umzugehen. Ich nehme an, das hat auch Frau Baakes' Gehirn am Ende ziemlich vernebelt. Man sollte auf solche Notizen nicht allzu viel geben."

„Der Meinung wäre ich vermutlich auch, wenn das nicht wäre." Julia schlug die letzte Seite auf und deutete auf das Wort „Teufelsmorde". „Warum hat sie sich ausgerechnet dieses eine Wort notiert, Pastor Jordan? Und genau an dieser Stelle, auf der letzten Seite. Hat sie sich für die Teufelsmorde interessiert?"

Jordan betrachtete das Wort mit krausgezogener Stirn. Dann hob er die Schultern. „Mit mir hat sie zumindest nicht darüber gesprochen."

„Sandmann hat mir erzählt, dass Sie der Vorsitzende eines Vereins sind, der sich mit Exorzismus beschäftigt, stimmt das?"

Noch einmal zog Jordan die Schultern hoch, dieses Mal so, als müsse er sich dafür entschuldigen. „Wir befassen uns mit einigem mehr als nur mit der klassischen Teufelsaustreibung, die man aus einer Menge schlechter Filme kennt. Wir befassen uns mit dem generell Bösen, Julia."

„Entschuldigen Sie die Frage, aber wittert man in Ihrem Job nicht überall das generell Böse?"

Jordan lächelte. „Vermutlich geht es mir da wie dir, Julia. Ich nehme an, du traust auch aus Erfahrung jedem Menschen alles zu. Aber nein, es geht um etwas anderes." Er lehnte sich etwas über den Tisch zu ihr herüber. „Die Kirche praktiziert im Grunde einen ganz einfachen Glauben: Liebe deinen Nächsten, sprich die Wahrheit und bewahre dein Sexualleben für die Ehe auf. Ich will mich nicht weiter darüber auslassen, das ist sicher nicht in deinem Sinn, aber wie gesagt, im Grunde ganz einfach. Trotzdem erreichen wir die Menschen kaum noch. Geld, Sex und Drogen sind inzwischen zu viel mächtigeren Göttern geworden, und das ist eine Krankheit." Jordan machte eine weit ausholende Handbewegung. „Das Böse ist wie ein Flächenbrand, der sich immer weiter ausbreitet. Und dagegen müssen wir eine Barriere ziehen. Wir müssen sehr genau beobachten, zuhören, und wenn nötig eingreifen. Wir brauchen ein passendes Gegenmittel, einen Impfstoff, wenn wir das nächste Jahrhundert noch erleben wollen." Er brach ab. „Du siehst nicht sonderlich überzeugt aus."

Julia strich sich den langen Pony aus dem Auge. „Ich fürchte, ich bin einfach noch nicht bereit für die Schlacht von Armageddon. Glauben Sie eigentlich auch, dass Kerstin eine Satanistin war? Ich meine, Sie haben ja oft genug mit ihr gesprochen. Und Sie als ... Profi ... müssten doch wissen, wenn es so gewesen wäre."

„Nein, Kerstin war keine Satanistin. Sie hat sich nur für das Thema interessiert. Ich konnte nur leider nicht tief genug zu ihr durchdringen, um zu erfahren, warum."

„Hat Frau Baakes Ihnen erzählt, dass Kerstin sie besucht hat? Ein paar Tage vor ihrem Selbstmord?"

„Ja, das hat sie mir erzählt."

„Und sagte sie, worüber sich die beiden unterhalten haben?"

Jordan nickte. „Über dasselbe, worauf Frau Baakes auch mich immer wieder angesprochen hat."

„Worauf?"

„Nun ja, wenn du die Wahrheit hören willst, Julia: Frau Baakes behauptete, dass der Teufel nach Wittenrode zurückgekommen wäre." Jordan seufzte. „Ich nehme an, damit meinte sie Bruno Kalis, was natürlich Blödsinn ist. Trotzdem ließ sie sich nicht davon abbringen. Sie meinte, das Böse sei allgegenwärtig. Es sei in unserer Mitte und wir müssten uns darauf vorbereiten. Und das hat sie wohl auch Kerstin erzählt."

Von draußen rief jemand etwas und der Pfarrer wandte sich zur Tür: „Noch fünf Minuten, Jasmin!" Dann drehte er sich wieder zu Julia um. „Zweifelst du an ihrer Schuld?"

„Ich weiß es nicht", gab Julia zu.

„Ist dir das bei der Polizei oft passiert? Dass du gezweifelt hast?"

„Es kam vor. Hat Kerstin ihren Mann geliebt?"

„Nun ja … Um offen zu sein, glaube ich nicht, dass von ihrer Seite her große Liebe im Spiel war. Aber so etwas findet man hier in der Gegend ohnehin eher selten. Die meisten Paare kennen sich schon von Kindesbeinen an. Sie wachsen miteinander auf und irgendwann heiraten sie eben. So ist das hier. Trotzdem weiß ich, dass der Jürgen Kerstin sehr geliebt hat. Schon lange bevor er sie bekam."

„Und ich nehme an, Sie haben die beiden getraut?"

Jordan schüttelte den Kopf. „Nein. Sie haben nur standesamtlich geheiratet."

Überrascht hob Julia die Augenbrauen in die Höhe. „Das ist aber ungewöhnlich, oder nicht?"

„Nun ja, die ganze Ehe war von Anfang an … ungewöhnlich."

„Wie meinen Sie das?"

Jordan schwieg und Julia fragte weiter: „Was hat seine Familie zu der Hochzeit gesagt?"

„Jürgens Mutter war von der Heirat nicht sehr begeistert. Für sie kam Kerstin aus einer völlig anderen Welt, wie du dir denken kannst. Aber Jürgen hat Kerstin bis aufs Blut verteidigt. Er wollte sie heiraten, unbedingt. Und so haben sich Mutter und Sohn – zwischen die zuvor kein Blatt Papier gepasst hätte – heftig zerstritten. Sie sagte, eines Tages würde Jürgen auf Knien zu ihr zurückkommen. Er würde nicht glücklich werden und Kerstin würde in der Hölle schmoren, dafür, dass sie ihren Sohn verhext hätte. So oder so ähnlich." Jordan winkte ab. „Aber das waren die Worte einer verletzten Mutter."

Sie schwiegen einen Moment nachdenklich.

„Hatten Sie den Eindruck, dass Kerstin vor irgendetwas Angst hatte?", fragte Julia dann weiter. „Hat sie sich irgendwie auffällig benommen in den Wochen vor ihrem Tod?"

„Nein", sagte Jordan. „Wovor sollte sie auch Angst gehabt haben? Oder vor wem? Zugegeben, die Leute hier sind eigen. Und ja, sie hielten sich argwöhnisch auf Distanz zu ihr, aber niemand hätte ihr etwas getan."

„Vielleicht hängt es ja doch irgendwie mit den Teufelsmorden zusammen."

Jordan blinzelte irritiert. „Aber Julia! Das ist doch eine alte Geschichte, längst aufgeklärt."

„So eine Dorfgemeinschaft hat ein gutes Gedächtnis, Herr Pastor. Aber natürlich haben Sie recht. Ich gebe ja selbst zu, dass es unwahrscheinlich klingt. Wahrscheinlich glauben Sie jetzt, dass ich mir nur etwas zusammenreime, wegen irgendwelcher Schuldgefühle."

„Und wegen des Verlustes. Immerhin hattet ihr euch lange nicht mehr gesehen, Kerstin und du, und wahrscheinlich macht das den Verlust noch größer – all die Jahre, die ihr euch hättet gegenseitig begleiten können ... alles, was nun nicht mehr nachzuholen ist ..."

„Ich glaube aber trotzdem", sagte Julia schnell, „dass das, was Frau Baakes zu Ihnen und Kerstin gesagt hat, und das, was sie in dem Notizbuch notierte, ernst zu nehmen ist. Ich glaube, dass die alte Frau etwas sehr Wichtiges wusste. Vielleicht sogar darüber, dass es irgendjemanden gibt, der sehr zufrieden damit ist, dass Kerstin den Mord auf sich genommen und sich umgebracht hat. Ich meine, was überzeugt uns denn bisher davon, dass Kerstin tatsächlich die Mörderin ist? Wohl hauptsächlich das Messer, die Tatwaffe. Aber das war ein Küchenmesser, natürlich befinden sich darauf ihre Fingerabdrücke."

„Wie wäre es mit ihrem Geständnis?", wandte Jordan ein. „Davon abgesehen ... wenn du es tatsächlich so meinst, wie du es sagst, Julia, dann könnte es noch ein weiteres Bindeglied geben."

Julia hob den Kopf und sah den Pfarrer fragend an.

„Dich", erklärte er. „Denn warum hätte Frau Baakes sonst darauf bestanden, dass ausgerechnet du dieses Buch erhältst? Warum?"

„Leider kann sie uns diese Frage nicht mehr beantworten", gab Julia nachdenklich zurück.

24. KAPITEL

Nicht heute

Um 19:17 Uhr an diesem Abend betrat Dina Winter das Badezimmer, zog sich aus und stellte sich unter die Dusche.

Sie wusste, es war eine Schande, was sie tat. Es gab kein anderes Wort dafür. Und doch wusste sie gleichzeitig auch, dass sie es nicht würde beenden können, egal, welchen Vorwurf sie sich selbst machte. Bevor sie Fritz getroffen hatte, hatte sie nur existiert. Es war, als wäre ihr vor langer Zeit die Seele aus dem Körper gesaugt worden und nur noch die Hülle übrig geblieben. Ein Gespenst aus Haut und Knochen, das war sie gewesen. Mehr nicht.

Sie trocknete sich ab und betrachtete sich im Spiegel, erinnerte sich an das Gefühl der Lebendigkeit, als sie zum ersten Mal Fritz' Körper an ihrem gespürt hatte. Was für ein Unterschied. Sie würde ihm eine Nachricht mit dem Handy schicken. Sie hatte solche Sehnsucht. Sie wollte wieder in seine Arme. Sie wollte weg von hier.

Kaum wieder aus dem Badezimmer, griff Dina nach ihrer Handtasche und zog das Handy heraus. Die Tür zum Wohnzimmer stand offen und sie hörte eine gedämpfte Unterhaltung im Fernseher. Eilig begann sie eine Nachricht an Fritz zu tippen: Vermisse dich … Dann vernahm sie ein Geräusch hinter sich und zuckte zusammen. In Sekundenschnelle warf sie das Handy zurück in die Tasche und drehte sich um. Eddie stand im Türrahmen. „Was machst du?"

„Nichts", sagte Dina. „Ich war duschen."

Beifällig blickte er an ihr hinunter, trat auf sie zu, nahm sie dann fest in die Arme. Und so vorhersehbar wie die Abendnachrichten drückte sich augenblicklich eine Erektion gegen Dinas Unterleib. An jedem anderen Abend hätte sie sich seinem Willen gebeugt, doch nicht heute. Heute schob sie ihn von sich und sagte: „Ich will nicht."

Eddie blickte irritiert. „Was? Warum nicht? Du willst doch immer."

„Nein, Eddie, du willst immer. Ich tue in der Regel nur das, was du möchtest. Aber nicht heute." Damit wollte Dina sich umdrehen und wieder im Badezimmer verschwinden, doch er hielt sie fest. Seine Finger bohrten sich in Dinas Arm. „Hast du einen anderen?"

In seinem Blick lag etwas, was sie erschaudern ließ. „Ich habe keinen anderen", log sie. „Und jetzt lass mich los."

Doch Eddie dachte nicht daran.

„Dies ist der Anschluss von Fritz Holz. Ich bin zurzeit leider nicht zu erreichen, aber Sie können nach dem Ton eine Nachricht hinterlassen."

„Fritz?" Dinas unsichere Stimme. „Fritz, wo bist du? Können wir uns sehen? Eddie ist in der Kneipe. Bitte, Fritz, geh ran …"

Fritz rannte durch die Wohnung, riss den Hörer von der Gabel. „Dina?"

„Oh mein Gott, Fritz, ich dachte schon, du wärst nicht da. Bitte, wir müssen uns sehen!"

„Natürlich. Wo?"

„In der Hütte. Bitte, komm so schnell du kannst."

Eine halbe Stunde später trafen sie sich in der Hütte und Fritz war ehrlich erschüttert, als er die blauen Flecken an Dinas Hals sah.

„Ich bring ihn um", stieß er aus. „Ich gehe sofort zu ihm und bring ihn um."

Dina legte eine Hand auf seinen Unterarm. „Er hat einfach kein Talent zum Ehemann."

„Willst du ihn etwa immer noch in Schutz nehmen? Der Typ ist gemeingefährlich. Du hättest ihn niemals heiraten dürfen. Warum hat er das getan?"

„Eddie braucht keinen Grund, Fritz. Er tut einfach das, wonach ihm gerade ist. Er hat die Hände um meinen Hals gelegt und zugedrückt. Dann hat er auf einmal wieder losgelassen und ist in die Kneipe verschwunden." Dina zupfte am Ärmel ihrer Bluse.

„Es gab keinen Grund?", hakte Fritz nach.

„Nein." Ihre Augen füllten sich mit Tränen. „Außer, dass ich nicht mit ihm schlafen wollte."

„Dina. Dina, warum verlässt du ihn nicht endlich? Ich weiß doch, dass du mich liebst. Und du weißt, wie sehr ich dich liebe."

Minimales Nicken.

„Dina, ich kann das nicht länger mit ansehen. Es ist scheußlich und ich will, dass es aufhört. Ich will nicht länger nur ein Abenteuer mit dir. Ich will mit dir zusammen sein. Für immer."

„Du siehst doch, dass es nicht geht." Kurz flammte etwas in Dina auf, dann wurde ihr Körper sofort wieder schlaff. „Heute Abend dachte ich für einen Moment, es ginge, aber dann …"

„Dina", versuchte Fritz es noch einmal. „Eddie liebt dich nicht. Das hat er nie getan. Schau dich an. Schau ihn an. Der Mann ist kalt wie ein Fisch. Das Beste wäre, er wäre tot, dann wären wir ihn los. Ihn einfach verschwinden lassen, das wäre das Beste."

Sie sahen sich an. Keiner wollte als Erster etwas sagen.

Dann war es Fritz: „Dina. Ich will dir alles geben, was du brauchst. Ich will dich heiraten. Ich bin nicht wie er, ich hör dir zu und ich würde dir niemals wehtun. Ich bin grundsolide und ich bin treu."

Sie ließ sich etwas zurücksinken. So gerne hätte sie Ja gesagt. Doch eine innere Stimme verriet ihr, dass ihr Unglück eben erst anfing.

25. KAPITEL

Nur mal so angedacht

Eva lag allein in dem Krankenzimmer, das verletzte Bein zwischen zwei Stützstreben, die am Fußende des Bettes angebracht waren. Der Gips reichte vom Fußballen bis über das Knie. Ihre roten Locken standen noch wilder vom Kopf ab, als sie es ohnehin schon taten, und ihre grünen Augen blickten trübe. „Ich weiß nicht, was die mir gegeben haben, aber es hinterlässt einen ziemlich üblen Kater. Oh … mein … Gott!"

Sandmann war auch da. Er saß auf einem Stuhl neben dem Bett. „Jetzt hast du's hinter dir", sagte er mitfühlend. „Du warst wirklich tapfer."

Julia schloss die Zimmertür hinter sich, und kaum hatte sich Evas Blick auf die Schachtel Pralinen in ihrer Hand gelegt, wurde sie schon etwas munterer. „Schokolade! Her damit!"

„Ich dachte, die magst du bestimmt lieber als Blumen", sagte Julia und reichte ihr die Schachtel.

„Ein dickes Ja." Eva riss die Folie von der Schachtel und klappte sie auf.

„Außerdem habe ich dir deinen Laptop mitgebracht. Ich dachte, wenn du ein bisschen im Netz surfen kannst, wird's dir vielleicht nicht ganz so schnell langweilig."

„Super. Danke."

Julia legte den Computer auf den Nachttisch und sah sich um. In der Ecke entdeckte sie einen Stuhl aus hellem Holz und Lederimitat. Sie zog ihn von der Wand und schob ihn ans Bett. Der Stuhl war unangenehm niedrig, die anderen beiden saßen um einiges höher als sie selbst, deshalb stieg sie auf die Sitzfläche und setzte sich auf die Rückenlehne.

Nachdem die Pralinenpackung einmal die Runde gemacht hatte, wollte Sandmann wissen, was es Neues gab.

Julia reichte ihm das schwarze Notizbuch. „Lies es dir durch und sag mir, was du davon hältst."

Er schlug das Buch auf und ging aufmerksam die Seiten durch. Dann sah er wieder auf und sagte: „Das ist das Notizbuch von Frau Baakes, oder? Eva hat mir davon erzählt."

Julia nickte. „Die alte Dame war offenbar der Meinung, ich müsste es unbedingt haben. Aber ehrlich, warum ausgerechnet ich es kriegen sollte, das will mir immer noch nicht in den Kopf."

Sandmann hob die Schultern. „Sentimentalität, vielleicht."

Julia blickte skeptisch. „Man kann ja nun wirklich nicht behaupten, dass Frau Baakes und ich uns sehr nahestanden. Im Gegenteil, ich fand sie ... furchterregend. Davon abgesehen habe ich sie seit meinem Abgang aus dem Waisenhaus nicht mehr gesehen, geschweige denn etwas von ihr gehört."

„Ich kam eigentlich ganz gut mit Frau Baakes aus", bemerkte Sandmann.

„Ich auch", sagte Eva. „Gegen fleißige Kirchgänger und gehorsame Kinder hatte sie ja auch nichts. Aber Julia war halt nie das, was man ein gehorsames Kind nennen könnte."

„Ich hatte lediglich einen etwas anderen Stil, als sie es gewohnt war", stellte Julia klar.

„Absolut." Eva nahm noch eine Praline. „Da würde dir niemand widersprechen wollen. Aber darum geht's ja jetzt auch gar nicht. Es geht darum, dass Frau Baakes dir mit den Eintragungen in dem Buch etwas sagen wollte. Und die Frage ist, was?"

„Richtig." Julia wandte sich an Sandmann. „Sag mal, kann ein Schlaganfall durch Stress ausgelöst werden? Ich meine, durch großen emotionalen Stress?"

Er antwortete nicht gleich, weil sein Mund noch vollauf damit beschäftigt war, eine Praline zu kauen. Erst nachdem er geschluckt hatte, sagte er: „Bluthochdruck durch ein emotionales Trauma, warum nicht? An was für ein Trauma denkst du genau?"

„Den Teufel."

„Ach so." Er griff wieder in die Packung.

„Pastor Jordan ist sich übrigens sicher, dass Kerstin keine Satanistin war", sprach Julia unbeirrt weiter. „Sie hätte sich lediglich für das Thema interessiert, warum, das konnte er allerdings nicht aus ihr herauskriegen."

„Na, das ist doch immerhin etwas", bemerkte Sandmann zufrieden.

„Wisst ihr, was ich mich schon immer gefragt habe?", wandte Eva ein. „Ich hab mich immer gefragt, wie es sein kann, dass ein derart charmanter, belesener und gut aussehender Mann wie Jordan ausgerechnet bei der katholischen Kirche gelandet ist? Also, mich würde nicht wundern, wenn er insgeheim ein ganz anderes Leben führt. Entweder ist er schwul oder er legt reihenweise Frauen flach. Oder …"

„Du bist unmöglich", unterbrach Sandmann verärgert. Er verehrte Pastor Jordan, das hatte er immer getan, und derartige Spekulationen ließ er nicht auf ihm sitzen.

Herausfordernd sah Eva ihn an. „Ach ja? Dann erklär mir doch mal eins, Superhirn: Warum geht ein intelligenter, gut aussehender junger Mann aus der gesellschaftlichen Mittelschicht, der eine renommierte Schule besucht hat, ausgerechnet zur katholischen Kirche?"

„Vielleicht, weil sie ihm Antworten geboten hat. Vielleicht hat ihn das moderne Leben abgestoßen und er war der Meinung, dass das Leben dort gradliniger und einfacher wird, in gewissem Sinne fundamentaler, und die Welt zu einem besseren Ort. Wer sagt, dass dieser Gedanke so schlecht ist?" Sandmann brach ab und kam zum Thema zurück: „Übrigens bin ich heute in der Wittenroder Bäckerei auf einen Haufen sehr schlecht gelaunter Menschen gestoßen, die einhellig der Meinung waren, dass wir ganz schnell wieder abreisen sollten. Es wäre besser für uns, das sagte man mir wörtlich. Ich fühlte mich fast ein bisschen bedroht. Ich sag euch, die wollen uns lieber heute als morgen wieder loswerden."

„Diese Leute haben längst jeden Sinn für Verhältnismäßigkeiten verloren", meinte Julia. „Die Welt außerhalb von Wittenrode bedeutet denen nichts, deshalb werden sie auf ewig in ihrer eigenen Geschichte gefangen sein. Weil sie keinen freien Willen haben. Oder es sich nicht erlauben, einen zu haben."

Sandmann nahm sich noch eine Praline. „Vielleicht wurde Kerstin ja bedroht. Vielleicht hat sie etwas über die Teufelsmorde herausgefunden. Und das besiegelte ihr Schicksal."

„Vielleicht", sagte Julia. Und vielleicht gar nicht so abwegig, fügte sie in Gedanken hinzu.

Es war nur ein dünner Faden, aber es könnte sich lohnen, ihn weiter aufzurollen.

26. KAPITEL

Die Stirn bieten

Inzwischen war es Mitternacht und sie befanden sich auf einer einsamen Lichtung. Es war kalt, kein Stern am Himmel zu sehen und auch die Lichter vom Dorf sah man nur in der Ferne schimmern.

Sie hatten sich im Kreis aufgestellt. Einige trugen ganz normale Kleidung, andere dagegen waren in schwarze wallende Gewänder gehüllt. Erwartungsvoll hielten sie sich an den Händen.

Ein Mann in einer schwarzen Robe trat in ihre Mitte. Als er dort angelangt war, begannen die Leute zu singen, eine mitreißende Melodie, die erst verebbte, als er mit klarer und intensiver Stimme das Wort ergriff: „Wir lassen den Dämon nicht Besitz von uns ergreifen!"

Keiner regte sich, aber es war auch keinem möglich, den Blick abzuwenden. Der Mann in der Mitte genoss ungeteilte Aufmerksamkeit.

„Gieß dein Feuer herab, oh Herr! Verbrenne den Dämon!"

„Verbrenne ihn!", echote der Kreis.

„Fahre aus, Dämon! Fahre aus unseren Körpern!"

Die Menschen begannen zu zittern und zu schwanken. Einige von ihnen hoben Äste vom Boden auf und schlugen damit auf ihre Körper ein, während der Mann in der Mitte laut und deutlich wiederholte: „Fahre aus, Dämon!"

„Fahre aus!"

„Bitten wir den Herrn, dass er uns von dem Bösen reinwaschen möge."

„Oh bitte, Herr!"

Wenig später erfolgte das Signal zum Aufbruch und die Leute gingen auseinander.

Pastor Jordan wartete, bis alle gegangen waren, dann schlüpfte er aus seiner Robe und tat etwas, was er sonst nur ganz selten tat. Er zündete sich eine Zigarette an. Genüsslich inhalierte er den Rauch und entspannte sich so weit, dass er mit dem unerwarteten Besucher reden konnte, der auf ihn zukam.

„Kalt hier, was, Herr Pastor?"

„Jedenfalls kälter als im Dorf, Herr Bürgermeister." Jordan zog wieder an seiner Zigarette. „Was kann ich für Sie tun?"

„Nun ja, ich habe mich ziemlich aus dem Fenster gelehnt, als ich Ihnen erlaubt habe, hier mitten im Wald, auf meinem Grund und Boden, derlei … Riten zu veranstalten", begann Raddatz. „Ich halte nichts von solchem Kram, das wissen Sie. Aber als Sie mich darauf ansprachen, dass die Menschen im Ort Angst haben vor einem Teufel, der sie verfolgt, da dachte ich: ‚Na ja, warum nicht?' Wenn es den Leuten hilft, warum ihnen dann nicht für ein paar Stunden diesen Grund überlassen?"

„Und das war wirklich sehr großzügig von Ihnen, Herr Bürgermeister."

Raddatz lächelte dünn. „Kann sein. Ich gebe zu, ich habe mich bisher wenig mit Ihrem Verein befasst."

„Das würde auch nicht zu Ihnen passen."

„Allerdings nicht. Wissen Sie, ich mag diesen ganzen Kram deshalb nicht, weil er die Dinge mehr als nötig dramatisiert. Immer dieses Gerede von Tod und Teufel …"

„Es gibt den Teufel. Ich bin ihm bereits begegnet."

„Wirklich? Und wie soll ich mir das vorstellen? Hat er Sie beim Namen gerufen? Hat er sich mit Ihnen unterhalten?" Raddatz schüttelte den Kopf. „Nein, es gibt keinen Teufel. Jedenfalls nicht in unserem Dorf. Und ich möchte nicht, dass wir hier Schnupperkurse abhalten für Leute, die sich einfach mal unverbindlich damit beschäftigen wollen. Demnächst wird schon eine kleine Ehekrise ein Fall für Ihren Verein. Auch wenn Sie das wahrscheinlich nicht so sehen, so ist das hier doch eine heikle Sache und ich muss vermutlich dankbar sein, dass Sie nicht auch noch ein riesiges Kreuz schwenken und irgendwelches mittelalterliches Getöse mit Glocken und Weihrauchvernebelung starten."

Jordan schwieg weiter und Raddatz endete: „Trotzdem möchte ich, dass dieser Firlefanz jetzt aufhört. Ich habe es lange genug mit angesehen."

„Machen Sie es sich damit nicht ein bisschen einfach?"

„Wissen Sie, ich habe im Grunde sehr viel übrig für Sie, Herr Pastor. Ich bin der Meinung, Sie machen einen wirklich guten Job. Aber hier geht es nur um ein paar jugendliche Spinner, die zu viel Unsinn im Kopf haben. Eine Phase, mehr nicht, und überhaupt kein Grund, gleich hysterisch zu werden. Wissen Sie, was ich kürzlich eine Frau aus dem Dorf habe sagen hören? ‚Es ist der Leibhaftige und er wird uns allen die Kehle durchschneiden und Pentagramme in die Bäuche ritzen', das sagte sie."

Etwas rauschte über ihnen vorbei. Wahrscheinlich eine Eule.

„Ich bin der Bürgermeister und ich will, dass das ein Ende hat", redete Raddatz weiter.

Jordan warf die Zigarette auf den Boden und trat sie aus. „Kommen wir jetzt endlich auf den Punkt? Es ist ziemlich kalt."

„Was meinen Sie?"

„Ich bin nicht auf den Kopf gefallen, Herr Bürgermeister. Wenn ich Ihnen etwas nicht abkaufe, dann die Ich-sorge-mich-um-meine-Leute-Nummer."

Raddatz lachte leise. „Nein, das sind Sie wirklich nicht, Herr Pastor. Na gut. Ich will offen sein: Ich war ziemlich überrascht, als ich erfahren habe, dass Evelyn Jakob Ihnen das Haus überschrieben hat, in dem sich die Schlachterei befindet."

Jetzt begann sich endlich der Zweck des Besuches abzuzeichnen.

„Nicht mir", gab Jordan zurück. „Der katholischen Kirche."

„Macht das einen Unterschied? Sie wissen so gut wie ich, dass Evelyn zurzeit nicht bei Sinnen ist."

„Sie meinen, sie trauert."

„Ich meine es genauso, wie ich es sage. Evelyn ist nicht bei Sinnen. Was sie gerade tut, kann man überhaupt nicht ernst nehmen. Sie ist nicht in der Lage, die Situation zu überdenken, die sie mit ihrem Handeln anrichtet."

„Finden Sie? Ich persönlich halte Evelyn für sehr gesund. Abgesehen von ihrer Trauer, wie gesagt."

„Dann werden Sie also nicht darauf verzichten?"

„Worauf?"

„Auf das Haus."

„Es ist nicht meine Aufgabe, den Wunsch einer gläubigen Katholikin abzuschlagen."

„Es ist aber Ihre Aufgabe, die Kirche, im wahrsten Sinne des Wortes, im Dorf zu lassen, Herr Pastor. Evelyn begreift nicht, dass man die Toten gehen lassen muss. Sie begreift nicht, was im Augenblick das Beste für sie ist."

Jordan hob gelassen die Schultern. „Wie gesagt, ich kann nichts tun."

„Sie wollen nichts tun."

„War es das, Herr Bürgermeister?"

Raddatz schnaubte. „Was Sie nachts hier treiben, hört ab sofort auf."

Damit verschwand er in der Dunkelheit.

27. KAPITEL

Eine neue Nachricht

Nach dem Streit mit Dina am Abend war Eddie Winter in die Kneipe gegangen und hatte sich betrunken. Mit Freunden trinken, zotige Witze reißen und große Sprüche klopfen, darin bestand für ihn der Sinn des Lebens. An Dina hatte er den ganzen Abend nicht gedacht. Wozu? Er wusste auch so, dass sie zu Hause war und auf ihn wartete. Er hatte kein schlechtes Gewissen. Weshalb? Sie hatte ihn provoziert und er hatte die Hände um ihren Hals gelegt. Gut so. Dann wusste sie jetzt wenigstens wieder, woran sie war. Außerdem passierte so etwas schon einmal in einer Ehe.

Nein, Eddie ging es ganz und gar nicht schlecht. Im Gegenteil, es ging ihm immer besser, je mehr er trank. Seine Welt war in Ordnung und jetzt war er wieder auf dem Weg nach Hause. Die Dunkelheit um ihn herum störte ihn nicht, machte ihm keine Angst, nein, er lauerte auf sie, denn das war seine Welt.

Zufrieden mit sich und dieser Welt schloss er die Tür auf und betrat das Haus. Er schleuderte seine Schuhe in die Ecke, ließ die Jacke auf den Boden fallen – und dann passierte etwas. Eigentlich nichts Großes, noch nicht einmal etwas Außergewöhnliches, nur ein leises Geräusch. Ein kaum wahrnehmbares Vibrieren. Für den Bruchteil einer Sekunde legte sich Eddies Blick auf Dinas alte Handtasche und etwas in seinem Kopf machte „Klick". Eine Vorahnung vielleicht. Auf jeden Fall griff er in die Tasche und zog Dinas Handy heraus.

Ein letzter kurzer Blick in Richtung Schlafzimmer, dann konzentrierte Eddie sich ganz auf das kleine Gerät. Es war eingeschaltet, also war keine PIN notwendig, um es zu benutzen. Eddie drückte auf einen Knopf und das Display leuchtete auf. *Eine neue Nachricht* stand da.

Mit anderen Worten, eine neue Nachricht für Dina. Eddie stand still und überlegte. Vielleicht versuchte er sogar für einen Moment, in sich hineinzuhorchen. Doch worauf soll man hören, wenn nichts in einem ist? Er drückte auf die Nachricht-lesen-Taste.

Dina, mein Herz. Ich liebe dich. Wir finden eine Lösung. F.

Eddie las den Text drei Mal. Er las ihn sogar noch ein viertes Mal.
Verdammte Scheiße. Ich liebe dich? Wir finden eine Lösung?
Sofort schaute Eddie auf die Absendernummer, prägte sie sich ein und klickte sich durch zum Adressbuch. Dort sprang er direkt zu F, aber da stand nichts. Die Nummer war nicht eingetragen.

Eddie ließ das Handy sinken. Trotzdem war die Sache klar. Dina hatte einen Liebhaber. Seine Frau trieb es hinter seinem Rücken mit irgendeinem dahergelaufenen Kerl.

In der nächsten Sekunde schossen zehntausend Gedanken gleichzeitig durch Eddies Kopf. Das würde sie büßen, dafür würde er sorgen. Sie würde es bitter bereuen. Sie würde ihn ansehen und begreifen, dass man für so etwas nicht um Verzeihung bitten konnte. Er würde sie umbringen! Ja, das stand in diesem Moment für ihn fest. Er würde sie umbringen. Das tat man nämlich mit untreuen Ehefrauen. Das waren die Spielregeln und diese Regeln bildeten das Fundament eines gemeinsamen Lebens. Aber er würde nicht nur Dina umbringen, verdammte Scheiße. Er musste herausfinden, wer der Wichser war, der sie vögelte.

Dann war Eddie auf einmal wieder ganz ruhig. Er und Dina gehörten zusammen, das hatten sie immer getan.

Ich weiß, dass ich wahnsinnig bin, dachte Eddie hin und wieder, und er dachte es auch jetzt, aber das war nicht wichtig.

Er schob das Handy wieder in Dinas Tasche und ging ins Schlafzimmer. Einen Moment betrachtete er seine schlafende Frau und überlegte, ob er ihr nicht gleich ein Messer ins Herz rammen sollte. Aber nein. Erst wollte er wissen, wer der Kerl war, mit dem sie es trieb.

Und er würde es herausfinden.

Er würde es herausfinden.

28. KAPITEL

Nicht hysterisch werden

Als Julia und Sandmann in die Pension zurückkamen, lag diese einmal mehr in völliger Dunkelheit. Nicht einmal das Licht am Empfang, das sonst immer brannte, war an.

„Was ist denn hier los?", murmelte Sandmann.

Julia zog ihre winzige Taschenlampe aus der Jackentasche und hatte sie gerade eingeschaltet, als zwei spitze Schreie sie zusammenzucken ließen. Der eine kam von Sandmann, der in dem schwachen Licht die leichenblasse Ursula Faber hinter dem Tresen erblickt hatte, der andere kam von der Pensionswirtin, die ihrerseits Sandmann in das erschrockene runde Gesicht gesehen hatte. Sie klammerte sich mit beiden Händen an die Armlehnen ihres Rollstuhls. „Das Licht ist ... gerade ... ausgegangen."

„Stromausfall", erklärte Julia nüchtern.

„Also ... hm ...", machte Sandmann. „Bist du sicher?"

Julia warf ihm einen Blick zu. „Was soll es denn sonst sein? Ein böser Geist? Wollen wir Pastor Jordan anrufen und die Pension mit einem Ritus segnen und reinigen lassen, ehe wir die Sicherung wieder reindrehen?"

Ursula Faber presste die Lippen zusammen. Sie stand anscheinend immer noch unter Schock. Sandmann schien es nicht besser zu gehen.

„Hallo?", machte Julia in seine Richtung. „Kommst du mal bitte wieder runter? Wo ist dein rationaler Verstand geblieben, Kumpel? Das ist ein harmloser Stromausfall, mehr nicht."

Er lächelte unsicher. „Natürlich. Was sollte es auch sonst sein? So etwas kommt hin und wieder vor, nicht wahr?"

„Eben." Julia setzte sich in Bewegung.

„Wo willst du hin?", fragte er sofort.

„Ich geh und dreh die Sicherung wieder rein."

„Hast du dir das auch gut überlegt? Ich meine, was ist, wenn doch …?"

Julia war bereit, das Risiko in Kauf zu nehmen, und ging weiter.

„Warte!", sagte Sandmann in ihren Rücken. „Ich komme mit."

„Du kannst Frau Faber nicht alleine hier warten lassen."

„Ich … komme …", setzte die Pensionswirtin an. „Ich komme auch mit. Sie wissen ohnehin nicht, wo der Sicherungskasten ist."

Seufzend ging Julia voraus, während die anderen beiden ihr zögerlich folgten.

„Passiert das öfter?", fragte sie nach ein paar Schritten.

„Hin und wieder", antwortete Ursula Faber. „Es ist tatsächlich nicht sehr … ungewöhnlich. Manchmal brennen auch die … Glühbirnen durch."

Julia hob die Taschenlampe an und leuchtete die Reihe der dunklen Wandlampen entlang.

„Einmal waren es in einer Woche vier Stück", fügte die Pensionswirtin hinzu. „Ich hatte schon den Elektriker hier. Er wusste auch nicht, woran es liegt. Manchmal denke ich wirklich, es ist …"

„Nicht!", sagte Sandmann schnell. „Sprechen Sie es nicht aus!"

Sie hatten den Sicherungskasten erreicht und wenige Sekunden später war die Pension wieder hell erleuchtet.

„Erstes Gebot", bemerkte Julia, „nicht hysterisch werden. Praktisch denken."

„Es … Es tut mir leid, dass ich Sie aufgehalten habe", meinte Ursula Faber, der sichtlich unwohl war. „Wenn Sie … Also, wenn Sie einen besonderen Wunsch haben … Wenn ich Ihnen irgendwie helfen kann … dann … lassen Sie es mich wissen."

Julia trat etwas näher an die Halterung einer ausgebrannten

Glühbirne. „Wann hatten Sie zum ersten Mal das Gefühl, dass hier im Haus etwas vor sich geht?", wollte sie wissen.

„Das hat ... Ich weiß nicht genau, aber es gab einen Anfang. Zuerst habe ich Schritte gehört, leise, aber konstant. Dann glaubte ich ein Lachen zu hören, kalt und eisig – aber es war immer nachts. Und einmal glaubte ich, ihn gesehen zu haben ..."

„Wen?"

„Den Teufel."

Sandmann wurde blass.

„Das war gestern Abend", sprach Ursula Faber weiter. „Als Sie mich in der Küche ..." Sie brach ab. „Ich denke manchmal wirklich, ich werde verrückt. Ich weiß, dass ich es höre und ich weiß auch, was ich sehe. Ich weiß aber gleichzeitig auch, dass es nicht sein kann. Manchmal denke ich wirklich, ich werde verrückt."

In seinem dunkelblauen seidenen Schlafanzug und mit frisch geputzten Zähnen trat Sandmann wenig später aus dem Badezimmer. Es war schon kurz nach ein Uhr und ziemlich warm im Zimmer, weshalb er sich auf den Weg zur Heizung machte, um sie ein wenig herunterzudrehen.

Plötzlich glaubte er, etwas zu spüren, riss sich aber sofort wieder zusammen. Das lag nur an Ursula Fabers Erzählungen von Schritten und Gelächter. Die steckten ihm immer noch in den Knochen.

Er wandte sich um und drehte sich in Richtung Bett, als er aus dem Augenwinkel etwas wahrnahm. Draußen, unterhalb des Fensters.

Auch wenn es ihm wirklich – wirklich – schwerfiel, hielt Sandmann in der Bewegung inne, wandte den Kopf und zwang sich, aus dem Fenster zu sehen.

Was er dann sah, schien ihm alle Energie aus dem Körper zu saugen. Er begann zu schwitzen, versuchte sich gegen die aufsteigende Panik zu wehren. Trotzdem schien der Sauerstoff in der Luft rapide abzunehmen.

Das bildest du dir nur ein. Du hast irgendwas gesehen. Schau noch mal hin, du wirst sehen, es ist ganz harmlos.

Er zwang sich, sah noch einmal hin, und es war tatsächlich nicht mehr da.

Erleichtert ging Sandmann ins Bett, aber schlafen konnte er in dieser Nacht nicht mehr.

29. KAPITEL

Etwas gesehen

Donnerstag, 8. April
9:20 Uhr

„Ich schwöre es dir, ich habe ihn gesehen!" Mit den Händen machte Sandmann wilde, schlangenhafte Bewegungen in der Luft. „Er stand vor der Pension und sah direkt hinauf zu Julias Fenster."

„Zu Julias Fenster?" Eva sah nicht sehr überzeugt aus.

„Es war der Teufel, Eva."

„Woher willst du wissen, dass es der Teufel war? Du hast doch noch nie einen gesehen."

Sandmann durchquerte das Zimmer, stellte sich neben Evas Bett und sah missbilligend auf sie hinab. „Gibt auch nur einen, oder? Was denkst denn du, wie er aussieht? So, wie wir ihn schätzungsweise zehntausend Mal auf irgendwelchen gruseligen Bildern gesehen haben. Genau so stand er dort unten. Nimm das mal nicht so auf die leichte Schulter."

Eva konnte es sich trotzdem nicht verkneifen: „Du meinst, er war so richtig ausgestattet, mit gespaltenem Schwanz, Pferdehufen und kleinen Hörnern?"

„Sehr witzig. So genau habe ich ihn auch wieder nicht gesehen, aber ich bin mir sicher, dass er es war."

Eva sagte: „Und wann genau hast du … das gesehen?"

„Kurz nach eins. Vorher ist das Licht in der Pension ausgegangen und alles war rabenschwarz. Die gute Frau Faber bekam fast einen Herzanfall – ich ganz nebenbei auch –, nur Julia blieb gelassen. Sie hat die Sicherung wieder reingedreht und wir sind nach oben in unsere Zimmer gegangen. Ich war im Bad und bevor ich ins Bett ging, habe ich noch einmal aus dem Fenster gesehen. Und da stand er."

„Und was ist dann passiert?"

„Ich bin nicht runtergegangen und hab versucht mit ihm zu reden, falls du das meinst. Ich hab ihn einen kurzen Moment beobachtet, während er seinerseits Julias Zimmer beobachtete, dann war er auf einmal verschwunden."

„Du meinst, er ist gegangen."

„Nein, ich meine, er ist verschwunden. Auf einmal war er nicht mehr da. So, als hätte er sich in Luft aufgelöst."

„Hm. Und du bist dir sicher", Eva richtete sich etwas im Bett auf, „dass das tatsächlich passiert ist? Also, ich meine … dass es kein Traum war oder so?"

„Ich bin nicht debil. Ich weiß, was ich sehe."

„Ja, ja, schon gut. Und was machen wir jetzt? Wirst du es ihr erzählen?"

„Oh, das würde ich wirklich gerne." Sandmann schnaubte. „Aber Julia ist in der Beziehung ein hoffnungsloser Fall, das weißt du so gut wie ich. Sie glaubt nicht, was sie nicht selbst sieht, also wird sie mir das schon zweimal nicht glauben."

„Du hast recht", nickte Eva. „Wenn du ihr erzählst, dass du den Antichristen gesehen hast, wie er unter ihrem Fenster wandelte, kommt sie dir gleich mit einer völlig schlüssigen Theorie über Halluzinationen und Drogen."

„Ja, nur dass ich keine Drogen nehme."

„Dann wird sie eine andere schlüssige Theorie aus dem Hut zaubern. Nein, damit brauchen wir ihr nicht zu kommen."

Sandmann lächelte schwach. „Deshalb erzähle ich es dir und hoffe auf einen guten Rat. Ich bin nämlich wirklich beunruhigt, Eva. So etwas Gruseliges habe ich in meinem ganzen Leben noch nicht gesehen."

Es klopfte an der Tür und Pastor Jordan steckte den Kopf herein. „Hallo Eva, wie geht es dir?"

„Herr Pastor", sagte sie erfreut. „Mir geht es schon wieder ganz gut. Vielleicht werde ich bereits morgen entlassen. Kommen Sie rein."

Jordan machte die Tür hinter sich zu und trat zu ihr ans Bett. „Das freut mich." Er reichte ihr eine Packung Pralinen. „Bitte sehr. Ich erinnerte mich, dass du Marzipan immer sehr mochtest."

„Auf jeden Fall." Eva nahm die Packung entgegen und fügte in resigniertem Ton hinzu: „Allerdings werde ich bis zur Entlassung nicht mehr durch die Tür passen, wenn ich weiter mit so viel Süßem gefüttert werde." Während sie beobachtete, wie Jordan sich einen Stuhl heranzog, dachte sie darüber nach, warum sie ihm die zwei, drei entscheidenden Fragen nicht einfach stellte? Sie waren wichtig und sie brauchten Antworten. Vielleicht hatte er ja gar keine Antworten, aber die Fragen mussten trotzdem gestellt werden. „Übrigens gut, dass Sie da sind, Herr Pastor. Wir brauchen einen fachmännischen Rat von Ihnen."

Jordan zog eine Augenbraue in die Höhe und Sandmann verzog das Gesicht.

„Sandmann glaubt, den Teufel gesehen zu haben", sagte Eva.

Jordan lächelte nachsichtig.

„Ich habe ihn gesehen", beharrte Sandmann. „Ich schwöre, ich bin völlig gesund. Ich glaube viel eher, dass das Dorf verflucht ist."

„Du meinst Wittenrode?"

„Allerdings." Sandmann blickte finster.

„Du irrst dich, mein Junge", sagte Jordan in seine Richtung. „Ich bin davon überzeugt, dass du geglaubt hast, etwas zu sehen, und damit bist du nicht alleine. Du hast keine Vorstellung, wie viele Menschen in Wittenrode und Umgebung sich in den letzten Tagen einbilden, den Teufel gesehen – oder Besuch von irgendwelchen Geistern bekommen zu haben. Das liegt an der Situation, alle sind fürchterlich angespannt, da gehen die Nerven schon einmal mit einem durch."

„Aber ich habe ihn gesehen."

„Du hast etwas gesehen."

„Okay, ich habe etwas gesehen. Aber das habe ich gesehen."
„Was hast du denn genau gesehen?"
„Das hat Eva doch gerade gesagt. Den Teufel. Er stand unter Julias Zimmer und sah zu ihr hinauf."
„Hinauf zu Julias Zimmer?" Jordan blickte skeptisch. „Hattest du getrunken, Greger?"
„Nein."
„Greger, ich bin der Letzte, der abstreitet, dass es das Böse auf Erden gibt. Das bedeutet aber nicht, dass der Teufel durch Wittenrode spaziert und anderen in die Fenster schaut. Er nicht, und alle anderen Geister tun das übrigens auch nicht."

Sandmann machte weiter ein finsteres Gesicht. „Ich weiß, was ich gesehen habe. Ich habe es gesehen und es hat mir Angst gemacht."

„Natürlich hat es dir Angst gemacht. Und vermutlich hast du auch tatsächlich etwas gesehen."

„Und was?"

„Einen Dämon." Jordan blickte ernst. „Aber ich fürchte, einen sehr menschlichen."

Als Julia kurz darauf das Zimmer betrat, sahen sich die anderen drei immer noch ratlos an.

„Mann, ist das ein Scheißwetter", sagte sie und wickelte sich aus ihrem Schal. „Es fängt schon wieder an zu regnen."

Als sie von niemandem eine Antwort bekam, sah sie auf und fügte hinzu: „Alles in Ordnung?"

„Julia", sagte Jordan und zog einen weiteren Stuhl heran. „Setz dich. Wir müssen uns unterhalten."

„Okay." Sie nahm Platz und sah ihn abwartend an.

„Es gibt da etwas, was wir als sehr beunruhigend empfinden", begann der Pfarrer. „Und wir haben gerade überlegt, ob wir mit dir darüber sprechen sollen."

„Okay", sagte Julia noch einmal.

„Greger und Eva sind nicht davon überzeugt, dass du damit gut umgehen kannst. Aber wenn man sich des Problems nicht bewusst wird, dann kann man es nicht lösen, nicht wahr?"

„Okay", sagte Julia zum dritten Mal. „Und worüber reden wir genau?"

„Du wirst beobachtet."

„Aha. Und von wem?"

„Na ja ..." Eva beschloss, es so schnell wie möglich hinter sich zu bringen. „Sandmann meint, vom Teufel."

Unwillkürlich lachte Julia auf. Sie konnte nicht anders. „Ja klar. Warum auch nicht?"

„Ich habe ihn gesehen", erklärte Sandmann ernst.

„Nein, er hat etwas gesehen", korrigierte Jordan sofort.

„Einen menschlichen Dämon", fügte Eva hinzu.

Julia sah von einem zum anderen. Am Ende blieb ihr Blick bei Sandmann hängen. „Und wo hast du ihn gesehen, diesen Dämon?"

„Er stand direkt unter deinem Zimmer. Letzte Nacht."

Noch einmal lachte Julia auf.

„Ich finde schon, dass du das etwas ernster nehmen solltest", wandte Jordan ein.

„Entschuldigen Sie, Herr Pastor, aber es ist ja wohl klar, dass Sandmann letzte Nacht ziemlich unter Druck stand und dadurch ein bisschen überspannt war. In der Pension sind kurz zuvor die Lichter ausgegangen und Frau Faber erzählte etwas von Lampen, die ständig durchbrennen, und von Schritten und Gelächter, die sie hört. Das hat den armen Kerl total mitgenommen."

„Und deshalb bilde ich mir eine Gestalt ein, die unter deinem Fenster steht und zu dir hinaufsieht?", verteidigte sich Sandmann. „Ich habe ihn wirklich gesehen, Julia."

„Du hast etwas gesehen", gab sie zurück. „Weil du halt mal durcheinander warst."

„Es stimmt dich also überhaupt nicht nachdenklich?", mischte Jordan sich wieder ein.

Julia wandte sich ihm zu, hob die Schultern. „Die entscheidende Frage wäre ja wohl: Warum sollte mich jemand beobachten? Und darauf habe ich keine Antwort. Sie?"

Der Pastor schwieg und sie wandte sich wieder an ihre Freunde. „Habt ihr beiden eine Idee?"

Sandmann schwieg ebenfalls. Eva meinte: „Du hast gerade selbst gesagt, dass auch Frau Faber glaubt, etwas in der Art gesehen zu haben."

„Klar." Julia griff sich eine Marzipanpraline. „Wenn ich dauerhaft in Wittenrode leben müsste, würde ich auch allerhand glauben. Außerdem geht es um Kerstin, oder nicht? Ich denke die ganze Zeit über eine viel dringlichere Frage nach, nämlich die, warum die gesamte Gemeinde sich so heftig gegen sie stemmte. Ich meine, außer dass sie von draußen kam und keine Einheimische war, hatte Kerstin doch nichts verbrochen." Sie wandte sich wieder an Jordan. „Oder?"

Der Pfarrer seufzte. „Das kann ich dir leider nicht beantworten, Julia."

„Aber Sie wissen es?"

„Hm. Ja. Aber es hat nichts mit dem Mord an Jürgen und auch nichts mit Kerstins Selbstmord zu tun. Sich darauf zu konzentrieren, wäre reine Zeitverschwendung."

Julia sagte: „Wenn Sie es mir nicht beantworten, werde ich Jakobs Mutter aufsuchen und sie danach fragen."

„Oh nein, das wirst du nicht tun", erklärte der Pastor sofort. „Ich respektiere diese Frau und ich respektiere, wie sehr sie gerade leidet. Hört zu ..." Er ließ seine Stimme jetzt tiefer klingen, so wie ein Radiomoderator in der Spätsendung. „Ich verstehe, was in euch dreien vorgeht. Ihr seid erschüttert, traurig und verwirrt. Das kann ich sehr gut nachvollziehen, aber Evelyn Jakob geht es nicht anders, und das müsst ihr respektieren." Als Julias

Gesicht darauf hindeutete, dass das an ihrem Entschluss aber nichts ändern würde, seufzte er resigniert. „Also gut. Kerstin gehörte keiner Kirche an. Sie war nicht getauft. Das wusste lange niemand außer mir."

Sandmann und Eva blieb vor Überraschung der Mund offen stehen und auch Julia war einen Moment irritiert. „Aber sie hat …"

„… damals an jedem Gottesdienst teilgenommen, ich weiß." Jordan hob die Hände in die Höhe. „Es war mir ein Anliegen, dass sie das tut. Ich dachte, wir könnten die Entscheidung ihrer verstorbenen Eltern irgendwann korrigieren, aber als wir sie im Waisenhaus aufnahmen, war sie noch zu jung, um eine Entscheidung in diesem Rahmen zu treffen. Und später hatte es für sie kein Gewicht mehr. Leider."

„Aber sie wurde doch gestern christlich beerdigt", warf Eva ein.

Jordan blickte unsicher.

„Das war Ihre Entscheidung", stellte Sandmann nach ein paar Sekunden fest. „Sie haben es getan, obwohl es im Sinne der Kirche nicht rechtens ist."

„Ich habe getan, was ich für richtig hielt. Kerstin hatte eine vernünftige Bestattung verdient. Etwas anderes hätte ich nicht ertragen."

Sie schwiegen einen Moment.

„Sie war also nicht katholisch, nicht getauft", murmelte Julia dann. „Und weil sie das nicht war, war sie für die Leute im Ort nicht nur eine Heidin, man konnte ihr noch viel leichter den ganzen Satanistenkram andichten. War es so?"

Jordan schaute sie unsicher an. „So in etwa, ja."

„Woher haben die Leute gewusst, dass sie nicht getauft ist? Sie haben es ihnen ja wohl nicht erzählt."

„Nein, von mir wussten sie es nicht, und ich hätte darüber auch kein Wort verloren. Kerstin selbst hat sich in aller Offenheit dazu bekannt, kurz vor ihrer Heirat. Sie war der Meinung, es wäre nicht fair, wenn Jürgen und alle anderen nicht Bescheid wüssten. Vor allem, weil Jürgen natürlich kirchlich heiraten wollte. Er selbst hat sich daran gar nicht so sehr gestört, aber mit Evelyn hat Kerstin sich dadurch ziemlich überworfen. Die Jakobs leben seit jeher in Fragen des Glaubens sehr streng, und eine Atheistin in der Familie, das war für Evelyn nicht hinnehmbar."

„Was wissen Sie eigentlich über Kerstins Familie?", wollte Julia weiter wissen. „Sie selbst hat nie darüber gesprochen."

„Kerstin stammte aus einer Problemfamilie." Jordan versuchte es mit einem Lächeln, als wolle er sich dafür entschuldigen, dass es so etwas überhaupt gab. „Sie hatte noch einen drei Jahre älteren Bruder. Soweit ich weiß, lebt er heute irgendwo im Süden Deutschlands. Er und sie waren nur Halbgeschwister und hatten keinen besonders engen Kontakt zueinander. Wir waren der einhelligen Meinung, dass es besser war, die beiden zu trennen, als sie Waisen wurden. So hatte jedes Kind für sich eine eigene Chance. Es ist nicht gut für ein kleines Mädchen, von jemandem hinuntergezogen zu werden, der dabei ist zu ertrinken."

„Wie meinen Sie das?", wollte Sandmann wissen.

„Nun ja, Kerstins Bruder war schon als Kind … verhaltensauffällig." Jordan sah wieder bedauernd drein. Als trüge er persönlich die Schuld daran.

„Dann klingt es wie eine vernünftige Entscheidung", stellte Eva fest und Julia wollte wissen: „Mit wem hatte Kerstin eigentlich die größten Probleme im Dorf?"

„Nun, wenn du mich so fragst, dann denke ich, die hatte sie mit Wilhelm Raddatz."

„Dem Bürgermeister? Warum mit ihm?"

Jordan wand sich wieder. „Das sind alles nur Gerüchte. Nichts als Gerüchte."

„Erzählen Sie uns trotzdem davon", bat Julia.

Es dauerte ein paar Sekunden, dann seufzte Jordan auf. „Es geht das Gerücht um, Raddatz hätte Kerstin letztes Jahr auf dem Schützenfest etwas ... wie soll ich sagen? ... sehr bedrängt. Ich habe es selbst nicht gesehen, nur davon gehört, deshalb sage ich, es ist nur ein Gerücht, aber ... Kerstin war eine hübsche Frau und es war allgemein bekannt, dass Raddatz sie schon immer sehr ... anziehend fand."

„Wo war Jürgen Jakob zu dem Zeitpunkt?", wollte Eva wissen.

„Das weiß ich nicht. Wie ich hörte, wollte Kerstin alleine von dem Fest nach Hause gehen und Raddatz sei ihr gefolgt. Er hatte wohl etwas mehr erwartet."

„Hat er sie vergewaltigt?" Alle Muskeln in Sandmann spannten sich an.

„Nein!" Erschrocken fuhr Jordan auf. „Er war nur sehr betrunken und hat ihre Signale falsch gedeutet. Sie hat ihm dann deutlich gesagt, dass er aufhören soll, und irgendwann kam es bei ihm an. Daraufhin hat er sie in Ruhe gelassen und ist gegangen."

„Und nach dem Schützenfest ist nichts mehr vorgefallen?", wollte Julia wissen.

„Nun, das eine oder andere Mal hat er es wohl noch probiert, und irgendwann sah sie offenbar keine andere Möglichkeit mehr, als ihm mit einer Anzeige zu drohen."

„Und wie reagierte er darauf?"

Jordan hob die Schultern. „Das weiß ich nicht. Ich nehme an, dass es bei ihm ankam. Mir ist jedenfalls nichts Gegenteiliges bekannt."

„Ich kann mir überhaupt nicht vorstellen, dass Kerstin Atheistin war", sagte Sandmann, während er Julia zurück nach Wittenrode fuhr.

„Hätte man auch nicht draufkommen können", gab sie zurück. „Immerhin hat sie alles religiöse Getöse befolgt, das ihr das Waisenhaus vorgegeben hat. Und was sagt uns das?"

„Dass sie sich immerhin mehr Mühe gegeben hat als du. Du hast es Pastor Jordan deutlich schwerer gemacht. Ich würde sogar so weit gehen, zu behaupten, du hast ihn zum Verzweifeln gebracht."

„Warum? Weil ich die Dinge hinterfrage?" Julia wandte Sandmann das Gesicht zu. „Das sollte jeder Mensch tun. Würde dem einen oder anderen deutlich besser bekommen. Ich meine, die Sache liegt doch klar auf der Hand: Wenn es einen Gott gäbe, dann würde er die Dinge nicht geschehen lassen, die geschehen. Also existiert er entweder nicht oder er ist – wenn er doch existiert – kein liebender Gott. Und wenn ich die Wahl habe zwischen diesen beiden Theorien, dann nehme ich die erste. Die ist deutlich leichter zu ertragen."

„Interessant."

Julia zog eine Augenbraue in die Höhe und klappte den Mund zu. Von Sandmann analysiert zu werden war kein Spaß. Sie wollte es nicht darauf anlegen.

Er tat es trotzdem. „Was ist eigentlich mit deinen Träumen?", wollte er wissen.

„Was soll damit sein?"

„Eva hat mir erzählt, dass sie dich früher oft gehört hat, wie du im Traum die Namen deiner Eltern gerufen hast. Und wie du im Halbschlaf durchs Waisenhaus gelaufen bist und Gespräche geführt hast mit Menschen, die nur du gesehen hast. Und das waren ganz eindeutig nicht deine Eltern."

Julia schwieg. Sie hatte geglaubt, nur Pastor Jordan wüsste davon.

„Das ist lange her", fügte Sandmann hinzu, „aber ich kann mir trotzdem nicht vorstellen, dass diese Träume weniger geworden sind. Oder?"

„Es sind Tote." Julia seufzte. „Tote, die im Traum mit mir sprechen, als wären sie so lebendig wie du und ich. Ich weiß natürlich, dass es Träume sind, aber es fühlt sich nicht so an. Und wenn ich aufwache, dann fühle ich mich total ... zerschlagen. Richtig schlecht." Sie brach ab und sah ihn an. „Glaubst du, ich bin verrückt?"

„Hm. Ich glaube, wir sind alle mehr oder weniger verrückt. Nur ist deine Art von Wahnsinn vielleicht eine etwas andere."

„Es ist nicht immer gleich stark", redete Julia weiter. „Manchmal ist es stärker, manchmal schwächer. Ich weiß, dass die Gestalten in den Träumen etwas von mir wollen, etwas, was ich unbedingt tun soll. Und manchmal glaube ich sogar, dass sie mich manipulieren."

Ein paar Sekunden fuhren sie schweigend. Dann bemerkte Sandmann: „Es könnte eine ganz andere Erklärung dafür geben. Außer Wahnsinn, meine ich."

„Was für andere Erklärungen sollte es dafür schon geben?"

„Na ja, vielleicht die, dass dich eine Macht im Himmel längst an der Angel hat, so sehr du dich auch dagegen sträubst."

„Du machst dich über mich lustig."

„Nein, gar nicht. Ich denke, dass du vielleicht einen Auftrag hast."

„Okay, nehmen wir nur mal eine Sekunde an, du hättest recht mit dem, was du sagst – was du nicht hast –, warum sollte eine himmlische Macht ausgerechnet mich ausgewählt haben?"

„Vielleicht, weil er dich mag. Der große Meister im Himmel." Sandmann trat auf die Bremse und deutete durch die Frontscheibe. „Da! Da vorn muss es gewesen sein."

„Erinnere mich daran, dass ich mich für meinen Ruhesitz woanders umsehe", bemerkte Julia nach einem Rundumblick.

„Dort drüben geht es über einen Forstweg zum hinteren Teil von Jakobs Haus", redete Sandmann weiter, als hätte er den Einwand nicht gehört. „Und dort ..." Er deutete mit dem Finger ein paar Meter weiter nach rechts, „... wurde vor dreiundzwanzig Jahren die dritte Leiche gefunden. Komm mit."

Sie folgten einem Trampelpfad, der in den Wald hineinführte, und ließen den Parkplatz hinter sich.

Nach ein paar Minuten wurde der Pfad immer schmaler und verschwand dann fast völlig. Es roch schwer nach nasser Erde. Sie mussten um Bäume herumgehen und über Wurzeln steigen, bis Sandmann auf einmal anhielt und sagte: „Genau hier. Hier wurde sie gefunden."

Als er es sagte, schien es im Wald auf einmal still zu werden. Julia sah zu Boden. Hier war es also geschehen. Hier war ein Leben gewaltsam beendet worden. Das Leben einer jungen Frau, die nur fünfundzwanzig Jahre alt werden durfte. „Wo wurden die anderen beiden Leichen gefunden?", wollte sie wissen.

„Knapp einen Kilometer weiter, in östlicher Richtung."

„Und immer dasselbe Szenario", murmelte Julia. „Immer ein aufgebauter Altar, immer ein auf dem Kopf stehendes Kreuz." Sie hob den Blick und straffte den Rücken. „Und wie weit ist es von hier aus bis zu Jakobs Haus?"

„Etwa einen Kilometer nach Norden."

„Gut. Dann gehen wir."

Sandmann nickte und sie setzten sich in Bewegung.

Die Bäume standen jetzt so dicht, dass sie eine undurchdringliche Wand aus Ästen bildeten. Den Blick nach unten gerichtet, gingen sie darauf zu.

„Mord ist nicht gerecht", sagte Sandmann nach ein paar Minuten. „Ich meine, das ist doch so, als ob Gott einen Plan für einen Menschen gemacht hat, und dann kommt irgendeiner daher und macht alles zu Brei."

Julia warf ihm einen kurzen Blick zu, schwieg aber.

Kurz darauf blieb er wieder stehen. „Hier kann man noch etwa hundert Meter weit gehen, danach muss man wahrscheinlich eine Machete schwingen. Wir werden es sehen."

Obwohl sie den Büschen und Bäumen nicht ständig ausweichen mussten, war es tatsächlich schwer, weiter vorwärtszukommen. Die Erde gab nach und sie sanken immer wieder mit ihren Schuhen ein. Schließlich blieben sie stehen und sahen sich um. Etwas weiter vorne gab es einen schmalen Durchlass zwischen den Ästen, einen Wildwechsel. „Da müssen wir durch, um noch näher an Jakobs Haus heranzukommen", sagte Sandmann.

Sie bückten sich und schoben einige herabhängende Zweige beiseite. Gleichzeitig mussten sie aufpassen, wo sie hintraten. Sandmann rutschte einige Male fast auf feucht glatten Wurzeln aus. „Ein Glück, dass es noch keine Zecken gibt", bemerkte er schwer atmend.

Julia wollte antworten, als sie bemerkte, dass sie etwas im Mund hatte. Es musste sich um eine Spinnwebe handeln, sie spuckte angewidert aus und fuhr sich mit der Hand über den Mund. Dann warf sie einen Blick auf die vermeintliche Spinnwebe, hielt sie nach oben in das Licht, das durch die Bäume fiel.

„Was ist?", wollte Sandmann wissen.

Julia zeigte ihren Fund. „Ein Wollfaden. Jemand muss vor uns diesen Pfad entlanggegangen sein. Er kann noch nicht lange hier gegangen haben, denn er ist weder ausgeblichen noch schmutzig."

Sandmann stieß einen leisen Pfiff aus. „Meinst du, es gibt noch mehr davon?"

Etwa zehn Meter weiter entdeckten sie tatsächlich noch einen weiteren Faden. Er hing am äußeren Rand eines dichten Busches. Julia blieb stehen und deutete darauf. „Dieser Faden ist in etwa gleich lang wie der erste."

Sie gingen weiter.

Der Wildwechsel führte tatsächlich zur Rückseite von Jakobs Haus, und wenige Meter weiter war die Vegetation auch nicht mehr ganz so dicht.

„Von hier aus nur noch ein paar Meter geradeaus", erklärte Sandmann.

Julia nickte, sie gingen weiter und stellten dann fest, dass ein Stück des Zauns, der den hinteren Teil des Grundstücks vom Wald abtrennen sollte, verrottet und in sich zusammengesackt war.

„Hier heißt es tatsächlich: hereinspaziert", stellte Julia fest.

Sie kletterten über die morschen Bretter und passten auf, wo sie hintraten.

„Worüber denkst du nach?", flüsterte Sandmann nach ein paar Minuten.

„Warum flüsterst du?", wollte Julia wissen.

„Weil es mich ein bisschen nervös macht, was sich hinter uns im Wald und vor uns im Haus abgespielt hat. Also, worüber denkst du nach?"

„Falls tatsächlich jemand am Abend des Mordes an Jürgen Jakob den Weg gegangen ist, den wir gerade genommen haben", sagte Julia, „dann muss er sich ziemlich gut auskennen. Ich meine, das ist ja kein Wanderweg. Und auch keine Strecke, über die man mal zufällig stolpert."

„Also auf jeden Fall ein Einheimischer", fügte Sandmann hinzu.

Sie näherten sich Schritt für Schritt der Rückseite des Hauses. Keineswegs eine kleine Hütte. Ein ansehnliches, zweistöckiges Gebäude, in dessen Garten sich gepflegte Blumenbeete befanden. Alles gediegen, alles ordentlich. Niemand wäre bei diesem Anblick darauf gekommen, was für eine Tragödie sich innerhalb der Mauern abgespielt hatte.

„Keine Alarmanlage", stellte Julia fest. „Jedenfalls sehe ich keine." Sie wollte weitergehen, als sie um ein Haar über …

„Pfui Teufel!", spie sie aus und schaute entsetzt auf den Boden. „Gartenzwerge! Wer stellt sich so was freiwillig in den Garten?"

„Das macht dir Angst, ich weiß." Sandmann lächelte.

„Angst?", zischte Julia. „Das ist wie in einem Horrorfilm." Sie deutete um sich. „Ich meine, schau dir die Straße an. Was siehst du? Nichts als eine lange Reihe ordentlicher weißer Häuser inmitten einer ebenso langen Reihe ordentlich gepflegter, gleich großer Gärten mit Gartenzwergen und Windrädchen." Sie hustete. „Ich warte darauf, dass sie jeden Moment alle gleich gekleidet aus ihren gleichen Häusern kommen, sich gleich bewegen und zur gleichen Zeit das Gleiche tun."

Belustigt schüttelte Sandmann den Kopf. „Wohl eher nicht."

„Warum?", fragte Julia.

„Warum was?", fragte er zurück.

„Warum lebt man freiwillig hier?"

„Na ja, es mag eben nicht jeder in der Stadt leben."

„Ich schon."

Sandmann lächelte wieder. „Es will ja auch nicht jeder in der Nähe von Freaks wie dir leben. Lust auf einen Kaffee?"

„Hmm", machte Julia und sie begaben sich auf den Weg zurück zum Auto.

30. KAPITEL

Frieden finden und irgendwo ankommen

Olivia Klose hatte Julia und Sandmann vom Fenster aus beobachtet, aber gleich wieder vergessen, was sie sah. Sie schloss die Augen und versuchte, sich Hildchen zurück ins Gedächtnis zu rufen, doch es klappte nicht so, wie sie es wollte. Hildchen zeigte sich zwar für einen kurzen Moment, doch dann verschwand sie wieder. Das war irritierend, aber so war es in den letzten Tagen öfter. Hildchen mied sie, war immer schwerer zu fassen.

Warum kannst du nicht länger bei mir bleiben, Hildchen?

In ihrer Verzweiflung wandte Olivia sich an Gott, obwohl sie an den schon lange nicht mehr glaubte. *Bitte, lieber Gott. Lass ihr nichts passiert sein.*

Wenn sie sich noch richtig erinnerte, dann behauptete Schiller, das Unglück schreite schnell voran. Hier aber irrte er: Es schreitet niederträchtig langsam, bis es zuschlägt und dann nichts als Verwüstung stiftet.

Olivia zog den Vorhang vor das Fenster und wandte sich ab. Wie war es möglich gewesen sich einzubilden, sie hätten normal weiterleben können? Was sie getan hatten, war kein Fehler gewesen, es war ein Verbrechen.

Heute wusste Olivia das, aber die Erkenntnis war viel zu spät gekommen.

„Schluss!", sagte sie sich streng. „So kommst du nicht weiter."

Vielleicht würde sie es bereuen. Vielleicht nicht. Manchmal brachen vernarbte Wunden von Neuem auf. Manchmal nicht. Wie auch immer, sie musste es wissen.

Mit langsamen, bedächtigen Schritten machte die alte Frau sich auf den Weg zum Telefon. Sie musste es wissen. Jetzt. Aber vorher brauchte sie etwas, was ihre Nerven beruhigte. Mit zit-

ternden Fingern schraubte sie den Verschluss von einer Flasche Likör und goss sich zwei Fingerbreit ein.
 Sie musste sich beeilen, bevor Edna kam.

Eine ganze Zeit lang fuhren sie schweigend, dann murmelte Julia so leise, dass sie kaum zu verstehen war: „Warum ist das bloß so schwer?"
 Sandmann warf ihr einen kurzen Blick zu. „Was meinst du?"
 „Anzukommen. Ich rede von dem Phänomen, irgendwann einmal irgendwo auf der Welt anzukommen. Darin bin ich echt beschissen."
 „Ich weiß, was du meinst. Und ich kann es dir leider nicht beantworten." Sandmann schwieg ein paar Sekunden, dann sagte er: „Kannst du dich noch an die Winter hier erinnern?"
 Julia nickte entmutigt. „Allerdings. Ich bin manchmal schier durchgedreht, wenn wir da oben eingeschneit waren und überhaupt nichts mehr ging."
 „Ehrlich gesagt, ich hab es immer genossen. Es war, als ob die ganze Welt zusammenschrumpfen würde. Ich kannte das vorher nicht. Meine Eltern kamen aus Göttingen – im Gegensatz zu Wittenrode eine Weltstadt."
 „Du hast so gut wie nie von deinen Eltern erzählt. Vor allem nicht von deinem Vater."
 „Ja", nickte Sandmann. „Vermutlich, weil er gegangen ist, als ich vier Jahre alt war. Bis zu seinem Tod wenig später hab ich ihn nicht mehr gesehen, und meine Erinnerung an ihn ist ziemlich verschwommen."
 „Und wie geht's dir so, wenn du heute an ihn denkst?"
 „Ich würde ihm gerne die Hand reichen und ihm sagen, dass ich ihm nichts vorwerfe."
 Julia blickte ungläubig. „Kein bisschen wütend mehr auf ihn?"
 Er schüttelte den Kopf.
 „Wirklich nicht? Komm, Sandmann, sei ehrlich."

„Er ist mein Vater, Julia."

Sie schwiegen eine Weile, dann fügte Sandmann hinzu: „Ich rede mir gern ein, ich würde mich an Eigenschaften wie Liebe und Mitgefühl erinnern, wenn ich an ihn denke, aber sicher bin ich mir nicht. Und das ist wirklich schade, oder nicht?"

Julia nickte. „Und deine Mutter? Hast du das Gefühl, dass sie ihren Frieden gefunden hat?"

„Ich wünsche es mir für sie. Sie war nicht mehr dieselbe, nachdem mein Vater gegangen ist. Ich meine, sie hatte schon immer schwache Nerven und ich habe alles versucht, damit sie nicht auch noch mit mir Probleme hat. Am Ende hat das nur leider nicht gereicht. Ich wünsche mir, dass sie ihren Frieden hat, da, wo sie jetzt ist. Und ich wünschte, ich hätte auch an sie mehr Erinnerungen."

„Das kenne ich", sagte Julia. „Aber immerhin haben wir Erinnerungen. Eva weiß so gut wie nichts von ihren Eltern."

„Ich weiß manchmal nicht, was besser oder schlechter ist." Nachdenklich schob Sandmann seine runde Brille nach oben. „Ich wundere mich übrigens, dass es während eurer gestrigen Fahrt ins Altenheim nur zu einem gebrochenen Bein kam. Offen gestanden habe ich mit eingeschlagenen Köpfen, Nervenzusammenbrüchen und Heulattacken gerechnet."

„Freudentränen gab's allerdings auch keine. Eva verzeiht mir nicht, dass ich damals einfach gegangen bin."

„Kann man verstehen. Sie hat sehr an dir gehangen. Mehr als an irgendeinem anderen Menschen."

„Schau nie zurück, das war immer meine Devise." Julia seufzte leise. „Und mach niemals einen Schritt zurück. Und was tue ich jetzt? Schau mich an, ich fahre mit dir zusammen durch Wittenrode."

Sandmann zuckte mit den Schultern. „Vielleicht weißt du es jetzt noch nicht, aber wer sagt, dass es am Ende nicht eine heilsame Wirkung haben könnte?"

Das konnte Julia sich beim besten Willen nicht vorstellen, aber sie ließ es erst einmal so stehen.

31. KAPITEL

So nicht!

Wilhelm Raddatz war zu dem Zeitpunkt ziemlich schlechter Laune. Nein, er war wütend. Nein, das reichte auch nicht aus. Er war außer sich, das traf es. Niemals hätte er gedacht, dass ihm das passieren könnte. Warum hatte er Jürgen nicht schon viel früher zu einer Unterschrift gedrängt? Nein, es gab keine Entschuldigung für den Fehler, den er da begangen hatte.

Es sah nicht gut für ihn aus: Jürgen war tot, Evelyn hatte das Haus der Kirche vermacht, und mit Pfarrer Jordan war nicht zu reden.

Damit war sie zu weit gegangen. Sie hatte ihn, ihren Bürgermeister, demütigen wollen, und das war ihr gelungen. Aber das Spiel war noch nicht vorbei. Vielleicht war es ein kluger Schachzug von ihr gewesen, aber er stand immer noch ganz oben in der Nahrungskette. Und auf welcher Stufe stand Evelyn?

Aufgeblasene Schnepfe!
Blöde Gans!
Dumme Kuh!

Er besaß Stärke, Zielstrebigkeit und sogar Charme, wenn er es wollte. Und was besaß Evelyn? Nichts. Nicht mal mehr einen Sohn.

Ach, was soll's, war der nächste Gedanke. *Was stehe ich hier und analysiere diese fürchterliche Frau?*

Haltung war die Antwort, in allen Lebenslagen, und er fand seine Haltung gerade wieder. Sein Verstand begann schon wieder kühl und nüchtern zu arbeiten.

Er musste es einfach künftig besser machen.
Er musste sich eine strengere Selbstdisziplin auferlegen.
Er musste besser aufpassen.

Er schritt zur Haustür, entschlossen, Evelyn noch einmal zu besuchen. So einfach würde er es ihr nicht machen.

Raddatz war wirklich clever, das musste man ihm lassen. Er kam immer dann, wenn man am wenigsten mit ihm rechnete. Ansonsten hätte Evelyn die Tür gar nicht erst geöffnet. Aber jetzt war es zu spät. Jetzt stand er direkt vor ihr.

Nicht, dass es Evelyn einschüchterte. So wenig wie bei seinem letzten Besuch. Sie hatte zwar ein gebrochenes Herz, aber immer noch ein intaktes Selbstbewusstsein. Aber tiefen Widerwillen gegen diesen Menschen, den empfand sie. Und Verachtung. Nüchterne, aber totale Ablehnung.

„Also, Evelyn, wie sieht's aus?", setzte er an. „Hast du deinen Standpunkt noch einmal überdacht? Es wäre schön, wenn wir die Sache so bald wie möglich klären könnten."

„Wir haben die Sache bereits gestern geklärt, Wilhelm. Es wird nichts daran ändern, wenn du von jetzt an jeden Tag hier aufkreuzt."

„Ach komm. Sei vernünftig, Evelyn."

„Was verstehst du unter vernünftig? Wohl nicht dasselbe wie ich."

Raddatz schritt an Evelyn vorbei ins Wohnzimmer, trat dort zum Fenster und schob den Vorhang etwas zur Seite. „Wie alt bist du jetzt, Evelyn? Doch viel zu alt, um dich noch alleine um alles zu kümmern. Du brauchst Hilfe. Du brauchst jemanden, der dir etwas abnimmt. Und so jemanden musst du bezahlen. Du brauchst Geld."

„Ich komme sehr gut allein zurecht. Danke."

Er drehte sich zu ihr um. Und plötzlich machte sich eine unterschwellige Drohung im Zimmer breit, hing dort wie ein Schleier und ließ die Umrisse der Möbel förmlich verschwimmen. Auf einmal wirkte Raddatz wie ein riesiger Schatten. Sein Gesicht löste sich auf, nur seine Augen stachen noch deutlich hervor. Kalt und klar. Dann lüftete der Schleier sich wieder und Evelyn hatte sich wieder gefasst. „Du verschwendest deine Zeit, Wilhelm. Und meine ebenso."

„Jürgen wollte, dass ich das Haus bekomme."

„Selbst wenn er es wollte, ich will es nicht."

„Es kann nicht dein Ernst sein, es wirklich darauf ankommen zu lassen, Evelyn."

„Worauf?" Sie richtete sich etwas auf. „Willst du mir etwa drohen?"

„Ich?" Raddatz lachte leise und machte einen Schritt auf sie zu. „Aber nein. Ich versuche nur, dir klarzumachen, was das Beste für dich ist. Für dich und für alle Beteiligten."

32. KAPITEL

Satyr, Lilith und ein Medium

Sie hatten den Wagen abgestellt und schritten nun nebeneinander auf die Kneipe zu. Einen Moment blieb Julia stehen und band sich den Schal etwas fester um den Hals, als sie eine weibliche Stimme hörte, die klar und deutlich sagte: „Warum sagst du es nicht allen? Warum sagst du nicht, dass es ein Fehler war und dass er zurückgekommen ist?"

Dann eine Männerstimme: „Du weißt ja nicht, was du von dir gibst, Evelyn!"

„Verschwinde!"

Es folgten hektische Schritte. Julia machte eine halbe Drehung und sah den Bürgermeister an sich vorbeieilen, machte eine weitere halbe Drehung und entdeckte eine etwa siebzigjährige Frau, die schwer atmend in der Tür zu einem der Häuser stand und ihm missbilligend hinterhersah. Dann wandte die Frau den Blick und sah Julia an. Und sobald die Erkenntnis in den Augen der Frau auftauchte, wusste auch Julia, obwohl sie sie nie zuvor gesehen hatte, wer sie war. Bevor sie noch weiter darüber nachdenken konnte, hatte sie die Worte bereits ausgesprochen: „Brauchen Sie Hilfe, Frau Jakob?"

Evelyn sah sie nur an. Dann wandte sie sich um und verschwand ohne ein Wort im Haus.

„Meinst du, sie weiß etwas?", fragte Sandmann, nachdem sie die Kneipe betreten und an einem der Tische Platz genommen hatten.

Julia dachte über zahlreiche andere Interpretationen nach, die man aus dem kurzen Wortgefecht hätte schließen können. Dann hob sie die Schultern. „Gut möglich."

„Sah zumindest nicht so aus, als wären die beiden gut miteinander befreundet." Sandmann rieb die Hände aneinander und wiederholte: „,Warum sagst du nicht, dass es ein Fehler war und er zurückgekommen ist?' Wen könnte sie damit gemeint haben?" Auf einmal ging ein Ruck durch seinen massigen Körper. „Etwa den, den ich letzte Nacht auch gesehen habe? Den Teufel? Den Satyr, den Gott der Hexen? Den Dämon Lilith, die Nachtgottheit?"

„Sandmann, hör auf", versuchte Julia ihn zu bremsen. „Es bringt uns nicht weiter, wenn du wild ein Sammelsurium aus Mythen, Legenden und Ammenmärchen aufzählst."

„Etwas Böses geht hier um", murrte er. „Und alle wissen es. Ursula Faber weiß es. Evelyn Jakob weiß es. Der Bürgermeister weiß es. Alle wissen es. Und ich bleibe dabei, dass dieses Böse letzte Nacht unter deinem Fenster stand."

Beruhigend legte Julia eine Hand auf seinen Arm. „Lass uns wieder über Kerstin reden, okay?"

Er nickte widerwillig, zog einen kleinen Block und einen Stift aus seiner Jackentasche. „Also gut. Was wissen wir bis jetzt? Kerstin war eine hübsche, intelligente Frau mit Abitur und einem abgebrochenen Kunststudium. In letzter Zeit hat sie sich auffallend für Satanismus interessiert – bestätigt Pfarrer Jordan. Aber sie war keine Satanistin. Sie interessierte sich lediglich für das Thema. Vielleicht, weil es etwas mit ihrem Ehemann zu tun hatte. Ihrem Ehemann, dessen Familie hier an diesem Flecken Erde schon seit Ewigkeiten ihren Platz hat, und der – wäre er nicht zuvor ermordet worden – hier auch eines natürlichen Todes gestorben wäre. Vielleicht hängt es mit seiner Familiengeschichte zusammen. Vielleicht auch nur mit seiner eigenen." Während Sandmann redete, schrieb er die eigenen Worte in einer Schnelligkeit mit, als wolle er einen Preis gewinnen. „Vielleicht glaubte Kerstin, dass es in der Vergangenheit ihres Mannes ein Geheimnis gab. Eines, das sie lüften wollte. Sie spuckte in die Hände und fing an, sich an die Aufklärung der Dinge zu machen."

„Wer weiß?", fragte Julia.

„Du scheinst damit nicht sonderlich zufrieden zu sein." Sandmann blickte auf. „Also bitte, du bist dran."

Julia seufzte auf. „Wenn Kerstin ihren Mann tatsächlich nicht umgebracht hat. Wenn sie nicht mit den Nerven am Ende und total verzweifelt war. Wenn sie keine Paranoia hatte, keine psychischen Probleme, keinen Stress, keine Existenzangst. Also, wenn sie es tatsächlich nicht getan hat, dann muss am Abend der Tat eine dritte Person im Haus gewesen sein. Aber dann hätte Kerstin den Eindringling sehen müssen." Der Wirt brachte zwei Tassen Kaffee und verschwand wieder. „Sie hat aber in ihrer Aussage nichts von einer dritten Person gesagt." Julia trank einen Schluck Kaffee und verzog den Mund. *Zucker.* Sie griff nach dem Zuckerspender auf dem Tisch. „Wir haben noch viel zu wenig über Kerstins Leben herausgefunden. Zum Beispiel, ob sie vielleicht eine heimliche Affäre hatte."

Sofort winkte Sandmann ab. „Keine Chance. Auf gar keinen Fall."

„Oh, warum das denn nicht?" Julia legte den Kopf etwas zur Seite und ließ Zucker aus dem Spender in ihren Kaffee rieseln. „Tut mir leid, wenn ich dir jetzt deine Illusionen rauben muss, Kumpel, aber die halbe verheiratete Welt ist untreu."

„Ich weiß. Aber Kerstin nicht. Sie war dafür viel zu … Egal, eher glaube ich, dass es um eine Art dunkles Geheimnis geht. Wenn man das Notizbuch von Frau Baakes auch nur eine Sekunde ernst nimmt, dann hat es tatsächlich etwas mit den Teufelsmorden zu tun. Vielleicht solltest du noch einmal mit diesem Lange reden. Ich meine, er ist doch immerhin so etwas wie ein Insider. Er ist bei der Kripo, er war bei der einen wie bei der anderen Tragödie dabei. Er hat das Böse quasi gesehen."

„Das schon. Aber ich täte es nur ungern, Sandmann. Er weiß, er kann es nicht verhindern, dass ich Fragen stelle, aber er sieht es trotzdem nicht gerne. Damit zeige ich ihm nämlich, dass ich an seinen Ermittlungen zweifle, was schon fast an Blasphemie grenzt. An Langes Ermittlungen gab es nämlich noch nie auch nur den Hauch eines Zweifels."

Eindringlich sah Sandmann Julia an. „Entschuldige, wenn ich das jetzt so sage, aber vor über zwanzig Jahren sind drei Menschen bestialisch getötet worden. Ein Mann wurde verhaftet und alle dachten, das war er, der Mörder. Und jetzt – hoppla! – ist wieder ein Mensch tot, der auf genau dieselbe Art und Weise umgebracht wurde wie die Opfer damals. Dein Lange mag ja ein ausgezeichneter Polizist sein, aber ich finde trotzdem, dass das ein paar Fragen aufwirft."

„Er ist nicht mein Lange", gab Julia zurück. „Wir drei, du, Eva und ich, haben nichts als eine vage Ahnung, dass der Mord an Jürgen Jakob mit der Vergangenheit zusammenhängen könnte. Wenn ich mich noch einmal mit ihm darüber unterhalte, dann will ich ein bisschen mehr in der Hand haben als bloße unbestätigte Vermutungen. Ich mach mich nämlich nur ungern lächerlich. Du verstehst?"

„Ja", gab Sandmann nach. „Aber die Umstände reichen immerhin, um einen misstrauisch zu machen, wenn man erst einmal genauer darüber nachdenkt."

In diesem Moment betrat Paula von Jäckle die Kneipe, sah sich kurz um und trat dann ohne zu zögern auf ihren Tisch zu.

„Gut, dass ich Sie treffe, Frau Wagner! Bitte bleiben Sie sitzen. Wir müssen uns unbedingt unterhalten. Das hatte ich Ihnen bereits gesagt."

„Ja, ich erinnere mich, aber ich hatte bisher noch keine …"

„Natürlich. Die Beerdigung Ihrer Freundin." Paula nickte heftig. „Aber, wie gesagt, wir müssen uns unterhalten. Es ist wirklich wichtig. Ich muss Sie warnen!"

„Wie Sie wissen, versucht man mit allen Mitteln, den Tod des armen Jürgen Jakob als ein schreckliches Unglück darzustellen. Stellen Sie sich das vor! Ein Unglück!" Paula schüttelte so heftig den Kopf, dass ihr grauer Pferdeschwanz hin und her wippte. „Haben Sie schon einmal gehört, dass einem Menschen durch ein bloßes Unglück die Kehle durchgeschnitten wurde? Wissen Sie, was ich davon halte?"

„Nein."

„Blödsinn. Die Geschichte hat sich ganz anders abgespielt. Kerstin war es nicht. Ganz sicher nicht."

Julia spürte die Unvernunft der nächsten Frage und stellte sie trotzdem: „Und was macht Sie da so sicher?"

Paula ließ ein verschwörerisches Lächeln aufblitzen. „Die Karten. Ich bin ein Medium, wissen Sie? Ich lege die Karten und schaue den Menschen damit in die Seele." Eilig hob sie eine Hand. „Sagen Sie nichts, ich weiß auch so, was Sie jetzt denken. Sie denken: ‚Oh mein Gott, eine Wahrsagerin. Eine Spinnerin.' Aber ganz so einfach ist es nicht. Davon abgesehen bin ich keine Wahrsagerin, ich bin, wie gesagt, ein Medium. Ein stilles Medium."

„Ach, da gibt's Unterschiede?" Julia konnte eine leichte Süffisanz in der Stimme nicht verhindern.

Paula nickte wissend. „Natürlich ist es für skeptische Menschen wie Sie schwer, das Konzept spiritueller Deutungen zu akzeptieren. Aber ich versichere Ihnen, es handelt sich hierbei um keine Zirkusnummer. Ich bin mir sicher, dass Sie meine Hilfe brauchen, Frau Wagner. Und ich kann Ihnen helfen. Weil Jürgen Jakob nämlich kurz vor seinem Tod noch bei mir war."

Jetzt hob Julia interessiert den Blick. „Wann?"

Paulas blaue Augen glitzerten wie die Scherben eines zerbrochenen Spiegels. „Das letzte Mal zwei Tage, bevor er ermordet wurde." Sie nickte heftig, so als wolle sie die Wahrhaftigkeit ihrer eigenen Worte damit unterstreichen. „Er hatte Angst, große Angst, und er kam zu mir, weil er Hilfe suchte."

„Und wovor hatte er Angst?"

„Vor der Hölle. Er fragte mich, ob auch ich Angst davor hätte, und als ich ihn wiederum fragte, warum er das wissen wolle, antwortete er, sie wäre hier auf Erden. Die Hölle."

„Und meinen Sie, diese Hölle, von der er sprach, könnten Menschen gewesen sein? Feinde?"

„Allerdings. Denn Jakob hatte Feinde. Bedrohliche Feinde." Paula beugte sich etwas zu Julia hinüber. „Übrigens der Grund für das Trauma, das ständig seine Sicherung durchbrennen ließ."

„Seine Sicherung?"

„Eine Art Sicherheitsventil, wie bei einem Stromkreis. Netzwerke, Kreisläufe, Schaltverbindungen. Sie verstehen?"

„Nein", gab Julia zu. „Nicht wirklich."

Paula machte eine ausladende Geste. „Sie müssen sich unseren Körper wie eine Maschine vorstellen. Alle Teile greifen ineinander, und wenn ein Teil nicht funktioniert, dann steht alles."

„Und warum brannte Jakobs Sicherung nun durch?", wollte Julia wissen.

„Blockade." Paula tippte sich an die Stirn. „Das bedeutet, das Segment ist fest, es bewegt sich nichts mehr. Unser Körper tut das aus Selbstschutz. Bei Jakob war es allerdings nicht nur eine Blockade, es war etwas weit Schlimmeres. Im Inneren seines Kopfes befand sich ein dunkles Verlies. Ein Käfig, in dem er selbst eingeschlossen war, zusammen mit anderen Personen und einem Geheimnis."

„Wusste Kerstin von diesem Geheimnis?"

„Ich denke, sie hat es geahnt. Die Beziehung zwischen ihr und Jürgen war, sagen wir, nicht zu unterschätzen. Er liebte sie über alles, aber er hätte gleichzeitig gewollt, dass sie nicht existiert. Er wollte sich scheiden lassen, wussten Sie das?"

Julia und Sandmann warfen sich einen Blick zu.

„Nein", sagte Julia. „Wusste Kerstin es?"

„Meines Wissens ja. Aber hören Sie, es ist wichtig für Sie zu verstehen, dass diese geplante Scheidung nicht bedeutete, dass Jürgen ihr gegenüber nicht loyal gewesen wäre. In dem Fall wollte er sie beschützen. Er wollte auf gar keinen Fall, dass sie sich dem schwarzen Verlies in seinem Kopf zu sehr näherte, und damit den Feinden, die es umzingelten."

„Sie meinen, Kerstin war seinem Geheimnis auf der Spur und brachte sich damit selbst in Gefahr?" Sandmann spürte es, noch ehe Paula nickte.

„Genau. Sie war seinem Geheimnis sehr nahe gekommen. Vermutlich zu nahe. Und als sie dann schwanger wurde, war die Situation völlig verworren."

„Wer waren Jakobs Feinde?", fragte Julia.

„Es gab verschiedene Personen, aber einen ganz speziellen Feind. Der überschattete alles. Und dieser Feind, Frau Wagner, dieser Feind, gegen den Jakob kämpfte und verlor, er ist auch hinter Ihnen her. Darum geht's. Sie sind in Gefahr. In sehr großer Gefahr."

„Und woher wissen Sie das?"

„Ich habe es in den Karten gesehen."

„Was machst du denn?", keuchte Sandmann, während Julia ihn beinahe mit Gewalt aus der Kneipe und um die nächste Ecke schob.

„Lass uns verschwinden", sagte sie. „Bevor sie uns noch einmal einholt."

„Du glaubst ihr also nicht?"

„Natürlich nicht. Karten legen, Sterne deuten. Das ist doch alles Mist."

Schade, dachte Sandmann. Er selbst nahm Paula von Jäckles Worte sehr ernst, aber er ließ es fürs Erste so stehen. „Okay. Und was machen wir jetzt?"

„Ich gehe zu Raddatz", sagte Julia. „Ich möchte dem sauberen Herrn Bürgermeister mal ein bisschen auf den Zahn fühlen. Und du, mein Freund …" Mit dem Zeigefinger deutete sie auf seine Brust. „Du gehst zum Friseur und hörst dich dort ein wenig um. Jetzt guck nicht so. Ich bin zwar keine Expertin auf dem Gebiet, aber ich glaube nicht, dass dieser Gesichtsausdruck auf Frauen besonders attraktiv wirkt."

33. KAPITEL

Kein Spaß

Hochgewachsene Bäume trennten das ehemalige Pfarrhaus vom Dorfkern. Darunter parkte ein dunkler Audi Kombi. Das Haus selbst war groß und ziemlich beeindruckend, der Bürgermeister hatte mächtig an- und umgebaut. Und falls jemals ein Beamter vom Denkmalschutz in Wittenrode auftauchen sollte, so dachte Julia bei sich, würde Raddatz sich eine sehr gute Erklärung einfallen lassen müssen.

Sie schritt auf die Haustür zu, sammelte sich noch einmal, dann drückte sie auf die Klingel.

Raddatz war nicht allzu überrascht, als er die Haustür öffnete und sah, wer davorstand. Er hatte in den letzten Stunden mehr als einmal über Julia, ihre beiden Freunde und natürlich über Kerstin nachgedacht. Es hätte ihn auch nicht überrascht, wenn sie alle drei – der Dicke und die Rothaarige inklusive – vor seiner Tür gestanden hätten. So aber war Julia alleine und das war ihm nur recht.

„Ich kann mich nicht erinnern, Ihnen einen Termin gegeben zu haben", sagte er. „Tut mir leid, aber ich muss in zehn Minuten weg."

Die intensive Animosität, die von ihm ausging, hätte Julia einschüchtern können, aber sie spürte bereits die ersten Regungen ihrer eigenen Feindseligkeit, und im Übrigen war sie nicht so leicht einzuschüchtern. „Ach, ich denke, es wird ganz schnell gehen."

Einen Moment musterte der Bürgermeister sie, dann seufzte er leise auf. „Meinetwegen. Aber ich habe wirklich nicht viel Zeit."

In seinem Büro angekommen, ließ er sich in den Sessel hinter seinem Schreibtisch sinken und zündete seine Pfeife an. Seine gesamte Gestik und Mimik machte deutlich, dass er sich Julia um einiges überlegen fühlte und ihr mit dem Gespräch lediglich einen Gefallen tat. „Was kann ich also für Sie tun?" Er bedeutete ihr, sich zu setzen.

„Ich bin wegen Kerstin hier", sagte sie und nahm ihm gegenüber Platz. „Sie wissen vermutlich, dass sie eine Freundin von mir war."

„Man müsste schon blind und taub sein, um das nicht mitzukriegen", gab Raddatz zurück. „Mein Problem ist nun wohl, dass ich Ihr Getöse um Kerstin nicht so ganz nachvollziehen kann. Ein Mensch in unserem Dorf wurde umgebracht und ein anderer hat die Tat gestanden. Es gibt so etwas wie die Polizei und es gibt Geständnisse. Das legen Menschen ab, wenn sie sich schuldig fühlen und wissen, dass sie etwas Unrechtes getan haben. Übrigens genau das, was Kerstin getan hat."

Julia nahm den Blick nicht von ihm. „Kannten Sie sie gut?"

„Nein. Das würde ich so nicht sagen. Niemand hier im Ort wird behaupten, dass er Kerstin gut kannte. Und niemand wird behaupten, gut mit ihr ausgekommen zu sein. Sie war immer auf Konfrontation aus und damit hat sie die Leute ziemlich verärgert. Außerdem tat sie alles, um sich der Gemeinschaft des Dorfes zu entziehen. Möchten Sie einen Kaffee? Oder einen Pflaumenschnaps?"

„Nein, danke. Wissen Sie noch, wann Sie Kerstin das letzte Mal gesehen haben?"

Raddatz kramte ein zerknittertes Taschentuch aus seiner Tasche und wischte sich das Gesicht damit ab. „Ich nehme Herzmedikamente", erklärte er. „Die haben zur Folge, dass ich den ganzen Tag schwitze, als ob ich in einem Dampfbad säße." Er konzentrierte sich wieder auf die Frage. „Ich habe Kerstin das letzte Mal an jenem Dienstag gesehen, an dem der Mord geschah. In der Schlachterei."

„Um wie viel Uhr war das?"

„Ich muss Ihnen diese Fragen nicht beantworten, und das wissen Sie sehr genau." Raddatz knüllte das Taschentuch zusammen und drückte es sich ans Kinn. „Aber ich zeige meinen guten Willen und tue es trotzdem. Irgendwann zwischen 16:00 Uhr und 16:30 Uhr. Ich habe in der Schlachterei Steaks gekauft, weil ich die Absicht hatte, an dem Abend ein paar Freunde einzuladen."

„Haben Sie mit Kerstin gesprochen?"

„Ich habe sie gegrüßt, musste jedoch feststellen, dass sie wieder nur eines wollte …"

„Nämlich?"

„Mich provozieren."

„Und womit?"

„Das muss ich Ihnen nun wirklich nicht beantworten."

Julias Blick blieb unnachgiebig. „Könnte es damit zu tun haben, dass Sie ein Auge auf Kerstin geworfen hatten, sie Sie aber abblitzen ließ?"

Raddatz richtete sich auf. „Was haben Sie gerade gesagt?"

„Ich sagte …"

„Ich habe Sie genau verstanden. Und ich will wissen, wer so etwas behauptet."

Da Julia nicht die Absicht hatte, Pastor Jordan zu verraten, antwortete sie: „Oh, es gibt eine Menge Leute, die letztes Jahr auf dem Schützenfest beobachtet haben, wie Sie Kerstin nachgestiegen sind."

„Ach, und in dem Fall glauben Sie, was die Leute so erzählen, ja? Ich bin Kerstin ganz bestimmt nicht nachgestiegen." Mit dem Zeigefinger deutete Raddatz auf Julia. „Und Sie können hier nicht einfach so reinspazieren und mich befragen, als wären Sie noch bei der Polizei. Das sind Sie nämlich nicht mehr."

„Woher wissen Sie, dass ich bei der Polizei war?" Julia brach ab, nickte verstehend. „Sie haben natürlich längst mit Ihrem Dorfpolizisten gesprochen."

Raddatz hob die Schultern. „Glauben Sie mir, jeder hier weiss das. Wie auch jeder weiss, dass Sie die Tochter von jenem Staatsanwalt sind, der damals die Anklage gegen Bruno Kalis erhob. Ich persönlich halte das ja für die beste Tat seiner kurzen Karriere. Leider kamen Ihre Eltern ja kurz nach dem Prozess bei einem tragischen Autounfall ums Leben, nicht wahr?"

Das Blut begann augenblicklich in Julias Schläfen zu pochen. „Lassen Sie meine Eltern aus dem Spiel."

„Und schliesslich landeten Sie bei Pastor Jordan im Waisenhaus", redete Raddatz unbeeindruckt weiter. „Wir leben hier auf dem Dorf, nicht auf dem Mond, Frau Wagner. Aber um aufs Thema zurückzukommen: Vielleicht hatte Kerstin ja ein Auge auf etwas ganz anderes."

„Und was könnte das gewesen sein?"

„Jürgen hatte die Scheidung eingereicht, wie Sie wohl inzwischen wissen. Und hätte eine kluge Frau wie Kerstin nicht gewusst, was das für sie bedeutet?"

Julia lehnte sich etwas zurück. „Sie glauben, Kerstin hat ihren Mann umgebracht, weil sie ihn beerben wollte?"

„Es sind schon seltsamere Dinge geschehen. Und Geld ist ein häufiges Motiv. Das wissen Sie so gut wie ich."

„Das nenne ich mal eine echt schräge Theorie. Wenn es Kerstin ums Geld gegangen wäre, dann hätte sie – als kluge Frau, wie Sie sie selbst nennen – sehr wohl gewusst, dass sie ihren Mann ganz bestimmt nicht beerbt, wenn sie erst einmal wegen Mordes im Gefängnis sitzt."

„Vielleicht wurde ihr das erst hinterher klar. Und als es ihr klar wurde, hat sie sich umgebracht. Wir reden hier immerhin über eine Frau, die geistig nicht zurechnungsfähig war."

„Was nicht mehr zu beweisen ist."

„Wir können es nicht mehr beweisen, nein. Trotzdem wird es Ihnen jeder im Ort bestätigen."

„Ja, davon bin ich überzeugt." Julia winkte ab und Raddatz beugte sich nun über die gesamte Breite des Schreibtischs. „Niemand weiß, was zwischen Jürgen und Kerstin wirklich vor sich gegangen ist. Er war Schlachter, ein Mann der Tat. Sie dagegen hielt sich für etwas Besseres, genau wie Sie, Frau Wagner. Ich sehe es Ihnen an, Sie brauchen es nicht einmal auszusprechen. Saufen und Sprüche klopfen, mehr können wir in Ihren Augen doch nicht." Er setzte sich wieder zurück. „Dabei legen wir uns hier füreinander krumm. Wir dienen der Region. Für uns gibt es keine Ausreden, wir drücken uns nicht vor unserer Verantwortung. Hier bei uns ist man, was die Familie ist. Was die Familie immer war. Können Sie verstehen, worauf ich hinaus will?"

„Ich verstehe", sagte Julia, „dass hundert Jahre für die alteingesessenen Familien hier keine sehr lange Zeit sind."

„Richtig." Raddatz zog an seiner Pfeife. „Kerstin lebte hier im Dorf, im Vergleich zu uns anderen, nur ungefähr zwei Minuten. Sie war anders als wir und sie hat nie einen Hehl daraus gemacht, dass sie das selbst genauso sah." Er deutete mit dem Finger auf Julia und jetzt wurde seine Stimme kalt wie Eis. „Glauben Sie mir, völlig egal, in welche Richtung Sie auch zeigen, was immer Sie auch versuchen, es macht niemanden wieder lebendig, Frau Wagner. Kerstin hat ihren Mann umgebracht, das ist eine Tatsache. Und falls Sie meinen, etwas anderes behaupten zu müssen, dann hetze ich Ihnen die Polizei auf den Hals. Und falls Sie das für eine Drohung halten, dann haben Sie mich verdammt richtig verstanden. Es handelt sich hier um eine sehr unangenehme Situation für alle Beteiligten, und wenn Sie weiter darin herumstochern wollen, dann werde ich Sie mit allen Mitteln daran hindern. So, und jetzt habe ich einen Termin, das Gespräch ist beendet."

Julia erhob sich und ging zur Tür. Bereits die Klinke in der Hand, wandte sie sich jedoch noch einmal um. „Wenn Sie etwas zu verbergen haben, Herr Bürgermeister, Sie oder irgendjemand anderes Ihrer sauberen Dorfgemeinschaft, dann werde ich es herausfinden. Und Sie werden mich nicht davon abhalten, egal, was Sie auch versuchen."

Kurz darauf schlug sie die Haustür so fest hinter sich zu, dass die Fensterscheiben in den Rahmen wackelten.

Sandmann sah sich währenddessen einem ganz anderen Problem gegenüber. Kaum hatte er einen Fuß über die Schwelle des Friseursalons gesetzt, wurde er auch schon hineingezogen und stand einer matronenhaften Blondine gegenüber, die sich als Hedwig vorstellte und mit strahlendem Lächeln verkündete: „Ein paar blonde Strähnchen und Sie sind hip wie Brad Pitt!"

„Aber ich bin doch schon blond", gab er zurück.

„Aschblond." Hedwig hob eine Augenbraue und betrachtete abschätzig seine Haarfarbe.

„Trotzdem würde ich lieber nur schneiden lassen."

„Bitte." Schmollend deutete die Matrone auf einen der freien Stühle. Daneben saß eine sehr – eine wirklich sehr – alte Frau mit funkelnden Knopfaugen unter einer Trockenhaube und beobachtete ihn interessiert.

Sandmann wartete, bis Hedwig angefangen hatte zu schneiden, dann räusperte er sich und fragte: „Arbeiten Sie schon lange hier?"

„Über fünfzehn Jahre", antwortete Hedwig konzentriert.

„Dann sind Sie sicher auch in Wittenrode geboren, richtig? Ich meine, fast jeder, der hier lebt, ist hier auch geboren, nicht wahr?"

„Fast jeder, ja."

„Ich habe gehört, das Schützenfest hier soll ein Kracher sein."

Hedwig hob den Kopf und bedachte Sandmann mit einem nachsichtigen Lächeln. „Nun ja, für Wittenroder Verhältnisse ist es das sicher."

„Ich meine ja nur, weil …"

„Hören Sie, junger Mann", unterbrach die Alte neben ihm und streckte den Kopf unter der Trockenhaube hervor. „Es stört keinen, wenn Sie Fragen stellen, aber Sie müssen es schon ein bisschen geschickter anstellen."

Sandmann wurde rot bis in die aschblonden Haarspitzen.

„Bring mir einen Cognac, Hedwig", sagte die Alte zur Matrone.

„Es gibt hier keinen Alkohol, Margot", gab diese zurück. „Das weißt du genau. Du kannst gerne einen Kaffee …"

„Ich weiß sehr wohl, dass du Alkohol hier hast, Hedwig. Nimm einfach den aus dem Hinterzimmer, von dem du heimlich trinkst, wenn du deine Kundschaft nicht mehr erträgst." Damit wandte die Alte sich wieder an Sandmann. „Sie sind wegen Kerstins Beerdigung nach Wittenrode gekommen, richtig?" Und dann, wieder an Hedwig gewandt: „Cognac, Hedwig – besser noch einen doppelten."

Hedwig wusste offenbar, wann sie geschlagen war, und machte sich mit hochrotem Kopf davon. Währenddessen redete Margot an Sandmann gewandt weiter. „Sie sind noch nicht wieder abgereist, weil Sie daran zweifeln, dass die Kerstin den Jürgen umgebracht hat. Und wenn Sie glauben, dass niemand das weiß, obwohl die Leute hier sogar wissen, wann Sie auf dem Klo sitzen und was für ein Geschäft Sie dabei verrichten", ihre dunklen Knopfaugen blitzten, „dann sollten Sie noch einmal gründlich darüber nachdenken, junger Mann."

Sandmann war immer noch rot, wusste überhaupt nicht, was er sagen sollte. Es war aber auch gar nicht nötig, etwas zu sagen, weil Margot noch nicht fertig war: „Jürgen Jakob war ein netter Kerl. Allerdings ist er vor seinem Tod ein bisschen komisch geworden. Würde mich nicht wundern, wenn der Bürgermeister ihm die Kehle durchgeschnitten hätte."

„Aber warum hätte er das tun sollen?"

„Warum nicht?" Die Alte schnaubte. „Und wenn's nur gewesen wäre, um der Kerstin eins auszuwischen. Es mag ja sein, dass Raddatz sich für einen Schürzenjäger hält, das heisst aber noch lange nicht, dass die Frauen ihm auch tatsächlich zu Füssen liegen. Und die Kerstin ..."

Hedwig kam zurück, in der Hand ein zur Hälfte mit Cognac gefülltes Wasserglas. „Wirklich, Margot, du solltest nicht so reden, über ..."

„Ach, halt den Mund", erklärte Margot ruppig. „Ich sage, was ich will. Bin wahrlich alt genug, um mir das erlauben zu können."

„Also hatte der Bürgermeister tatsächlich ein Auge auf Kerstin", schaltete Sandmann sich wieder ein.

„Darüber wissen wir nichts", sagte Hedwig sofort.

„Was soll der Quatsch, Hedwig? Natürlich wissen wir etwas darüber." Margot wandte sich wieder an Sandmann. „Ich sag's Ihnen frei raus. Es war tatsächlich so."

„Und ich nehme an, er hatte keine Chance bei ihr?"

„Chance? Man kann ja über Kerstin sagen, was man will, aber sie war hübsch und sie war klug. Sie hat ihm einen Tritt in den Hintern verpasst."

„Und ich nehme nicht an, dass ihm das gefallen hat?"

Margot beugte sich etwas zu Sandmann hinüber. „Darauf können Sie Gift nehmen, junger Mann. Raddatz ist kein angenehmer Mensch. Seinem Willen müssen sich alle anderen unterordnen. Sie müssen ihn mal beobachten, wenn er durchs Dorf stolziert. Das sieht dann so aus, als schiebe er sich durch eine Reihe unwichtiger Leute, weil er der einzig Bedeutsame ist. Und er geht dann ganz bewusst langsam, damit man auch wirklich bemerkt, dass er kommt."

„Immerhin ist er der Bürgermeister", warf Hedwig ein.

„Ich habe dreissig Jahre lang in einer Psychiatrie gearbeitet", gab Margot in ihre Richtung zurück. „Glaub mir, dort bin ich Menschen wie ihm zuhauf begegnet. Die kennen jeden, haben mit Napoleon Wein aus Karaffen getrunken, Hitler den Zweiten Weltkrieg ausreden wollen, oder sie kennen Jesus persönlich, weil sie ihn jeden Tag im Spiegel sehen. Glaub mir, ich weiß, wovon ich rede. Solche Leute sind nicht mit normalem Maß zu messen, und unser Herr Bürgermeister ist das auch nicht. Jetzt im Moment will er das Haus, in dem der Jürgen seine Schlachterei hatte. Deshalb steht er bei der armen Evelyn ständig auf der Matte."

Hedwig widmete sich mit starrer Miene wieder Sandmanns Haaren.

„Jetzt guck nicht so, Hedwig. Du weißt, dass es die Wahrheit ist."

„Wenn du das sagst, Margot."

„Ist das Haus denn wertvoll?", wollte Sandmann wissen.

Margot winkte ab. „Dem Bürgermeister geht es nicht ums Haus, dem geht es darum, sich alles in und um Wittenrode unter den Nagel zu reißen. Das Landleben hier, von dem er immer so groß tönt, das ist nichts als Heuchelei. Naturnahes Leben? Tradition? Pah! Der will die Industrie hierher holen und dann das Land, das er den Leuten auf alle möglichen krummen Touren billig abgeschwatzt hat, teuer verkaufen. Sie verstehen?"

Darüber dachte Sandmann einen Moment lang nach. So intensiv, dass er gar nicht merkt, wie die alte Margot sich noch etwas weiter zu ihm hinüberbeugte und eine arthritische Hand auf sein Knie legte. Als er die Berührung bemerkte, zuckte er zusammen, doch sie wollte nur eine Zigarette.

„Ich rauche nicht", sagte er.

Sie seufzte leise auf. „Dann muss ich meine eigenen nehmen."

Während Hedwig daran erinnerte, dass im Salon nicht geraucht wurde, zündete Margot sich eine Zigarette an.

„Was können Sie mir sonst noch über die Leute im Dorf erzählen?" Vorsichtshalber rutschte Sandmann etwas von ihr weg.

„Nichts", sagte Hedwig.

„Allerlei", sagte Margot.

„Also wirklich, Margot!"

„Ach, halt doch den Mund. Der junge Mann hat ein berechtigtes Interesse an den Dingen, die hier vor sich gehen, und dem sollte man nicht im Weg stehen."

„Das ist doch alles nur Klatsch und Tratsch."

„Seit wann hast du denn etwas gegen Klatsch und Tratsch einzuwenden, Hedwig?"

Wären in dem Gefecht statt Worte Kugeln hin- und hergeflogen, Sandmann hätte es nicht überlebt.

Keuchend und vor sich hin paffend, rückte Margot mit ihrem Stuhl wieder Zentimeter um Zentimeter näher an ihn heran. „Haben Sie die Hagen-Sippe schon kennengelernt? Ich meine, die Petra und ihren Vater, den Knut? Seit die beiden miteinander alleine sind – und das sind sie schon eine ganze Weile –, geht die Petra kaum noch aus dem Haus. Und der Knut, der hat einen Dachschaden. Wollen Sie noch mehr hören, junger Mann?"

Sandmann nickte. „Wenn Sie noch mehr wissen."

„Sie glauben ja gar nicht, was ich alles weiß. Hedwig, bring mir noch einen Cognac."

„Wo war ich? Ach ja, Eddie Winter und seine Dina. Die beiden tun nach außen hin harmonisch, aber das ist alles nur Schau." Margot hatte sichtlich Freude an ihrem zweiten Cognac. „Eddie ist ein Angeber und Tunichtgut. Tief im Inneren findet Dina ihn unerträglich, was man ihr nicht verübeln kann. Er ist kein besonders liebenswürdiger Mensch. Fies, wenn Sie wissen, was ich meine."

„Und seine Frau?", fragte Sandmann.

„Dina? Die soll einen anderen haben, weiß nur keiner, wer das sein soll." Noch einmal patschte Margots arthritische Hand auf sein Knie und ihre Knopfaugen funkelten herausfordernd. „Betrügen Sie auch Ihre Frau, junger Mann?"

„Ich bin nicht verheiratet."

Die Alte nickte zufrieden. „Sobald man verheiratet ist, fängt alles an, schiefzugehen. Auch das mit dem Sex. Am Anfang klappt es noch prima und dann läuft nichts mehr. Glauben Sie mir, ich weiß, wovon ich rede."

„Erzählen Sie noch ein bisschen von dieser Petra Hagen", wechselte Sandmann hastig das Thema.

„Ein farbloses Wesen. Die hat wirkliche Probleme. Einmal ist sie während des Gottesdienstes zusammengebrochen und hat sich übergeben. Mitten in der Predigt."

„Wirklich?"

„Allerdings. Man könnte auch sagen, sie hat sich die Seele aus dem Leib gekotzt."

Finster starrte Hedwig Margot an.

„Was?", fuhr die Alte in ihre Richtung auf. „War doch eine ziemliche Schweinerei damals, oder etwa nicht? Um ein Haar wär's auf meinem Kleid gelandet. Und dieser säuerliche Geruch. War wirklich schwer, danach noch normal weiterzumachen."

„Kann ich mir vorstellen", bemerkte Sandmann, dem auch schon flau im Magen war.

„Aber alle zeigten viel Verständnis, wirklich, und haben versucht, einfach über die Sache hinwegzugehen. Haben Petra und ihrem Vater diskret Platz gemacht. Dem schien es am meisten auszumachen. Man kann Knut Hagen ja nun wirklich nicht als gottesfürchtigen Menschen bezeichnen, aber in die Kirche geht er hin und wieder. Vielleicht will er damit ja seine Sünden bereinigen."

„Wie alt ist diese Petra?"

„Achtunddreißig."

Sandmann blickte erstaunt. „Aber dann ist sie eine erwachsene Frau. Sie muss doch wenigstens ein paar Freunde im Ort haben."

„Hat sie nicht." Margot schüttelte den Kopf. „Dafür sorgt ihr Vater schon. Der guckt, dass sie ihm nicht von der Kandare rutscht. Wenn die mal den Hof verlassen will, dann muss sie hieb- und stichfeste Erklärungen dafür haben. Sie ist viel zu schwach, um sich gegen den Knut durchzusetzen."

Sandmann hielt einen Moment nachdenklich inne. „Hat Hagen seine Tochter jemals angegriffen?", fragte er dann weiter. „Ich meine, hat er sie geschlagen oder so?"

„Der Knut muss nicht zuschlagen. Das kriegt der auch anders hin. Obwohl, da gab es mal einen …"

Hedwig hob eine Hand, um Margot zum Schweigen zu bringen, doch der Versuch blieb ebenso erfolglos wie alle anderen zuvor auch.

„… Vorfall, na ja. Ich hab es nicht mitgekriegt, nur erzählt bekommen. Und das ist auch schon sehr, sehr lange her. Da muss der Knut sehr, sehr wütend auf seine Tochter gewesen sein. Angeblich hat er sie da auch geschlagen."

„Worum ging es bei dem Streit?", wollte Sandmann wissen.

Margot senkte etwas die Stimme. „Wie gesagt, das ist sehr, sehr lange her, da hat der Bruno Kalis noch bei denen auf dem Hof gewohnt. Keiner weiß, worum es ging, aber der Knut soll die Petra damals so schlimm verprügelt haben, dass sie zwei blaue Augen davontrug, und ein Zahn fehlte ihr anschließend auch. Außerdem hatte sie überall blaue Flecken, aber gebrochen war wohl nichts. Die ganze Sache wurde anschließend totgeschwiegen, wie man das hier im Dorf immer macht. Die erste Regel in Wittenrode: Wir reden einfach nicht mehr drüber. Na ja, zumindest wiederholte es sich nicht."

„Ich verstehe." *Nettes Kerlchen, dieser Knut Hagen.*

„Ach, und übrigens waren Jürgen Jakob, Knut Hagen und Eddie Winter früher mal ziemlich gute Freunde", endete Margot. „In letzter Zeit wollte der Jürgen von den anderen beiden aber nicht mehr viel wissen. Keine Ahnung, warum. Aber es kann sicher nicht schaden, wenn Sie in der Richtung mal etwas intensiver im Ort nachfragen, junger Mann."

34. KAPITEL

Wenig romantisch

„Mann, hab ich einen Hunger", murmelte Sandmann ohne den Blick von der Erbsensuppe zu nehmen, die der Wirt gnädigerweise für ihn heiß gemacht hatte, obwohl die Küche des „Eck" eigentlich geschlossen hatte. „Der Bürgermeister ist Kerstin tatsächlich nachgestiegen. Margot, die Dorfälteste, hat es im Friseursalon bestätigt. Kerstin hat ihn abblitzen lassen und davon war er natürlich nicht begeistert. Ich sag dir, der Typ ist ein Arsch."

„So weit bin ich auch schon", gab Julia zurück. „Aber er ist nicht nur ein Arsch, er ist auch clever. Er weiß ganz genau, was er tun muss, um seine Interessen zu wahren."

„Eddie Winter ist offenbar auch kein besonders liebenswerter Mensch", redete Sandmann weiter. „Und Knut Hagen soll vor Jahren mal wie ein Wilder über seine Tochter hergefallen sein. Hat sie verprügelt, dass sie zwei blaue Augen hatte, und einen Zahn hat er ihr auch ausgeschlagen. Dabei wäre sie sehr zurückhaltend und fleißig. Seine Tochter, mein ich. Hagen hat sie schwer unter der Fuchtel, sagt Margot."

„Warum ist er damals so ausgeflippt?"

„Das weiß keiner. Ist auch schon lange her. Da hat Bruno Kalis noch bei ihnen auf dem Hof gelebt."

„Ach", machte Julia. „Das ist ja interessant."

„Ja. Und interessant ist auch, dass Jürgen Jakob, Knut Hagen und Eddie Winter früher offenbar ganz gute Freunde waren. Dann hätte Jakob sich aber plötzlich von den anderen beiden distanziert. Keiner weiß warum, aber es wäre direkt jedem aufgefallen, sagt Margot."

Julia zog an ihrer Zigarette. „Scheint ja eine echte Freundschaft entstanden zu sein, zwischen dir und Margot."

Sandmann ließ den Löffel sinken. „Das ist nicht witzig, Julia.

Ich habe mit meiner Unschuld gespielt, nur um an ein paar Informationen zu gelangen. Zuerst wäre ich um ein Haar blond geworden ..."

„Du bist blond."

Er schaute Julia gespielt mitleidig an. „Aschblond."

„Ach so." Julia grinste.

„Und dann wurde ich von einer über hundertjährigen Frau sexuell belästigt. Du weißt überhaupt nicht, was ich durchgemacht habe."

Julia bedauerte ihn angemessen, dann sagte sie: „Und was hast du sonst noch herausgefunden?"

„Hm. Dina und Eddie Winter geben den Anschein, als wäre alles bestens in ihrer Ehe, dem ist aber wohl nicht so. Man munkelt, Dina hätte eine Affäre, aber was Genaues weiß man nicht."

„Und was ist mit ihrem Mann?", wollte Julia weiter wissen. „Diesem Eddie?"

„Schwieriger Charakter. Typ Angeber. Fies, sagt Margot." Sandmann seufzte leise auf. „Mehr konnte ich nicht herausfinden. Tut mir leid. Aber ich habe wirklich alles gegeben."

Julia lobte ihn ausreichend.

„Und was hast du jetzt vor?", wollte er wissen.

„Ich denke, ich werde mich einmal mit Knut Hagen unterhalten. Und wer weiß, vielleicht kann ich dabei ja sogar einen kurzen Blick auf seine Tochter werfen."

Von Weitem wie von Nahem war Knut Hagen eine ebenso wenig sympathische Erscheinung wie sein Hof. Schon gar nicht mit der karierten Pudelmütze, die er an diesem Tag auf dem Kopf trug.

Nachdem sie ihren Wagen vor der Hofeinfahrt abgestellt hatte, ging sie auf Knut Hagen zu und stellte ganz nebenbei fest, dass es aus dem Stall ziemlich intensiv nach Kuhmist roch. Als Julia vor ihm stehen blieb, erkannte sie, dass er über ihre Anwesenheit ebenso wenig erfreut zu sein schien wie der Bürgermeister zuvor.

„Ich hab Ihnen nichts zu sagen", erklärte er knapp.

Julia hatte alle Mühe, sich seinen Hund, einen Colliemischling, vom Leib zu halten, der sie eifrig von allen Seiten beschnüffelte. „Ich habe nur ein paar Fragen zu Bruno Kalis. Man hat mir erzählt, dass er bei Ihnen auf dem Hof gearbeitet hat, ehe er verhaftet wurde."

„Kann sein." In Hagens Gesicht regte sich nichts. „Aber warum sollte ich ausgerechnet mit Ihnen darüber reden? Das Ganze ist über zwanzig Jahre her und damals hab ich der Polizei schon alles gesagt."

„Der Teufelsmörder wohnte bei Ihnen auf dem Hof", sagte Julia. „Das hat doch sicher für Wirbel gesorgt."

„Und wenn, ist lange her."

„Wie war er denn so? Ich meine, als Mensch. Wie kamen Sie mit ihm aus?"

„Fleißig war er. Und das war mir das Wichtigste."

„Hätten Sie geahnt, dass er ein Serienmörder ist?"

„Hat keiner ein Schild auf der Stirn, oder? Stand nirgendwo geschrieben, dass er eine Schraube locker hat." Hagen hob die Mistgabel in die Höhe, wandte sich ab und ging davon. Für ihn war das Gespräch offensichtlich beendet.

„Und wie kam Ihre Tochter mit Kalis aus?", fragte Julia in seinen Rücken.

Er blieb stehen und machte den Fehler, sich noch einmal zu ihr umzudrehen. So war deutlich zu erkennen, wie er rot wurde, was seine Antwort von vornherein als Lüge entlarvte. „Die hatten nichts miteinander zu tun."

„Aber sie müssen sich auf dem Hof ja wohl über den Weg gelaufen sein."

„Nein. Er arbeitete draußen, sie drinnen. Und jetzt verschwinden Sie. Ich habe zu tun."

Julia sah keine Möglichkeit, dem Mann noch mehr zu entlocken, also bedankte sie sich und wollte sich gerade umdrehen, um den Hof wieder zu verlassen, als Petra Hagen mit einem Eimer in der Hand das Haus verließ.

Einen Moment sahen sich die beiden Frauen an.

Petra bewegte sich nicht, stand einfach nur da. Julia überlegte, kämpfte mit sich, war sich aber bewusst, dass Hagen sie beobachtete, wandte sich deshalb ab und schritt zurück zu ihrem Wagen. Auf dem Weg dorthin kam ihr Eddie Winter entgegen, der seinem alten Kumpel Hagen offensichtlich einen Besuch abstatten wollte.

In der Mitte des Hofs gingen sie aneinander vorbei.

„Na? Fischen Sie immer noch im Trüben?", fragte er mit einem überheblichen Lächeln.

Julia blieb stehen und sah ihn an.

„Geben Sie es auf. Sie haben keine Ahnung von uns Menschen hier. Genauso wenig wie die arme Kerstin. Aber die hatte immerhin schöne Beine und schnuckelige Titten."

Da sie nicht die Absicht hatte, sich provozieren zu lassen, setzte Julia sich wieder in Bewegung.

„Sie sollten nicht mal davon träumen, die Sitten zu verstehen, die in unserem Dorf herrschen", redete Eddie unbeeindruckt weiter. „Dasselbe gilt übrigens auch für Ihre beiden Freunde. Weil Sie nichts verstehen. Überhaupt nichts. Sie sind Außenseiter."

Jetzt blieb Julia doch noch einmal stehen und wandte sich zu ihm um. „Was genau verstehen wir nicht, Herr Winter? Klären Sie mich auf."

Eddies Augen funkelten. „Um uns und das Leben hier zu verstehen, braucht man einen ganz besonderen Blickwinkel. Ihr Städter bekommt davon nichts mit und wir Einheimischen reden nicht drüber. Nur einer wie ich, der hat alles im Blick, der kennt sich aus. Ich weiß, wo und wie die Dinge zusammenlaufen." Er grinste selbstzufrieden. „Ich bin so etwas wie der Dirigent in diesem Dorf."

„Ach", machte Julia. „Und ich dachte, das wäre der Bürgermeister."

„Ach ja, die Raddatzens." Eddie winkte ab. „Glauben, sie wären das Salz der Wittenroder Erde. Tief verwurzelte Familie. Klingt gut, heißt aber nicht viel. Die haben sich schon immer eingebildet, dass sie alles hier kontrollieren, aber verglichen mit uns Winters sind sie trotzdem nur Zugezogene. Wir waren schon immer die Stärkeren. Und die Zäheren."

Abwartend schob Julia die Hände in die Jackentaschen, sicher, dass er noch nicht fertig war, und es war tatsächlich so.

„Unsere Familie hat noch echte Tradition", redete Eddie weiter und grinste dabei schief. „Ich bin noch auf die gute alte Art erzogen worden. Meine Großmutter, das war eine knausrige Alte, können Sie mir glauben, aber sie hatte auch ihre guten Seiten. Auf den Schlachttag hat sie sich immer ganz besonders gefreut. Das hat ihr Spaß gemacht. Und zu Hause hat sie mir auch einiges beigebracht. Wenn Sie verstehen, was ich meine."

Julia schwieg und Eddie fügte hinzu: „Wissen Sie, worum es im traditionellen Landleben geht?" Er machte einen kleinen Schritt auf sie zu. „Um den Weiterbestand der Familie, um sonst nichts. Und da sorgt man schon rechtzeitig dafür, dass der Enkel weiß, wie ordentlich gefickt wird. So läuft das bei uns. Wir machen alles unter uns aus. Ganz alleine. Und Oma lässt auch mal den Enkel ran, wenn's der Familie dient."

Julia wandte sich ab und ließ ihn stehen.

„Haha! Jetzt habe ich Sie schockiert, was?" Eddie lachte in ihren Rücken. „Glauben Sie mir, es war gar nicht so schlecht. Meine Großmutter wusste, wie's geht."

Julia hörte ihn schon gar nicht mehr. Sie schloss die Tür zu ihrem Wagen auf, stieg ein und fuhr davon.

Drei Stunden später beugte Petra Hagen sich über die Toilettenschüssel und übergab sich. Sie schwitzte und die Kleidung klebte an ihrem Körper. Sie wollte es nicht und musste doch immer wieder an das gemeinsame Abendessen mit ihrem Vater denken.

Wer die Frau war, die dem Hof am Nachmittag einen Besuch abgestattet hatte, fragte sie betont beiläufig, und ihr Vater bekam sofort diesen aufmerksamen Blick, den sie nur zu gut kannte und der ihr bedeutete, dass sie ganz besonders vorsichtig sein musste.

„Das wäre diese Wagner gewesen", erklärte er, „die meint, überall rumschnüffeln zu müssen." Aber natürlich würde sie nichts erfahren. Von niemandem.

Natürlich nicht. Wenn es etwas gab, dessen Petra sich absolut sicher war, dann das.

Was sie denn hätte wissen wollen, diese Wagner, hatte sie ihren Vater gefragt, und er hatte ein paar Sekunden lang geschwiegen. Offenbar dachte er darüber nach, ob er ihr überhaupt darauf antworten sollte. Schließlich erklärte er, sie würde sich einbilden, die Kerstin hätte den Jürgen gar nicht umgebracht.

Petra hatte sich ihrem Teller zugewandt, um ihm nicht in die Augen sehen zu müssen, und er hatte wissen wollen, worüber sie nachdachte. Es kam nicht oft vor, dass er sie das fragte, und sie hatte sich erst gar nicht getraut aufzusehen. Er stellte die Frage noch einmal, dann sagte sie es ihm, und er stand so schnell auf, dass sein Stuhl nach hinten kippte und auf dem Boden aufschlug.

Nur über seine Leiche, hatte er gesagt. Und dass sie eine Familie seien. Treuebruch gab es nicht, hatte es nie gegeben und würde es nicht geben. Ende der Geschichte.

Petra musste sich erneut übergeben. Dieses Mal kam nur Galle. Sie lehnte ihre schweißnasse Stirn an den aufgeklappten Toilettendeckel. Es gab im Leben tausend verschiedene Arten des Treuebruchs, aber zwischen ihnen beiden, zwischen ihr und ihrem Vater, gab es nur eine einzige.

Beendet hatte Hagen das Gespräch schließlich mit: „Und wenn du es doch versuchen solltest, dann wird hier einer sterben. Das schwöre ich."

Genau das hatte er gesagt. Und genau so war er, ihr Vater, und nirgendwo auf der Welt war Hilfe zu finden.

35. KAPITEL

Sonnenaufgang

Freitag, 9. April
6:17 Uhr

Elf Tage war es inzwischen her, dass Jürgen Jakob mit durchschnittener Kehle aufgefunden worden war, neun Tage seit Kerstin sich im Gefängnis erhängt hatte, und jeder in Wittenrode tat auch weiterhin sein Bestes, um die Umstände und die Tragweite der fürchterlichen Geschehnisse mit niedersächsischem Gleichmut zu ignorieren. Trotz der erneuten Finsternis um sie herum – so hatte Pastor Jordan es in seiner letzten Predigt genannt – taten die Menschen weiter so, als ob alles in bester Ordnung wäre.

Wilhelm Raddatz ging weiterhin seinen Geschäften nach. Er war immerhin der Bürgermeister und er war Geschäftsmann. Wer könnte ihm daraus einen Vorwurf machen? Und auch eine Frau wie Ursula Faber musste, trotz der beständigen Angst in sich, weiter ans Geschäft denken. Sie hatte schließlich eine Pension zu leiten und die Gäste rannten ihr schon lange nicht mehr die Tür ein.

Die Frau des Friedhofsgärtners Silvia Adaj wartete auf ihren Mann. Sie hatte inzwischen die Polizei eingeschaltet. Nun ja, sie hatte Ebeling eingeschaltet. Zumindest hatte sie mit ihm telefoniert. Aber er hatte ihr mit seiner gewohnt stoischen Ruhe erklärt, Adam würde schon zurückkommen. Es gäbe bestimmt eine ganz einfache Erklärung für sein Verschwinden und immerhin wäre er ja erwachsen, nicht wahr?

In Wittenrode, wie in vielen anderen Teilen Deutschlands auch, wurde die erste Tasse Kaffee zwischen 6:00 Uhr und 6:30 Uhr getrunken, Wolfgang Lange hatte bereits zwei Tassen hinter sich. Auch Knut und Petra Hagen sowie Paula von Jäckle waren bereits auf den Beinen. Eddie Winter war längst bei der Arbeit in der Backstube und seine Frau Dina räumte voller Gedanken – den Hals mit einem Schal bedeckt – die Auslage im Laden ein. Heute etwas langsamer als sonst. Edna Gabriel saugte bereits das Wohnzimmer von Olivia Klose und beschloss dabei endgültig, dass sie in Wittenrode sterben würde. Denn wer verreiste, der wusste nicht, wo er starb, wenn sie hierblieb, konnte sie sich da immerhin sicher sein.

Olivia Klose saß schon wieder am Wohnzimmerfenster und dachte an Hildchen. Die einhunderteinjährige Margot beschloss, den Tag mit einem kleinen Cognac zu beginnen. Schaden konnte es nicht und umbringen würde es sie auch nicht. Wenn es sie hätte umbringen wollen, dann wäre sie doch schon längst tot.

Norbert Kämmerer, der ehemalige Polizeichef, würde in den nächsten Stunden jemanden treffen – eine Art Heimsuchung, wenn man es so nennen wollte –, aber davon ahnte er noch nichts. Er trank seine erste Tasse Kaffee und kämpfte mit seinem Gewissen, dem Geist in seiner Wohnung und gegen die Stimme in seinem Kopf, die ihn immer mehr plagte.

Ein fauler Friede, um den sich alle bemühten.

Raddatz war immer noch wütend auf Evelyn Jakob. Deren Herz gebrochen war. Ursula Fabers Herz schien vor lauter Angst zu einem Eisklumpen gefroren. Eddie Winter beobachtete seine untreue Frau Dina argwöhnisch und Paula von Jäckle konnte man um alles, was sie in ihren Karten sah, wirklich nicht beneiden.

Knut Hagen war bereits im Stall, fütterte die Tiere und dachte darüber nach, dass seine Tochter Petra ihm seit gestern Abend aus dem Weg ging. Nicht, dass es ihm etwas ausgemacht oder ihm gar ein schlechtes Gewissen bereitet hätte. Sie würde sich schon wieder beruhigen. So war es immer gewesen. Trotzdem hatte sein Kaffee an diesem Morgen bitter geschmeckt. Fast wie Galle. Aber das lag natürlich an der neuen Situation, die sie alle wie eine Dampfwalze überrollt hatte. Und damit hatten schließlich alle zu kämpfen. Hagen riss sich zusammen und kümmerte sich weiter um die Tiere.

Nur nicht grübeln. Das war die goldene Regel in Wittenrode. Nicht grübeln und sich nicht aufregen lassen. Stattdessen weitermachen. Immer weitermachen. Kaffee trinken. Arbeiten. Schnaps trinken. Arbeiten. Weitermachen. Immer weitermachen. Nur nicht nachdenken.

Eddie Winter wusste das und grübelte trotzdem. Er dachte darüber nach, mit wem Dina sich heimlich traf und was er tat, wenn er es herausgefunden hatte. Es war nur eine Galgenfrist, die er den beiden gewährte. Dina grübelte auch, allerdings darüber, wann sie Fritz wiedersehen und wie sie ihre Ehe mit Eddie ohne größeren Schaden beenden konnte. Lange hatte sie die Hoffnung auf ein besseres Leben begraben, jetzt spürte Dina wieder etwas in sich aufkeimen, was Hoffnung ähnelte.

Auch alle anderen Wittenroder hofften weiter. Hofften, dass der böse Geist, der über dem Ort lag, sich wieder zurückziehen würde. Dass der Teufel wieder von ihnen lassen würde, wie er es schon einmal getan hatte.

Vermutlich war die alte Margot, die sich bereits den zweiten Cognac an diesem Morgen genehmigte und ihn mehr als respektabel fand, die Einzige, die sich im Klaren darüber war, dass der Ort nichts vergaß. Wenn die Steine im Ort reden könnten! Ha! Aber die Steine schwiegen wie die Wittenroder selbst.

Arnulf Ebeling saß schweigend hinter seinem Schreibtisch auf der Wache. Ihm gegenüber saß nun Silvia Adaj, mit grauer Sorge im Gesicht, und ließ es sich nicht nehmen, eine Vermisstenanzeige aufzugeben. Ihr Mann Adam war spurlos verschwunden und das musste man doch schließlich ernst nehmen.

Wilhelm Raddatz, der gerade sein Haus verließ und über die Straße ging, ahnte noch nicht, dass sein Leben bereits wie ein Schiff ohne Steuermann dem Untergang entgegensegelte. Noch glaubte er, er habe alles im Griff. Schließlich war er nicht schuld an der ganzen Misere. Er war ein Sieger. Pech für die anderen.

Ursula Faber sah den Bürgermeister aus dem Haus kommen und bekam für einen kurzen Moment keine Luft mehr. Sie presste die Lippen aufeinander und starrte und starrte.

„Ist dir nicht gut? Willst du ein Glas Wasser?", fragte Wolfgang Lange, der wieder eine Nacht in der Pension verbracht hatte, um aufzupassen.

Ursula schüttelte den Kopf.

Knut Hagen war immer noch im Stall und es war ihm immer noch egal, dass seine Tochter kaum mit ihm sprach. Dass sie vielleicht sogar böse auf ihn war. Wobei „böse" nicht das richtige Wort war für das, was in Petra vor sich ging. Denn Petra, die Fliege, war in ihrer Verzweiflung gar nicht böse auf ihren Vater – sie hasste ihn. Auch wenn sie sich redlich mühte, genau das nicht zu tun. Sie wollte ihn lieben und konnte es nicht. Schon lange nicht mehr.

Paula von Jäckle saß immer noch über ihren Karten und unterdrückte einen Laut der Verzweiflung. Ihr graute. Denn jetzt stand es ganz eindeutig fest: Alles, was in dieser Finsternis geschah, drehte sich um Julia Wagner.

Paula konnte die Zusammenhänge nicht sehen, aber *das* wusste sie nun ganz sicher.

Julia lag zu dieser Zeit auf dem Bett, das schwarze Notizbuch von Hilde Baakes auf dem Bauch und die Liste der Fragen in ihrem Kopf endlos lang.

Warum hatte Kerstin Frau Baakes ein paar Tage vor ihrer beider Tod noch besucht? Was war geschehen, das diesen Besuch offenbar nötig machte?

Und was war mit Jürgen Jakob? Warum war er umgebracht worden? Konnte es tatsächlich etwas mit den Teufelsmorden zu tun haben? Wusste Jakob etwas darüber, was ihm nun, nach all der Zeit, zum Verhängnis geworden war? Und wurde es Kerstin ebenfalls zum Verhängnis, weil sie nachgefragt und etwas herausgefunden hatte, was sie nicht hätte herausfinden dürfen?

Vielleicht, überlegte Julia, war das Ganze aber auch viel einfacher, nämlich eine Sache von Liebe und Hass. Hatte Jakob erfahren, dass der Bürgermeister Kerstin nachgestiegen war, und hatte ihn deswegen zur Rede gestellt? Und hatte Raddatz sich gewehrt? Dagegen sprach, dass Jakob sich von Kerstin hatte scheiden lassen wollen. Was hätte es ihn dann noch interessieren sollen, ob ein anderer Mann ihr an den Hintern griff oder nicht?

Für einen Moment dachte Julia an die Worte Paula von Jäckles: „Dass er sich scheiden lassen wollte, heißt aber nicht, dass Jakob Kerstin gegenüber nicht loyal gewesen wäre. In dem Fall wollte er sie einfach nur schützen."

Entschlossen schob Julia die Worte der Kartenlegerin zur Seite und konzentrierte sich weiter auf Wilhelm Raddatz. Falls es Jakob doch nicht so egal gewesen war, dass der seine Frau angemacht hatte, und er ihn tatsächlich zur Rede gestellt hatte, dann hätte der Bürgermeister sich sehr wohl in die Ecke gedrängt und zu einer Bluttat hingerissen fühlen können. Dagegen sprach lediglich, dass der Bürgermeister Jakob vielleicht in einem Anfall von Wut den Schädel eingeschlagen hätte. Aber gleich die Teufelsmorde nachzuahmen, nur um von sich selbst abzulenken? So clever der saubere Herr Bürgermeister auch sein mochte, das traute Julia ihm nicht zu.

Oder war Kerstin nicht damit einverstanden gewesen, dass ihr Mann sich von ihr scheiden lassen wollte? Sah sie ihre Felle davonschwimmen, weil sie nicht wusste, was sie schwanger, ohne Geld und ohne Ausbildung anfangen sollte? Bekam sie Angst, weil sie keine Ahnung hatte, wohin sie gehen sollte, und aus lauter Verzweiflung fiel ihr nichts anderes ein, als sich mit einem Mord am Ehemann zur Wehr zu setzen? Dagegen sprach, dass Kerstin in ihrer Aussage nichts von einer geplanten Scheidung erwähnt hatte. Es wäre doch ein Leichtes gewesen, genau das als Motiv anzugeben. Wenn sie schon den Mord zugab. Und auch hier wieder die Frage: Warum ausgerechnet die Teufelsmorde kopieren?

Julia seufzte. Was blieb noch? Schuld? Angst? Hatte jemand aus einem bestimmten Grund die Nerven verloren und beschlossen, Kerstin und ihren Mann aus dem Weg zu räumen? Diese Theorie war nicht so leicht von der Hand zu weisen wie die anderen, und trotzdem erschien sie Julia unwahrscheinlich. Sie hatte nämlich das unbestimmte Gefühl, dass hier überhaupt niemand die Nerven verloren hatte, schon gar nicht der Mörder.

Ihr Gedankenstrom wurde zu Rache geleitet. Mit wie vielen Verbrechen war sie während ihrer Zeit bei der Polizei in Berührung gekommen, deren Motiv Rache war? Erstaunlich wenige. Habgier, Liebe, Eifersucht, Angst, das hatte es oft gegeben. Aber Rache? Das hatte sie nur zwei Mal erlebt, weshalb sie Rache als Motiv auch mit skeptischem Blick betrachtete. Trotzdem passte sie noch am ehesten zu dem Bild, das sie vor Augen hatte, denn Rache war etwas, was man über einen langen Zeitraum hinweg sehr genau plante. Rache war nur ganz selten etwas Spontanes. Es gab ja nicht umsonst das Sprichwort, dass Rache ein Gericht war, das man kalt genoss. Aber wenn es tatsächlich um Rache ging, wer rächte sich dann wofür? Und wen?

Julia seufzte leise auf und dachte darüber nach, wo sie als Nächstes ansetzen könnte.

Ich muss zurück. Zurück zum Anfang.

So griff sie nach ihrem Handy und wählte Langes Nummer.

Wolfgang Lange war immer noch damit beschäftigt, Ursula Faber mit jeder Menge Zuspruch wieder aufzurichten. Erst nach dem fünften Klingeln zog er das Handy aus seiner Hosentasche und meldete sich.

„Wer hat eigentlich die gerichtsmedizinischen Untersuchungen bei den Teufelsmorden geleitet?", wollte Julia am anderen Ende wissen.

„Madame."

Julia atmete langsam ein, dann wieder aus. „Frau Dr. Strickner?"

Lange musste lächeln. „Sprich mit ihr, wenn du dich traust."

36. KAPITEL

Madame

Ein Gefühl der Erleichterung durchdrang Julia, als sie eine Stunde später feststellte, dass das rote „Bitte warten"-Lämpchen in der Pathologie leuchtete.

Humor musste man schon in einem ganz speziellen Sinn verstehen, wollte man den Begriff auf Frau Doktor Hannelore Strickner anwenden. Das und die Tatsache, dass sie Kopfschmerzen hatte, wollte Julia schon als Zeichen nehmen kehrtzumachen, als genau in dieser Sekunde das rote Licht erlosch. Unwillkürlich seufzte sie auf, und als das Licht grün wurde, drückte sie auf die Klingel.

Die Strickner thronte in einem Büro, das die Größe eines Wandschranks hatte, aber dennoch komfortabel eingerichtet war, mit einem Bürostuhl aus Leder und einem Schreibtisch, der von zahllosen Papierstapeln bedeckt war.

Eingezwängt also zwischen den medizinischen Büchern hinter sich und dem Schreibtisch vor sich, wirkte die Ärztin, deren rote Diorbrille bis auf die Nasenspitze heruntergerutscht war, ziemlich gestresst. Das Telefon klingelte schon zum x-ten Mal und, nein, sie hatte keine gute Laune. Rote Flecken glühten auf ihren Wangen und aus ihrer Hochsteckfrisur hatten sich mehrere blondierte Strähnen gelöst. „Frau Wagner? Sie habe ich ja schon ewig nicht mehr gesehen. Aber jetzt, wo Sie schon einmal hier sind, können Sie mir sicher sagen, was man macht, wenn einem der Computer abgestürzt ist." Verärgert knallte sie mit der Faust auf das Plastikgehäuse des Bildschirms. „Ich kann einen Bericht nicht überarbeiten, den ich aber bis heute Nachmittag fertig haben muss. Außerdem hatte ich bis gestern spät in die Nacht eine junge Frau auf dem Tisch, die erwürgt aufgefunden wurde. Bin ziemlich schlecht gelaunt."

Julia schloss die Tür hinter sich. „Wissen Sie, ob sie einen Freund hatte?"

„Wer? Die junge Frau? Nun, das wird derzeit noch überprüft. Sicher ist allerdings, dass sie nie wieder einen haben wird. Was ist nun mit dem Computer? Ich brauche dringend Hilfe."

Julia lächelte schwach. „Tut mir leid. Ich kenne mich mit Computern nicht besonders gut aus."

Zum Dank für diese Antwort durchbohrte die Strickner sie mit einem stechenden Blick. „Aber Sie verwenden doch wohl selbst einen, wenn Sie arbeiten, oder etwa nicht?"

„Doch, natürlich. Trotzdem …" Entschuldigend hob Julia die Schultern in die Höhe.

Die Strickner schaute pikiert und murmelte etwas, was nicht zu verstehen war. Laut fügte sie hinzu: „Und was kann ich für Sie tun?"

„Oh. Ich habe nur ein paar Fragen an Sie."

„Das Letzte, was ich von Ihnen hörte, war, dass Sie nicht mehr bei der Polizei sind. Warum auch immer."

„Das ist richtig. Es wäre eine rein private Auskunft."

„Die ich Ihnen nicht geben darf, wie Sie wissen. Aber setzen Sie sich trotzdem, wenn Sie unbedingt Ihre Zeit verschwenden wollen."

Julia ließ sich auf den Besucherstuhl sinken. Er war scheußlich unbequem, aus Plastik, und das hatte bestimmt System. Die Strickner bestätigte diese Theorie auch sofort, indem sie sagte: „Ich war schon immer der Meinung, dass der Mensch hart sitzen muss. Wenn er hart sitzt, erledigt er das, was er zu tun hat, in der schnellstmöglichen Zeit." Stellte sich die Frage, warum sie selbst dann auf einem mehr als bequemen Stuhl saß. Julia verkniff es sich zu fragen. „Es geht um Mord", sagte sie stattdessen.

„Darum geht es bei mir schon seit fast dreißig Jahren", gab die Strickner lakonisch zurück.

„Ja … Eigentlich bin ich gekommen, um mit Ihnen über die Teufelsmorde zu sprechen, aber dann erfuhr ich, dass Sie auch bei Jürgen Jakob die gerichtsmedizinischen Untersuchungen geleitet haben."

Jetzt sah die Strickner auf. „Warum interessieren Sie sich für das eine wie für das andere?"

„Jakobs Ehefrau war eine Freundin von mir", erklärte Julia. „Und wie Sie vermutlich wissen, ist auch sie nicht mehr am Leben. Sie hat Selbstmord begangen, und ich würde gern verstehen, was genau passiert ist. Ich will mir sicher sein." Sie brach ab und fügte hinzu: „Ich möchte Ihnen wirklich keine Schwierigkeiten machen und ich werde auch keine direkten Fragen stellen. Mir geht es nur darum, ein paar allgemeine Antworten zu erhalten. Vielleicht bringt es mich ja weiter."

Die Strickner trommelte mit den Fingern auf dem Schreibtisch. „Glauben Sie das denn? Es zu wissen, macht den Schmerz darüber nicht geringer."

„Aber irgendwohin wird es mich bringen. Und ich hoffe, dass dieses Irgendwohin hilfreich ist."

„Ich verstehe Ihre Motivation, Frau Wagner. Es ist nur so, dass gerade in einem Mordfall wie diesem Diskretion sehr wichtig ist. Ich würde nicht so weit gehen, zu sagen, die Bearbeitung ist geheim, aber es besteht das Risiko, dass Fanatiker, Spinner und andere lästige Elemente davon angezogen werden. Die Sache ist sehr ernst. Sie verstehen sicher, was ich meine."

Julia nickte.

„Natürlich weiß ich, dass Sie weder eine Spinnerin noch eine Fanatikerin sind", redete die Strickner weiter. „Sie sind sehr intelligent und verfügen über einen Hintergrund, den Sie immer gerne etwas heruntergespielt haben." Sie brach kurz ab, fügte dann hinzu: „Ich habe damals gut mit Ihrem Vater zusammengearbeitet und ich gestehe, ich habe ihn sehr geschätzt. Wahrscheinlich der einzige Grund, weshalb Sie überhaupt noch hier sitzen. Jeden anderen hätte ich längst hinausgeworfen."

Julia nahm das als gutes Zeichen und fragte: „Können Sie sich noch an die Umstände der Teufelsmorde erinnern?"

„Natürlich erinnere ich mich. In jenem ganz bestimmten Fall – obwohl die Opfer kaltblütig hingerichtet wurden – war trotz aller Zerstörungswut eine Art Kreativität enthalten. Ungewöhnlich." Die Strickner rückte das rote Designgestell auf ihrer Nase zurecht. „Die Geschichte wurde damals bis zum Letzten von der Presse ausgeschlachtet. Nicht nur für die Polizei, für den gesamten Staatsapparat stand sehr viel auf dem Spiel. Es ging um Vertrauen und Glaubwürdigkeit. Bruno Kalis wurde verhaftet und hat bis zum Schluss seine Unschuld beteuert. Bis zu seinem Selbstmord, meine ich."

„Die Tatwaffe, das Messer, mit dem den Opfern die Kehle durchgeschnitten wurde, wurde ja auch nie gefunden, nicht wahr?", gab Julia zu bedenken. „An den einzelnen Tatorten gab es keine Fingerabdrücke und auch sonst keine Spuren. Nichts, bis auf die Kleidungsstücke in Kalis' Zimmer."

„Richtig."

Sie schwiegen einen Moment.

„Ist das nicht ein bisschen dämlich?", sagte Julia dann.

Die Strickner sah auf. „Was meinen Sie?"

„Na ja, da lässt Kalis das Messer verschwinden und achtet auch sonst peinlich genau darauf, keinerlei Spuren zu hinterlassen – um ausgerechnet die Kleidungsstücke in seinem Zimmer aufzubewahren? Und das, obwohl er doch damit rechnen musste, dass die Polizei früher oder später bei ihm auftauchen würde? Ich meine, als bekennender Satanist, der noch dazu in Wittenrode lebte."

„Meine Aufgabe war es, die Leichen zu untersuchen, Frau Wagner. Eine Evaluation des Geisteszustandes von Kalis gehörte nicht zu meinem Aufgabengebiet. Und mehr kann ich Ihnen dazu auch wirklich nicht sagen. Ich habe schon viel zu viel gesagt, und das wissen Sie auch."

„Natürlich. Wer hat den denn eigentlich damals untersucht? Den Geisteszustand von Kalis. Wissen Sie das?"

Die Strickner zog leicht die Schultern nach oben. „Soweit ich weiß, wurde er von mehreren Psychologen untersucht. Es gab einige sehr unterschiedliche Gutachten über ihn." Sie dachte ein paar Sekunden nach, dann fügte sie hinzu: „Ich bin den Fall übrigens nach Kalis' Selbstmord noch einmal mit einem dieser Psychologen durchgegangen. Sein Name ist Machleid, Dr. Hans-Peter Machleid."

„Nie gehört", sagte Julia, kritzelte den Namen in ihrem Gedächtnis aber auf ein Stück Papier.

„Das überrascht mich. Er ist sehr bekannt. Hat einige Bücher geschrieben."

„Worüber?"

„Serientäter. Er verfügt über ein erstaunliches Wissen, wenn es um dieses Thema geht." Die Augen hinter den roten Brillenrändern blitzten. „Komisch, dass mir das ausgerechnet jetzt wieder einfällt."

Julia verstand. Frau Doktor Strickner verschwendete niemals ein Wort.

Sie bedankte sich und ging.

37. KAPITEL

Die Dinge in Ordnung bringen

War es Gott tatsächlich möglich, die zu lieben, die sonst niemand liebte? Während Norbert Kämmerer alleine in seinem Wohnzimmer saß, dachte er über diese Frage nach. Wenn ja, dann wäre das immerhin ein tröstlicher Gedanke. Trotzdem fiel es ihm schwer, sich vorzustellen, dass Gott ihn nach seinem Tod mit irgendeiner Form besonderer Gnade erwartete. Sie hatten einen Menschen geopfert, das war eine Tatsache. Nun gut, Kalis war schon lange vorher ein Opfer gewesen, genau genommen seit dem Tag seiner Geburt. Ein Verlierer eben. Trotzdem hatte Kämmerer persönlich nichts gegen ihn gehabt, es waren die verdammten Umstände gewesen. Er war besessen, das wusste er heute, aber wer machte keine Fehler in seinem Leben?

Das Problem war nur, dass dieser Verlierer inzwischen vollständig die Kontrolle über Kämmerers Kopf übernommen hatte, und das nahm er ihm wirklich übel.

Hallo, da bin ich wieder. In deinem Schädel, alter Mann. Ich hoffe, du freust dich über meine Gesellschaft. Immerhin hab ich es dir zu verdanken, dass ich das kann.

Kämmerer hielt sich die Hände gegen den Kopf. „Warum machst du das?"

Das ist eine gute Frage, alter Mann. Leider ist es mir nicht möglich, dir darauf zu antworten.

„Warum nicht? Willst du, dass ich überschnappe?"

Tu was. Jetzt ist die Zeit. Jetzt sind die Umstände.

„Die Umstände?"

Du verstehst mich sehr gut. Bring die Dinge in Ordnung, bevor noch mehr Schaden angerichtet wird. Für mich macht es keinen Unterschied mehr und für dich auch nicht. Aber für die anderen, die bei diesem Spiel mitspielen müssen, ohne zu wissen, in welcher Gefahr sie sich befinden.

Kämmerer schwieg nun, hielt sich die Ohren nicht mehr zu, sondern faltete die Hände im Schoß. Erst als ihm die Tränen auf die Hände tropften, merkte er, dass er angefangen hatte zu weinen. Zum ersten Mal gab er nach und gestand sich ein, dass Kalis recht hatte. Er würde schon bald vor Gott treten müssen, und wie sollte er das tun, mit dieser Schuld? Es war nicht mehr seine Aufgabe, zu vertuschen und zu lügen. Es war vorbei.

Er richtete sich auf, zog ein Taschentuch aus seiner Hosentasche und putzte sich die Nase. Er würde die Wahrheit ans Licht bringen und niemand würde ihn davon abhalten!

Dieses Mal, das schwor er sich, würde er es richtig machen.

Julia hatte die Gerichtsmedizin gerade wieder verlassen und sich mit ihrem Wagen in den Verkehr eingefädelt, als ihr Handy klingelte. Ohne den Blick von der Straße zu nehmen, suchte sie es in ihrer Jackentasche und hielt es sich ans Ohr. „Ja?"

„Julia Wagner?" Eine Männerstimme. Nicht mehr ganz jung.

„Ja."

„Hören Sie mir genau zu, wir haben nicht viel Zeit."

„Wer spricht da?"

„Vielleicht werde ich Ihnen meinen Namen später sagen, aber zuerst möchte ich sicher sein, dass Sie verstehen, worum es geht."

„Sagen Sie mir Ihren Namen oder ich lege auf."

„Ich kannte Ihren Vater. Darum fällt es mir besonders schwer …"

„Wer sind Sie?"

„Es geht um die Teufelsmorde. Bruno Kalis war kein Mörder. Ein anderer hat es getan. Ein kranker Mensch. Ein sehr kranker Mensch."

Julia hielt am Straßenrand. „Sagen Sie mir Ihren Namen und wir treffen uns. Ich komme, wohin Sie wollen. Ich kann das, was Sie mir sagen, sonst nicht ernst nehmen."

Es folgte eine kurze Pause.

„In Ordnung, treffen wir uns", sagte der Mann am anderen Ende dann. „Warten Sie noch einen Moment, sagen Sie nichts, hören Sie mir einfach nur weiter zu. Sie könnten verfolgt werden. Deshalb möchte ich, dass Sie gleich so tun, als wäre dies ein ganz harmloser Anruf gewesen. Gegenüber vom Polizeipräsidium befindet sich ein Hochhaus. Wir treffen uns im fünften Stock, vor dem Fahrstuhl. Um 12:00 Uhr."

Julia sah auf ihre Uhr. Bis dahin waren es noch fast zwei Stunden.

„Seien Sie pünktlich. Und jetzt, denken Sie daran, tun Sie so, als wäre alles wie immer. Ein harmloser Anruf. Nur für den Fall, dass Sie verfolgt werden, wovon ich ausgehe. Der Teufel ist unterwegs zu Ihnen, Frau Wagner."

Das war es. Der Mann legte auf und Julia starrte auf ihr Handy. *Unbekannte Nummer. Anruf beendet.*

Er hatte ihr seinen Namen doch nicht verraten, das fiel ihr aber erst auf, als sie den Wagen wieder startete und sich erneut in den Verkehr einfädelte. Aber er hatte gesagt, dass er ihren Vater kannte. Und er hatte klar und deutlich gesagt, dass Bruno Kalis unschuldig war. Woher konnte er das wissen?

Julia warf einen erneuten kurzen Blick auf die Uhr. Sie würde die verbleibende Zeit nutzen, um Frau Doktor Strickners Hinweis zu folgen.

„Ich wusste immer, dass es so kommen würde. Was damals passierte, war ein Skandal. Mit nichts zu entschuldigen." Dr. Hans-Peter Machleid, ein Mann mit schmalem Gesicht und glattem, kurzem Haar, hochgewachsen und nicht sehr kräftig, rückte die Stühle zurecht, auf denen vor ein paar Minuten noch Patienten saßen, die an diesem Morgen schon früh an einer Gruppensitzung teilgenommen hatten.

„Können Sie mir sagen, was genau Sie damals in Ihrem Gutachten geschrieben haben?", fragte Julia, die auf einem der Stühle Platz genommen hatte.

„Dass es sich bei dem Teufelsmörder um einen durchorganisierten, soziopathischen Sadisten handelte." Mit nach oben gezogenen Augenbrauen sah Machleid sie an. „Und dazu stehe ich bis heute. Es gibt jede Menge Mörder auf dieser Welt, aber jener verfolgte einen ganz genauen Plan. Ein Psychopath, dem es um Kontrolle ging. Um Macht, basierend auf ritueller Erniedrigung."

„Aber kein Vergewaltiger", warf Julia ein.

„Nein. Was aber nicht ausschließt, dass er es vorhatte. Vermutlich konnte er nicht oder er wurde unterbrochen. Ich würde allerdings eher auf das Erste tippen. Er konnte nicht."

„Reden Sie weiter, bitte."

„Der Mann war gut vorbereitet. Er hatte alles bis ins Detail geplant. Ich bin sogar überzeugt davon, dass er das Auf- und Abbauen des Altars lange vor der ersten Tat ein paar Mal geübt hat. So lange, bis er alles für perfekt hielt. Und warum stellte er die Opfer auf diese ganz spezielle Art und Weise zur Schau? Weil er wollte, dass sie genauso gefunden werden. Damit schickte er sozusagen eine Nachricht an die Welt. Er kommunizierte auf diese Weise mit allen, die ihn zuvor erniedrigt hatten, und spiegelte die Gewalt so dahin zurück, wo sie hergekommen war."

„Sie denken also, dass das, was er mit den Opfern tat, eine Art Rachefeldzug war?" Julia musste an ihre eigene Rachetheorie denken, die sie am Morgen so leichtfertig verworfen hatte.

„Davon dürfen Sie ausgehen. Wir sind alle ein Produkt unserer Erziehung, Frau Wagner. Unsere Menschlichkeit wird im Kontakt mit anderen geformt, und wenn man von Kindesbeinen an erfährt, dass man kein vollwertiges Wesen ist, dann betrachtet man sich selbst auch nicht so. Wer nicht lernt, mit anderen zu fühlen, der fühlt sich auch keiner sozialen Gemeinschaft zugehörig. Und wer nicht über die Fähigkeit zur Empathie verfügt, der wird keine Rücksicht darauf nehmen, ob andere unter ihm leiden. Ein solcher Mensch hat keine Skrupel, keine moralische Bremse."

Julia wandte den Blick von dem Psychologen ab, schaute einen Moment aus dem Fenster und stellte fest, dass es schon wieder regnete, ein heftiger Sturzregen. Sie ließ einige Sekunden verstreichen, während sie die schlangenlinienförmige Spur der Regentropfen auf der Fensterscheibe verfolgte. „Bleiben traumatische Erinnerungen eigentlich immer erhalten?", fragte sie dann. „Auch wenn die betreffende Person sich ihrer Existenz vielleicht gar nicht mehr bewusst ist?"

Machleid nickte. „Erinnerung lässt sich nicht löschen. Jedoch besteht die Möglichkeit, dass unser Verstand als Selbstschutzmaßnahme traumatische Erlebnisse in einen anderen Teil des Gehirns verschiebt."

„Hm", machte Julia. „Und es ist jederzeit möglich, dass etwas geschieht, was diese Erinnerung reaktiviert?"

„So ist es. Erinnerungen gehen nicht verloren. Ein spezieller Geruch, ein ähnlicher Ort können schon genügen, um sie wieder zu aktivieren. Der sensorische Teil des Gehirns erinnert sich an das Trauma, doch der bewusste Verstand tut es nicht."

„Und all das, was Sie eben aufgezählt haben – dass der Mörder ein soziopathischer Sadist war, ein Machtmensch und ein Planer –, das trauten Sie Bruno Kalis nicht zu?"

„Nein. Kalis durchlebte ein anderes Trauma."

„Welches?"

„Ich glaube, um das zu verstehen, muss man ihn und seine Situation besser kennen. Kalis wurde als Baby vor dem Waisenhaus abgelegt und wuchs anschließend in dieser kleinen Welt auf. Es gab keine andere für ihn. Er fürchtete sich vor den Erwachsenen und die Kinder seines Alters mochten ihn nicht. Er war einsam. In der Schule war er nicht besonders erfolgreich, weil er nicht übermäßig intelligent war. Er versuchte das wettzumachen, indem er sich in Aggressivität flüchtete. Als er schließlich in das Alter kam, in dem Jungs zu Männern werden, zumindest körperlich, ist das Ganze dann eskaliert. Drogenmissbrauch. Schlägereien. Aber nie etwas wirklich Großes."

Während Julia zuhörte, fragte sie sich, warum die Menschen eigentlich so unterschiedlich auf Kindheitserlebnisse reagierten. Der eine sah es als Herausforderung, der andere als eine Entschuldigung, aber stets lag die Ursache für das Handeln in der Kindheit. Diese einfache Regel konnte man allein an ihr und Eva ausmachen: Eva hatte sich niemals unterkriegen lassen, schon als Kind nicht. Sie hatte gekämpft und alles irgendwie hingekriegt, während Julia immer das Gefühl hatte, ihren eigenen Wert beweisen zu müssen, vielleicht auch ihre Wurzeln. Selbst jetzt, nach all den Jahren, spürte sie noch die Sehnsucht des kleinen Mädchens nach seinen Eltern, und die misslungenen Versuche, dieses Loch auszufüllen, waren schon gar nicht mehr zu zählen.

„Leiden Sie an regelmäßigen Albträumen, Frau Wagner?", durchbrach Machleid ihre Gedanken. „An wiederkehrenden Albträumen?"

Erstaunt sah Julia auf. „Warum fragen Sie danach?"

Der Psychologe faltete die Hände im Schoß. „Ich habe diesen Beruf ergriffen, weil ich die seelischen Schmerzen anderer Menschen spüren kann. Das ist eine empathische Begabung, die ich schon immer hatte. Genau genommen mehr eine Bürde als eine Begabung. Sie schleppen ebenfalls ein Trauma mit sich herum. Ich nehme an, es geht um Ihre Eltern. Ihr Tod erzeugt seit vielen Jahren den schlimmsten Stress in Ihnen, und das kann sehr schwierig sein."

Machleid sprach übertrieben langsam und Julia wurde bewusst, wie sie dasaß und ihn anstarrte. „Stopp!", sagte sie schnell. „Nehmen Sie es nicht persönlich, aber ich möchte nicht mit Ihnen über mich oder meine Eltern sprechen."

„Es wäre aber wichtig", gab der Psychologe zurück. „Wichtig für das, weswegen Sie hier sind. Denn wenn Sie wirklich verstehen wollen, worum es geht, dann müssen Sie sich darauf einlassen, von mir zu hören, dass ich Ihren Vater damals mehr als einmal darauf hingewiesen habe, dass Kalis unmöglich der Teufelsmörder sein konnte. Ich habe ihn auf die Motive des wahren Mörders hingewiesen, auf seine persönlichen Merkmale, und ich habe mehr als einmal deutlich zum Ausdruck gebracht, dass ich Kalis zu keinem Zeitpunkt für klug und auch nicht für scharfsinnig genug hielt, diese Morde begangen zu haben. Er passte überhaupt nichts ins Täterprofil. Nur leider hat das niemanden interessiert, auch Ihren Vater nicht, Frau Wagner. Stattdessen wurden weitere Gutachter hinzu- und ich unter allerlei halbseidenen Vorwänden von dem Fall abgezogen."

„Ich kann mir nicht vorstellen, dass mein Vater Ihre Argumente einfach ignoriert hat", wandte Julia ein.

Machleid lächelte ein Lächeln voller Mitgefühl. „Sie gehen davon aus, dass er alles, was er tat, für richtig hielt. Das ist Ihr Ansatz und aus Ihrer Position heraus sogar verständlich. Die meisten Menschen tun, was sie für richtig halten. Heikel wird es erst, wenn das, was man tut, für andere richtig ist, aber nicht mehr für einen selbst."

Es dauerte einen ganzen langen Moment, ehe Julia verstand, was er damit meinte. „Moment", sagte sie dann. „Wollen Sie sagen, mein Vater wurde von irgendjemandem unter Druck gesetzt? Das kann nicht sein, das würde ja bedeuten …"

„Halten Sie ihn denn für völlig fehlerlos?"

„Bisher tat ich das, ja."

„Sind Sie selbst fehlerlos, Frau Wagner? Keine Verfehlungen? Keine Schwächen?" Machleids Stimme drang in ihren Kopf wie kalte Finger, die das Gewebe von Julias Gehirn abtasteten.

Wenn sie später an diesen Moment zurückdachte, sah sie immer wieder ihre Hände, ihre Finger, die sich in einer Geste sprachlos gewordener Ungläubigkeit ineinander verschränkten. Was geschah hier gerade? Sie betrachtete den Psychologen gleichzeitig aufmerksam und ratlos, sich nicht im Klaren darüber, ob er gerade Seelen retten oder Porzellan zerschlagen wollte.

Er wiederholte die Frage: „Sind Sie selbst fehlerlos?"

„Nein", knirschte Julia. „Gab es Gerüchte, meinen Vater betreffend?"

„Allerdings. Die gab es."

„Was für Gerüchte?"

Machleid betrachtete sie ungefähr eine halbe Minute lang. Dann sagte er mit weicher, jedoch entschiedener Stimme: „Ich werde Ihnen nichts sagen. Sie werden von selbst darauf kommen müssen."

„Was?", entfuhr es Julia. „Und das halten Sie für richtig?"

„Nachdem ich Sie nun kennengelernt habe, halte ich es sogar für unbedingt erforderlich."

„Sie haben meinen Vater nicht gemocht. Das ist der Grund für Ihre Behauptungen."

„Was ich über ihn denke, spielt keine Rolle. Er war der leitende Staatsanwalt in einem Fall, der so nicht hätte enden müssen, wie er endete. Das ist eine Tatsache."

Einen Moment sahen sie sich herausfordernd an.

„Ich will wissen, worum es hier geht", sagte Julia dann.

„Das möchte ich auch", gab Machleid zurück. „Aber im Moment kann ich Ihnen von nichts anderem erzählen als von einem Bruno Kalis, der sich irgendwann dem Satanismus zuwandte. Und plötzlich war er jemand. Niemand konnte ihm mehr wehtun. Niemand konnte ihm etwas anhaben. Jetzt fühlte er sich stark und unbesiegbar."

„Und trotzdem trauten Sie ihm die Morde nicht zu. Warum nicht? Wenn er doch die Aggressionen dazu hatte."

„Er hatte wohl die Aggressionen, aber er war eine in hohem Maße desorganisierte Persönlichkeit. Hätte er die Morde begangen, dann hätte er sie viel schlampiger durchgeführt und viele wichtige Details übersehen. Solch methodische und kontrollierte Verbrechen passten nicht in sein Profil und, wie ich bereits sagte, habe ich all das in meinem damaligen Gutachten auch deutlich zum Ausdruck gebracht. Dazu stehe ich bis heute."

Regen trommelte von außen ans Fenster, während drinnen für einen Moment absolute Stille herrschte.

„Haben Sie sich noch nie geirrt?", fragte Julia dann.

Machleid winkte ab. „Ich bin nicht fehlerlos. Aber in dem Fall bin ich mir absolut sicher."

„Ich nehme an, Sie haben von dem erneuten Mord in Wittenrode gehört?"

„Natürlich."

„Könnten der Mörder von damals und der Mörder von Jürgen Jakob ein und dieselbe Person sein?"

„Davon ist auszugehen, ja."

„Aber wäre eine so lange Pause zwischen den einzelnen Morden nicht seltsam? Ich meine, immerhin reden wir hier über einen Zeitraum von über zwanzig Jahren."

„In dem Fall würde ich denken, dass es nicht der Plan des Mörders war, überhaupt noch einmal aufzutauchen. Vielleicht hat er seine Bedürfnisse in der Zwischenzeit anders befriedigt und vielleicht reicht ihm das. Er muss nicht unbedingt töten, um zu bekommen, was er will. Vermutlich wurde er durch irgendetwas reaktiviert. Vielleicht durch einen ganz einfachen Impuls. Normalerweise hat er seine sadistischen Gelüste im Griff oder beherrscht sie zumindest so weit, dass niemand sie bemerkt. Vielleicht hat irgendjemand etwas getan, was ihn wütend gemacht oder erniedrigt hat. Er ist ein Mensch, der gern die Kontrolle behalten möchte, vergessen Sie das nicht. Er will das Sagen haben."

„Dann war der Mord an Jakob also eine …", Julia überlegte, „… nachträgliche Eingebung?"

„So würde ich es vermuten, ja. Aber alleine die Tatsache, dass er es nach all der Zeit – und man darf nicht vergessen, dass ein anderer Mensch für seine Taten verurteilt wurde und sich im Gefängnis umgebracht hat – noch einmal auf genau dieselbe Weise getan hat, zeigt, wie arrogant er ist. Und wie gefährlich. Noch immer. Er ist völlig von sich überzeugt."

„Oder besinnungslos", murmelte Julia.

„Ich bin fest davon überzeugt, dass er nach strengen Regeln lebt", sprach Machleid weiter. „Ein verbitterter, zorniger Mensch, der sich selbst als tragischen Helden sieht. Ein Mensch, der die moderne Zivilisation für dekadent hält und der Meinung ist, es sei sein Recht, sich zu nehmen, was er will. Ein soziopathischer Serienmörder, der nach außen hin mit freundlichem Gesicht auftritt."

„Kann er verheiratet sein oder eine Freundin haben?", wollte Julia wissen.

„Natürlich. Diese Menschen sind nicht dumm. Sie verstehen sehr genau, wie normale Beziehungen funktionieren. Sie können humanes Verhalten nachahmen und durchaus verstehen, was Empathie bedeutet. Sie fühlen es nur selbst nicht."

„Was für einen Job könnte er haben?"

„Oh, er kann überall arbeiten. Er verfügt über genügend Intelligenz. Er könnte jedermanns Nachbar sein. Gegen ihn liegt nichts vor, er ist integriert. Wie gesagt, alles ist möglich, weil wir von einem gut organisierten, intelligenten Menschen ausgehen müssen."

Julia seufzte leise auf. „Wir wissen also gar nichts."

„Oh doch." Machleid klang weit weniger desillusioniert. „Wir wissen einiges. Wir wissen zum Beispiel, dass unser Mann kräftig ist. Wahrscheinlich macht er regelmäßig Sport. Er ist sexuell und sozial inkompetent und zeichnet sich durch einen Mangel an Empathie aus. Er hat vermutlich wenig Freunde, aber er ist auch kein Außenseiter. Er ist nach außen hin beherrscht und aufgrund seiner Intelligenz in der Lage, jeden Job zu machen. Allerdings lässt er sich nicht gerne etwas vorschreiben. Er lebt in Wittenrode oder hat einen engen Bezug zu dem Ort. Vermutlich ist er verheiratet und seine Frau ahnt noch nicht einmal, mit wem sie seit Jahren zusammenlebt. Ach ja, und in der Kindheit wurde er stark vernachlässigt. Man kann ihn kriegen, Frau Wagner. Wenn man all diese Details nur richtig zusammensetzt."

Die Straße, in der er stand, glich einem braunen Kanal, das Wasser floss um seine Füße, aber er bemerkte es gar nicht. Er hatte den Mund zu einem schmalen Strich zusammengepresst, während er beobachtete, wie Julia aus der Praxis des Psychoheinis kam. Alles in ihm war so leise, dass er glaubte, ihre Gedanken hören zu können. Als befände er sich irgendwo in ihrem Kopf.

Er beobachtete, wie sie durch den Regen zu ihrem Wagen eilte, einstieg und dort eine ganze Weile sitzen blieb. Wie eine verwundete Füchsin, die zurück in den Bau schlich.

Der Augenblick trat über seine Ufer. Jetzt wankte sie zum ersten Mal. Und dabei kannte sie die wirklich schlechten Nachrichten noch gar nicht. Sie kannte noch nicht einmal die halbe Wahrheit. Im Augenblick empfand sie das bisschen, was der Nerven-Doc ihr erzählen konnte, schon als schlimm.

Er seufzte und legte den Kopf etwas zur Seite. Dass sie nie an ihrem Daddy gezweifelt hatte, war bei ihrer Intelligenz eigentlich verwunderlich. Aber die Beziehung von Julia zu ihrem Vater hatte eben wenig mit Intelligenz und sehr viel mit Einbildung zu tun.

Einen Moment versuchte er, über die Entfernung hinweg ihren Gesichtsausdruck zu erkennen. Um zu sehen. Leider war er aber zu weit von ihr entfernt.

Er holte tief Luft und in seinen Augen blitzte es kurz auf. Sie wankte, er nicht. Er fühlte einen Triumph in sich, der jedoch schnell wieder verging. Er wusste, dass sie sich allmählich auf das Finale zubewegten, und er hatte noch etwas zu tun.

Er wandte sich ab und ging davon.

38. KAPITEL

Was für eine gottverdammte Scheiße!

In einem Aufruhr unterschiedlichster Gefühle saß Julia in ihrem Wagen und starrte vor sich hin. Etwas, das bis vor einer Stunde noch wie ein Flammenbaum in ihr geleuchtet hatte, war innerhalb weniger Sekunden farblos geworden.

Verloren blickte sie aus der Frontscheibe, gegen die der Regen heftig hämmerte. Wenn es stimmte, dass ihr Vater damals unter Druck gesetzt worden war … dann bedeutete das gleichzeitig, dass jemand etwas gegen ihn in der Hand gehabt haben musste und ihn erpresst hatte. Gab es Raum für andere Interpretationen?

Autos fuhren an Julia vorbei. Irgendwohin. Jeder wusste, wohin er wollte oder woher er kam. Sie nicht. „Verdammte Scheiße!" Ihre Fäuste schnellten auf das Lenkrad nieder. Dieser Psychologe wusste etwas, das den Schlüssel zu einem Geheimnis über ihren Vater darstellte, aber er wollte ihr nicht die Möglichkeit geben, diesen Schlüssel zu benutzen. Warum nicht? Warum wollte er das Wissen nicht mit ihr teilen? Warum bremste er sie aus?

Ein brutales Unverständnis machte sich in Julia breit, gleichzeitig erfasste sie jedoch etwas anderes, klar und scharf: Machleid befürchtete, sie könnte die ganze Wahrheit nicht verkraften, deshalb zog er es vor zu schweigen. Aber warum hatte er es dann überhaupt erst angesprochen?

Dann tauchte ein kleiner Lichtstrahl auf und durch den ersten Schrecken hindurch kam Julia der Gedanke, dass „Wissen" in diesem Zusammenhang vielleicht ein viel zu großes Wort war. Vielleicht wusste Machleid nämlich gar nichts. Vielleicht behauptete er es nur. Vielleicht gab es gar keine Fakten, die sich hinter seinen Behauptungen verbargen.

Aber das war nur ein ganz kleines Licht, das sofort wieder erlosch. Der Psychologe wusste natürlich etwas und ihm musste klar sein, dass es ihr den Boden unter den Füßen wegziehen würde, sollte sie es herausfinden. Dafür wollte er nicht verantwortlich sein, deshalb hielt er es zurück. Daher war sein Schweigen vielleicht nicht mehr als unverfälschte, nachdenkliche Güte. Julia starrte noch einen Moment durch die Frontscheibe, dann riss sie sich zusammen, blickte auf die Uhr. Die Zeit war knapp, aber es sollte noch reichen.

Während die Unsicherheit und Zweifel weiter in ihr nagten, kämpfte sie sich durch den dichten Verkehr Hannovers und parkte um 11:58 Uhr verbotenerweise direkt gegenüber des Polizeipräsidiums. Dann stieg sie aus und sah sich um – für den Fall, dass sie tatsächlich verfolgt wurde. Allerdings fiel ihr nichts Besonderes auf. Sie schaute das Gebäude hinauf, in dem sie sich gleich mit dem geheimnisvollen Anrufer treffen wollte. Ein großes, rechteckiges Gebäude mit zehn Stockwerken.

Und dann, gerade als sie den ersten Schritt darauf zumachen wollte, spürte sie es. In ihrem Kopf begann es zu pochen, im Nacken zu kribbeln, und nur den Bruchteil einer Sekunde später vernahm sie den dumpfen Knall von berstendem Glas. Dann prasselten kieselsteingroße Scherben auf sie herab, ehe ein Körper neben ihr auf dem Boden aufschlug und Blut nach allen Seiten spritzte.

Ungläubig sah Julia auf den Mann hinab, der neben ihr auf dem Asphalt lag. Ein ziemlich alter Mann. Als sie dann den Kopf wieder hob und nach oben sah, um herauszufinden, aus welchem Stock er gefallen war, entdeckte sie eine Gestalt, die aus einem zerbrochenen Fenster zu ihr heruntersah.

Ohne noch einmal darüber nachzudenken, rannte Julia in das Gebäude hinein, immer zwei Stufen auf einmal nehmend, nach oben und blieb im fünften Stock heftig atmend stehen. Auf der Etage war es dunkel und still. Den meisten Lärm schien ihr heftiger Herzschlag zu machen. Plötzlich vernahm sie eine leise Bewegung hinter sich. In der nächsten Sekunde packte sie eine behandschuhte Hand im Nacken und rammte ihren Kopf in einer einzigen wuchtigen Bewegung gegen die Wand. Ein fast lähmender Schmerz durchzuckte sie, Blut schoss aus ihrer Nase. Dann spürte sie nichts mehr. Ihr wurde schwarz vor Augen.

„Was, zum Teufel, machst du hier?"

Julia öffnete die Augen und sah Wolfgang Langes Gesicht dicht vor sich. Langsam und mit ziemlich unrunden Bewegungen richtete sie sich auf. „Was machen Sie hier?", stellte sie die Gegenfrage.

„Unser ehemaliger Polizeichef Kämmerer wurde soeben aus diesem Gebäude geworfen. Direkt vor unseren Augen. Wir konnten es vom Präsidium aus beobachten. Und was machst du hier?"

„Ich habe den Mann gesehen, der ihn aus dem Fenster geworfen hat." Mühsam stellte Julia sich auf die Beine, musste aber feststellen, dass sich das doch ziemlich wacklig anfühlte. „Nur leider nicht gut genug."

Aus ihrer Nase rann immer noch Blut. Lange reichte ihr ein Taschentuch. Sie wischte sich das Blut von der Nase. „Der Mistkerl hat meinen Kopf gegen die Wand geschlagen."

„Bist du alleine hier?"

„Ja."

„Was hast du gesehen?"

„Leider nur eine Silhouette." Julia spürte, wie ihr flau im Magen wurde, und Lange sagte schnell: „Ich rufe einen Sanitäter, damit er einen Blick auf dich werfen kann." Er sprach kurz in ein Funkgerät, dann wandte er sich wieder an sie. „Hör zu, Julia, ich kenne dich nicht erst seit gestern, okay? Wolltest du dich hier mit Kämmerer treffen? Bist du deshalb hier? Es ist besser, du sagst es mir gleich. Ich finde es so oder so heraus."

Sie schluckte und nickte. „Jemand hat mich vor zwei Stunden angerufen und gemeint, er müsse mit mir sprechen. Das muss Kämmerer gewesen sein. Er wollte sich hier mit mir treffen. Er sagte, es ginge um die Teufelsmorde und um meinen Vater."

Lange atmete tief ein, blies die Wangen auf, atmete dann langsam wieder aus.

Julia ließ ihn nicht aus den Augen. „Sie wussten von Anfang an, dass Kalis nicht der Teufelsmörder sein konnte, richtig?"

Keine Reaktion.

„Sie wussten es. Und Kämmerer wusste es auch."

Nichts.

„Vielleicht halten Sie es ja nicht für so wahnsinnig wichtig, Herr Lange, aber ein offensichtlich unschuldiger Mensch wurde damals verhaftet und nahm sich im Gefängnis das Leben. Der wahre Mörder ist immer noch frei und jetzt sterben weitere Menschen."

Eine ganze Palette von Gefühlen zeichnete sich jetzt auf Langes Gesicht ab. Zunächst Erschrecken, dann Unsicherheit und schließlich die Erkenntnis, dass es keinen Sinn machte, es weiter abzustreiten. Er sagte: „Kalis passte nicht ins Täterprofil, das war unser Problem. Er war nicht clever und auch nicht organisiert genug. Er war einfach nur ein Spinner mit einem unglücklichen Lebenslauf und einem schrägen Hobby. Trotzdem hätte er es aber gewesen sein können."

„Kämmerer wollte kurz vor seiner Pension keine Pleite mehr erleben, und Ihnen ging es um Ihre Eitelkeit", fasste Julia zusammen. „Natürlich, die Aufklärungsquote muss stimmen. Aber worum ging es meinem Vater?"

„Julia, hör auf. Es ging uns allen nur darum, dass sich ein psychopathisches Monster in Wittenrode herumgetrieben hat. Und darum, dem Ganzen ein Ende zu bereiten. Zur Not auch, indem man die eigene Macht benutzte."

„Sie meinen, die eigene Macht missbrauchte."

Ein Rinnsal Schweiß lief Lange über das Gesicht. Er schwieg wieder.

„Worum ging es meinem Vater?", hakte Julia nach. „Was hat ihn dazu gebracht, eine derart schlampige Anklage zu erheben?"

Keine Antwort.

„Meinetwegen können wir bis morgen hier stehen bleiben. Ich habe eben mit Doktor Machleid gesprochen. Sie erinnern sich? Der Psychologe, dessen Gutachten über Kalis Ihnen allen so gar nicht passte. Er erzählte mir, dass mein Vater unter Druck gesetzt wurde. Also bitte, was wissen Sie darüber?"

Jetzt sah Lange auf. „Du warst bei Machleid?"

„Ich werde zu jedem gehen, der mir helfen kann, die Wahrheit herauszufinden."

„Die Wahrheit?" Trocken lachte Lange auf. „Du kannst die Wahrheit doch gar nicht ertragen, Julia. Dein Vater war nicht mehr oder weniger heldenhaft als alle anderen auch. Und es war ganz bestimmt nicht sein Plan, dass du ihn posthum noch zu einem Helden gemacht hast."

„Ich habe ihn nicht …" Julia brach ab. Doch, sie hatte. Sie hatte so wenig Zeit mit ihrem Vater gehabt, dass sie ihn nach seinem Tod in Gedanken zu einem Helden gemacht hatte. „Was brachte ihn dazu, sich auf eine solche Scheiße einzulassen?", kam sie zum Thema zurück. „Ist er erpresst worden? Hatte er Dreck am Stecken?"

Lange öffnete den Mund, stockte kurz, dann sagte er: „Dein Vater war ein guter Mann, Julia. Wir waren …" Er rieb sich über den Nasenrücken. „Wir waren damals in einer verdammt schwierigen Lage. Wir mussten eine Anklage zusammenbekommen. Ganz Niedersachsen stand kopf. Ganz Deutschland schaute auf uns. Drei Leichen. Eines der Opfer ein Kind. Die Medien haben uns aufgefressen. Der Ministerpräsident saß uns im Nacken. Die Geschichte zog Kreise bis nach ganz oben. Wir hatten einen unglaublichen Druck und wir haben fest daran geglaubt, dass Kalis der Mörder sein musste. Immerhin hatten wir die Kleidung der Opfer ja tatsächlich in seinem Zimmer gefunden, nicht wahr?" Er brach ab, sah Julia an. „Sei nicht so verdammt selbstgerecht. Damit machst du nichts besser. Du bist erschöpft, musst zur Ruhe kommen. Du …"

„Was ist das für eine gottverdammte Scheiße?", brach es aus Julia heraus. „Sie haben einen unschuldigen Mann in den Tod getrieben. Der wahre Mörder läuft immer noch frei herum und wird munter einen Berg an Leichen hinterlassen, wenn man ihn nicht aufhält. Und ich soll zur Ruhe kommen? Ich will wissen, womit mein Vater unter Druck gesetzt wurde. Jetzt!"

„Soviel ich weiß, ging es um deine Mutter."

„Meine Mutter?"

„Sie hatte Probleme." Lange zog einen seiner fürchterlichen Zigarillos aus der Tasche und zündete ihn an. „Tabletten und Alkohol. Kämmerer wusste davon. Wir alle wussten davon. Aber Kämmerer hat das Wissen eingesetzt."

Julia konnte sich nicht erinnern, ihre Mutter jemals betrunken gesehen zu haben. Gleichzeitig wusste sie aber auch, dass das nichts zu bedeuten hatte. Ihre Erinnerungen an sie waren ebenso verschwommen wie die an ihren Vater. „Wie das?", gab sie so ruhig wie möglich zurück. „Das wäre ein rein privates Problem gewesen, was niemanden den Kopf gekostet hätte. Auch meinen Vater nicht."

„Julia, ich weiß nichts über die verdammten Hintergründe. Ich weiß es wirklich nicht."

„Wurde mein Vater nur in diesem einen Fall unter Druck gesetzt?", wollte sie weiter wissen. „Oder schon vorher, bei anderen Fällen?"

„Das weiß ich nicht. Ich weiß nur, dass Kämmerer eine Ratte war und dass er bei den Teufelsmorden unbedingt eine Verurteilung wollte. Um jeden Preis."

„Wer war noch eingeweiht?"

Lange sah einen Moment in die Ferne, eine tiefe Sorgenfalte auf der Stirn. Dann wandte er Julia das Gesicht wieder zu. „Kämmerer, Ta Quok, dein Vater und ich."

„Super", sagte Julia. „Dann sind Sie ja jetzt der letzte Überlebende der Truppe. Darüber sollten Sie mal nachdenken."

„Was willst du damit sagen?"

„Sie wissen sehr genau, was ich damit sagen will."

„Hör zu, Julia, ich glaube, du vertust dich gerade." Mit der Zungenspitze befeuchtete Lange die trockenen Lippen. „Ich glaube tatsächlich, dass der Täter auf etwas fixiert ist, aber ich denke nicht, dass ich das bin. Er arbeitet auf irgendetwas ganz Großes hin, ich habe nur leider keine Ahnung, was das ist."

Pause.

„Der Himmel möge denen beistehen, die zwischen ihm und seinem Ziel stehen", fügte Lange dann hinzu.

„Kommt ein bisschen spät, die Einsicht." Damit wandte Julia sich ab und ging davon.

„Wo willst du hin?"

„Das geht Sie einen Scheißdreck an!"

39. KAPITEL

Orientierungslos

Ziellos lief Olivia Klose durch die Straßen Wittenrodes, überquerte den Marktplatz, und während ihr der Regen entgegenschlug, fragte sie sich, wohin sie eigentlich wollte? Dann fiel es ihr wieder ein. Zu Hildchen. Sie wollte zu Hildchen. Aber schon jetzt, nach nur wenigen Metern, war sie müde bis ins Mark. Wie sollte sie es bis nach Hannover schaffen? Wann fuhr der nächste Bus? Und wo war überhaupt die nächste Haltestelle?

Dann befand Olivia sich auf einmal in einer Gasse, die ihr bekannt vorkam. Sie setzte mühsam Schritt an Schritt und erkannte das letzte Haus, ehe die Wohnhäuser von einem Feldweg abgelöst wurden. Die Tür hätte einen neuen Anstrich nötig gehabt und auch vom verrotteten Holz des Fensterbretts blätterte bereits die Farbe ab. Es gab weder eine Klingel noch einen Türklopfer. Olivia schlug mit der Hand gegen die Tür. Es tat weh und weitere Farbe rieselte ab.

Keine Reaktion.

Olivia versuchte, durch das Fenster zu spähen, doch die Vorhänge waren zugezogen.

Noch einmal klopfte sie. Diesmal mit der Faust und so fest sie konnte.

Nur der Regen, dachte Edna Gabriel, lauschte aber trotzdem etwas angestrengter. Dann hörte sie das Geräusch noch einmal und diesmal erkannte sie es auch. Da trommelte jemand gegen ihre Tür.

Zuerst öffnete Edna nur einen Spalt, dann die ganze Tür. „Frau Klose! Meine Güte! Was …?" Sie griff nach der Hand der alten Frau und zog sie ins Haus. „Wo kommen Sie denn her? Lieber

Himmel, Sie sind ja ganz durchnässt. Und was haben Sie da für eine Verletzung am Kopf?"

„Das weiß ich nicht so genau." Olivias Stimme klang leise und heiser.

Edna führte sie ins warme Wohnzimmer und nahm ihr dort die Jacke ab, die aus sämtlichen Fasern tropfte. Dann verschwand sie im Badezimmer und als sie zurückkam, sagte sie: „Ich verarzte Ihren Kopf."

„Ist es schlimm?", wollte Olivia wissen.

„Nur eine Platzwunde. Aber sie muss versorgt werden." Edna tupfte mit einem Papiertaschentuch das Blut ab. „Und jetzt sagen Sie mir den Grund, warum Sie hier sind. Ich kann nicht fassen, dass Sie den ganzen Weg gelaufen sind. Was haben Sie sich dabei gedacht?"

„Ich wollte nach Hannover, aber ich habe die Bushaltestelle nicht gefunden."

„Nach Hannover? Du meine Güte, das ist ja völlig verrückt. Warum denn das?"

„Ich wollte es mit eigenen Augen sehen."

„Was, Frau Klose?"

Olivias Blick glitt unglücklich zur Seite. „Hildchen ist tot."

„Ich kann nicht glauben, dass sie wirklich tot ist." Mit trauervoller Miene starrte Olivia in Richtung Fenster.

„Und ich kann nicht glauben, dass Sie alleine zu ihrem Grab fahren wollten", gab Edna zurück. „Das war wirklich unvernünftig von Ihnen."

„Ich dachte, das Herz findet Wege, die die Vernunft nicht kennt."

Einen Moment schweigen sie daraufhin.

„Woran ist sie gestorben?", wollte Edna dann wissen.

„Es sei ein Schlaganfall gewesen, sagen sie." Olivia senkte den Blick zu Boden. Es schmerzte zu sehr. Sie hatte Hildchen im

Stich gelassen. Das machte ihr schwer zu schaffen. „Hildchen war ein guter Mensch."

„Sagt denn jemand, dass sie kein guter Mensch war?"

„Oh nein. Nein."

„Sie haben ihr sehr nahe gestanden, nicht wahr?"

„Ja. Du weißt doch, wie das ist, nicht wahr, Edna?"

Edna seufzte. „Ich bin mir nicht sicher, ob ich jemals einem Menschen so nahe gestanden habe. Nicht einmal meinem seligen Mann."

„Es gibt jetzt keinen Grund mehr weiterzuleben." Olivia blickte immer noch zu Boden. „Ich sollte es zu Ende bringen."

„Frau Klose …"

„Darüber denke ich schon seit vielen Jahren nach, Edna. Manche Menschen können einfach weitermachen. Mir gelang das nie."

„Warum sprechen Sie nicht mal mit Pastor Jordan?"

„Jordan? Ich bin nicht religiös, Edna. Nicht einmal gläubig."

„Aber mit irgendjemandem müssen Sie sprechen. Sie sind erschöpft. Sie brauchen Trost. Trost und eine große Dosis Vergebung. Und ich glaube, Sie sind einsichtig genug, das auch selbst zu wissen."

„Ich will zu ihr." Olivia flüsterte es beinahe unhörbar. „Ich will zu ihrem Grab."

„Wir gehen", sagte Edna. „Wir besuchen Hildchens Grab. Ich verspreche es Ihnen. Aber nicht mehr heute."

„Was ist so wichtig, dass wir uns am helllichten Tag in der Kneipe treffen müssen?", murrte Eddie zur gleichen Zeit. „Ist ja nicht so, dass ich einen Laden hab, um den ich mich kümmern muss."

Raddatz hielt in der rechten Hand ein Bier, in der linken seine Pfeife. „Wir müssen uns noch mal unterhalten, Eddie. Du weißt, dass diese Wagner immer noch im Ort herumstreunt und Fragen stellt. Und das kann verdammt gefährlich werden."

„Mach dir um mich keine Sorgen. Ich hab alles im Griff."

„Gut. Dann können wir ja jetzt übers Geschäftliche reden."
Eddie, der gerade wieder hatte aufstehen wollen, hielt in der Bewegung inne. „Worüber?"

„Das Geschäftliche. Du weißt schon, das Stück Land, das Dina gehört, einen Kilometer westlich von hier."

„Du elender Wichser." Eddie ließ sich auf den Stuhl zurücksinken. „Du willst dir jetzt das ganze Dorf unter den Nagel reißen, ja? Feld für Feld, Haus für Haus." Er spuckte die Silben aus wie Kirschkerne. „Bis du wirklich alles hast."

Raddatz blieb völlig ruhig. „Was erwartest du von mir, Eddie? Das war der Deal."

„Nein." Eddie schüttelte den Kopf. „Bei dem Deal ging es nicht um dieses Stück Land."

„Das ist wohl richtig. Aber die Bedingungen haben sich inzwischen geändert."

„Die Bedingungen? Von was für verdammten Bedingungen sprichst du?"

„Mach deine Ohren auf, Eddie. Gerade hab ich's dir gesagt. Die Wagner schnüffelt überall herum. Und die ist verdammt hartnäckig. Und worauf sitze ich? Auf einem Haufen Scheiße sitze ich. Und warum sitze ich auf einem Haufen Scheiße, hm?"

Eddie nahm ein Gläschen mit Schnaps entgegen, das der Wirt ihm brachte, und trank es in einem Zug aus.

„Ich hab dir damals geholfen", redete Raddatz weiter. „Ich hab euch allen geholfen, als ihr wie kleine, hilflose Weicheier vor mir gestanden habt."

„Und hast mächtig abkassiert dafür", zischte Eddie.

„Weil ich unterm Strich auch das größte Risiko zu tragen hatte."

Eddie lachte auf. „Du?"

„Hättest du das Messer damals verschwinden lassen, Eddie. Aber das hast du nicht getan. Natürlich mach ich so was nicht umsonst. Also, reden wir jetzt über das Stück Land."

„Du elender Scheißkerl. Dina wird es nicht rausrücken und das weißt du verdammt genau. Es gehört zu ihrem Erbe. Auf keinen Fall wird sie das Stück Land rausrücken."

„Na, na", machte Raddatz. „Du hast sie doch gut im Griff, deine Dina. Du kriegst das schon hin."

„Nein, Wilhelm." Eddies Augen blitzten gefährlich auf. „Dieses Mal nicht."

„Was? Was hast du gerade gesagt?"

„Ich habe gesagt: dieses Mal nicht. Du willst mich hochgehen lassen? Gut. Dann mach das. Lass mich hochgehen und ich erzähl im Gegenzug den Bullen, wie das mit der Kerstin wirklich gelaufen ist."

„Du willst mir drohen, Eddie?"

„Nein, Wilhelm, ich sag dir nur, was ich der Polizei sage, wenn du nicht aufhörst, mich zu erpressen. Ich sag denen, dass du die schöne Kerstin schon immer haben wolltest und dass sie dich nicht rangelassen hat. Da warst du gekränkt und verletzt, auch wenn du das niemals zugegeben hättest. So eine Abfuhr, das konntest du mit deinem Stolz nicht vereinbaren, und da hast du andere Saiten aufgezogen. Kerstin hatte hier im Ort keine Freunde und noch dazu war sie eine Heidin, das hast du dir zunutze gemacht. Auf einmal hast du gebrüllt, dass wir hier keine von ‚draußen' brauchen und dass wir sie nicht im Dorf haben wollen, und du hattest jede Menge Unterstützung, als du sie für alles Mögliche verantwortlich gemacht hast. Verhexen, verzaubern, verführen. Was immer auch passiert ist, du hast es auf Kerstin geschoben. So was machen Hexen schließlich, nicht wahr? Die Leute hier haben Angst vor dem, was sie nicht kennen, und keiner kannte Kerstin wirklich. Und damit hatte sie hier keine Chance mehr."

„Du kannst nichts davon beweisen."

„Kann ich nicht? Lass es darauf ankommen, Wilhelm. Jeder hier kennt deine hinterhältige und durchtriebene Art. Du hast alles getan, um Kerstin zu vertreiben, nur leider hat es nicht funktioniert. Sie hat sich ums Verrecken nicht vertreiben lassen. Und dann ist es irgendwann eskaliert, du wolltest sie mit Gewalt nehmen, sie hat sich gewehrt und dir gedroht. Und wenig später war sie tot. Sie – und der Jürgen auch." Eddi beugte sich etwas nach vorne. „Du hast gewonnen, Wilhelm. Gegen üble Nachrede kann sich kein Toter mehr wehren. Mit Widerstand von Kerstin musst du jetzt nicht mehr rechnen. Und von Jürgen hast du auch nichts mehr zu befürchten. Tut mir leid, dass du dir seine Schlachterei nicht rechtzeitig unter den Nagel reißen konntest. Jetzt gehört das Haus der Kirche und eigentlich sollte man Evelyn für diese Glanzleistung ein Denkmal setzen. Dass du einmal nicht bekommen hast, was du dir in den Kopf gesetzt hast."

„Soll das vielleicht ein Witz sein?", fuhr Raddatz auf.

„Ich war noch nie so ernst", gab Eddie zurück. „Vielleicht kann ich das nicht alles beweisen, Wilhelm, aber ein hässlicher kleiner Skandal wäre es allemal. Würde immerhin reichen, um dir deinen verdammten dreckigen Heiligenschein ein für alle Mal vom Kopf zu wischen." Er erhob sich vom Tisch. „So, jetzt sehen wir beide ein bisschen klarer, nicht wahr? Lass du mich in Ruhe, lass ich dich in Ruhe. Ende der Geschichte."

40. KAPITEL

Längst ins Dach gefahren

Frau Doktor Hannelore Strickner wollte gerade ihr Büro verlassen, als Julia – die Hände in den Jackentaschen, das Kinn tief in ihren Wollschal gedrückt – noch einmal ihr Büro betrat. „Frau Wagner? Zwei Besuche an einem Tag, womit habe ich das verdient? Leider habe ich gleich einen Termin und bin sozusagen schon auf dem …"

Julia hatte nicht vor, sich abwimmeln zu lassen. Sie hatte sich eine Stunde Zeit gelassen, um sich auf dieses Gespräch vorzubereiten, nun trat sie auf die Ärztin zu und sah sie mit einem langen Blick an. „Ich habe noch ein paar Fragen, Frau Doktor."

Hinter der roten Diorbrille funkelte es. „Ich dachte, wir hätten uns darauf geeinigt, dass ich Ihnen keine weiteren Fragen beantworten darf."

„Ja, das hatten wir. Aber es geht auch nicht um irgendwelche Fragen. Es geht um meinen Vater."

Hinter der Brille funkelte es weiter. „Was kostet es mich, wenn Sie wieder verschwinden und aufhören, mich in Gewissenskonflikte zu bringen?"

„Mehr als Sie haben, Frau Doktor. Viel mehr." Ohne zu fragen ließ Julia sich zum zweiten Mal an diesem Tag auf den unbequemen Besucherstuhl sinken. Es war, als wäre sie über eine unsichtbare Grenze getreten. Sie sah nicht gut aus und sie wusste es. Ihr Gesicht fühlte sich auf der rechten Seite so steif an, als hätte sie einen Schlaganfall gehabt.

Die Strickner deutete mit dem Finger darauf. „Was ist passiert?"

Julia machte eine matte Handbewegung. „Heute Morgen bin ich noch davon ausgegangen, dass es an der Anklage meines Vaters gegen Bruno Kalis keinen Zweifel gab. Und dann finde ich heraus, dass der Fall manipuliert wurde und mein Vater unter Druck gesetzt wurde."

Die Strickner schwieg.

Als zu lange nichts von ihr kam, lächelte Julia dünn. „Das Problem ist die Objektivität, nicht wahr? Sie wussten davon – oder zumindest ahnten Sie etwas – und hätten mich heute Morgen darauf hinweisen können, aber Sie mochten meinen Vater, und vermutlich wollen Sie mich so viele Jahre nach seinem Tod nicht mit etwas belasten, wovon Sie nicht wissen, wie ich damit umgehen werde. Ist es so?"

Die Strickner schwieg weiter.

„Aber sehen Sie ..." Julia hob die Hände in die Höhe. „Es mag echtes Mitgefühl sein, das verhindert, dass Sie mit mir reden wollen, aber es schadet mehr, als dass es mir hilft. Denn was habe ich zu verlieren? Meine verschwommenen Erinnerungen? Mein gutes Gefühl? Ich brauche Rat und eventuell Hilfe, deshalb sitze ich hier und ringe darum."

Immer noch nichts von der Ärztin.

„Was ist damals passiert?" Julias Herz klopfte. „Womit wurde mein Vater unter Druck gesetzt? Was ging vor sich, dass er alles – seine Integrität, seine Souveränität, seine Glaubwürdigkeit – alles, wofür er stand, in den Wind gepfiffen hat?"

„Ich weiß es nicht sicher", sagte die Strickner nun endlich. „Und selbst wenn ich es wüsste, würde ich es Ihnen nicht sagen wollen."

„Warum nicht?" Julia richtete sich etwas auf. „Hören Sie, ich erinnere mich an meinen Vater als einen geradlinigen Mann, der alles für Recht und Gerechtigkeit getan hat. Jetzt erfahre ich, dass das vermutlich gar nicht stimmt. Denn wenn er erpressbar war, dann muss er Dreck am Stecken gehabt haben. Natürlich ist der Gedanke beängstigend für mich, aber wie soll ich Ihrer Meinung nach damit umgehen? Soll ich ein Gebet für ihn sprechen und es vergessen?"

„Sie waren zehn Jahre alt", gab die Strickner ernst zurück. „Zehn Jahre, als Sie Ihre Eltern verloren haben, und den Verlust haben Sie bis heute nicht verkraftet. Das ist das Problem, Frau Wagner. Sie sind labil. Zu labil. Und das müssen Sie ernst nehmen."

„Ich habe leider keine Zeit für eine Psychoanalyse, Frau Doktor."

„Sie sollten sich die Zeit nehmen." Die Ärztin erhob sich etwas zu schnell von ihrem Stuhl und ihre toupierten Haare hoben sich dabei wie Flügel in die Höhe. Ein ausgestreckter Finger bewegte sich wie eine Kompassnadel in Julias Richtung. „Sie sagen, Sie wären inzwischen erwachsen. Aber die Frage ist doch, sind Sie es wirklich? Sind Sie erwachsen genug, um sich mit irgendwelchen morbiden Spekulationen auseinanderzusetzen?"

„Ja." Eine glatte Lüge. Julia hatte keinen Schimmer, wie sie mit weiteren Neuigkeiten umgehen würde. Aber jetzt war der Blitz ohnehin schon ins Dach gefahren. Zurück war nicht mehr möglich, also fügte sie hinzu: „Sagen Sie mir, was Sie wissen. Bitte."

Die Augen hinter der roten Brille waren jetzt so dunkel wie ein tiefer See. „Es hielten sich hartnäckige Gerüchte, Ihre Mutter wäre nervenkrank. Es hieß, sie würde Tabletten nehmen und sehr viel trinken. Sie soll in verschiedenen Kliniken gewesen sein. Vergeblich. Außerdem hieß es, Ihr Vater hätte sich mit Leuten eingelassen, die nicht ganz … astrein waren."

Julia schloss für einen Moment die Augen. Der Zeiger der Wanduhr sprang auf 15:39 Uhr.

„Wollen Sie wirklich wissen, was ich denke?", hörte sie die Stimme der Strickner, öffnete die Augen wieder und sagte: „Ja."

„Ich denke, dass Ihr Vater sich damals auf irgendeine Art und Weise Feinde geschaffen hat. Ich glaube, dass es jemanden gab, der nicht davor zurückgeschreckt hätte … ihn zu töten."

„Ihn zu töten?" Julia blinzelte. Ihr Verstand war viel zu beschäftigt, um sofort zu verstehen, was sie da gerade gehört hatte.

„Vielleicht irre ich mich auch", fügte die Strickner schnell hinzu. „Aber ich glaube bemerkt zu haben, dass Ihr Vater in der Zeit vor dem tragischen Autounfall aufmerksamer wurde. Er ging im wahrsten Sinne des Wortes mit offeneren Augen durch die Welt. Wie wenn man so ein Gefühl hat, das einen dazu bringt, sich immer wieder umzudrehen und davon zu überzeugen, dass hinter einem nichts ist. Wenn Sie mich fragen, ahnte Ihr Vater eine Gefahr und er war auf der Hut."

Ohne es zu bemerken, klammerte Julia sich mit beiden Händen an die Lehnen des Plastikstuhls. In ihrem Kopf machte es *Klickklickklick.*

„Frau Wagner", sprach die Strickner weiter. „Sie überschreiten gerade eine Grenze und öffnen eine Tür, von der ich mir nicht sicher bin, ob Ihr Vater gewollt hätte, dass Sie sie öffnen. Es gibt so viel mehr, wofür es sich zu leben lohnt, Sie haben es nur vergessen."

Julia schwieg.

In ihrem Kopf machte es weiter: *Klickklickklick.*

„Worüber denken Sie nach?", fragte die Strickner.

„Wenn mein Vater einen solch gefährlichen Feind hatte", sagte Julia, „dann gibt es vielleicht eine Verbindung von der Vergangenheit zur Gegenwart. Und dann wäre … sein Feind auch mein Feind."

Jetzt war es die Strickner, die schwieg.

„Irgendetwas ist 1987 passiert. Und ich muss wissen, was." Damit erhob Julia sich und trat zur Tür.

Die Strickner sagte noch etwas, doch sie verstand die Worte nicht mehr. Ihre Stimme klang, als würde sie weit weg vom Wind über ein Feld geweht.

Julia verließ das Büro und schloss die Tür hinter sich.

In ihrer blitzsauberen Küche suchte Paula von Jäckle nach etwas Essbarem, nach Vitaminen, und fand nach einigem Suchen einen

Apfel. Um ihn zu halbieren und zu schälen, sah sie sich nach einem Messer um, doch was sie entdeckte, ließ sie verwirrt blinzeln. Sie schloss die Augen, öffnete sie wieder und sah ein zweites Mal hin. Dasselbe Bild. In dem Messerblock fehlte ein Messer.

Und jetzt bekam Paula Angst. Angst, wie sie noch nie zuvor in ihrem Leben Angst gehabt hatte. „Wer bist du?" Sie erschrak, als sie die Worte aus ihrem eigenen Mund hörte. Ihr Herz fing wild an zu hämmern und in ihren Ohren setzte ein Rauschen ein. „Versuchst du, mir Angst zu machen? Willst du mich einschüchtern? Das wird dir nicht gelingen!"

Sie dachte an die Karten. Nein, nichts von dem, was gerade geschah, war Zufall. Die Karten hatten es deutlich gezeigt: mächtiger Feind ... magischer Schutzkreis ... Blockade.

Im nächsten Moment kam der Schmerz. Er kam so plötzlich und gewaltsam, dass Paula in die Knie sank, beide Hände auf ihre Leisten gepresst. Einen Moment spürte sie einen grausamen Kälteschock in sich, dann war es wieder vorbei und sie kroch an die Wand. Dort verharrte sie mehrere Minuten. Sie strich sich ein paar Strähnen aus den Augen und bemerkte, dass sie nass waren vor Schweiß.

Es war an der Zeit, Julia Wagner noch einmal aufzusuchen.

41. KAPITEL

Ein böser Geist mit festem Ziel

Als Julia zur Pension zurückkehrte, stellte sie fest, dass Paula von Jäckle im Eingangsbereich saß und auf sie wartete.

Als sie sie entdeckte, erhob sie sich sofort und trat auf sie zu. „Wir müssen dringend noch einmal miteinander reden, Frau Wagner."

„Ich hab jetzt keine Zeit." Julia ging an ihr vorbei zur Treppe.

„Bei allem Respekt, ich weiß, dass Sie an meinen Worten zweifeln, und ich kann es Ihnen nicht einmal verübeln." Paula folgte ihr dichtauf. „Aber ich fürchte, in diesem Fall haben Sie keine andere Wahl, als mir zu vertrauen. Weil das, was ich Ihnen zu sagen habe, von großer Bedeutung ist." Sie stockte kurz. „Sie sehen miserabel aus. Wenn ich Sie so ansehe, dann sind Sie dem Bösen bereits begegnet, und glauben Sie mir, das war erst der Anfang. Sie brauchen Unterstützung."

Julia antwortete nicht, drehte sich nicht einmal um. Sie stieg die Treppe hinauf. Paula von Jäckle blieb ihr weiter auf den Fersen. „Sie müssen mir zuhören, wenn Sie das Rätsel um Ihre tote Freundin lösen wollen. Und wenn Sie die nächsten Tage überleben wollen. Sie müssen sich die Zeit nehmen. Sie müssen …"

Jetzt blieb Julia stehen, wandte sich um und warf ihr einen Blick zu, der einen bangeren Menschen augenblicklich in verkohltes Fleisch verwandelt hätte. „Ich möchte gerade nicht reden und ich möchte auch nicht zuhören. Habe ich mich nicht klar genug ausgedrückt?"

„Doch, doch", gab Paula zurück. „Das ändert aber nichts daran, dass ich den Drachen in den Karten gesehen habe."

Julia dachte eine Sekunde darüber nach, ob es sich lohnte, etwas darauf zu sagen, entschied sich dagegen und stieg weiter die Treppe hinauf.

Und Paula folgte ihr weiter dichtauf. „Der Drache ist das Symbol des Bösen", sagte sie in ihren Rücken. „Er repräsentiert den alten Feind. Gewalt und Rache sind sein Steckenpferd. Es gibt dunkle Mächte in Ihrem Leben, Frau Wagner, raffinierte Mächte, und die haben eine enorme Bedeutung."

Oben angekommen, hallten ihre Schritte durch den Flur. So lange, bis Julia müde und ausgelaugt vor ihrer Zimmertür stehen blieb. Da Paula sich noch immer in ihrem Rücken befand, sah sie sich gezwungen, sich noch einmal umzudrehen. „Was Sie gerade tun, ist nicht sehr höflich, Frau von Jäckle."

„Sie meinen, dass ich Ihnen hinterherlaufe und Sie tyrannisiere?" Paulas Mund verzog sich zu einer dünnen Linie. „Ich gebe Ihnen recht, das ist tatsächlich nicht sehr höflich, und ich verspreche Ihnen, ich werde in mich gehen und mich bessern. Später. Denn in Ihrem Fall hilft mir Höflichkeit leider nicht weiter. Vielleicht verstehen Sie mich, aber Sie hören mir nicht zu. Noch einmal: Was ich Ihnen zu sagen habe, ist WICHTIG."

Julia schloss die Tür auf und dachte einen Moment darüber nach, sie einfach hinter sich zuzuschlagen. Doch dann trat sie ein und ließ sie offen.

Paula folgte ihr erleichtert. „Man sagt, das heimtückischste Böse ist immer in nächster Nähe zum erhabenen Guten. Gott hat uns die Fähigkeit verliehen, zwischen Gut und Böse zu entscheiden. Zwischen ewigem Leben und ewiger Verdammnis. Sie haben sich für das Gute entschieden, Frau Wagner, und nun sind Sie dazu verdammt, das Böse mitsamt der Wurzel auszureißen."

„Klar." Julia machte eine müde Handbewegung. „Wer sonst, wenn nicht ich?"

Paula schloss die Tür. „Das Böse existiert. Sie haben es oft genug mit eigenen Augen gesehen."

„Und weiter?"

„Sie verfügen über ein reiches Erbe, und damit meine ich nichts Materielles. Sie tragen eine große Verantwortung, aber Sie sind nicht alleine. Sie haben Verstärkung. Sie sind durch mächtige Energien geschützt, durch eine Art magischen Kreis. Eine Art Schutzkreis. Und das war bisher Ihr Glück."

„Das ist ein Witz", sagte Julia.

„Sehe ich so aus, als mache ich Witze?", gab Paula zurück.

„Was ist das für ein Blödsinn? Ich bin durch mächtige Energien und einen magischen Kreis geschützt? Und wovor genau?"

„Vor einem bösen Geist mit festem Ziel. Einem Dämon, im übertragenen Sinn. Ein Monster, gnadenlos, verdorben, grausam. Und dieses Monster kennt Sie, Frau Wagner. Kennt Sie gut. Und wenn ich mir Ihr Gesicht so ansehe, dann stelle ich fest, dass Sie ihm bereits begegnet sind." Es schien, als müsse Paula sich einen Ruck geben, um die weiteren Worte zu formulieren: „Es geht um etwas, was sehr lange her ist, und um etwas, was gerade erst geschehen ist. Und Sie sind der Schlüssel. Sie sind die Verbindung. Er folgt Ihnen. Er ist in Ihrer Nähe. Die ganze Zeit, sowohl einen Schritt voraus als auch einen Schritt hinter Ihnen. Er ist sich seines Handelns voll bewusst, und Sie müssen klar denken können, wenn Sie gegen ihn bestehen wollen."

„Hören Sie …"

„Dieser Mensch ist von Zorn und Hass getrieben. Er ist ein Mensch, aber kein normaler Mensch. Ein Fanatiker, der blind ist für das Göttliche im Himmel. Und genau das macht ihn so gewalttätig und unberechenbar."

Julia wollte etwas sagen, entschied sich dann aber dagegen. Stattdessen zog sie eine Zigarette aus der Packung, zündete sie an und inhalierte tief. Erst dann sagte sie: „Seit wann habe ich diesen Gegner, wenn es ihn denn gibt?"

„Schon viele Jahre. Er ist wie Jekyll und Hyde. Längere Zeit hat er sich zurückgehalten, nun hat irgendetwas den Dämon in ihm wieder aktiviert. Er will töten."

„Wen?"

„Unschuldige. Mitwisser. Sie. Vielleicht wird er am Ende sogar selbst sterben, aber das ist ihm egal."

Julia starrte Paula in die Augen und die starrte zurück.

„Was können Sie mir sonst noch sagen?", fragte Julia nach ein paar Sekunden. „Da ist noch was anderes, oder?"

„Gewisse Dinge", erklärte Paula betrübt, „sind so unangenehm, dass ich mich dagegen sträube, sie auszusprechen. Verstehen kann man sie nicht. Jedenfalls nicht mit dem Verstand."

„Ich will es trotzdem wissen. Dieser Feind, das war auch der Feind meines Vaters, richtig?"

Paula nickte. „Jetzt verstehen Sie mich."

„Nein, ich verstehe nicht. Was hatte mein Vater mit diesem Menschen zu tun?"

Paula hob die Schultern.

„War mein Vater wirklich in irgendetwas verwickelt, was mehr als nur moralisch verwerflich ist? Hat er tatsächlich das Gesetz gebrochen?"

„Glauben Sie das denn?"

„Ich will es nicht glauben. Aber ich bin auch nicht naiv. Ich muss selbst über das nachdenken, was ich für undenkbar halte. Und im Moment denke ich so einiges."

„Was könnte passiert sein?"

„Das will ich ja gerade von Ihnen wissen."

„Tut mir leid, aber ich bin keine Hellseherin. Ich habe zwar einen Zusammenhang gesehen, aber es war mir unmöglich, zu erkennen, welchen. Was ich aber weiß, ist, dass der Verlust Ihrer Eltern vor Jahren einen starken Schock bei Ihnen ausgelöst hat. Einen Schock, von dem Sie sich bis heute nicht erholt haben. Und das kann ziemlich problematisch werden, gerade in Ihrer jetzigen Situation. Jemand ist Ihnen auf den Fersen, Frau Wagner. Irgendjemand, der Sie zutiefst hasst."

„Es gibt eine Menge Menschen, die mich nicht mögen", sagte Julia.

„Jaaa", machte Paula und lächelte ein halbes Lächeln. „Hier geht es aber nicht um ‚nicht mögen'. Hier geht es um tief verwurzelten, zerstörerischen Hass. Und Sie sind nicht gut genug darauf vorbereitet. In Ihnen herrscht eine fast vollständige Reduzierung der Gefühlsintensität. Immer wieder der Versuch, sich durch Flucht zu entziehen. Stumme Räume. Kurz: Es liegt ein Hang zum Fatalismus vor. Und genau das haben Sie mit Ihrem Gegner gemeinsam. Vielleicht sind Sie ihm sogar ähnlicher, als Sie denken."

Julia schnaubte und schwieg.

„Sie können den Kampf gewinnen", fügte Paula hinzu. „Sie können gewinnen, weil Sie nicht alleine sind. Weil Ihnen jemand vorausgegangen ist, der Ihnen den Weg freimacht. Können Sie mir folgen?"

Julia erwiderte, dass das – zugegeben – ziemlich schwierig sei, und Paula runzelte die Stirn. „Sie können gewinnen", sagte sie noch einmal. „Aber wenn Sie gewinnen wollen, dann müssen Sie etwas tun."

„Und was sollte das Ihrer Meinung nach sein?"

„Gehen Sie ans Grab Ihrer Eltern."

Um kurz nach 18:00 Uhr betrat Julia die Kneipe und setzte sich zu Sandmann an den Tisch.

„Wodka", sagte sie in Richtung Theke und der Wirt nickte.

Erst als der Alkohol vor ihr auf dem Tisch stand und ein überdimensional großes Schinkenbrot auf einem Teller vor Sandmann lag, sagte er: „Wo bist du gewesen? Ich hab den ganzen Tag versucht, dich anzurufen. Mailbox, Mailbox, Mailbox. Das geht so nicht, Julia. Ich hab mir echte Sorgen gemacht. Und was glaubst du, wie Eva mir im Nacken sitzt? Und was, verdammt noch mal, ist mit deinem Gesicht passiert?"

Julia erzählte ihm von Kämmerers Ermordung und ihrer anschließenden kurzen Begegnung mit seinem Mörder. Dann erzählte sie von all den anderen Gesprächen, die sie an diesem Tag geführt hatte.

„Warum hast du mir nichts gesagt?", wollte er wissen. „Ich hätte dabei sein müssen."

Sie schüttelte den Kopf. „Es war besser so. Ich hätte es mir nicht verziehen, wenn du in Gefahr geraten wärst."

„Wir sind Freunde, oder nicht?"

Julia sagte nichts darauf. Machleids Worte, Langes Worte, die Worte von Frau Doktor Strickner. Paula von Jäckle. Alles schoss kreuz und quer durch ihren Kopf wie ein Squashball. Sie trank das Glas in einem Zug leer, hob die Hand und bestellte noch einen weiteren Wodka.

„Meinst du, das ist jetzt gut für dich?", fragte Sandmann.

„Oh, allerdings ist das jetzt gut für mich." An den Fingern begann sie aufzuzählen. „Kerstin ist tot. Meine Mutter war vielleicht suchtkrank. Lange, mein großes Vorbild, hat wissentlich einen unschuldigen Menschen ins Gefängnis gebracht. Mein Vater hat bei dem Spiel mitgespielt, weil er mit irgendwas erpresst worden ist. Was wiederum bedeutet, dass ich wahrscheinlich nicht mal eine vage Vorstellung davon habe, worin mein Vater sonst noch die Finger hatte. Ach, und er hatte einen Feind, mein Vater. Und dieser Feind ist auch mein Feind. Eine Familiensache, sozusagen, ich habe nur leider keinen Plan, wie und wo die Fäden zusammenlaufen. Also, wenn Wodka jemals gut für mich war, dann jetzt."

„Das macht mir gerade ein bisschen Angst", gab Sandmann zu.

„Und mir erst." Als der Wirt das nächste Glas vor sie stellte, legte Julia die Finger darum und irgendwie beruhigte es sie ein wenig. „Seit meiner Kindheit habe ich mir eingeredet, dass diese Welt ganz bestimmt einer Logik folgt", sagte sie. „Einer Logik, die sich mir nur leider nicht erschließt. Aber das war okay. Damit konnte ich leben. Es war alles in Ordnung. Alles in Ordnung, bis dieser verdammte Anruf von Pastor Jordan kam und ich meinte, ich müsste zu Kerstins Beerdigung zurückkommen. Und jetzt … ist es, als hätte sich in meinem Kopf ein Schalter umgelegt. So viele Gefühle durchfluten mich. Zu viele Gefühle. Alles steht in irgendeinem Zusammenhang. Die Teufelsmorde, Kerstin, ich, mein Vater …"

Sandmann schwieg einen Moment, dann sagte er: „Ich gehe nicht davon aus, dass du Paula von Jäckles Vorschlag, ans Grab deiner Eltern zu gehen, folgen wirst, oder?"

„Ganz bestimmt nicht."

„Warst du in den letzten Jahren überhaupt mal dort?"

„Nein."

„Warum nicht?"

„Ich werde mir das nicht antun."

„Was würdest du dir denn antun?"

„Sandmann, hör auf, okay?"

Er zog ein beleidigtes Gesicht. Man konnte seine Gedanken leicht davon ablesen, er hätte sie gar nicht aussprechen müssen: „Entschuldige, wenn ich versuche, dich und deine Motivationen zu verstehen, Julia. Und entschuldige, wenn es mich beunruhigt, was diese Kartenlegerin gesagt hat. Immerhin wusste sie eine ganze Menge über dich. Und über deine Eltern. Und über den … ganzen Rest. Und auch wenn du es immer noch nicht tust, ich glaube ihr, denn ich habe ihn gesehen."

„Wen?"

„Den schwarzen Mann. Du erinnerst dich? Unter deinem Fenster. Und glaub mir, der Kerl war das Fürchterlichste, was ich je das Unglück hatte zu sehen." Sandmann brach ab, als seine Aufmerksamkeit in Richtung Tür gelenkt wurde. „Oh Shit, es gibt Ärger. Ebeling ist gerade reingekommen und er sieht nicht sehr freundlich aus."

Nur drei Schritte und der Dorfpolizist stand an ihrem Tisch.

Augenblicklich legte sich das Stimmengewirr um sie herum, als wäre der Lautstärkeregler eines Mischpults heruntergeschoben worden.

„Herr Ebeling", sagte Julia mit so viel Freundlichkeit in der Stimme, wie ihr möglich war. „Sind Sie mit der Schändung der Kapelle endlich weitergekommen?"

„Oh ja", gab er zurück. „Der Fall ist aufgeklärt. Es waren zwei Jugendliche aus dem Dorf, zwölf und dreizehn Jahre alt. Ich habe bereits mit den Eltern gesprochen. Die beiden werden ihre Strafen bekommen." Mit dem Finger deutete er auf Julia. „Und Ihnen möchte ich dringend raten, jetzt endlich aufzuhören. Sie verschwenden nur Ihre Zeit. Alles ist längst aufgeklärt."

„Klar." Julia machte eine knappe Handbewegung. „Kalis ist tot. Kerstin ist tot. Für das Geschmiere auf Frau von Jäckles Hauswand und die Schändung der Kapelle halten Kinder den Kopf hin. Sieht gut aus für Sie und die Ruhe in Wittenrode."

„Es ist nicht weiter verwunderlich, dass Sie so denken. Sie wollen ja schließlich mit allen Mitteln Ihrer toten Freundin ein besseres Andenken verschaffen. Aber Kerstin hat sich umgebracht, das ist eine Tatsache. Weil sie ihren Mann umgebracht hat, auch eine Tatsache. Sie hat es gestanden. Es gibt nicht den geringsten Zweifel daran. Für ein Gericht hätte es allemal gereicht, und das wissen Sie auch." Ebeling brach ab, dachte einen Moment nach und fügte mit einem Achselzucken hinzu: „Und nur damit wir uns richtig verstehen: Alles, was Sie tun, wird nichts daran ändern, dass niemand hier Ihrer toten Freundin eine Träne nachweint."

Sandmann packte sein Glas fester, doch er hatte sich im Griff. Julia nicht. Sie war bereits aufgestanden und sah dem Dorfpolizisten geradewegs in die Augen. „Sie sind dumm, Ebeling. Einfach nur dumm. Und auch wenn mir das jetzt eine Anzeige einbringt, so muss ich Ihnen trotzdem sagen, dass ich davon ausgehe, dass Sie bereits dumm zur Welt gekommen sind."

Er stieß ein Zischen aus. „Dafür kassieren Sie allerdings eine Anzeige. Ich mache nur meine Arbeit."

„Sie machen Ihre Arbeit mehr als schlecht", fauchte Julia. „Sie sind ja noch nicht einmal in der Lage, Dinge zu sehen, die sich direkt vor Ihren Augen abspielen. Sie tun einen Scheißdreck, das tun Sie."

Jetzt schaltete sich Wilhelm Raddatz ein, der mit Knut Hagen an einem Ecktisch saß. „Halten Sie sich besser zurück, Frau Wagner. Es reicht."

Julia wandte sich ihm zu. „Warum? Weil ich Ihrem Dorfpolizisten sage, dass er eine Null ist? Kinder mit Wasserpistolen würden einem Verbrecher mehr Angst einjagen als dieser Mensch."

Ebeling fluchte erbittert. „Sie haben kein Recht, sich einzumischen und nichts als Probleme zu bereiten! Verlassen Sie Wittenrode und nehmen Sie Ihre beiden Freunde gleich mit. Uns liegt dieser Ort am Herzen. Ihnen nicht. Sie sind vielleicht hier aufgewachsen, aber Sie sind nicht hier geboren. Das ist bei Weitem nicht dasselbe."

Knut Hagen – schon wieder ziemlich angetrunken – schnaubte und rülpste und richtete seinen Blick mehr oder weniger zielgerichtet auf Julia. „Wollnse hier nich hamm. Verstehnse?"

„Was er sagen will", griff Raddatz hilfreich ein, „ist, dass die Touristen auf ein Neues ausbleiben werden, wenn Sie weiterhin das Gerücht streuen, dass hier immer noch ein Mörder frei herumläuft. Ebenso werden sich Investoren, die sich eventuell für die Gegend hier interessieren, verschreckt wieder zurückziehen."

Julia spürte, wie ihre Anspannung immer mehr zunahm. „Läuft es darauf hinaus, ja? Geht es wirklich nur ums Geld? Nur um den Profit?"

„Wir müssen Prioritäten setzen, Frau Wagner. Es geht um unser aller Lebensunterhalt, deshalb müssen wir die Dinge praktisch sehen. Wir sind dazu gezwungen. Jürgen Jakob ist tot, was schlimm genug ist. Kerstin hat sich umgebracht, Gott weiß warum, aber sie hat es getan. Und irgendwann muss man die Dinge auch mal gut sein lassen."

Sandmann ließ den Blick hin und her schweifen und fragte sich, wann der Punkt erreicht war, an dem der Wirt dazwischenging, aber der sah nur auf das Glas, das er gerade trocken rieb. Als ginge ihn das alles gar nichts an.

Julia indessen bebte vor Zorn. „Ich muss euch enttäuschen, Leute", sagte sie in die Runde. „Die große Lüge, das große Vertuschen hat nicht funktioniert. Es läuft immer noch ein Mörder frei dort draußen herum."

„Das ist nicht wahr!", zischte Ebeling.

„Und ob das wahr ist! Er hat Jürgen Jakob getötet und er hat heute noch einmal zugeschlagen. Norbert Kämmerer – der eine oder andere wird sich sicher noch an den Namen erinnern – wurde in Hannover aus dem fünften Stock eines Gebäudes gestoßen. Ich weiß es deshalb so genau, weil er direkt neben mir auf dem Asphalt aufschlug." Julia brach ab, atmete tief durch und fügte nach ein paar Sekunden etwas leiser hinzu: „Ihr habt euch verrechnet. Ihr dachtet, wenn ihr noch einmal die Augen zumacht, wie damals bei Kalis, und zufrieden seid mit Kerstins Tod und ihrem Geständnis, dann wird schon alles gut gehen. Aber nichts ist gut. Überhaupt nichts ist gut. Der wahre Teufelsmörder ist immer noch unterwegs, und wenn ich an eurer Stelle wäre, dann würde ich von jetzt an die Türen gut abschließen."

Für einen Moment trat vollkommene Stille ein.

Julia hob ihr Glas an und trank es in einem Zug leer. „Kerstin war nicht wahnsinnig", sagte sie dann. „Und eine Satanistin war sie auch nicht. Sie war entbehrlich. Für euch alle. So sieht's aus."

Ebeling blies die Wangen auf. „Jetzt hören Sie gefälligst auf, solchen Müll zu reden und die Leute noch mehr zu verunsichern. Ich sage es Ihnen jetzt noch ein letztes Mal, auch wenn Sie es ums Verrecken nicht hören wollen: Kerstin hat den Mord an ihrem Mann begangen. Und das auf ganz brutale Art und Weise. Sie hat die Einheit ihrer Ehe gesprengt. Raserei in endlosem Strom. So war es und nicht anders."

„Es gibt keine Raserei in endlosem Strom, Sie jämmerlicher Schwachkopf", giftete Julia, und jetzt bestand wirklich Handlungsbedarf. Sandmann packte sie und zog sie aus der Kneipe.

42. KAPITEL

Mit wem treibst du es?

Eddie Winter war an diesem Abend nicht im „Eck". Er telefonierte, rief beinahe den gesamten Ort an. Der Letzte, den er anrief, war Pastor Jordan. Das Telefon klingelte und klingelte, aber Eddie blieb hartnäckig.

„Hier spricht Jordan", kam es endlich vom anderen Ende. „Was kann ich für Sie tun?"

„Ist meine Frau bei Ihnen?"

„Wer spricht denn da?"

„Eddie Winter."

„Nein, Ihre Frau ist nicht hier, Eddie. Kann ich Ihnen sonst irgendwie helfen?"

„Allerdings. Sagen Sie mir, wer Dinas Liebhaber ist. Sie als Dorfpfaffe wissen doch alles, was im Ort so vor sich geht. Vermutlich hat sie es Ihnen längst in allen Einzelheiten gebeichtet."

Stille in der Leitung.

„Sie täuschen sich, Eddie", sagte Jordan dann. „Ihre Frau ist Ihnen treu."

„Sie sind ein schlechter Lügner, Herr Pastor." Eddie legte auf und betrachtete den Telefonhörer, als ob er noch nie zuvor einen gesehen hätte. Dann griff er nach Zigaretten und Feuerzeug, nahm beides mit in die Küche und öffnete dort den Kühlschrank. Mit einem kalten Bier in der Hand stellte er sich ans Fenster und dachte nach.

Mit wem treibst du es, Dina?

Er steckte sich die Zigarette zwischen die Lippen, zündete sie an und starrte durch den Rauch hindurch.

Es dauerte ein paar Minuten, vier, vielleicht auch fünf oder sechs, dann ging mit einem Mal ein Ruck durch ihn hindurch. Einen hatte er noch nicht angerufen. Einen, dessen Vorname mit F begann.

Natürlich! Warum war er auf ihn nicht schon früher gekommen?

Eddie verließ die Küche, ging zurück zum Telefon und wählte die Nummer. Als nach dem sechsten Klingeln immer noch niemand abhob, legte er auf und sah sich im Haus um.

Natürlich hatte es nichts zu sagen. Fritz Holz konnte in der Kneipe sein. Aber glaubte Eddie das?

Er brauchte noch ein Bier.

Vor der Haustür blieb Dina einen Moment stehen, um zu Atem zu kommen. Dann schloss sie die Tür auf und trat ein. Alle Rollläden hatte sie heruntergelassen, noch bevor sie am Abend gegangen war, deshalb war es nun dunkel um sie herum. Sie schlüpfte aus den Schuhen und ging in Richtung Badezimmer.

Erschrocken fuhr sie zusammen, als Eddie auf einmal wie aus dem Nichts vor ihr stand, und es dauerte eine ganze Weile, bis sie begriff, dass er es tatsächlich war.

„Ich dachte, du wärst in der Kneipe", sagte sie.

„Da hast du dich wohl geirrt", gab er zurück.

Etwas in seiner Stimme sorgte dafür, dass Dina aufsah.

„Seit wann treibst du es mit Fritz Holz?"

Jetzt ist es so weit.

Fieberhaft überlegte Dina, welches darauf die richtige Reaktion wäre, und brachte es dann doch nur zu einem schwachen „Ich weiß nicht, was du meinst".

„Ich meine, dass du es hinter meinem Rücken mit einem anderen Mann treibst. Drücke ich mich nicht klar genug aus?"

Dinas Wangen zuckten. „Ich weiß wirklich nicht, wovon du sprichst, Eddie."

„Du hast mich beschissen, Dina."

In dem Moment wusste sie, dass es jetzt nichts mehr gab, was sie noch sagen oder tun konnte. Starr vor Entsetzen schloss sie die Augen, dann sah sie nur noch blauen und goldenen Wirbel.

43. KAPITEL

Die Jägerin, nicht die Gejagte

„Ich sehe, du machst dir schon wieder jede Menge neue Freunde." Eva konnte sich ein Grinsen nicht verkneifen.

„Das liegt an meinem sonnigen Wesen." Julia wischte sich ein unsichtbares Staubkorn von der Jacke. „Dem kann man einfach nicht widerstehen."

„Nicht lustig", brummte Sandmann dazwischen. „Für einen Moment war ich nicht davon überzeugt, dass wir den morgigen Tag noch erleben würden. Die waren alle richtig sauer."

„Ich erst", murrte Julia. „Die Sache ist noch viel schlimmer, als ich dachte. Entweder sind die alle nicht ganz sauber oder sie haben Schiss. Vor ausbleibenden Touristen. Vor Gott. Vor dem Teufel. Vor keine Ahnung was."

„Klar", machte Eva. „Weil, wenn man in der Klärgrube rührt, oft Scheiße hochkommt."

„So ist es."

Einen Moment verfielen sie in Schweigen, dann sagte Eva in Julias Richtung: „Kann ich dich etwas fragen, ohne dass du gleich ausflippst?"

Julia hob den Blick und sah sie an. „Ich flippe nicht aus. Warum sollte ich ausflippen?"

„Warum gehst du nicht ans Grab deiner Eltern?"

„Oh bitte! Jetzt fang du nicht auch noch damit an."

„Ich hab doch gesagt, du sollst nicht gleich ausflippen."

„Paula von Jäckle hält sich für ein Medium, und du weißt, was ich wiederum davon halte. Was sie gesagt hat, muss überhaupt nichts bedeuten."

„Das stimmt." Eva atmete tief durch. „Es muss nichts bedeuten. Aber was, wenn es doch etwas zu bedeuten hat? Deshalb habe ich dich gefragt: Warum gehst du nicht ans Grab deiner Eltern?"

„Ich hab die Frage verstanden."

„Es sind deine Geister, Julia", wandte Sandmann ein. „Sie sind in dir. Du hast sie entstehen lassen und nur du kannst sie auch wieder loslassen."

„Es sind meine Eltern, Sandmann."

„Wenn du glaubst, es ginge nur darum, dann bist du ein Dummkopf, Julia." Das kam wieder von Eva. „Weil es um viel mehr als nur um deine Eltern geht. Du warst eine verdammt gute Polizistin. Und warum warst du das? Hast du dich das mal gefragt?"

„Ich fürchte, du hast die Antwort darauf längst parat."

„Weil du über eine ganz besondere Form von Empathie verfügst", redete Eva weiter. „Deshalb verfolgen dich nicht nur deine Eltern bis in deine Träume, sondern auch andere Tote. Und das nicht erst seit gestern. Du hast damals im Waisenhaus schon mit Gestalten gesprochen, die nur du gesehen hast. Ich weiß das, denn ich habe dich dabei beobachtet."

Julia schwieg und Eva fügte hinzu: „Und deshalb warst du eine so gute Polizistin. Wegen dieser Empathie. Weil du sehen und spüren kannst, was andere nicht sehen und spüren können. Du magst menschlich eine Menge anderer Schwächen haben, Julia, aber diese Gabe hast du."

„Es ist keine Gabe", sagte Julia jetzt.

„Nenn es, wie du willst. Tatsache ist, dass es so ist. Und dass es dich zu dem gemacht hat, was du bist. Du bist gut, Julia, daran gibt es überhaupt keinen Zweifel, aber das, womit du es jetzt gerade zu tun hast, ist wirklich böse. Und es umkreist dich, es bewegt sich auf dich zu, und ich sage dir, Paula von Jäckle hat recht. Wenn du jetzt nicht handelst, dann bist du verloren."

„Du drängst dich schon wieder ungefragt in mein Leben, Eva."

„Es ist mir völlig egal, was du denkst." Herausfordernd zog Eva die Augenbrauen in die Höhe. „Weil ich mir Sorgen um dich mache. Da ist jemand hinter dir her, der dich ausschalten will, und du bist ihm im Augenblick noch nicht gewachsen."

„Ich bin normalerweise nicht dafür zu dramatisieren", bemerkte Sandmann. „Aber Eva hat recht."

„Bei allem, was du bisher in deinem Leben getan hast", redete Eva weiter, „hast du den Toten mehr Aufmerksamkeit gewidmet als den Lebenden. Aber die Toten brauchen deine Hilfe gerade nicht. Du, Julia Wagner, brauchst jetzt die Hilfe der Toten. Also bitte, ich frage dich jetzt noch einmal ganz ruhig: Wirst du ans Grab deiner Eltern gehen?"

Julia schwieg weiter.

„Tu es, Julia. Du musst dich dem stellen. Du musst die Jägerin sein, nicht die Gejagte."

44. KAPITEL

Versagen auf ganzer Linie

Kälte drang ihre Beine hinauf, als sie zwei Stunden später durch die leeren Straßen Wittenrodes ging. Einen Moment blieb Julia stehen, betrachtete den Kirchturm, der in einen sternenlosen Himmel zeigte. Dann stand sie auf einmal in der Vorhalle zur Kirche und wunderte sich darüber. Sie machte ein paar vorsichtige Schritte hinein und ließ sich dann auf eine der Bänke sinken.

„Okay, Gott", sagte sie in die Stille, „wir hatten schon lange nichts mehr miteinander zu tun, du und ich, aber ... Also, ich weiß nicht, ob du weißt, was hier unten gerade vor sich geht. Ich weiß auch nicht, ob es dich interessiert. Mir ist natürlich klar, dass wir Menschen nur durch Leiden vorankommen, jedenfalls haben wir das bei Pastor Jordan so gelernt. Ich sag nicht, dass ich das verstehe, dieses Ding zwischen dir und den Menschen ist ja eh die reinste Wissenschaft. Aber hey, das ist grad ein bisschen viel, findest du nicht auch?" Sie warf einen Seitenblick zur Sakristei hinüber, dann redete sie weiter: „Ich hatte nicht mehr als zehn Jahre, um meine Eltern kennenzulernen, mehr hast du mir nicht erlaubt. Und natürlich hab ich mir anschließend vieles zurechtgeträumt. Alles, was mein Vater je gesagt oder getan hat, hab ich so ernst genommen, als wären es die Gesetzestafeln vom alten Moses. Kann man doch auch irgendwie verstehen, oder nicht? Aber jetzt sind da plötzlich jede Menge Sachen am Laufen und offenbar hängt es irgendwie mit ihm zusammen. Ich glaube, dass kurz vor dem Tod meiner Eltern irgendetwas vorgegangen ist, und ich bin ernsthaft verwirrt. Ich meine, findest du das fair? Reicht es nicht, dass du mir die Eltern genommen hast? Jetzt tauchen auf einmal Menschen auf, die andeuten, mein Vater sei ein ganz anderer gewesen, als ich immer glaubte. Und ich erfahre etwas von einem Feind, den er hatte. Und dieser Feind ist auch mein Feind. Wie, bitte schön, soll ich mich jetzt verhalten? Was ist meine Aufgabe in diesem Spiel? Ich hab mich dazu überreden lassen, morgen früh ans Grab meiner Eltern zu gehen. Weißt du, dass ich mir vor Angst fast in die Hosen mache? Was soll ich tun, wenn ich dort bin? Was soll ich ihnen sagen?"

Julia brach ab und wartete. Keine Antwort. Keine Offenbarung. Keine Inspiration von Gottes Seite.

„War eh klar. Interessiert dich nicht."

Sie stand auf und verließ die Kirche wieder, trat hinaus auf den Vorplatz und sah noch einmal in den Himmel.

„Na, jetzt geht's aber nach Hause, junge Frau", sagte eine Stimme hinter ihr. „Es ist viel zu dunkel für ein einsames Mädchen wie Sie."

Verwirrt wandte Julia sich um und erkannte eine alte Frau, die auf einen Stock gestützt dastand und sie beinahe zahnlos anlächelte.

Julia hätte auch gerne gelächelt, aber ihre Lippen weigerten sich. Um sich mehr Bodenhaftung zu verschaffen, stellte sie die Füße etwas weiter auseinander.

„Sie sehen aus, als hätten Sie eine Zigarette nötig." Die Frau zog eine Schachtel hervor und reichte sie ihr. „Sie suchen immer noch nach Antworten, richtig? Ich habe mit Ihrem blonden Freund gesprochen, beim Friseur, ein sehr netter junger Mann."

Julia zündete die Zigarette an, rauchte mit klammen Fingern. „Dann sind Sie Margot. Die Dorfälteste."

„Ja, das bin ich. Und weil ich so alt bin, kann ich es Ihnen sagen: Die Erde wird sich weiterdrehen, egal, was für Antworten Sie auch finden."

„Ich habe ... ich weiß nicht ..."

Margot kam etwas näher, tätschelte Julias Hand. „Fragen Sie sich, ob Sie wirklich alles wissen wollen." Das war es. Damit wandte sie sich ab und ging mit langsamen Schritten davon. Nur ihr Stock machte noch eine ganze Zeit lang tack-tack-tack auf dem Asphalt.

Julia wandte sich in die andere Richtung und setzte sich in Bewegung. Inzwischen fiel leichter Sprühregen auf sie herab. Sie kam an einem hüfthohen Gatter vorbei, das den Weg zu einer Treppe versperrte. Aus dem dazugehörigen Haus glaubte sie einen gedämpften Schrei zu hören. Da sie sich nicht sicher war, ob sie es wirklich gehört oder sich nicht doch nur eingebildet hatte, ging sie weiter, blieb dann aber doch noch einmal stehen und ging wieder zurück. Winter, las sie auf dem Namensschild am Tor.

In jeder anderen Situation, wenn Julia … ja was? … aufmerksamer gewesen wäre, weniger mit sich selbst beschäftigt, hätte sie ganz bestimmt auf ihre innere Stimme gehört und auf die Klingel gedrückt. So aber starrte sie nur eine Weile auf den Knopf, dann wandte sie sich ab und ging davon.

Es war ein Film, der immer wieder von vorne abgespielt wurde. Wie in einem fiebrigen Schlaf sah Dina jedes einzelne Detail vor ihren Augen. Sie hörte ihr eigenes entsetztes Atmen. Dann drei, vier harte Schläge von Eddie mit der Faust, seine Hände um ihren Hals, Augen, die aus den Höhlen zu quellen schienen, und seine Worte: „Ich bring euch beide um."

Dann endlose Sekunden und vollkommene Reglosigkeit. Winzige Angstpartikel, die in der Luft wirbelten wie Stäubchen, die noch nicht zu Boden gesunken waren, ehe eine weitere schallende Ohrfeige und Eddies Spucke Dina traf.

Das alles war in ihrem Kopf dokumentiert als authentischer und detailgetreuer Film.

Dann schlug Eddie noch einmal zu. Dann vergewaltigte er sie. Und danach seine Worte: „Was jetzt passiert, hast du ganz alleine zu verantworten, Dina."

„Du hast einen Schrei gehört?" Sandmann hing wie ein müder Kartoffelsack auf der Couch in seinem Zimmer. „Ist ja gruselig."

„Ja." Julia hatte beschlossen, dass sie mit jemandem reden musste, und so hatte sie ihn wenige Minuten zuvor aus dem Bett geworfen. „Und jetzt denke ich die ganze Zeit darüber nach, dass ich irgendwas hätte tun sollen …"

„Was hättest du denn machen wollen?" Sandmann gähnte. „Deine Waffe ziehen und die Tür aufschießen?"

„Die Polizei rufen hätte es auch getan."

„Die alte Margot meinte, dieser Eddie wäre ein durchtriebener Hund und seine Frau viel zu gut für ihn."

„Die habe ich heute Abend übrigens auch getroffen." Julia trat zum Fenster und öffnete es.

„Wen?", fragte Sandmann in ihren Rücken.

„Die alte Margot. Sie wollte deine Nummer und ich hab sie ihr gegeben."

Sandmann wurde blass. „Wirklich?"

„Nein. War nur Spaß. Stört es dich, wenn ich rauche?"

„Wenn es dir beim Denken hilft."

Julia zündete sich eine Zigarette an und inhalierte tief. „Also, was soll ich jetzt machen? Es könnte alles Mögliche gewesen sein, was ich da gehört habe."

„Ehrlich, ich weiß es nicht." Sandmann gähnte wieder. „Vielleicht gehst du morgen einfach in die Bäckerei und fragst diese Dina ganz freundlich, ob es sein kann, dass Ihr Mann sie schlägt." Er seufzte. „Nein, wahrscheinlich keine gute Idee. Auf jeden Fall aber traue ich es dem Penner von Eddie zu."

„Ich könnte mich auch ins Bett legen und so tun, als wäre nichts gewesen." Julia zog an ihrer Zigarette. „Ich könnte aber auch die Polizei rufen und mich lächerlich machen. Damit meine ich: Mich von Ebeling auf offener Flamme rösten lassen."

„Heute Abend hat es dir doch auch nichts ausgemacht, dich mit ihm anzulegen."

„Ja. Aber gerade habe ich das Gefühl, dass mein Kopf mit jeder Minute voller wird. Mittlerweile ist er so voll, dass ich jeden Augenblick damit rechne, er läuft über. Gerade hab ich das Gefühl, ich hab überhaupt keinen Einfluss mehr auf meine Gedanken."

„Ich hoffe, dass es dir morgen, nach dem Besuch am Grab deiner Eltern, besser geht. Du hast es dir doch nicht schon wieder anders überlegt, oder?"

„Nein. Ich wünsche mir nur, dass der Weg nicht umsonst ist." Julia zuckte mit den Schultern. „Und dass es nicht nach hinten losgeht."

„Schlimmer kann es kaum noch werden, oder? Du bist unter Beschuss geraten und jetzt gilt es, die eigenen Geschütze aufzufahren."

„Das hast du mal wieder sehr philosophisch ausgedrückt." Julia zog noch einmal an ihrer Zigarette, dann warf sie sie aus dem Fenster. „Ich geh jetzt zu Ebeling."

„Also doch? Na, der wird sich freuen, wenn er dich heute noch einmal sieht. Warum rufst du eigentlich nicht Lange an?"

„Hab ich schon versucht, der geht nicht ran." Julia stand mitten im Raum. Ihre Wangen glühten, als hätte sie hohes Fieber. „Bleibt nur Ebeling. Und der würde sich auch ohne unsere kleine Auseinandersetzung heute Abend nicht übermäßig erbaut zeigen, davon bin ich überzeugt." Damit ging sie zur Tür und hatte sie kurz darauf hinter sich geschlossen.

Ebeling war tatsächlich nicht sehr erbaut über Julias späten Besuch.

„Hören Sie, ich kenne Eddie Winter schon seit vielen Jahren", sagte er. „Er ist zweifellos ein Hitzkopf, aber er ist kein schlechter Mensch, und ganz bestimmt schlägt er seine Frau nicht. Trotzdem werde ich mir – um erneuten Behauptungen Ihrerseits, ich würde meinen Beruf nicht ernst genug nehmen, von vornherein den Wind aus den Segeln zu nehmen – die Sache ansehen. Morgen."

Julia atmete tief durch. „Hören Sie, ich hab wirklich keine Lust, mich schon wieder mit Ihnen zu streiten. Aber ich bin auch nicht mitten in der Nacht hierhergekommen, um die Sache bis morgen auf sich beruhen zu lassen. Es geht darum herauszufinden, ob ein Mensch Schaden genommen hat. Okay?"

„Schaden genommen?" Ebelings Mundwinkel zuckten spöttisch nach oben. „Auf welche Weise Schaden genommen? Körperlich? Emotional? Psychisch?"

„Wollen Sie mich auf den Arm nehmen? Eddie Winter ist ein egomanischer, reizbarer Typ, das wissen Sie so gut wie ich. Ich habe einen Schrei aus seinem Haus gehört und ich glaube nicht, dass seine Frau sich wehren könnte, wenn er sie tatsächlich angreift."

„In Ordnung!" Ebeling hob die Hände in die Höhe. „An dieser Stelle sollten wir die Dinge noch einmal ins richtige Verhältnis rücken. Ich, Frau Wagner, bin schon viele Jahre bei der Polizei und weiß genau, wie ich mich wann zu verhalten habe. Viele, viele Jahre … und damit um einiges länger, als Sie es ausgehalten haben, und deshalb werde ich nicht …"

„Ich war bei der Mordkommission", unterbrach Julia. „Ich hatte es mit Mördern zu tun, mit schwerer Körperverletzung, aufgeschlitzten Bäuchen, Vergewaltigungen und anderen Dingen, während Sie nicht mal in der Lage sind, einen Handtaschendieb zu überführen."

„Sie haben bereits eine Anzeige am Hals. Tun Sie sich keinen Zwang an."

„Wenn ich mehr Zeit hätte, dann würde ich es tatsächlich darauf anlegen und Ihnen eine umfangreiche Einführung in Kriminalarbeit geben, über die Wirklichkeit sozusagen, jetzt aber wartet das Haus der Winters darauf, dass Sie hinfahren und klingeln."

„Es wird mir niemand aufmachen, mitten in der Nacht."

„Sie sind die Polizei. Wenn Sie es wollen, macht man Ihnen auf."

„Morgen. Das ist mein letztes Wort. Wenn Sie unbedingt wollen, können Sie ja mitfahren."

Julia konnte es nicht fassen. Mit dem Finger deutete sie auf Ebeling. „Wenn bis morgen früh irgendjemandem in dem Haus etwas passiert ist, dann mache ich Sie persönlich dafür verantwortlich. Und glauben Sie mir, ein Disziplinarverfahren ist kein Spaß."

Damit wandte sie sich ab und ging davon.

Er ist hier!

Für einen kurzen Moment kam Dina zu sich und wurde panisch.

Mit einem Aufkeuchen wollte sie sich erheben, kam auf die Knie, schwankte und fiel dann wieder nach Luft schnappend zur Seite.

Wo war er?

Alles um sie herum schien grau zu sein, wie nasser Beton.

„Dina?"

Er stand direkt hinter ihr. Jetzt sah sie ihn. Sie würgte einen erstickten Schrei heraus, blickte auf die lange Klinge des Messers, dann sah sie in Eddies Gesicht. „Bitte … tu das … ni…"

„Tja", machte er, trat näher an sie heran und richtete die Spitze des Messers auf ihr Herz.

„Bitte, Eddie …"

Er hob das Messer an und schnitt ihr mit einer einzigen Bewegung die Kehle durch.

Blut spritzte.

Dina fiel zurück, und wenige Sekunden später war sie tot.

Einige Minuten starrte Eddie noch auf sie hinab. Dann drehte er sich um und verließ das Zimmer.

So einfach war das. Und so befreiend.

45. KAPITEL

Kein Grund zur Panik

Samstag, 10. April
8:34 Uhr

„Ist dir schlecht?", fragte Sandmann beim Frühstück, ohne von seinem Omelett aufzusehen. „Du siehst ziemlich blass aus."

„Ich kann nichts essen." Beim Anblick des gelben Geschlabbers auf ihrem Teller hätte Julia sich um ein Haar übergeben.

„So schlimm?"

„Schlimmer."

Ursula Faber, die an ihrem Tisch vorbeirollte, hielt inne und sah Julia aufmerksam an. „Sie sehen gar nicht gut aus."

„Geht schon." Julia gab sich wirklich Mühe. Trotzdem merkte sie, wie sie mehr und mehr zu schwitzen anfing.

„Ich bringe Ihnen einen Tee", sagte die Pensionswirtin und rollte davon.

Sandmann, dem es wieder mal ausnahmslos gut schmeckte, nahm noch eine Gabel von seinem Omelett. „Der Typ ist auf beiden Augen blind, da kann man nichts machen."

Es dauerte einen Moment, ehe Julia verstand, dass er von Ebeling sprach.

„Es war genauso, wie ich es vorausgesagt habe", gab sie dann zurück. „Er war überhaupt nicht interessiert an dem, was ich ihm erzählt habe. Genau genommen hat er mich ausgelacht. Der Mann ist viel zu involviert in dieses Kaff, das ist das Problem."

„Da magst du nicht unrecht haben." Sandmann sah auf seine Uhr. „Mir tut's übrigens leid, dass ich heute bei deinem Besuch auf dem Friedhof nicht dabei sein kann. Aber wir haben ein ziemlich großes Problem in unserer Firma und mein Chef meint, es gäbe keinen anderen, den er an die Sache setzen kann."

„Schon okay. Du hast einen Job zu machen, und ich glaub unbesehen, dass du der Beste darin bist."

„Ich bin so bald wie möglich zurück, das verspreche ich. Und was machst du jetzt mit Ebeling?"

„Was soll ich machen? Ich verlass mich darauf, dass er ..."

Ursula Faber kam mit einer Tasse Tee zurück. „Ist ein Tropfen Cognac drin."

Julia lächelte. „Eigentlich wollte ich meine Eltern nüchtern besuchen, aber schaden wird es wohl auch nicht. Und riechen werden sie es von ihrer Position aus auch nicht können. Hoffe ich jedenfalls."

Sandmann griff nach seinen Autoschlüsseln und warf sie von einer Hand in die andere. „Ich muss jetzt. Aber hey, ich bin mir sicher, dass der Besuch auf dem Friedhof eine gute Erfahrung für dich sein wird."

„Hmm", machte Julia und trank von dem Tee. „Hoffen wir es."

Wahrscheinlich hätte Ebeling Julias Hinweis von vergangener Nacht tatsächlich unter den Tisch fallen lassen, wäre nicht an diesem Morgen die Bäckerei geschlossen geblieben. Das hatte es noch nie gegeben und jetzt regte sich doch so etwas wie ein mulmiges Gefühl in dem Polizisten, sodass er sich schließlich doch auf den Weg zum Haus der Winters machte. Dort drückte er auf die Klingel und wartete mit knurrendem Magen, dass jemand öffnete.

Es dauerte eine ganze Weile, bis Eddie die Tür aufmachte und ihn blinzelnd ansah. „Was gibt's, Arnulf?"

Ebeling sah die dunklen Schatten unter seinen Augen, das zerzauste dunkle Haar, und wusste sofort, dass etwas nicht stimmte. „Die Bäckerei ist geschlossen. Das gab es noch nie und deshalb wollte ich fragen, ob bei euch alles in Ordnung ist?"

„Ach so. Deswegen." Eddie atmete tief ein, ließ die Luft dann in langsamen Strömen wieder nach draußen und sagte ganz am

Ende des Stromes: „Sie ist abgehauen, Arnulf. Sie hatte die ganze Zeit einen anderen."

Ebeling riss die Augen auf. „Was? Wer? Dina?"

„Sie ist mit Fritz Holz abgehauen. Hat mich einfach sitzen lassen. Hatte nicht mal den Mut, es mir ins Gesicht zu sagen. Wenn sie es mir wenigstens ins Gesicht gesagt hätte …"

„Dina und Fritz? Das kann ich nicht glauben."

„Leider doch. Ich kam gestern Abend nach Hause und sie war nicht mehr da."

„Bist du dir sicher, dass sie … Also, ich meine, woher weißt du …?"

Noch einmal holte Eddie tief Luft. „Ich wusste es schon lange, Arnulf. War nicht viel nötig, um sich das zusammenzureimen. Da musste man keine längeren Nachforschungen anstellen. Die beiden haben es schon lange heimlich miteinander getrieben." Er hielt eine halb gerauchte Zigarette in die Höhe und deutete mit der Glut auf Ebeling. „Aber ich bin ja selbst schuld. Nach dem ersten Schock habe ich eingesehen, dass ich sie nie so behandelt hab, wie sie es verdient hatte. Aber da war immer so viel anderes, weißt du? Der Laden, die Backstube. Das war immerhin unser Leben. Jedenfalls dachte ich das. Und jetzt ist es zu spät."

„Warum hast du denn nichts gesagt?", fragte Ebeling. „Du hättest mit mir reden können, Eddie."

„Ich weiß. Aber wie hätte ich dann dagestanden? Ich wollte sie nicht verlieren, verstehst du? Schau mich an, selbst jetzt versink ich noch in Selbstmitleid. Benehm mich total erbärmlich." Eddies Augen funkelten. „Sag mir einfach, dass ich mich zusammenreißen soll, okay?"

„Du benimmst dich nicht erbärmlich, Eddie. Seit wann …?"

„Seit etwa einem halben Jahr."

Das genügte. Ebeling hatte nicht das Bedürfnis, mehr zu erfahren. Und schon gar nicht hatte er das Bedürfnis, noch mehr zu fragen.

„Vielleicht kann ich ja daraus lernen", sagte Eddie. „Mir war nicht klar ... Ich meine, ich war wirklich ein schlechter Ehemann, das wissen wir beide. Ich hab alles falsch gemacht. Ich enttäusche alle."

„Hm. Also, wenn du Hilfe brauchst ... Ich bin für dich da, Eddie."

„Danke, Arnulf. Tut gut, solche Freunde wie dich zu haben."

Damit machte Eddie die Tür wieder zu und Ebeling wandte sich ab.

Zwei Gedanken gingen ihm durch den Kopf, während er zurück zu seinem Streifenwagen ging. „Du hast recht, Eddie, du warst ein schlechter Ehemann", war der erste. „Ich verstehe dich, Dina", war der zweite. Nur der entscheidende Gedanke, nämlich der, dass Eddie die ganze Zeit in der Tür gestanden und ihn nicht ins Haus gebeten hatte, der kam Ebeling nicht.

46. KAPITEL

Abergläubisch?

Obwohl die Sonne vergeblich versuchte, sich einen Weg durch den wolkenverhangenen Himmel zu bahnen, lag das Grab klar und deutlich vor ihr. Während Julia darauf zuging, spürte sie eine leichte Panik in sich aufsteigen, doch als sie dann direkt davor stand, veränderte sich die Atmosphäre plötzlich. Auf einmal war es ein Gefühl, als würde sie nach Hause kommen.

Nur eine Marmorplatte mit zwei Namen. Keine Blumen. Langsam ging Julia in die Knie, las immer wieder die Namen: Sven und Christine Wagner.

Mit den Fingerspitzen berührte sie den kalten Stein und konnte es selbst nicht glauben, doch in dem Moment veränderte sich etwas.

Für einen kurzen Augenblick gab es eine Verbindung. Sie konnte ihre Eltern plötzlich wie Geister um sich herum spüren. Es war ein Gefühl, als streiche eine kalte Hand über ihr Gesicht und über ihr Haar.

Und so holte Julia den Schlüssel zu ihrer Seele heraus, öffnete und erzählte ihren Eltern alles. Erzählte von den letzten Jahren. Von ihren Erlebnissen, von den Erfolgen und den Niederlagen. Sie redete so lange, bis sie irgendwann nur noch schweigend und erschöpft am Grab saß.

Noch ein letztes Mal strich sie mit den Fingerspitzen über den kalten Marmor, dann erhob sie sich und drehte sich um. Ihr Blick fiel auf ein frisch ausgehobenes Grab, das ein Stück weiter hinten angelegt worden war. Darauf befanden sich frische gelbe Rosen. Dutzende von Rosen.

Aus reiner Neugier trat Julia auf das Grab zu und als sie den Namen las, spürte sie das bekannte Kribbeln im Nacken: Hilde Baakes.

Hinter ihr bewegte sich etwas, sie wandte sich um und entdeckte eine schmächtige Gestalt, die zusammengekauert auf einer Bank saß und mit traurigen Augen sagte: „Kannten Sie Hildchen?"

Julia machte zwei Schritte auf die alte Frau zu und fragte: „Sind Sie alleine hier?"

„Nein, nein. Edna holt Wasser. Für die Blumen. Danke. Hildchen ist tot."

Julia setzte sich ebenfalls auf die Bank und deutete auf das Grab von Hilde Baakes. „Ist das Hildchen?"

Nicken. „Wir wussten, dass er zurückkommt."

„Wer?"

„Der Teufel." Die alte Frau sah Julia an. „Sind Sie abergläubisch?"

„Allmählich schon. Wie ist Ihr Name?"

„Olivia."

„Frau Klose!" Edna Gabriel kam auf sie zu und blieb dann bei ihnen stehen. „Das geht so nicht. Sie können doch nicht einfach wildfremde Menschen ..." Dann erkannte sie Julia. „Ach, Sie sind es."

„Wir haben gerade über Hildchen gesprochen."

„Hildchen", sagte Olivia mit verzweifeltem Blick. „Hildchen wusste, dass er zurückkommen würde. Sie wusste es immer."

Edna runzelte die Stirn. „Erzählen Sie nicht solche Sachen, Frau Klose."

„Hildchen war ein hübsches Dingelchen. So ein hübsches Dingelchen." Olivias Stimme wurde immer dünner. „Sie haben gesagt, es war ein Schlaganfall."

„Frau Baakes war eine gute Freundin von Frau Klose", erklärte Edna in Julias Richtung. „Die beiden waren früher sehr eng miteinander. Jetzt ist Frau Baakes gestorben und Frau Klose ist untröstlich. Deshalb bin ich mit ihr hierher gefahren, damit sie sich am Grab verabschieden kann. Wir ..."

„Ich kannte Frau Baakes", sagte Julia in Olivias Richtung. „Sie war eine … beeindruckende Persönlichkeit."

Olivia sah auf. „Sie kannten Hildchen?"

„Ja. Sie war eine Lehrerin von mir."

Edna wandte sich an Olivia. „So, Frau Klose, wir müssen jetzt nach Hause …"

Doch die alte Frau dachte gar nicht daran. Sie wollte bei Hildchen bleiben, deshalb erhob sie sich mühsam von der Bank und schritt auf das Grab zu.

„Fragen Sie erst gar nicht", sagte Edna in Julias Richtung.

„Was?"

„Was immer Sie fragen wollen. Es war ein Fehler von mir. Wir hätten erst gar nicht aus dem Haus gehen dürfen. Sehen Sie nur, wie schrecklich blass sie ist."

Sie blickten zu Olivia hinüber, die unglücklich ein paar Blumen auf Hilde Baakes' Grab hin und her bewegte.

„Ich denke, Sie könnten von heute bis nächste Woche reden", sagte Julia nach ein paar Sekunden, „und hätten trotzdem noch nicht alles erzählt, was Sie über die Leute in Wittenrode wissen."

„Möglicherweise", gab Edna zurück. „Aber ich werde nicht fürs Reden bezahlt. Ich werde dafür bezahlt, die Häuser sauber zu halten. Hilde Baakes ist tot und wie Sie sehen, bringt das die alte Frau Klose völlig aus der Fassung. Sie will sich von dem Schock gar nicht mehr erholen."

„Wussten Sie, dass die beiden Frauen damals den Teufelsmörder gesehen haben?"

Edna erstarrte, wie Rotwild, das Gefahr wittert. Sie machte einen Schritt zurück und musterte Julia. „Wie kommen Sie darauf?" Sie deutete auf Olivia. „Hat sie Ihnen das erzählt?"

„Sie sagte, sie und Hilde Baakes hätten immer gewusst, dass der Teufel zurückkommen würde."

„Das kann alles Mögliche bedeuten."

Julia ließ Edna nicht aus den Augen. „Frau Gabriel, ich bin in demselben katholischen Waisenhaus aufgewachsen, in dem Frau Baakes jahrelang unterrichtet hat. Wir sind dort mit der Angst vor dem Bösen und der Angst um unser Seelenheil großgezogen worden. Wenn Frau Baakes also so etwas wie den Teufel auch nur im Entferntesten angesprochen hat, dann hatte sie einen guten Grund dafür. Können Sie mir folgen?"

„Frau Klose hat es das eine oder andere Mal erwähnt. Aber sie hat nichts Genaues gesagt und ich habe nicht nachgefragt."

„Wo ist Hildchen?", sagte Olivia dazwischen, die plötzlich wieder bei ihnen stand. Sie hatten sie gar nicht kommen hören.

Edna zählte bis zehn. „Hildchen ist gestorben, Frau Klose. Erinnern Sie sich nicht? Dort ist ihr Grab. Sehen Sie nur."

„Oh ... Hildchen." Olivia erinnerte sich plötzlich nicht mehr, von Hildchens Tod gehört zu haben, aber sie erinnerte sich an Hildchen. „So ein hübsches Dingelchen", murmelte sie mit schwacher Stimme.

„Was ist damals passiert?", wollte Julia von Edna wissen.

„Das ist lange her", gab die Putzfrau zurück. „Und ich kann Ihnen nichts erzählen, worüber ich selbst nicht genau Bescheid weiß."

„Sie hätte nicht alleine in diesem Heim sterben dürfen", sagte Olivia wieder dazwischen und Julia stellte fest, dass die alte Frau am ganzen Leib zu zittern. „Ich hätte auf sie aufpassen müssen. Es war falsch von mir, sie alleine zu lassen. Aber eines Tages wird er dafür bezahlen."

„Wer?", fragte Julia sofort.

Keine Antwort. Olivia war in Gedanken schon wieder an einem anderen Ort.

„Mischen Sie sich nicht weiter ein", kam es stattdessen von Edna. „Dabei kommt nichts Gutes raus. Glauben Sie mir, wenn man mit einem Stock in einem Loch herumstochert, dann kann man damit rechnen, dass irgendwann eine Schlange rauskommt."

Julia wandte sich ihr zu. „Und mit dieser Einstellung wollen Sie dafür verantwortlich sein, dass auch weiterhin wichtige Details eines Mordfalls unter der Decke gehalten werden? Das ist nicht sehr klug von Ihnen, Frau Gabriel."

Ednas Miene blieb steinern. „Hat nicht jeder das gesetzliche Recht, zu sagen und zu verschweigen, was er möchte?"

„Natürlich, wenn man der Beschuldigte ist. In Ihrem Fall nennt man das Behinderung von Ermittlungen."

„Um Gottes willen! Sie glauben doch nicht wirklich, ich würde etwas behindern? Ich meine doch nur …" Edna deutete mit dem Zeigefinger auf Olivia. „Sehen Sie sich die alte Frau an. Was sie sagt, kann man doch überhaupt nicht ernst nehmen."

„Wie alt ist sie inzwischen?"

„Irgendwas über siebzig."

„Dann wäre sie damals irgendwas um die fünfzig gewesen."

Edna hob die Schultern. „Ist wohl so."

„Wir haben die arme Frau gesehen", sagte Olivia wieder dazwischen. „Wir wussten, dass sie alleine im Wald ist. Wir hatten sie kurz zuvor laufen sehen. Joggen. Dann waren da auf einmal die Männer. Vier Männer. Und plötzlich war ihr Mund so dunkel, als würde jemand eine Hand drüber halten." Sie brach ab und schaute zu Boden.

Julia hörte die Worte, erkannte sie in der Reihenfolge, in der sie ausgesprochen wurden, doch ihre wirkliche Bedeutung blieb ihr noch einige Sekunden verschlossen.

„Es war ein Schock", fuhr Olivia fort. „Sie haben später gesagt, es wäre Bruno Kalis gewesen, aber er war es nicht. Er war gar nicht dabei."

„Vier Männer?", wiederholte Julia.

Olivia nickte langsam. „Es ist die Wahrheit. Wir haben die Männer gesehen. Drei Männer, der vierte war der Teufel."

295

„Also …", setzte Edna an, doch Julia berührte ihren Arm und brachte sie so zum Schweigen. „Was haben Sie genau gesehen, Frau Klose?"

Mit der rechten Hand rieb Olivia sich über das faltige Gesicht. „Den Teufel, wie ich es sage. Wir haben ihn gesehen. Er war es und drei Männer. Seit dem Tag bin ich ebenfalls tot. Innerlich tot."

„Haben Sie einen der drei Männer erkannt?", wollte Julia weiter wissen.

Olivia schüttelte den Kopf.

„Frau Klose, was haben Sie und Frau Baakes in jener Nacht im Wald gemacht?"

„Wir … Hildchen und ich … wir … wir haben uns geliebt."

Edna schnappte nach Luft. „Frau Klose, erzählen Sie doch nicht so einen Unsinn."

„Seit 1952. Es war keine Sünde. Aber natürlich war es geheim." Olivia machte eine kurze Pause, überließ sich der Erinnerung. „Kurz darauf heiratete ich. Hildchen blieb alleine. Wir beendeten unsere Beziehung nicht wegen der Heirat. Die Liebe war einfach zu groß."

„Wie lange waren Sie zusammen?", wollte Julia wissen.

„Wir haben uns nie getrennt."

„Und 1987 …?"

„Trafen wir uns heimlich, wie immer. Im Wald. Wir lachten und küssten uns und waren glücklich. Bis … wir den Teufel sahen." Olivia begann leise zu weinen. Es war der Klang einer lange zerbrochenen Seele.

47. KAPITEL

Schlüssel zur Wahrheit

„Entschuldigen Sie, dass ich zu spät bin!", keuchte Edna zwei Stunden später, während sie zu Evelyn Jakob in die Küche trat. „Ich war mit Frau Klose in Hannover, auf dem Friedhof, und …" Sie brach ab, als sie das kreidebleiche Gesicht der anderen Frau sah. „Was ist passiert?"

„Machst du uns einen Kaffee, Edna?"

„Natürlich." Edna wandte sich ab und suchte das Service zusammen.

„Ich muss es ihr sagen."

Edna richtete sich auf. „Ich finde, sie hat heute schon genug erfahren."

Evelyn sah auf. „Was ist passiert?"

„Wir haben sie auf dem Friedhof getroffen. Die alte Frau Klose hat ihr erzählt, dass sie und Hilde Baakes die wahren Teufelsmörder gesehen haben."

Daraufhin entstand ein tiefes Schweigen im Raum.

„Ich muss es ihr sagen", meinte Evelyn dann noch einmal.

„Das sehe ich nicht so", gab Edna zurück. „Ich kann Sie nicht daran hindern, aber ich sehe es nicht so. Und was genau wollen Sie ihr überhaupt sagen?"

„Ich beantworte einfach ihre Fragen. So wird die Wahrheit zur Sprache kommen."

„Und was wird es ändern? Es wird niemanden zurückholen."

„Natürlich nicht."

„Und was ist mit dem Andenken Ihres Sohnes? Lieben Sie ihn so sehr, dass Sie es mit der Wahrheit zu Schutt und Asche verbrennen können? Und vergessen Sie bitte nicht, wie sehr die Wahrheit Kerstin geholfen hat."

„Kerstin war kein schlechter Mensch." Es war das erste Mal,

dass Evelyn es sich zugestand, gut über Kerstin zu reden. „Es hätte nicht so enden müssen. Man hätte ihr helfen können."

„Da bin ich anderer Meinung." Edna stellte die Kaffeekanne auf den Tisch und ließ sich dann auf einen Stuhl sinken. „Ich bin der Meinung, dass Vorsicht mehr als angebracht ist."

Evelyn schüttelte den Kopf. „Zu viel Zurückhaltung, Edna. Zu viel falsches Mitgefühl. Ein Dorf, eine Gemeinschaft, die doch schon lange keine Gemeinschaft mehr ist." Ihr Brustkorb hob und senkte sich in hastigen Stößen. „Ich werde immer älter und am Ende wird Gott mich hassen. Falls er das nicht jetzt schon tut. Ich muss der Realität ins Auge sehen. Mein Leben ist gescheitert. Mein Mann ist gestorben, mein Sohn wurde ermordet. Aber nicht von seiner Frau, die ich zwar nicht lieben konnte, der ich aber hätte helfen können ... wenn ich es nur gewollt hätte. Stattdessen habe ich ihr die Tür vor der Nase zugeschlagen. Und am Ende war auch sie tot. Wie lange soll ich noch schweigen?"

Edna sagte nichts darauf, blickte stattdessen aus dem Fenster. Draußen würde sich der Nebel den ganzen Tag nicht mehr auflösen.

Julia war inzwischen wieder in der Pension. Sie öffnete das Fenster und zündete sich eine Zigarette an. Das Handy klemmte dabei zwischen Schulter und Ohr. „Was hast du gesagt, Sandmann?"

„Ich sagte, dass das gerade ein bisschen viel für mich ist", gab er am anderen Ende zurück. „Du willst mir ernsthaft erzählen, unsere Lehrerin Frau Baakes war lesbisch?" Julia konnte sich gut vorstellen, wie er jetzt dasaß, so verloren wie ein Theologe, der gerade erfahren hatte, dass Jesus Christus nichts weiter gewesen war als ein Pizzabäcker.

„Was ist los?" Sie setzte sich auf die Couch und zog die Beine an. „Zermartert dir das die Birne, Kumpel?"

„Aber nein", gab er zurück. „Schockier mich nur weiter. Es geht ja nur um meine unschuldigen Kindheitserinnerungen. Meinst du, Pastor Jordan hat davon gewusst?"

„Ganz bestimmt nicht."

„Warum nicht? Bei dir weiß er doch auch, dass du lesbisch bist, und er hat kein Problem damit."

„Ich arbeite aber auch nicht für die katholische Kirche, Sandmann. Und schon gar nicht arbeite ich Tag für Tag mit Jordan zusammen. Davon abgesehen, dass ich sowieso tue, was mir gefällt, kann es ihm bei mir so ziemlich egal sein, was es trotzdem nicht ist. Nein, da kann die Kirche noch so tolerant tun, sie ist es nicht. Für Frau Baakes hätte es das berufliche Ende bedeutet. Sie hätte ihren Job als Lehrerin im Waisenhaus verloren. Davon kannst du sicher ausgehen."

Sandmann seufzte leise. „Ja, ich weiß. Menschen, die gegen Gottes Willen sexuellen Gelüsten erliegen, werden zur Strafe ins Feuer geworfen. Blablubb. Da muss man hart durchgreifen. Ich weiß noch, wie Jordan bei mir mal ein Magazin mit einer halb nackten Frau auf dem Titelbild fand. Das Magazin selbst war harmlos, trotzdem hat er es zerrissen und weggeworfen."

„Eben", sagte Julia. „Irgendwie hört man auf, Mensch zu sein, wenn man in den Kirchendienst eintritt. Man übt den völligen Gefühlsverzicht, aber das gelingt nun mal nicht jedem. Unsere Lehrerin Frau Baakes hat eine Frau geliebt und es sich ihr ganzes Leben lang nicht erlaubt, dazu zu stehen. Das ist ein Fakt."

Daraufhin wurde es einen Moment lang so still, dass sie die Heizungsrohre glucksen hörte.

„Und weil sie das nicht getan hat, trafen sie und ihre Freundin Olivia Klose sich heimlich", stellte Sandmann fest.

„Richtig. Und an jenem Abend, im August 1987, trafen sie sich im Wald."

„An dem Abend, an dem der letzte Teufelsmord geschah."

„Richtig", sagte Julia noch einmal. „Sie haben die Frau gesehen und sie haben vier Männer gesehen. Vier, Sandmann. Genau genommen, drei Männer und den Teufel. So jedenfalls hat Olivia Klose es ausgedrückt."

„Das muss ihnen eine Heidenangst eingejagt haben."

„Davon kannst du ausgehen." Julia zog an ihrer Zigarette. „Sie haben sich versteckt und tot gestellt, was wahrscheinlich ihr Glück war, sonst wären sie vielleicht auch nicht mehr am Leben."

„Frau Baakes ist aber inzwischen trotzdem nicht mehr am Leben", bemerkte Sandmann. „Meinst du, sie hat den Teufel damals erkannt?"

„Damals vermutlich noch nicht. Erst viel später. In irgendeinem Moment, irgendeiner Situation."

Erneutes Schweigen.

„Auf jeden Fall haben die beiden all die Jahre nichts gesagt", meinte Sandmann dann.

„Nein. Weil dann ihr Verhältnis aufgeflogen wäre. Und weil Frau Baakes Angst um ihren Job hatte, wie gesagt."

„Ja, aber … das kann doch kein Grund sein, eine so wichtige Aussage zu verweigern. Entschuldige, aber das kann ich nicht nachvollziehen."

„Ich auch nicht. Aber wir beide, du und ich, Sandmann, wir können uns auch nicht vorstellen, was für eine Macht und was für einen Druck so ein Kaff wie Wittenrode auf die einzelnen Menschen ausübt. An einem anderen Ort, mit etwas mehr Selbstbewusstsein ausgestattet und psychisch stark genug, hätten die beiden Frauen der Polizei vielleicht erzählt, was sie an jenem Abend gesehen haben. Tausend andere hätten es bestimmt getan. Aber es war eben nicht so. Erst als mit Jürgen Jakob die Teufelsmorde wiederkehrten, da bekam Frau Baakes auf einmal richtig Angst. Und auch Olivia Klose ahnte, was kommen würde. Im Grunde haben sie beide die letzten Jahre nur darauf gewartet. Und …"

Julia brach ab, als es an die Tür klopfte. „Sandmann, ich melde mich gleich noch mal. Ich bekomme gerade Besuch."

Einen Moment standen sie sich gegenüber und sahen sich einfach nur an.

„Es gibt etwas, das Sie wissen sollten", sagte Evelyn Jakob schließlich.

Julia machte wortlos einen Schritt zur Seite, wartete, bis sie eingetreten war, und schloss dann die Tür hinter ihr.

Evelyn blieb in der Mitte des Raumes stehen, starr und steif wie eine Steinfigur. „Es geht um Kerstin. Und natürlich um meinen Sohn." Sie wartete, und als Julia immer noch nichts sagte, sich stattdessen mit dem Rücken gegen die Heizung lehnte und die Arme vor der Brust verschränkte, fügte sie hinzu: „Vermutlich hätte ich mehr mit Kerstin reden sollen. Aber wir ... wir lebten in verschiedenen Welten. Und natürlich war ich mit der Ehe nicht einverstanden. Ich wusste immer, dass Kerstin meinen Jürgen nicht so sehr liebte wie er sie, aber das ist wohl das Tragische an der Liebe, nicht wahr? Dass immer einer mehr liebt als der andere."

Immer noch kein Wort von Julia.

„Es tut mir leid", redete Evelyn weiter. „Es tut mir leid, dass ich nicht früher etwas getan habe. Und noch viel mehr leid tut mir, dass ich nicht besser zugehört habe."

„Warum sind Sie hier?", fragte Julia jetzt, und Evelyn zuckte zusammen.

„Ich habe keine Angst, falls Sie das denken. Mir kann man keine Angst mehr machen. Ich bin alt und mein Sohn ist tot. Aber ich bin wütend. Gott hat einen Fehler gemacht, als er zuließ, dass meinem Jürgen das Leben genommen wurde. Und für Sie, Frau Wagner, ist es wichtig zu wissen, dass Kerstin ihn nicht umgebracht hat. Ich weiß nicht, wer es getan hat, aber sie war es nicht. Ich würde heucheln, wenn ich sagen würde, ich wünschte, es wäre so gewesen. Das würde die Sache viel einfacher für mich machen. Es tut mir leid, wenn das jetzt hart klingt, aber ich will Sie nicht belügen, und Sie machen den Eindruck, als könnten Sie damit fertig werden." Evelyn brach ab. „Ich träume es jede Nacht. Ich träume es klar und deutlich. Ich sehe Jürgen zusammen mit seinem Mörder. Leider sehe ich sein Gesicht nicht, aber es ist ganz bestimmt nicht Kerstin. Es ist ein Mann. Jürgen kennt ihn. Kennt ihn gut. Er ist nicht eine Sekunde argwöhnisch, bis die Klinge des Messers aufblitzt." Evelyn stand immer noch steif und starr in der Mitte des Raumes. „Sie denken jetzt bestimmt, dass ich nur eine alte Frau bin, die ein paar dumme Sachen sagt. Und dass man auf Träume nichts geben kann, weil Träume keine Beweise sind. Aber ich habe es gesehen. Und ich sehe es immer wieder." Sie blickte in Richtung Fenster. „In diesem Ort sind viele schlimme Dinge passiert und es ist noch nicht zu Ende. Ich kann nicht zulassen, dass es so weitergeht."

Julia räusperte sich. „Die Ermittlungen haben ergeben, dass keine dritte Person im Haus war, als Ihr Sohn ermordet wurde." Sie konnte selbst nicht fassen, dass sie das sagte. Jürgen Jakobs Mutter bestätigte, dass Kerstin keine Mörderin war, und sie wies auf die Fakten hin.

„Ich weiß nicht, wie er es gemacht hat." Evelyn wandte ihr den Blick wieder zu. „Aber ich weiß, dass noch jemand im Haus war. Und dass es mit den Teufelsmorden zusammenhängt." Sie zog ein Stück Papier aus ihrer Jackentasche und reichte es an Julia weiter. „Das hier habe ich auf meinem Speicher gefunden."

„Von wem ist das?", fragte Julia.

„Von Jürgen. Er hat es auf dem Dachboden versteckt, und wenn ich nicht solche Sehnsucht nach Erinnerungen gehabt hätte, dann hätte es wahrscheinlich die nächsten Jahre dort oben gelegen und ich wäre immer noch blind und würde denken, dass alles, was ich jemals getan habe, richtig war. Sie wissen, dass ich Kerstin nicht mochte. Mir war jeder Grund recht, sie schlechtzumachen. Aber das hat sie nicht getan. Meinen Sohn hat sie nicht ermordet. Sein Tod hatte andere Gründe. Leider ist es nicht mehr vollständig, die Mäuse haben sich längst darüber hergemacht. Aber lesen Sie es trotzdem."

… Ich bekomme keine Luft mehr. In mir ist alles dunkel.
Es begann mit Sorglosigkeit. Es sollte ein Spaß werden, nichts als ein Spaß, und es endete in Blut und Tod.
Einen Moment hatte ich vergessen, wie unberechenbar die Menschen sind. Ich habe einen Mörder getroffen, einen hinterhältigen Lügner. Wonach roch er? Nach fauligem Fleisch und Gefahr. Ich hätte es riechen müssen! Warum habe ich es nicht gerochen? Warum habe ich es nicht in seinem Gesicht gesehen? Wo hatte ich meine Augen? Bei einem kleinen Spaß. Ich war abgelenkt. Auf diese Dunkelheit war ich nicht vorbereitet.
Ich wusste, dass er schwarze Messen hält. Alle Arten von Menschen versammelten sich dabei um ihn. Pechvögel und Aasgeier. Verlierer, wie wir, die wir bis zu diesem Zeitpunkt nichts getan hatten, was unserer Selbstachtung gedient hätte.
Ich sagte ihm meinen Plan und er lachte. Er lachte tatsächlich. Dann sah er auf die Uhr. „Es funktioniert immer", sagte er. Und das war wohl sein ehrlichster Satz.
Dann machten wir einen Plan. Für das, was für uns nichts als ein Spaß war – und für ihn tödlicher Ernst …

Evelyn Jakob war gegangen und Julia wollte Sandmann gerade noch einmal anrufen, als ihr Handy bereits klingelte und er schon wieder am anderen Ende war. „Und? Was ist passiert?", wollte er wissen.

„Es war Evelyn Jakob, die mich gerade besuchte", sagte Julia. „Sie hatte ein Papier dabei, das aus einer Art Tagebuch stammen könnte. Und jetzt wissen wir immerhin, dass es Jürgen Jakob war, der den Teufel 1987 nach Wittenrode holte."

Am anderen Ende war es einen Moment still.

„Wie das?", fragte Sandmann dann.

„Na ja, er traf sich mit jemandem, von dem er wusste, dass er schwarze Messen abhielt. Es sollte wohl nur ein Spaß werden, so schreibt es jedenfalls Jakob. Allerdings wurde dieser Spaß am Ende zu tödlichem Ernst. Und damit ist jetzt immerhin klar, dass Jakob den Teufelsmörder kannte. Und weil er ihn kannte, musste er sterben."

„Aber warum erst jetzt? Nach all den Jahren?"

„Vermutlich gab es zuvor noch keinen Grund für den Mord. Jakob trug eine Mitschuld. Hätte er den Teufelsmörder verraten, hätte er sich selbst verraten ... So oder so ähnlich wird es gewesen sein."

„Meine Güte", entfuhr es Sandmann.

„Jetzt denke ich die ganze Zeit darüber nach, dass Olivia Klose sagte, es wären vier Männer gewesen, die sie und Hilde Baakes im Wald gesehen haben", redete Julia weiter. „Drei Männer, der vierte war der Teufel. Und die alte Margot hat dir beim Friseur erzählt, Jürgen Jakob, Knut Hagen und Eddie Winter wären früher Freunde gewesen."

„Ja, das stimmt. Also könnten neben Jakob auch Eddie Winter und Knut Hagen an den Teufelsmorden beteiligt gewesen sein."

„Möglich", murmelte Julia. „Dann stellt sich aber immer noch die Frage: Wer war der vierte Mann?"

„Und wie wir das alles beweisen wollen."

„Ja, das auch." Julia brach ab. In ihrem Kopf machte es: *Klickklickklick*. Eine schwarze Sekunde lang.

„Was ist los?", fragte Sandmann am anderen Ende.

„Ich habe den Familienaspekt in der ganzen Sache bisher viel zu sehr vernachlässigt", erklärte Julia. „Und das war vielleicht ein Fehler, denn dort könnte sich genau jene Schwachstelle befinden, die wir benötigen, um zur Lösung des Falls zu gelangen."

48. KAPITEL

Petra, die Fliege

Zuerst klingelte sie beim Haus. Als niemand öffnete, überquerte Julia den Hof und fand Petra Hagen im Stall bei den Kühen.

Nach einem bedauernden Blick auf ihre Schuhe schritt Julia hinein und verschwendete erst gar keine Zeit mit Förmlichkeiten. Das hätte ihr nur den Überraschungseffekt genommen und Petra Gelegenheit gegeben, sich zu sammeln. „Sie waren in Bruno Kalis verliebt, nicht wahr?"

Petra antwortete nicht darauf, aber als sie aufsah, erkannte Julia Schleier der Erinnerung in ihren Augen.

„Bruno? Ich fürchte, ich habe mich in dich verliebt." Die erste Liebe meines Lebens, die zugleich so hoffnungslos ist.

„Du liebst mich auch, ich weiß das, und ich würde mir so gerne einreden, dass wir zusammenbleiben und glücklich werden können, weil meine Welt eine bessere ist, seit ich dich kenne. Wenn du mich ansiehst, dann stellt sich mein Herz auf den Kopf. Tatsächlich, das tut es."

Der ausgestoßene Bruno und Petra, die Fliege. Was für ein Paar.

„Du warst so allein und einsam wie ich, vielleicht mussten wir uns deshalb finden. Aber mein Vater, Bruno, mein Vater. Er wird es nicht zulassen. Ich weiß es und du weißt es auch. Er wird es nicht zulassen. Nicht, dass er sich für mich interessiert. Ich bin eben da, das ist alles. Aber für meinen Vater ist das eine ganze Menge."

Ich liebe dich, aber es wird nicht gut enden. Es wird nicht gut enden.

Petras Blick fokussierte sich wieder auf Julia. „Gehen Sie! Ich habe Ihnen nichts zu sagen, außer dass man die Vergangenheit ruhen lassen soll. Wo immer sie liegen mag." Damit schritt sie an Julia vorbei und hinaus auf den Hof.

Julia folgte ihr hartnäckig. „Sie hatten ein Verhältnis mit Bruno Kalis. Sie haben ihn geliebt und Sie waren mit ihm zusammen."

„Wenn Sie mich weiter belästigen, rufe ich die Polizei."

„Hat Ihr Vater davon gewusst?"

Petra antwortete nicht, ging zum Gatter der Schafweide und öffnete es. Julia legte eine Hand auf ihren Arm. „Hat Ihr Vater davon gewusst?"

Petra kämpfte noch einen Moment mit sich, dann gab sie nach. Vielleicht, weil sie schon viel zu lange geschwiegen hatte. „Nein. Zuerst nicht."

„Aber dann hat er es erfahren. Wie?"

„Ich weiß es nicht. Er wusste es irgendwann. Wahrscheinlich, weil ich anfing, mich zu verändern. Weil ich anfing, so etwas wie Hoffnung zu haben."

„Und er war davon nicht begeistert, nehme ich an."

„Nein, er war davon ganz und gar nicht begeistert."

„Und als er es erfuhr, da hat er Ihnen zwei blaue Augen geprügelt und einen Zahn ausgeschlagen."

Petra nickte weder noch stritt sie es ab.

„Warum lassen Sie zu, dass er Sie auf diesem Hof wie eine Gefangene hält?"

„Sie haben keine Ahnung, worum es hier geht."

„Dann erklären Sie es mir."

„Wir werden hier geboren und wir sterben hier, Frau Wagner. Wir haben lieber Unannehmlichkeiten in Wittenrode als herrliche Zeiten in Italien oder Spanien oder wo auch immer. Weil das nun mal unser Leben ist. Wir kennen nichts anderes. Nehmen Sie es nicht persönlich, aber gehen Sie dahin zurück, wo Sie hergekommen sind. Das ist besser für uns alle."

„Tut mir leid, aber ich kann nicht einfach wieder gehen", sagte

Julia unnachgiebig. „Ich glaube Ihnen nämlich nicht, dass Sie das Leben mit Ihrem tyrannischen Vater genießen, der Ihnen alles aufbürdet, was man seinem Kind nur aufbürden kann. Nur weil das halt schon immer so war."

„Nein, da haben Sie recht", gab Petra zu. „Warum soll ich es abstreiten? Das Leben mit meinem Vater ist alles andere als ein Spaß. Aber er ist nun mal mein Vater." Sie brach ab, sprach dann etwas leiser weiter: „Ich hätte sehr gerne ein eigenes Leben. Ich würde sehr gerne etwas anderes machen als das hier. Nur leider kann man mit meinem Vater nicht reden. Nicht vernünftig, meine ich. Andere Argumente als seine eigenen interessieren ihn nämlich nicht. Ich soll schweigsam sein, fleißig und sparsam und keinen Unsinn im Kopf haben. Und ich tue ihm den Gefallen. Ich bin eine pflichtbewusste Tochter."

„Wo war Bruno Kalis, als die Teufelsmorde geschahen?", fragte Julia. „War er mit Ihnen zusammen?"

Petra schloss die Augen, als würden dadurch Julia und deren unangenehme Frage verschwinden.

Doch die redete hartnäckig weiter: „Also war er mit Ihnen zusammen. Warum haben Sie das damals nicht bei der Polizei ausgesagt?"

„Ich habe es ausgesagt", antwortete Petra, ohne die Augen zu öffnen.

„Sie haben es …?" Julia blinzelte. „Aber diese Aussage tauchte nirgendwo …" Sie brach ab, wollte sich einreden, dass Petras Aussage bereits bei Wolfgang Lange und seinem Kollegen Ta Quok im Nirwana verschwunden und erst gar nicht bei ihrem Vater angekommen war – und wusste es doch besser. Sie schob die Hände in die Hosentaschen, atmete tief durch. „Ich nehme an, dass Ihr Vater, nachdem er von dem Verhältnis zwischen Ihnen und Kalis erfuhr – und nachdem er Sie zusammengeschlagen hat –, der Polizei einen Tipp gab, wo sie den Teufelsmörder finden könnten. Ist das richtig?"

Jetzt öffnete Petra die Augen wieder. „Bruno war ein guter Mensch", sagte sie, statt auf die Frage zu antworten. „Er hat Schweres durchgemacht und dadurch die falschen Wege eingeschlagen. Aber als wir uns ineinander verliebten ... Er hatte sich verändert, genau wie ich. Er wollte nicht länger der Böse sein. Nur leider wollte es das Schicksal so, dass er ausgerechnet in dem Moment dazu gemacht wurde, als er das Gegenteil beschlossen hatte."

„Also gab Ihr Vater der Polizei einen Tipp?", hakte Julia nach.

„Mein Vater wollte das Verhältnis um jeden Preis unterbinden. Und so hat er gehandelt. Wie es seine Art ist. Er verschwand einen Abend vor Brunos Verhaftung. Den Rest können Sie sich denken." Petra richtete sich auf. „Und mehr habe ich Ihnen auch nicht zu sagen. Also bitte, wenn Sie jetzt ..."

„Waren Sie schwanger von Kalis?", wagte Julia einen Schuss ins Blaue.

Petras Gesicht wurde finster wie eine Gewitterwolke. Jedoch nur für ein paar Sekunden. Dann ließ sie den Kopf wieder sinken. „Ja."

„Ich schätze, das war Ihrem Vater zweimal nicht recht."

„Mein Vater wusste nichts davon. Er hätte mich ohne zu zögern umgebracht, wenn er es gewusst hätte. Er war eifersüchtig auf Bruno. Mehr, als ein Vater eifersüchtig sein sollte."

Julia blickte fragend und Petra fügte hinzu: „Mein Vater war schon immer ein sehr weltfremder Mann, Frau Wagner. Meine Mutter führte ihm nicht nur den Haushalt, sie regelte auch sonst alles, was es rund um den Hof zu regeln gab. Sie war ihm treu und hielt immer zu ihm. Und das, obwohl er sie selten gut behandelt hat. Als sie starb, wusste ich, dass jetzt alles an mir hängen bleiben würde."

Julia, die immer noch nicht verstand, schwieg und Petra redete weiter: „Mein Vater ist ein Besitzer, Frau Wagner. Er will alles, den ganzen Menschen, seine Seele und seinen Körper. Sechs

Monate nach ihrem Tod kam er zum ersten Mal in mein Bett. Ich hatte nicht die Kraft, mich dagegen zu wehren. Von da an verbrachte er mehr Zeit in meinem Bett als in seinem eigenen. Und das ist die Wahrheit."

Julia blinzelte, wollte nicht glauben und tat es doch. Da stand eine erwachsene Frau vor ihr, die nie jung gewesen war. Ohne Freunde aufgewachsen. Ohne irgendetwas, was die Kindheit erleuchtet oder erhellt hätte. Nach dem Tod der Mutter alleine mit einem Vater, der wenig Interesse für das Mädchen aufbrachte, bis auf die Nächte, in denen er sich die Zeit mit ihr vertrieb.

„Aber …" Sie brach ab, schluckte. „Warum haben Sie nie etwas gesagt?"

„Wer hätte mir wohl geglaubt, was meinen Sie? Inzwischen dürften Sie die Strukturen in unserem Dorf ausreichend kennengelernt haben, um zu wissen, wie das hier läuft."

„Wusste Kalis davon?"

„Ich habe es ihm nicht gesagt. Und ich hätte auch alles dafür getan, dass er es nicht erfährt. Aber er hat es geahnt. Wenn man einen Menschen liebt, dann kann man manchmal in ihn hineinsehen. Und Bruno liebte mich. Eines Tages schleuderte er meinem Vater seine Vermutung ins Gesicht und hat sich damit sein eigenes Grab gegraben. Er drohte meinem Vater, dass er ihn hochgehen lassen würde. Und mein Vater antwortete, er würde schon dafür sorgen, dass Bruno ein für alle Mal verschwindet." Petra brach ab, sah Julia in die Augen. „Dann wurde Bruno verhaftet und ich wusste weder ein noch aus. Ich war schwanger, aber ich konnte das Kind unmöglich zur Welt bringen. Wie hätte das gehen sollen? Also habe ich mich in meiner Not an Hilde Baakes gewandt. Sie hat hinter dem Rücken meines Vaters – und hinter dem Rücken von Pfarrer Jordan – für eine Abtreibung gesorgt." Noch einmal brach Petra ab. „Die ganzen Jahre habe ich mich deswegen schuldig gefühlt, aber ich konnte nicht anders handeln. Es war einfach nicht möglich."

Ein lautes Knirschen unterbrach die Unterhaltung, dann wie aus dem Nichts Knut Hagens Stimme: „Was erlaubst du dir, hier rumzuschnüffeln? Na warte, dir werd ich's zeigen!"

Dann blitzte es in der Dunkelheit auf, ehe der Knall der überschallschnellen Kugel Julias Gehör erreichte.

„Niemand schnüffelt auf meinem Hof herum! Niemand!"

Ohne noch einmal darüber nachzudenken, rannte Julia los.

Instinktiv und in blinder Panik rannte Julia weg von der Richtung, aus der der Knall kam. Ein zweiter Schuss folgte auf den ersten. Schweiß strömte ihr aus allen Poren und ihr Herz hämmerte schmerzhaft gegen ihre Brust.

Für einen Moment wurde sie langsamer, um sich zu orientieren. Dann rannte sie auf ein kleines Wäldchen zu, von dem sie hoffte, dass sich dahinter die Straße befand, die zurück ins Dorf führte. Hinter ihr ertönte ein weiterer Schuss. Sie sprang hastig zwischen zwei Bäume, fiel, kroch auf allen vieren weiter, ehe sie sich wieder etwas aufrichtete und dann nach rechts abbog, weil sie hoffte, dass sie sich nicht vertat und das tatsächlich die richtige Richtung zum Dorf war. Sie hielt einen Moment inne, wartete, doch jetzt kam kein Schuss mehr.

Jetzt war es nur noch still.

„Was hast du dir dabei gedacht?" Außer sich stand Knut Hagen vor seiner Tochter. Sein Blick traf sie so hart wie eine Faust aus Eisen. „Was hast du dir dabei gedacht, der Schlampe alles zu erzählen?"

„Es ist ... Ich habe ... Es ist ... Oh mein Gott, Papa!" Petra spürte einen Riss, der durch ihren Körper ging, von oben nach unten, noch bevor er ausholte und ihr ins Gesicht schlug.

Ihr Kopf schleuderte zurück. Ihr wurde schwarz vor Augen.

Das war es.

Aus.

Ende.

Aber nein. Ihre Umgebung erschien noch einmal klar vor ihr. Wenige Sekunden später sah sie ihren Vater schon wieder deutlich vor sich.

Er schlug noch einmal zu und dieses Mal sank Petra in sich zusammen.

„Was hast du dir nur dabei gedacht?", murmelte Hagen, während er sich bückte und seine Tochter vom Boden aufhob. „Was hast du dir nur dabei gedacht?"

Er trug sie ins Haus, nach oben in ihr Zimmer, legte sie dort aufs Bett und zog die Decke über sie.

Sein Zorn war verflogen. Ausgeschwitzt wie Fieber. Er verließ das Zimmer, schloss die Tür hinter sich ab und steckte den Schlüssel in die Hosentasche. Um nicht denken zu müssen, murmelte er ununterbrochen vor sich hin. Dabei sah sein Gesicht aus, als wäre es mit einer grauen Schicht bedeckt, wie die Kruste von altem Salz, das erstarrt war und eine Maske bildete. Seine Augen lagen tief in den Höhlen, während er murmelte und murmelte.

Als er wenig später das Streichholz anzündete, murmelte er immer noch. Der Hund drückte sich an sein Bein, dabei schreckte Hagen zusammen, wurde aber sofort wieder ruhig. Und dann als er das Streichholz fallen ließ, lächelte er.

Obwohl er sich bereits in sicherer Entfernung befand, peitschte die intensive Hitze glühende Wogen über sein Gesicht. Völlig unbeweglich stand er da und betrachtete sein zerstörerisches Werk. Für einen Augenblick glaubte er, durch die in die Luft steigenden Hitzewogen seine Tochter zu sehen, hatte ganz kurz das Gefühl, als hätte es sie gar nicht wirklich gegeben.

Dann drehte er sich um. Er brauchte keine Absolution.

Während er zur Scheune ging, leuchtete das Feuer hinter ihm hell wie die Hölle und die Luft zitterte.

Hagen lief weiter, in tiefster Dunkelheit.

Erst als er auf den Stuhl stieg, begann es in ihm zu schreien. Er hielt den Schrei mit den Händen in seinen Ohren fest, dann stieß er den Stuhl weg.

Kein Geschrei mehr.

49. KAPITEL

Da kann es noch so stinken

„Sie wollen mir also erzählen, Knut Hagen hätte auf Sie geschossen." Ebeling drehte die Heizung im Polizeiwagen etwas höher.
„Weil Sie etwas über ihn herausgefunden haben."

„Oh, ich habe noch eine ganze Menge anderer Dinge herausgefunden, die Ihrem geliebten Wittenrode mehr als nur einen Schönheitsfleck verpassen." Julias Beine zitterten immer noch. Sie schüttelte eine Zigarette aus dem Päckchen und zündete sie an. „Zum Beispiel, dass Bruno Kalis mit Petra Hagen zusammen war, als die Teufelsmorde passierten. Das heißt, er hatte ein Alibi. Sie hat es bestätigt. Und sie sagte auch, dass es die Idee ihres Vaters war, die Polizei auf Kalis zu hetzen. Weil er Petra nicht an ihn verlieren wollte."

„Petra Hagen und Bruno Kalis?" Ebeling lachte leise auf. „Sie haben wirklich eine blühende Fantasie, Frau Wagner."

„Hören Sie, auf mich wurde gerade geschossen und mir ist saukalt. Ich bin weit davon entfernt, Witze zu machen, okay? Kalis war mit Petra zusammen. Unbeachtet von der Welt. Unsichtbar. Und wenn Sie glauben, das war schon alles, dann täuschen Sie sich. Knut Hagen hat seine Tochter über Jahre sexuell missbraucht. Ebenfalls unbeachtet von der Welt. Und ebenso unsichtbar. Und als er dann herausfand, dass Petra in Kalis verliebt war, konnte er das unmöglich akzeptieren."

Ebeling hob die Augenbrauen in die Höhe. „Und diese abstruse Geschichte glauben Sie ihr?"

„Allerdings." Julia inhalierte tief. „Mich wundert, dass die Frau sich nicht längst das Leben genommen hat, nur um dem ganzen Martyrium endlich ein Ende zu setzen. Ihr ganzes Leben verbrachte sie auf diesem verfluchten Hof, verkümmerte dort, und kein Mensch weit und breit, der sich auch nur einmal um sie gekümmert hätte."

„Knut Hagen ist kein Sexmonster. Er ist nicht pervers und er ist auch nicht verrückt."

„Sagen Sie mal, hören Sie sich eigentlich selbst zu? Der Mann hält seine Tochter seit Jahren wie eine Sklavin. Benimmt sich wie ein Feudalherr."

Ebeling schwieg und Julia fügte hinzu: „Was denken Sie eigentlich, wer Sie sind, dass Sie meinen, Petras Aussage einfach so unter den Teppich kehren zu können? Begreifen Sie immer noch nicht, was um Sie herum vor sich geht? Es gibt eine ganz andere Wirklichkeit als die, die Sie versuchen aufrechtzuerhalten, und der sollten Sie sich mal langsam stellen."

„Das ist doch alles überhaupt nicht logisch", gab Ebeling zurück. „Ich meine, wenn es so wäre, wie Petra behauptet, wenn es eine ... unnatürliche Beziehung zwischen ihr und ihrem Vater gegeben hat ... Warum hat sie ihn dann nicht angezeigt?"

„Guter Gott, Ebeling, ich will Ihnen jetzt ja wirklich nicht zu nahe treten, aber hätten Sie ihr geglaubt? Nein, hätten Sie nicht. Genauso wenig, wie Sie mir jetzt glauben. Weil Sie die Dinge einfach nicht sehen wollen. Sie sind geradezu besessen von dem Gedanken, Ihre Leute schützen zu müssen, völlig gleichgültig, was für faule Sachen die um Sie herum auch anstellen. Da kann es noch so stinken, Sie halten sich lieber die Nase zu, als sich dem Gestank zu stellen."

Ebeling schluckte. „Das ist nicht wahr."

„Nein? Prima. Dann fahren wir jetzt zusammen zum Hof der Hagens und fragen nach." Zeit verging, drei Sekunden, vier. Dann redete Julia weiter: „Kalis wurde verhaftet, genau zu dem Zeitpunkt als der alte Hagen von der Beziehung erfahren hatte."

Ebeling blickte kopfschüttelnd aus dem Fenster.

„Ursache und Wirkung", redete Julia weiter. „Wenn die Entscheidungen, die getroffen wurden, nicht so getroffen worden wären, wie sie getroffen wurden, wie hätte die Geschichte dann geendet? Wahrscheinlich wäre Bruno Kalis heute noch am Leben. Er wäre vielleicht mit Petra verheiratet und die beiden hätten ein erwachsenes Kind. Auf jeden Fall aber hätten die beiden eine faire Chance gehabt. So aber war Petra gezwungen, das Kind heimlich abzutreiben, während Kalis unschuldig zu einem Gespenst der Vergangenheit wurde. Weil keiner in diesem verdammten Ort je aussagte, was er wirklich wusste. Weil alle etwas zurückhielten."

„Das ist doch absurd", unterbrach Ebeling. „Wenn Kalis und Petra zum Zeitpunkt der Teufelsmorde tatsächlich zusammen waren und er damit ein Alibi hatte, warum hat sie das dann nicht genau so ausgesagt?"

„Sie hat es ausgesagt. Aber es hat ihr wieder einmal niemand zugehört. Weil niemandem ein Alibi von Kalis in den Kram passte." Auch meinem Vater nicht, fügte Julia in Gedanken bitter hinzu.

Ebeling schwieg wieder. Aber in diesem Schweigen lag jetzt etwas Neues, etwas, das bisher in seinen Reaktionen gefehlt hatte.

„Das kann doch alles nicht wahr sein", murmelte er.

„Es ist wahr. Glauben Sie mir, es ..." Julia brach ab. „Ach du Scheiße!"

Irritiert sah Ebeling auf, folgte ihrem Blick durch die Frontscheibe, und dann sah auch er es: Der Himmel hatte in der Richtung, in der Hagens Hof lag, einen orangefarbenen Ton angenommen.

Als Petra wieder zu sich kam, war alles um sie herum still. Aber es war eine lauernde Stille und es dauerte einen Moment, ehe sie begriff. Dann roch sie es. Feuer.

Hastig stieg sie aus dem Bett, verhedderte sich dabei in der Decke. Dann wollte sie die Tür öffnen. Verschlossen. Sie begann zu zittern. Innerhalb weniger Sekunden quoll dichter Rauch unter ihrer Tür hindurch, dick und schwarz, zog hinein in das Zimmer und in ihre Lungen. Kurz darauf war sie bereits gefangen in einer schwarzen Wolke.

Petra taumelte zurück. Ihr Herz raste, sie brauchte dringend Luft. In ihrer Brust brannte es und in ihrem Kopf summte und dröhnte es. Sie versuchte zu atmen, konnte aber nur würgen und husten, während Rauch weiter ihre Lungen füllte ...

Dicke, schwarze Wolken quollen aus dem Gebäude. Tief innerhalb der Rauchwolke konnte Julia die roten Flammen sehen – im Erdgeschoss, im ersten Stock, und die ersten Flammen züngelten bereits aus dem Dach. Dann erkannte sie eine Gestalt in einem der oberen Fenster. Es war Petra, die verzweifelt versuchte, das Fenster zu öffnen.

Ohne noch einmal darüber nachzudenken, rannte Julia auf das Haus zu und begann mit der verschlossenen Haustür zu kämpfen. Sie war zwar recht altersschwach, gab aber auch nach mehrmaligem Dagegenwerfen nicht nach.

Hektisch sah Julia sich um, dann fiel ihr Blick auf einen Holzklotz im Hof, in dem ein wuchtiger Spalthammer steckte. Sie rannte darauf zu, riss an dem Griff und schleppte das Werkzeug wieder zurück zur Haustür. Julia holte aus. Ihr erster Schlag ging weit daneben in den Türrahmen. Der zweite landete im Türblatt und sie verschwendete wertvolle Sekunden damit, die Klinge aus dem Holz zu zerren. Der nächste Versuch traf die Klinke, die unter Funkenstieben abbrach. Langsam schwanden Julia die Kräfte. Beim vierten Versuch traf sie das Türschloss zwischen Schlüsselloch und den Überresten der Klinke. Ein Krachen, Holz splitterte aus der Zarge und die Tür schwang auf. Erleichtert ließ sie den Spalthammer fallen. Mit dem Fuß hielt sie die Tür offen, band sich ihren Schal um Mund und Nase und trat ein.

Dichter Rauch quoll ihr entgegen. So als müsse sie ein Hochhaus erklimmen, schob sie sich Stufe um Stufe nach oben, verpasste einen Absatz und rutschte auf Knien schmerzhaft die Treppe wieder hinunter. Sie sammelte sich und schob sich wieder nach oben, bis sie vor der einzigen Tür stand, die abgeschlossen war. Mit ihrem ganzen Gewicht warf sie sich dagegen, aber nichts geschah. Der Rauch brachte sie zum Husten, sie band sich den Schal fester um Mund und Nase. In der Ferne hörte sie die Sirenen der Feuerwehr.

Für den Weg nach unten, um die Axt zu holen, blieb ihr nicht genug Zeit, schätzte Julia die Lage ein. So trat sie noch zwei Mal kräftig gegen die Tür, aber nichts bewegte sich. Der Rauch war jetzt überall und die Luft um sie herum war schwer und giftig. Ihr wurde schwindlig. Noch ein letztes Mal bündelte sie all ihre Kraft und trat gegen die Tür, aber sie wollte einfach nicht aufspringen. Auf einmal hörte sie Schritte hinter sich, spürte Hände, die sie von der Tür wegzogen. Und dann traten andere Füße die Tür zu Petras Zimmer mit unglaublicher Kraft auf.

Erst nach endlos langen Sekunden erkannte Julia, um wen es sich handelte. Es war Adam Adaj, der Friedhofsgärtner.

50. KAPITEL

Keine mildernden Umstände

„Kurz vor Kerstins Beerdigung kam Eddie zu mir auf den Friedhof und drohte mir." Adajs Stimme klang rau und brüchig. „Dann wollte mich einer über den Haufen fahren, aber ich weiß nicht, wer das war. Ich weiß nur, dass sie Himmel und Hölle in Bewegung gesetzt haben, um mich daran zu hindern, zu erzählen, was ich weiß."

„Wer?", fragte Julia. „Von wem reden Sie genau?"

Ebeling stand wie paralysiert neben ihnen, sagte jetzt gar nichts mehr.

„Wilhelm Raddatz, Knut Hagen und Eddie Winter. Sie wollten mich einschüchtern und das ist ihnen gelungen. Ich hatte tatsächlich Angst. Weil ich weiß, dass denen alles zuzutrauen ist. Vor allem Eddie. Deshalb bin ich, nachdem das Auto mich um ein Haar erwischt hätte, erst einmal untergetaucht. Ich dachte, das wäre das Beste, aber jetzt lass ich mich nicht länger einschüchtern. Es wird Zeit, dass alles ans Licht kommt und es wieder so etwas wie Frieden gibt. Ich werd jetzt alles sagen. Zumindest das, was ich sagen kann." Adaj brach ab, sammelte sich. „Jürgen Jakob, Eddie Winter und Knut Hagen haben damals schon ziemlich viel getrunken. Und wenn sie so richtig besoffen waren, dann gab es kein Halten mehr für sie. Mich haben sie schon immer schikaniert. Schon, als wir noch bleiche, picklige Teenager waren. Ich nehme an, sie haben sich dabei gut gefühlt, weil es bedeutete, dass sie nicht die Einzigen mit einem beschissenen Leben waren. Ich lag vor ihnen im Dreck und es war wohl meine Angst, die ihnen gefallen hat. Meine Verzweiflung und meine Unterwerfung. Ich war so jämmerlich, ich hab mich nicht einmal gewehrt …"

„Die waren zu dritt, Sie waren alleine", sagte Julia. „Wie standen da Ihre Chancen?"

Adaj schwieg einen Moment. „Wohl nicht besonders gut", sagte er dann. „Wie auch immer ... Wenn sie nach einem Opfer suchten, griffen sie sich mich. Einmal haben sie mir mit einem Messer Spiralen in den Handrücken geschnitten. Ein anderes Mal haben sie mir so lange in den Rücken gestochen, bis es blutete. Und einmal zündeten sie mir das Gesicht an." Adaj deutete auf seine vernarbte linke Gesichtshälfte. „Sie wollten wissen, was passiert, wenn man Benzin auf Haut träufelt und dann ein Feuerzeug dranhält. Ob das Gesicht anfängt zu brennen oder das Feuer erlischt, sobald das Benzin verbrannt war." Er brach ab, atmete tief durch. „Aber irgendwann reichte ihnen auch das nicht mehr. Sie suchten nach einem neuen Kick, heckten Gedanken von absoluter Freiheit aus. Ich hatte immer befürchtet, dass so etwas mal passieren würde. Ich hatte immer befürchtet, dass irgendwann mal einer kommt, der noch schlimmer ist als diese drei. Ich hab das wirklich immer geahnt."

„Und dieser Mensch kam?", fragte Julia.

Adaj nickte. „Der Allverschlinger, wird er nicht so irgendwo genannt? Ich bin nicht sehr bibelfest, aber das war er, der Teufel persönlich. Jürgen Jakob hat ihn angeschleppt. Der hatte aus seinem Interesse für den ganzen Teufelskram schon vorher keinen Hehl gemacht. Eddie und Knut, die wussten bis zu dem Zeitpunkt vermutlich nicht mal, was das überhaupt ist, Satanismus. Die haben sich davon einfach nur beeindrucken lassen."

„Jürgen Jakob, Knut Hagen und Eddie Winter", zählte Julia auf. „Aber Sie wissen nicht, um wen es sich bei dem vierten Mann handelte? Bei dem Allverschlinger, wie Sie ihn nennen."

„Nein. Ich glaube noch nicht einmal, dass Hagen oder Eddie je sein Gesicht gesehen haben. Nur einer wusste, um wen es sich dabei handelte. Und das war Jürgen."

„Und was hatte Wilhelm Raddatz mit der ganzen Sache zu tun?", wollte Julia weiter wissen.

„Er wusste, dass Eddie, Jakob und Hagen an den Teufelsmorden beteiligt waren. Er hat sie gedeckt und Kalis geopfert, als wenig später das ganze Polizeiaufgebot in Wittenrode aufmarschierte."

In diesem Moment trat ein Feuerwehrmann auf sie zu. „Wir haben Knut Hagen gefunden. Er hängt in der Scheune."

Jetzt, auf einmal, kam Leben in Ebeling. Er begann zu fluchen: „Dieser verdorbene, hinterhältige Scheißkerl!" Er wandte sich ab und eilte mit schnellen Schritten davon.

Allerdings lief er nicht in Richtung Scheune, wie Julia vermutete, nein, er überquerte den Hof, stieg in den Polizeiwagen und gab Gas.

Wild hämmerte es gegen die Tür, *pamm, pamm, pamm*. Mit der flachen Hand. Entweder hatte jemand keine Zeit oder keine Lust, die Klingel zu benutzen.

Wilhelm Raddatz öffnete die Augen und sah sich irritiert um. Er musste auf der Couch eingeschlafen sein. Seit er die Medikamente für sein Herz nahm, passierte ihm das öfter. Er erhob sich und öffnete die Tür. „Hast du es eilig oder wirst du verfolgt, Arnulf?"

„Bruno Kalis", stieß Ebeling ohne Einleitung hervor und schob sich an ihm vorbei ins Haus. „Ich will aus deinem Mund hören, was für eine Verbindung du zu der Geschichte von damals hast, Wilhelm."

Ein paar Sekunden Stille. Eine ziemliche Seltenheit beim Bürgermeister.

„Gar keine", sagte er dann und schloss die Tür. „Worauf willst du hinaus?"

Ebeling atmete keuchend. „Du hast also nicht gewusst, dass Knut Hagen, Eddie Winter und Jürgen Jakob an den Teufelsmorden beteiligt waren?"

„Was? Nein. Das ist das erste Mal, dass ich davon höre."

Ebelings Stimme wurde immer lauter. „Hör auf mich anzulügen, Wilhelm!"

Überrascht riss Raddatz die Augen auf, machte eine beschwichtigende Geste. „Meinetwegen, wenn du es unbedingt wissen willst. Ja, ich hab es gewusst. Ich hab alles gewusst. Aber ich habe niemandem etwas getan. Ich habe nur entschieden, zu handeln. Es ging immerhin um unser Dorf."

„Du hast zugelassen, dass ein Unschuldiger ins Gefängnis kam."

„Ich wollte nur helfen, die Jungs taten mir leid."

„Sie taten dir leid?" Ebeling machte einen Schritt auf Raddatz zu. „Du wusstest, dass sie kaltblütige Mörder sind, und trotzdem taten sie dir leid?"

„Sie hatten eine Scheißangst, aber sie hatten auch Vertrauen in mich. Ich musste sie beschützen."

„Wie fürsorglich von dir, Wilhelm. Wie lange willst du mich eigentlich noch verarschen? Du wolltest überhaupt niemanden beschützen. Gerissen, wie du nun mal bist, hast du eine Chance für dich gesehen. So war es. Deshalb hast du dafür gesorgt, dass Kalis in aller Öffentlichkeit der Arsch aufgerissen wurde. Weil du eine Gelegenheit gewittert hast, dir hier noch mehr Land und Grundstücke unter den Nagel zur reißen. Denn wenn du Hagen, Eddie und Jürgen erst einmal in der Hand hattest, war dir ihr Besitz fast sicher."

Raddatz wandte sich ab, ging in das Wohnzimmer. „Kalis als Täter bot sich an. Auf ihn konnten wir alle gut verzichten. Der taugte sowieso nichts. Ein Spinner, der nichts im Leben auf die Reihe bekam. Er war perfekt."

„Und mich hast du all die Jahre dastehen lassen wie einen Volltrottel." Ebeling folgte ihm auf dem Fuß. „Sag es nicht, ich war ebenso perfekt für deine Pläne wie Kalis, ich weiß."

„Jetzt beruhig dich mal wieder, okay? Du warst genauso überzeugt von Kalis als Täter wie alle anderen auch. Was für einen

Grund hätte ich haben sollen, dir die Wahrheit zu sagen? Es hätte nichts besser gemacht. Im Gegenteil, es hätte …"

„Du wolltest deinen eigenen Vorteil sichern, das habe ich schon verstanden, Wilhelm. Wer hat Kalis damals die Kleidung untergeschoben?"

„Ich war das ganz bestimmt nicht." Raddatz hob die Hände in die Höhe. „Woher hätte ich die denn haben sollen?"

„Dann war es Knut Hagen", sagte Ebeling. „Kalis wohnte auf seinem Hof, es wäre ein Leichtes für ihn gewesen."

„Ich weiß es wirklich nicht. Hör zu, Arnulf, ich wollte nur die Dinge unter Kontrolle halten. Mehr nicht."

„Natürlich. Und du hast ja auch die perfekte Lösung gefunden. Für jeden – außer für Kalis. Und dafür, Wilhelm, gehst du jetzt ins Gefängnis."

Raddatz lachte trocken auf. „Du willst mich verhaften, Arnulf?"

„Oh ja." Ebeling griff nach den Handschellen an seinem Gürtel. Der Schmerz, den all die plötzlichen Wahrheiten ihm bereiteten, war unerträglich. Und die Wut, die mit ihm einherging, war so groß, dass sie ihn wie eine Flutwelle packte und zu zerschmettern drohte. „Ich hab dich immer für einen großartigen Menschen gehalten, Wilhelm. Ich hab dich bewundert. Für deine Cleverness, für alles. Aber jetzt ist Schluss."

„Ich habe mich verhalten, wie ein Mann in meiner Position sich verhalten muss", erklärte Raddatz. „Wir hatten damals ein Problem und wir haben es gelöst. Wir hatten keine Zeit zu jammern und zu winseln. Wir hatten einfach keine Wahl." Der Glaube daran, dass es richtig war, was er getan hatte, war so fest in seinem Bewusstsein verankert, dass es unmöglich schien, daran auch nur zu rütteln. Der Gedanke, dass es falsch gewesen sein könnte, existierte für ihn nicht, denn das zuzugeben wäre einem Schuldgeständnis gleichgekommen. Und ein solches Geständnis würde er niemals ablegen. Wieso, dachte Ebeling bei sich, habe ich jemals etwas anderes geglaubt?

„Jetzt lass es gut sein, Arnulf", sagte Raddatz wie zu einem kleinen Kind. „Du warst nie daran interessiert, die Probleme hinter einer Sache zu verstehen. Du warst auch nie daran interessiert, hinter die Dinge zu blicken. Du bist eben kein Mann, der den großen Auftritt sucht. Deshalb mögen wir dich alle und deshalb bist du so wertvoll für uns. Jetzt beruhig dich wieder, ja? Wir halten doch zusammen. Wir sind eine große Familie."

„Nein, Wilhelm, du täuschst dich. Ich gehöre nicht mehr zu deiner großen Familie. Ich werde für meine Dummheit bezahlen, aber vorher werde ich dich verhaften. Es ist verdammt noch mal an der Zeit."

„Jetzt reiß dich gefälligst zusammen!", bellte Raddatz. „Schluss mit dem Theater. Ein für alle Mal Schluss!"

In diesem Moment verlor Ebeling endgültig die Beherrschung. Er holte aus und schlug ihm mit der Faust ins Gesicht. Raddatz stöhnte auf und sank zu Boden. Noch einmal schlug Ebeling zu und noch einmal stöhnte Raddatz auf. Und noch ein Schlag und noch ein Stöhnen.

Und dann, genau in dem Moment, in dem Julia ebenso heftig wie Ebeling kurz zuvor gegen die Tür hämmerte, hörte der Bürgermeister auf zu stöhnen.

„Woher wussten Sie, wo ich bin?"
„War nicht schwer zu erraten."
Ebeling zitterte heftig. „Ich habe ihn nicht umgebracht. Ich wollte nur die Wahrheit von ihm wissen, er aber hielt sich für unantastbar und das hat mich wütend gemacht. Ich habe ihn geschlagen und da ist er zusammengebrochen."

„Das Herz." Julia sah sich im Wohnzimmer des Bürgermeisters um, wollte die Leiche nicht länger ansehen müssen. „Er hatte eine Herzschwäche, das hat er selbst gesagt."

Ebeling zog die Schultern an und sprach das aus, wovon er dachte, es könnte vielleicht eine Hoffnung sein, auch wenn er im selben Moment wusste, dass es eine Lüge war: „Vielleicht ist er ja auch aus Scham gestorben."

Darauf sagte Julia nichts. Stattdessen meinte sie: „Und? Haben Sie sonst alle Antworten bekommen, die Sie wollten?"

„Ich weiß, dass Sie das nicht verstehen, Frau Wagner, aber ich habe wirklich immer nur versucht, das Dorf zusammenzuhalten. Ich dachte, ich würde meine Freunde beschützen. Das Wittenroder Pflichtgefühl, das Sie nicht kennen und nicht verstehen."

„Sie meinen, das Pflichtgefühl, das jeder so auslegt, wie er es gerade braucht?", gab Julia trocken zurück.

„Ich wollte wenigstens jetzt Verantwortung übernehmen."

„Was Ihnen zur Ehre gereicht."

„Vielleicht." Ebeling starrte noch ein letztes Mal auf die Leiche des Bürgermeisters. „Aber ich glaube, ich habe noch einen viel größeren Fehler gemacht, und ich bete zu Gott, dass ich mich irre."

„Was für einen Fehler?"

„Ich muss zu Eddie." Damit wandte Ebeling sich ab und verließ ohne ein weiteres Wort das Haus.

„Bleiben Sie gefälligst …!", setzte Julia an, doch die Tür war schon hinter ihm zugefallen.

51. KAPITEL

Eher verschlingt er euch

Eddies Kopf schmerzte so unglaublich, als würde ein Schlagbohrer in seinen Schädel fahren. Trotzdem trank er weiter. Er saß unrasiert in seinem uralten Morgenmantel auf der Couch. Ab und zu nickte er ein. Das machte aber nichts. In diesem Stadium war es nur wichtig, dass er immer wieder aufwachte.

Zeit verging, er griff nach einer Zigarette, zündete ein Streichholz an, und im Licht der kleinen Flamme ging ihm die Frage durch den Kopf, wer ihn jetzt noch aufhalten sollte? Als die Flamme ihm die Finger verbrannte, fluchte er leise.

Er spürte, dass die Kopfschmerzen wie eine Wolke weiter anwuchsen. *Poch! Klopf! Krach!*

Er musste zur Toilette, entzündete aber stattdessen ein weiteres Streichholz und hielt gerade die Flamme an die Zigarette, als es an der Tür klopfte. Zuerst glaubte er, er hätte es sich nur eingebildet, doch dann hörte er jemanden seinen Namen rufen und es klopfte noch einmal.

Schlafwandlerisch schritt Eddie zur Tür.

Es ähnelte beinahe einer Einstellung im Film, wie Ebeling vor Eddie stand, die Hände an den Gürtel gelegt, mit ernstem Gesicht, und sagte: „Lass mich rein."

„Warum?"

„Es gibt da einiges im Zusammenhang mit den Teufelsmorden, wo du ins Bild kommst, Eddie. Raddatz hat zugegeben, euch damals gedeckt zu haben. Knut Hagen, Jürgen Jakob und dich."

„Bist du sicher, dass sie hier entlanggelaufen ist?", schnaufte Jakob. „Ich kann verdammt noch mal nichts sehen!"

„Ich bin mir sicher", gab Eddie zurück. „Und jetzt weiter!"

„Lass mich rein, Eddie."

Eddie trat zur Seite. „Es wird unserem Bürgermeister nicht gefallen, dass du das tust."

„Ja, das denke ich auch." Ebeling schritt an ihm vorbei. „Aber er wird nicht mehr viel dagegen machen können. Er ist tot. Genau wie Knut Hagen."

Eddie erstarrte kurz, doch innerhalb von nur einer Sekunde veränderte sich sein Blick schon wieder. Er machte die Tür zu und sagte: „Warte einen Moment. Ich zieh mir was an."

Ebeling nickte und betrat das Wohnzimmer.

Er roch es beinahe sofort und sein erster Impuls war es, sich umzudrehen und wegzulaufen. Feige zu bleiben, wie er es immer gewesen war. Aber Ebeling ging weiter. Schweißtropfen traten auf seine Stirn, seine Kehle war wie zugeschnürt. Er unterdrückte einen Hustenreiz.

Und dann sah er es.

Oh mein Gott!

Er schluckte. Keuchte. Und dann übergab er sich.

„Gefällt dir, was du siehst, Arnulf?", fragte Eddie hinter ihm.

Ebeling konnte nicht antworten. Genauso wenig konnte er aufhören, sich zu übergeben.

„Das sollte es", redete Eddie weiter. „Das hier ist nämlich eine wichtige Stätte. Es ist sozusagen eine Achse."

Ebeling keuchte und hustete weiter.

Eddie trat an ihm vorbei, neben die beiden übereinandergelegten nackten Leichen. „Das ist Religion, Arnulf. Ich bin meine eigene Religion."

Ebeling wollte sich aufrichten, konnte es nicht. Er konnte auch nicht noch einmal hinsehen. Er schaffte es einfach nicht.

Eddie sagte: „Das Entscheidende ist, dass man es einfach machen muss. Es ist wie ein Test. Man muss nur den entscheidenden Schritt machen und die Grenze überschreiten."

Ebeling zwang sich, einen weiteren kurzen Blick auf die beiden Leichen zu werfen, und sofort überkam ihn eine weitere Welle der Übelkeit.

„Jetzt tut ihr leid, was sie getan hat", sagte Eddie. „Aber sie kann es nicht mehr gutmachen. Nie mehr. Und der Wichser auch nicht. Aber weißt du ... eigentlich mochte ich ihn, den guten Fritz mit den schönen blauen Augen. Er hat noch versucht, mich mit Argumenten zu überzeugen, bevor ich ihm die Kehle durchgeschnitten habe. Wollte mir das Motiv erklären, warum er meine Frau gefickt hat."

Ebeling atmete ein. Atmete aus. Mühsam richtete er sich auf. „Ich ... verhafte dich jetzt, Eddie."

„Du verstehst es nicht, Arnulf. Du kannst mich nicht festnehmen."

„Eddie ... Du ..."

Mit einem Mal hielt Eddie ein Messer in die Höhe. Die lange Klinge war voller Blut und schien erwartungsvoll zu lächeln. „Weißt du, was das ist?"

„Oh mein Gott, Eddie ..."

„Richtig. Das ist das Messer, mit dem die Teufelsmorde begangen wurden." Eddies Stimme klang kehlig, rau. „Ich konnte es damals nicht wegwerfen. Raddatz wollte, dass ich es tue, aber ich konnte es nicht. Wenn ich es im See versenkt hätte, dann hätte ich damit auch alle Erinnerungen versenkt. Verstehst du, was ich meine?"

„Nein", sagte Ebeling leise.

„Man muss es sich vorstellen, Arnulf. Die Energie, die von diesem Messer ausgeht. Alles, was vorher schwach und einsam vor sich hin pulsierte, erwacht auf einmal zum Leben. Es ist Wahnsinn."

Ebeling dachte: *im wahrsten Sinn des Wortes: Wahnsinn.*

Im nächsten Moment hob Eddie das Messer an und machte einen Schritt auf ihn zu, genau in dem Moment, in dem ein Schuss krachte und die Tür aufflog.

„Ich hab, verdammt noch mal, keine Lust mehr, Ihnen ständig hinterherzurennen!", stieß Julia außer Atem hervor, während sie ihre Waffe auf Eddie richtete. „Wenn Sie noch einmal weglaufen, Ebeling, dann schieß ich Ihnen in die Beine. Und Ihnen schieß ich bei dem Versuch direkt in den Kopf, Eddie. Also denken Sie erst gar nicht dran."

„Sie tragen ja schon wieder Ihre Waffe mit sich herum", sagte Ebeling matt.

„Ich würde in dem beschissenen Kaff nicht unbewaffnet Brötchen holen gehen. Und zu Recht, wie sich schon wieder zeigt. Messer fallen lassen, Eddie."

„Ihr versteht überhaupt nichts." Eddie tat wie geheißen. „Alles war wie geschaffen dafür, den alten Geist wieder zu erwecken."

Mit dem Kinn deutete Ebeling auf Dina und Fritz Holz. „Sehen Sie sich das an."

Julia hatte es bereits gesehen. „Sie sind ein echt durchgeknallter Typ, Eddie."

„Ich habe getan, was ich tun musste."

Ebeling wandte sich in Julias Richtung und murmelte mit gesenktem Kopf: „Sie können mir jetzt ein Disziplinarverfahren an den Hals hängen. Ich habe es verdient. Ich habe auf ganzer Linie versagt. Dina und Fritz wären noch am Leben, wenn ich auf Sie gehört hätte."

Julia sagte nichts darauf. Das würde von anderer Seite auf ihn zukommen, es war nicht ihre Aufgabe. „Möchten Sie jetzt Ihre Pflicht tun und ihn festnehmen?", fragte sie stattdessen.

„Ihr könnt diesen Ort nicht aus der Dunkelheit holen." Eddie blickte von ihr zu Ebeling und wieder zurück. „Es wird euch nicht gelingen. Eher verschlingt er euch mit Haut und Haaren."

52. KAPITEL

Der Allverschlinger

Eddie sah Ebeling an, der ihm auf der anderen Seite des Schreibtischs gegenübersaß. Julia, die sich einen Stuhl in die Ecke geschoben hatte und einen Becher mit Kaffee in der Hand hielt, beachtete er gar nicht.

„Mit Adam Adaj hat also alles angefangen, ja?", begann Ebeling.

Eddie winkte ab. „Mit dem haben wir doch nur gespielt. Weil uns langweilig war."

„Und das hat euch das Recht gegeben, ihn zu schikanieren und zu quälen?"

„Gut erkannt", antwortete Eddie und grinste. Von Reue keine Spur.

„Und wie ging es dann weiter?"

„Eigentlich waren wir nicht überrascht, als Jakob mit dem ganzen Teufelskram auf uns zukam." Eddie zuckte mit den Schultern. „Wir hatten vorher schon ein paar Mal darüber gesprochen. Über das wahre Böse. Weil wir uns gelangweilt haben. Wir haben damals gesoffen wie die Löcher, unser Leben gehasst und dann beschlossen, dass wir stärker sind als die anderen. Wir wollten giftiger sein als Plutonium, wenn du verstehst, was ich meine. Und so haben wir uns den ganzen Kram eben zusammengesponnen."

„Und weil ihr es richtig machen wolltet, habt ihr gleich mit Menschenopfern angefangen?"

Kopfschütteln. „Wir haben nur über Menschenopfer geredet. Aber keiner von uns hat das wirklich ernst gemeint. Wir hatten keine Ahnung, dass es so enden würde. Mit echtem Mord, mein ich. Wir waren eben gelangweilt und dachten, wir machen uns mal einen ganz neuen Spaß. Wir schnappen uns einen und tun so, als ob."

Ebeling lehnte sich etwas zurück. „Es war also nicht geplant, jemanden zu ermorden?"

„Nein."

„Und wie kam es dann doch dazu?"

„Wie ich's grad gesagt hab. Irgendwann kam Jakob auf uns zu und meinte, er hätte ihn gefunden, den wahren Meister. Und wenn wir wollten, könnten wir ihn kennenlernen. Und das wollten wir natürlich."

„Und dann habt ihr ihn getroffen? Den Meister."

Eddie hob die Hand, strich sich über die Wange. „Allerdings."

August 1987

In der bedrückenden Enge des Raums unter der Falltür wurde die Luft allmählich knapp. Die kärglichen Reste von drei Kerzen flackerten ihrem Ende entgegen.

„Gehen wir", sagte Knut Hagen, den es zurück nach oben drängte. „Der wird nicht kommen."

Jürgen Jakob klappte das Buch zu, das er in den Händen hielt, so dick und schwer wie ein Messbuch. Bevor er angefangen hatte darin zu lesen, hatte er erklärt, dass das, was in dem Buch stehe, von der Hand des Satans geschrieben worden sei. Natürlich war das gelogen, aber es hatte die beiden anderen immerhin schwer beeindruckt. „Er wird kommen. Ich bin mir sicher."

„So?", machte Eddie. „Und warum ist er dann noch nicht da? Und das, obwohl du den Scheiß in dem Buch jetzt schon drei Mal vorgelesen hast?"

„Er wird nicht kommen, nur weil du das so willst", gab Jakob zurück. „Das hier ist ein magischer Ort. Es muss alles stimmen, dann …"

Plötzlich begann Hagen zu stammeln. „D… d… da …"

Die anderen beiden fuhren auf. Ein eiskalter Windstoß strich über ihre Gesichter und dann erkannten auch sie die Gestalt.

Eine Gestalt, deren Gesicht im Halbdunkeln keinerlei Ähnlichkeit mit einem Menschen hatte. Und noch etwas anderes füllte mit einem Schlag den kleinen Raum unter der Erde – unendlicher Hass und grenzenlose Wut.

Keiner der drei war in der Lage, den Blick abzuwenden, so sehr ihre Körper auch zitterten.

„Ihr interessiert euch also für das große Böse", vernahmen sie eine kalte, metallische Stimme. „Ihr wollt zu Rittern der Tiefe werden und Ozeane von Tränen hinterlassen."

Immer mehr Eiseskälte um sie herum.

„Wenn ihr das wirklich wollt, wenn ihr Gott aus euren Herzen vertreiben wollt, dann wird keine Mauer, kein Gebet, keine Macht euch davon abhalten."

Kalte Augen, die keinerlei menschliche Regung zeigten.

„Ihr wollt Seelenräuber werden? Gut. Ab sofort sollt ihr nur noch meine Stimme hören."

„Was geschah dann?", wollte Ebeling wissen.

„Von der ersten Sekunde an waren wir wie besessen von dem Kerl", sagte Eddie. „Es war wie ein Zwang. Wir fanden es … aufregend. Aber ich schwöre, wir haben niemals damit gerechnet, dass der Typ wirklich jemanden killen würde. Wir dachten, das sei alles nur Spaß. Selbst als wir uns den Jungen geschnappt hatten, dachten wir noch, dass es nur ein Spaß ist, und gleich sagen wir ihm, dass wir ihn nur ein bisschen erschrecken wollten."

„Aber es war kein Spaß."

„Nein. Für den Meister war es zu keinem Zeitpunkt ein Spaß. Er hatte von Anfang an einen Plan. Und mittendrin ist es dann auf einmal … echt geworden."

Dieser Geruch.

Totes Holz. Luft, die nach Mutterboden und Fäulnis roch.

Alles, die Stämme der Bäume, die Zweige, die Baumkronen, das Moos, die Würmer, alles, alles rüstete sich gegen das, was nun kommen mochte.

Knut Hagen kniete auf dem Boden, spürte, wie etwas durch seinen Körper strömte und sich in seinem Magen ballte wie eine Faust. Er schnappte nach Luft und weinte. Tränen strömten unablässig über sein Gesicht. Er konnte das Zittern seines Körpers nicht verhindern.

Eddie stand einfach nur da und starrte. Der Junge lag nackt auf dem Altar und sein Gesicht zuckte entsetzlich. Er atmete noch. Aber ob er den Tod, das Böse um sich herum noch wahrnahm?

Jürgen Jakob wurde von Schauern des Schreckens geschüttelt. Er konnte nicht glauben, dass das wirklich passierte. Er sah, wie das Monster sich über den Jungen beugte und das Messer ansetzte. Im Licht des Mondlichts wirkte es riesengroß. Ein schweres silbernes Medaillon schlug dem Dämon dabei gegen die Brust: ein fünfzackiger Stern, ein Pentagramm, das Zeichen der Seelenräuber.

„Nein!", schrie Jakob auf. „Nein!"

Eddie schüttelte den Kopf. „Er ist abgehauen. Jakob, der uns überhaupt erst mit diesem Irren zusammenbrachte, ist abgehauen und hat sich nicht mehr blicken lassen."

„Jakob war bei den Teufelsmorden also gar nicht dabei?", fragte Ebeling.

„Nein. Hat Schiss gekriegt und ist verschwunden."

„Also nur Hagen und du?"

„Nein. Hagen ist auch abgehauen. Kurz nach Jakob."

„Nur du, Eddie? Nur du bist bis zum Schluss geblieben?"

Eddie nickte. In seiner Erinnerung sah er den Jungen noch einmal vor sich, hatte sogar das Gefühl, er könne ihn noch einmal riechen. Ebenso wie er meinte, das Messer noch einmal aufblitzen zu sehen, ehe eine Fontäne seine Erinnerung rot färbte. Für einen kurzen Moment schloss er die Augen.

Es schien so gut wie keine Luft mehr um ihn herum zu geben.
    Eddie blinzelte. Er wusste, er hatte etwas getan, was ihm niemals verziehen werden würde. Er war dabei gewesen. Nicht einmal Jesus Christus persönlich würde ihm das verzeihen. Er hörte ein Geräusch hinter sich und drehte sich um.
    Dass blutige Messer in der Hand, kam der Meister auf ihn zu. Ein entsetzlicher Gestank ging von ihm aus und in der Dunkelheit leuchteten seine Augen wie das schwere silberne Medaillon, das er um den Hals trug. „Es hat gerade erst angefangen, Eddie." Grabesstimme. Erdiges Lachen. Von dieser Gestalt war kein Mitleid zu erwarten, nicht das geringste Mitgefühl, gar nichts.
    „Du bist jetzt eine tote Seele und ich habe Großes mit dir vor. Von heute an werde ich dich begleiten. Ich werde deinen Gedanken ihre Richtung geben und deinem Geist flüstern, was er tun soll. Ich werde da sein, wenn du einschläfst, und ich werde da sein, wenn du wieder aufwachst. Ich werde überall da sein, wo du bist."

Eddie sagte: „Man wird mit der Gabe geboren."
    „Mit welcher Gabe?", fragte Ebeling.
    „Der Kraft zu morden. Das ist wie auf Wolke sieben, ich schwör's dir, Arnulf. Wie nach einer gezischten Flasche Wodka."
    Julia schloss die Augen, zog an einer imaginären Zigarette.
    „Aber ihr habt den Jungen nicht ..." Ebeling brach ab.
    „Vergewaltigt?"
    Nicken.
    Eddie lehnte sich etwas zurück. „Ich steh nicht auf kleine Jungs. Mich interessierte nur der Mord."
    „Und dein Meister?"

„Ihn hat's angemacht. Hat an sich rumgespielt, aber keinen hochgekriegt."

Ebelings Gesicht schien im hellen Bürolicht irgendwie blaugrau zu sein. Er schluckte. „Wie war es beim zweiten und dritten Mord?"

„War ich auch dabei. Bei der Frau, da hätt ich's getan, die hätt ich ficken wollen, aber ich bin vorher schon gekommen. Ich schwör, in dem Moment, in dem ich mir vorstellte, wie er ihr den Hals durchschneiden würde, diesem hübschen Engel, da hat mein Schwanz gezuckt und ich bin gekommen. Danach hab ich mich unendlich viel leichter gefühlt." Eddie lächelte, sah von Ebeling zu Julia und wieder zurück. „Und der Meister … na ja, der wollte auch, aber er konnte wieder nicht. Hat den Schwanz einfach nicht hochgekriegt." Er lachte auf. „Was für eine Nacht!"

„Warum hat es nach dem dritten Mord aufgehört?"

„Keine Ahnung. Auf einmal war der Meister verschwunden. Wie vom Erdboden verschluckt. Und erst als er wieder weg war, da wurde mir auf einmal klar, was ich getan hatte. Dass dieser Typ das Böseste und Schlechteste aus mir herausgeholt hat, was ich bis dahin in mir trug."

„Danach hast du das also nicht mehr in dir gespürt? Das Böse."

„Nein." Eine glatte Lüge. Ebeling wusste es. Und Julia wusste es auch.

„Ich war auf einmal wie durchgepustet", redete Eddie weiter. „Hab begriffen, dass ich in echten Schwierigkeiten stecke. Also bin ich zu Raddatz und hab mich ihm anvertraut. Er meinte, es würde niemanden mehr lebendig machen, wenn ich was sage."

„Weißt du, wer es ist, Eddie?", fragte Ebeling. „Weißt du, wer der Meister ist?"

Eddie schüttelte den Kopf. „Hagen und ich haben sein wahres Gesicht nicht gesehen. Nur Jakob. Denn, wie gesagt, mit dem fing ja alles an."

Es war so weit.

Er betrachtete sich im Spiegel. Sein Atem ging schnell, aber immer noch beherrscht. Er begann wieder in gewohnter Zielstrebigkeit zu denken, blinzelte und überdachte den nächsten Zug.

Er wusste, dass Julia jetzt die einzelnen Puzzleteile zusammensetzen würde, und er stellte sich ihr Gesicht vor, die Augen, den schlanken Hals, den er aufschlitzen würde. Dieser Gedanke war auf widerliche Weise erregend. Er wünschte sich so sehr, sie zu töten, mehr, als er sich jemals etwas gewünscht hatte. Alle Empfindungen, jahrelang unterdrückt und kontrolliert, brachen nun hervor. Sie würde sterben. Noch in dieser Nacht. Aber vorher … vorher würde er ihr alles nehmen. Den letzten Rest dessen, was ihr noch geblieben war.

53. KAPITEL

Verraten und verkauft

Klickklickklick.

Wie sieht das Gehirn eines Dämons aus? Wie sieht das Gehirn eines Menschen aus, der keine Gefühle besitzt? Welche Farbe hat sein Herz?

Woran erkennt man ein schwarzes Etwas ohne jeden Skrupel?

Julia rauchte und überlegte. Gab es bestimmte Windungen, denen man folgen konnte, wenn man sich nur nahe genug herantraute?

Klickklickklick.

Ihr fiel das Wort „charismatisch" ein. Sie zwang sich, den Gedanken weiter zu verfolgen. Ein verrückter, charismatischer, fundamentalistischer Mensch.

Dort blieb sie hängen.

Ich fange es falsch an, sagte sie sich. Noch mal von vorne: charismatisch. Fundamentalistisch. Verrückt.

Klickklickklick.

Hält sich selbst für das personifizierte Böse. Blabla.

Julia wusste, sie war ganz nah dran, aber alles war noch viel zu vage, zu geisterhaft.

Paula von Jäckles Worte schoben sich in ihre Gedanken: *Er folgt Ihnen, Frau Wagner. Er ist in Ihrer Nähe. Die ganze Zeit, sowohl einen Schritt voraus als auch einen Schritt hinter Ihnen.*

Klickklickklick.

Für einen Moment schloss Julia die Augen, öffnete sie dann wieder, griff nach ihrem Handy und wählte eine Nummer. Wartete. Sprach, stellte Fragen, bekam Antworten, fragte weiter, legte wieder auf und starrte ungläubig vor sich hin.

Er hatte alles von Anfang an genauso geplant. Wie eine Theaterinszenierung.

Klickklickklick.
Julia fing heftig an zu zittern. Stand einfach nur da und zitterte. Was für ein Wahnsinnsschauspieler.
Sie zitterte immer mehr.
Macht er sich über mich lustig?
Sie legte die Stirn gegen die kühle Wand.
Er hasst mich. Er hasst mich mehr als irgendetwas sonst auf der Welt. Aber warum? Was hab ich ihm getan? Und vor allem: Was hat er jetzt vor?
In der nächsten Sekunde richtete Julia sich auf, griff erneut nach ihrem Handy und rief Sandmann an. Nach dem zweiten Ton nahm er ab.
„Sandmann, wo bist du? Ich möchte nicht, dass du nach Wittenrode zurückkommst. Hörst du mich? Verstehst du, was ich dir sage? Ich möchte *nicht*, dass du hierher zurückkommst."
„Zu spät", sagte er am anderen Ende. „Gerade angekommen. Bin quasi schon auf dem Weg zu Eva ins Krankenhaus. Ich will nur vorher noch schnell in die Pension. Warum? Was ist los?"
Noch einmal ließ Julia die Stirn gegen die kühle Wand sinken. Dann legte sie auf.

„Eddie Winter hat die Teufelsmorde zwar nicht selbst begangen, aber er war dabei", setzte Julia fünfzehn Minuten später an. „Knut Hagen, der zwar nicht dabei war, aber durchaus etwas dazu hätte sagen können, hat all die Jahre den Mund gehalten. Er hatte ja auch genug anderen Dreck am Stecken. Und Jürgen Jakob, der aus Langeweile heraus die perfide Idee zu dem ganzen Teufelszeug hatte, ist zwar genau wie Hagen in letzter Sekunde abgesprungen, hat aber auch nie wieder ein Wort darüber verloren."
„Das ist ja krank", murmelte Eva. „Absolut krank. Wie konnten die all die Jahre zusammen in einem Ort leben? Wie konnten die sich jeden Tag in die Augen sehen? Da wurden Menschen

ermordet. Von Kalis mal ganz abgesehen, von dem alle wussten, dass er es nicht getan hatte, den sie aber ohne mit der Wimper zu zucken über die Klinge haben springen lassen. Tut mir leid, aber ich kann das nicht verstehen. Ich …" Eva brach ab. „Ich glaub, mir wird schlecht."

„Ein Spaß", redete Julia weiter, nachdem sie einen Schluck Kaffee aus einem Pappbecher getrunken hatte. „Es sollte nur ein Spaß sein. Ein kranker Spaß, zugegeben, aber ein Spaß. Der Einzige, für den das Ganze von Anfang an kein Spaß war, war der vierte Mann. Der Allverschlinger, wie Adam Adaj ihn nannte. Der hatte einen eigenen Plan. Er wusste von der ersten Sekunde an, dass Blut fließen würde. Jürgen Jakob kannte ihn, hatte sein Gesicht gesehen und ihn trotzdem nicht verraten. Warum nicht? Schuld? Mitschuld? Fliege ich auf, fliegst du auch auf. So oder ähnlich wird es gewesen sein. Und wenn Kerstin nicht schwanger geworden wäre, dann hätte Jakob vermutlich bis zu seinem natürlichen Ende geschwiegen. So aber veränderten sich die Dinge. Auf einmal wollte Jakob reden, wollte alles aufklären, und da er der Einzige war, der die Identität des Teufelsmörders kannte, war dieser gezwungen, wieder aufzutauchen und erneut zu töten."

Eva nickte nachdenklich. „Das ergibt Sinn."

Julia fuhr fort: „Das meinte Frau Baakes mit: ‚Er ist zurück.' Ich dachte die ganze Zeit, er wäre wie ich zurück in Wittenrode, aber das stimmt nicht. Er war nie weg. Nur wegen Jakobs plötzlicher Gewissensbisse war er gezwungen, erneut zu morden. Jakob ahnte das. Er war besorgt. Er hatte Angst, wollte Kerstin schützen, wusste aber nicht wie. Er dachte über Scheidung nach, wollte sie mit aller Gewalt aus der Geschichte raushalten, aber da war es schon zu spät. Jakob wurde ermordet und Kerstin war mittendrin. Sie war ebenfalls längst zu einer Bedrohung geworden, weil sie etwas ahnte und auf eigene Faust zu recherchieren begonnen hatte. Und so legte sich unser Mörder einen perfiden Plan zurecht: Wenn er Kerstin dazu bewegen konnte, den Mord an ihrem Mann auf sich zu nehmen, dann würde er einmal mehr davonkommen. Dass Kerstin sich im Gefängnis umbringen würde, damit konnte er nicht rechnen, aber es eröffnete ihm ganz neue Möglichkeiten, denn ihr Selbstmord holte dich, Sandmann und mich zurück nach Wittenrode. Und eine von uns dreien hatte er schon lange im Visier: mich. Ich kam zurück, und sein Spiel begann."

Julia trat zum Fenster und sah hinaus. „Natürlich konnte er sich nicht hundertprozentig sicher sein, aber jeder, der sich ein bisschen mit unserer Geschichte auskennt, wusste, dass wir zu Kerstins Beerdigung zurückkommen würden. Und darum geht's."

„Unsinn", sagte Eva. „Gerade bei dir hätte man sich da überhaupt nicht sicher sein können. Pastor Jordan war ja bis zum Schluss selbst nicht davon überzeugt, ob er dich dazu bewegen könnte, nach Wittenrode zurückzukommen."

Julia wandte sich zu ihr um. „Aber er hat es geschafft. Er hat mich bei meinem schlechten Gewissen gepackt und überzeugt, oder nicht?"

„Ja, aber ich finde trotzdem, dass sich in dem ganzen Rest noch verdammt viele Ungereimtheiten befinden."

„Überhaupt nicht. Unser Mörder ist ein bestechend intelligenter Mensch, Eva, das darfst du nicht vergessen. Ein bestechend intelligenter Mensch, der in der Lage war, Kerstin einzureden, sie hätte den Mord an ihrem Mann begangen, obwohl sie es gar nicht getan hatte."

Eva griff nach Julias Zigarettenschachtel und zog eine heraus.

„Das ist ein Krankenzimmer."

„Ist mir egal."

„Seit wann rauchst du überhaupt?"

„Seit ich mich mit dem ganzen Scheiß hier auseinandersetzen muss." Nachdem Eva sich mit zitternden Fingern die Zigarette angezündet hatte, drückte sie die Finger an die Schläfen. „Das gibt's doch gar nicht. Das ist völlig unmöglich. Wie sollte das denn funktioniert haben?"

„Indem er Kerstin mit einer Droge außer Gefecht setzte, Jakob die Kehle durchschnitt und ihr anschließend das Messer in die Hand drückte. Absolut simpel und in jeder Hinsicht perfekt. Der Mann versteht sein Handwerk, man muss es fast bewundern."

„Das ist doch völlig … absurd. Erstens hätte Kerstin das bemerkt, und zweitens wurden keine Drogen in ihrem Blut gefunden."

„Stropharia", sagte Julia.

„Wer?"

„Psilocybe cyanescens. Das ist ein Pilz, der einen rauschähnlichen Zustand hervorruft. Verändert das Raum-Zeit-Gefühl und bewirkt außerdem eine Isolierung von der Umgebung. LSD-ähnlich."

Skeptisch hob Eva die Augenbrauen in die Höhe. „Und woher weißt du das so genau?"

„Ich hab mit einem ehemaligen Kollegen vom Drogendezernat telefoniert. Auch er meinte, wenn überhaupt, dann nur so." Julia lehnte sich mit dem Rücken gegen die Heizung. „Denn dieser Pilz hat den Vorteil, dass er bereits nach einer halben Stunde die volle Rauschwirkung entfaltet, und schon nach zwei Stunden kann alles wieder vorbei sein. Kann auch etwas länger dauern, aber auch dann nicht mehr als vier bis fünf Stunden. Unser Mörder hatte also genügend Zeit."

„Aber die Polizei hat nach Drogen in Kerstins Blut gesucht."

„Ja. Aber nach chemischen, nicht nach pflanzlichen. Danach suchen sie nämlich nur, wenn sie einen begründeten Verdacht haben." Julia brach ab, sah Eva an und fügte hinzu: „Der Mörder verabreichte Kerstin auf irgendeinem Weg Essenzen dieses Pilzes und sie trat innerhalb von kürzester Zeit völlig weg. Als sie wieder zu sich kam, war ihre Erinnerung lückenhaft und ihr Mann lag tot am Boden. Sie hatte das Messer in der Hand und war völlig durcheinander. Der Mörder tat, als wolle er sie beruhigen, und erklärte ihr, was passiert war. Oder jedenfalls tat er so, als würde er es ihr erklären, und fütterte sie dabei mit einzelnen Details ihrer fiktiven Tat."

„Aber so etwas lässt man sich nicht einfach mal so einreden", wandte Eva ein. „Ich meine, hier geht's um Mord, Julia. Und Kerstin war erst recht kein so leicht zu beeinflussender Mensch."

„Das genau ist der Punkt, Eva. Ich habe mich die ganze Zeit gefragt, wem sie so sehr vertraut hätte, dass er ihr eine derartige Geschichte hätte einreden können, ohne dass sie misstrauisch geworden wäre."

„Du hast da schon jemanden im Auge, nicht wahr?"

„Ja. Allerdings wage ich mir nicht auszudenken, was passiert, wenn ich falschliege."

„An wen denkst du?", wollte Eva wissen.

„Pastor Jordan."

Eva stieß hörbar den Rauch aus. „Sag mal, hast du jetzt völlig den Verstand verloren? Weißt du, was du da sagst? Jordan ist ein katholischer Pfarrer. Ein bescheidener, anständiger und gottesfürchtiger Mann. Was, um Himmels willen, sollte dieser Mensch mit Satanisten zu tun haben?"

„Ist es nicht der größte Sieg, das ultimative Ziel für Satanisten, einen geweihten Pfarrer abtrünnig zu machen?", gab Julia zurück. „Ihn sozusagen umzudrehen?"

„Mag sein. Aber ich kann mir beim besten Willen nicht vorstellen, dass so etwas überhaupt vorkommt."

„Und wie viele Menschen sind nicht schon pervers geworden, nachdem sie zu lange in einem geschlossenen, streng religiösen Rahmen lebten?"

„Wir reden hier aber nicht von irgendwelchem Sektenkram, wir reden vom katholischen Glauben. Davon abgesehen sind Sandmann, du und ich ja wohl auch nicht pervers geworden, wie du es nennst. Wir haben vielleicht alle drei auf unsere Weise unsere Macken, aber pervers geworden sind wir nicht."

„Ich kann mir vorstellen, dass so ein Pastor weiterhin im Amt bleibt und das satanische Zeug heimlich praktiziert", redete Julia weiter. „Wie soll man wissen, ob eine Kirche nicht unbemerkt dem Teufel geweiht ist? Was ich aber ganz sicher weiß, ist, dass es keinen Menschen gibt, dem Kerstin mehr vertraut hat als Jordan. Ihm hätte sie alles geglaubt. Er war ihr einziger Freund in Wittenrode. Sie war quasi abhängig von seiner Gunst und er hatte keine Skrupel, das auszunutzen."

„Hör mal, Julia ..."

„Hör mir weiter zu, Eva." In Julias Kopf hatte längst ein bekanntes Summen eingesetzt. Jetzt gab es kein Zurück mehr. „Wie viel Zeit verging von dem Moment in dem der Mord geschah, bis hin zu dem Moment, in dem Kerstin Ebelings Streifenwagen anhielt?"

„Mehr als drei Stunden."

„Genau. Und das bedeutet, Jordan hatte über drei Stunden Zeit, Kerstin genau das zu erzählen, was sie anschließend bei der Polizei aussagte. Und je mehr Zeit verging, desto mehr wurde die Geschichte in ihrem Kopf zur Realität. Am Ende hat sie es geglaubt. Sie hat es tatsächlich geglaubt."

„Ist unser Gehirn wirklich so leicht zu manipulieren?", fragte Eva unsicher.

„Absolut. Wenn man weiß, wie man es machen muss. Ich selbst war bei genügend Verhören anwesend, in denen so lange von verschiedenen Seiten auf Verdächtige eingeredet wurde, bis sie am Ende nicht mehr unterscheiden konnten, was die Wahrheit war und was ihnen von Kollegen eingeflößt wurde."

Einen Moment herrschte Schweigen im Raum.

„Ich wünschte, du hättest das gerade nicht ausgesprochen", sagte Eva schließlich.

„Ich kann nur sagen, dass ich meine Gedanken für richtig halte", beharrte Julia. „Aber du hast natürlich recht. Wenn ich falschliege, dann endet das alles in einer Katastrophe. Allerdings können wir es uns auch nicht leisten, etwas zu übersehen, nur weil wir es nicht sehen wollen. Und ich bin mir sicher, dass es genauso war, wie ich gerade gesagt habe. Jordan verabreichte Kerstin die Droge, schnitt Jakob den Hals durch und drückte ihr anschließend das Messer in die Hand. Dann brauchte er ihr nur noch so lange einzureden, sie hätte es getan, bis sie es tatsächlich glaubte."

Ihr Atem ging heftig, als sie zuerst auf das Messer in ihrer Hand und dann auf die Leiche zu ihren Füßen starrte. „Das … Das …" Der Anblick war ihr unerträglich. Der Anblick seiner entstellten Leiche. Der Anblick seiner leeren Augen. Der Anblick des vielen Blutes auf dem Teppich, das sich immer weiter unter seinem leblosen Körper ausbreitete. Sie musste wegschauen.

Jordan legte einen Arm um ihre Schultern. „Du hast ihn umgebracht, Kerstin."

Der Raum um sie herum schien zu schrumpfen. Sie machte den Mund auf und schloss ihn wieder, wollte sich irgendwo festhalten, aber sie fand keinen Halt. Sie schwankte.

Sofort stand er hinter ihr und fing sie auf. „Du musst dich setzen."

„Ich habe … ihn umgebracht." Sie hörte den weinerlichen Klang ihrer eigenen Stimme. Ihre Unterlippe zitterte.

„Ja", sagte Jordan. „Du hast ihn umgebracht, Kerstin."

„Das wäre aber ein ziemlich großer Aufwand", bemerkte Eva.

„Ja. Aber nur so ergibt es ein Bild. Das Ganze war ein abgekartetes Spiel, in seiner Heimtücke so raffiniert, dass man es tatsächlich teuflisch nennen kann. Jordan, der gute Pfarrer, die Vaterfigur für uns alle, hat jeden von uns perfekt geblendet, und allein das zeigt schon, wie sehr er sich von der übrigen Menschheit längst gelöst hat." Julia brach einen Moment ab. „Frau Baakes wusste lange Zeit nicht, dass er der Teufelsmörder ist. Sie hätten sonst nicht so lange auf so engem Raum miteinander arbeiten können. Aber irgendwann kam sie dahinter. Irgendetwas ist geschehen, was sie auf seine Spur brachte – und er musste reagieren. Er hat sie zu Tode erschreckt. Jürgen Jakob musste er ebenfalls töten und Kerstin hat er gleich mit zerstört. Alles eine einzige Lüge. Er hatte von Anfang an mich im Auge, und offenbar war es den Aufwand wert."

„Aber was hätte er denn davon, dich zurück nach Wittenrode zu holen?", wollte Eva wissen. „Jetzt mal ehrlich, Julia, was sollte er von dir wollen?"

„Ich soll ihn verstehen. Alles, was er getan hat, soll mich zu irgendetwas hinführen. Ich bin quasi sein Publikum."

„Aber warum ausgerechnet du?"

Julia zog die Schultern in die Höhe. „Das weiß ich noch nicht", gab sie zu. „Das ist ein Stück vom Puzzle. Es gibt keine Zeugen für den Mord an Jürgen Jakob. Kerstin ist tot. Der Einzige, der es mir sagen könnte, ist Jordan selbst."

„Du willst jetzt aber nicht hingehen und ihn fragen, oder?", stieß Eva hervor. „Julia, der Mann hat uns großgezogen. Wir wüssten alle nicht, wo wir heute wären, wenn es ihn nicht gegeben hätte. Er predigt Liebe und Güte, nicht Mord und Totschlag."

„Er kümmert sich einen Scheiß um Liebe und Güte, Eva. Ihn interessiert einzig der Schaden, den er anrichten kann."

„Er hat alles für uns getan. Er hat uns nie schlecht behandelt. Er war der Einzige, der sich überhaupt für uns interessiert hat. Willst du ihn ohne Beweise mit Dreck bewerfen? Willst du seinen Namen in allen Zeitungen lesen?"

„Nein", sagte Julia. „Natürlich nicht. Trotzdem bin ich von meiner Theorie überzeugt. Er war von Anfang an hinter mir her."

„Warum?", fragte Eva noch einmal. „Und warum so kompliziert? Wenn er dich wirklich töten wollte, dann hätte er das jederzeit machen können, als du noch im Waisenhaus warst."

„Damals war ich noch ein Kind. Vermutlich war ich da noch kein richtiger Gegner für ihn."

Mit zitternden Fingern strich Eva sich eine rote Locke aus der Stirn. „Ich glaube langsam, du meinst wirklich ernst, was du da sagst."

„Ich wäre wohl nicht besonders gut in meinem Job gewesen, wenn ich die Dinge am Ende nicht immer eins zu eins zusammengesetzt hätte. Und genau darin liegt die Herausforderung für ihn."

Schweigen.

Dann ein trostloses Kopfschütteln von Julia. „Er kennt Sandmann, dich und mich in- und auswendig. All unsere Reaktionen waren für ihn vorhersehbar. Das nennt man Psychologie. Jordan beherrscht Planung und Organisation in hochqualifizierter Weise. Und er ist intelligent genug, so etwas von Anfang bis zum Ende sorgfältig vorzubereiten. Er hatte von Anfang an alles unter Kontrolle."

Die Worte ließen Eva erneut zur Zigarettenschachtel greifen.

„Du fängst ja richtig an", kommentierte Julia.

„Weil du nicht aufhörst mit dem Scheiß." Evas Stimme zitterte. „Das ist doch alles viel zu kompliziert und zu … bizarr. Warum sollte Jordan ausgerechnet dich als seinen Feind betrachten? Du warst ein Kind, als du ins Waisenhaus kamst. Ein Kind, das niemandem etwas getan hatte."

„Es hängt mit meinem Vater zusammen."

„Lieber Himmel!", stieß Eva aus. „Mal von allem anderen abgesehen, erinnerte Kerstin sich sehr genau daran, das Messer in die Hand genommen zu haben. Sie hat es selbst bei der Polizei ausgesagt."

Julia trat zu ihr hin und beugte sich so nahe zu ihr hinunter, dass sich beinahe ihre Nasen berührten. „Oh, wie ich sehe, gestehst du jetzt am Ende doch lieber Kerstin den Mord zu, als ihn Pastor Jordan zuzurechnen."

„Ich will es weder dem einen noch dem anderen zurechnen", erklärte Eva ernst. „Hör zu, Julia, ich weiß, du hast dich da jetzt drin verbissen. Und ich geb mir wirklich Mühe, dir zu folgen, aber gerade trampelst du auf meinen Nerven herum wie ein Elefant im Porzellanladen. Du behauptest, Pastor Jordan wäre ein Serienkiller, der Kerstin als Köder benutzte, um dich zurück nach Wittenrode zu holen. Weil er Rache an dir üben will, wegen deines Vaters. Entschuldige, wenn man das für einen Moment als schwachsinnig bezeichnen könnte. Und noch einmal: Kerstin erinnerte sich sehr genau daran, das Messer in die Hand genommen zu haben."

Sie waren sich immer noch so nahe, dass sich ihre Gesichter fast berührten. „Vielleicht erinnerte Kerstin sich daran, das Messer in die Hand genommen zu haben, aber erinnerte sie sich auch daran, ihrem Mann damit die Kehle durchgeschnitten zu haben?" Julia richtete sich wieder auf. „Das ist die entscheidende Frage. Und die Antwort darauf lautet: nein. Sie hat ausgesagt, sie erinnere sich nicht an das, was zwischen dem Moment, als sie nach dem Messer griff, und dem Moment, als es blutverschmiert in ihrer Hand lag, passierte. Sie sagte, sie wäre in einer Art Trance gewesen, und genauso war es auch."

Schweigen. Drei Sekunden, vier.

Als Eva dann sprach, war ihre Stimme beinahe eine Tonlage höher: „Aber wenn es tatsächlich …" Sie brach ab, versuchte es noch einmal: „Also, wenn es tatsächlich Jordan gewesen wäre, dann hätte Kerstin doch sehen müssen, wie er ihren Mann umgebracht hat."

„Nein, hätte sie nicht. Jordan weiß, was er tut. Seine Intelligenz liegt über dem Durchschnitt, das machte es für ihn so einfach. Man muss den Tatsachen in die Augen sehen, Eva, es führt kein Weg daran vorbei. Und wir müssen jetzt unsere restlichen Möglichkeiten durchgehen."

„Was meinst du damit?"

„Es müssen Polizisten her. Dein Zimmer muss rund um die Uhr bewacht werden. Ich habe Lange bereits angerufen. Er kümmert sich darum, immerhin schuldet er mir inzwischen mehr als nur einen Gefallen." Sie sah auf die Uhr. „Und wo, verdammt noch mal, bleibt Sandmann?"

54. KAPITEL

Wie das Spiel gespielt wird

„Erklärst du mir jetzt bitte, was hier gespielt wird?", fragte Lange aufgebracht. „Und warum ich bei dem Spiel nicht mitspiele?"

„Oh, ich hätte Sie ja gerne zum Mitspielen eingeladen, aber Sie waren seit gestern Abend leider nicht mehr zu erreichen." Julia hätte gerne etwas getrunken, ihre Zunge fühlte sich irgendwie geschwollen an, aber der Kaffeebecher war leer. Als sie weitersprach, bemerkte sie selbst, dass sich ihre Stimme nicht wie ihre eigene anhörte: „Pastor Jordan ist der Teufelsmörder."

„Was?" Lange blinzelte. „Hast du gekifft? Jordan ist ein katholischer Pastor, was sollte er mit Satanisten zu tun haben?"

„Das ist eine gute Frage. Und wie immer bei guten Fragen ist die Antwort darauf nur halb so gut." Julia befeuchtete sich die Lippen. „Ich kenne die vollständige Wahrheit leider noch nicht. Aber sie ist da draußen. Sie liegt vor mir. Und da es eigentlich um mich geht, ist das Spiel noch nicht zu Ende. Im Gegenteil, ich befürchte, es fängt gerade erst an."

„Ich muss dir nicht sagen, dass du für das, was du da gerade behauptest, hieb- und stichfeste Beweise brauchst, Julia", bemerkte Lange.

„Ich könnte mir die Beweise ja auch einfach zurechtbasteln", ätzte sie zurück. „Was halten Sie davon?"

„Ja, ich habe es nicht anders verdient. Du bist sauer auf mich. Ich bin ein schlechter, schlechter Polizist, aber von jetzt an kümmere ich mich um die Sache."

„Das wird nichts bringen."

„Warum nicht?"

„Weil er Sie nicht will. Er will mich."

In diesem Moment klingelte Julias Handy. Sie blickte auf das Display und erkannte Sandmanns Nummer. Erleichterung durchflutete sie.

Doch es war nicht Sandmann, der am anderen Ende sprach.

„Vermisst du nicht etwas, Julia?" Es war Jordans Stimme. „Oder sollte ich besser sagen: jemanden?" Ein scheußliches Knirschen am anderen Ende. „Hör zu, ich möchte dir etwas zeigen. Aber du solltest pünktlich sein."

„Wann und wo?"

„In einer halben Stunde. In der Pension. In Gregers Zimmer. Und Julia? Lass den dämlichen Lange aus dem Spiel und komm allein. Wenn du dich nicht an die Regeln hältst, bekommst du gar nichts zu sehen."

Das war es. Es tutete in der Leitung. Jordan hatte aufgelegt.

Völlig kraftlos ließ Julia sich auf die Kante von Evas Bett sinken. In diesem Moment wusste sie, dass etwas ganz fürchterlich schiefgelaufen war. „Das war er."

Lange und Eva sahen sie an. „Jordan?"

„Ja. Er will, dass ich in einer halben Stunde in der Pension bin. Übrigens weiß er, dass Sie hier sind, Herr Lange, und er hat extra darauf hingewiesen, dass er Sie nicht dort sehen will."

„Er hat Sandmann, oder?" Eva versuchte, ruhig zu bleiben, aber Julia sah die Angst in ihren Augen. „Ich fürchte, ja."

„Julia, das ist jetzt wirklich kein Spiel mehr, okay?", entfuhr es Lange. „Du kannst diesen Kampf nicht gewinnen. Du siehst doch, dass er dir immer einen Schritt voraus ist. Auch jetzt."

„Ich weiß. Das ändert aber nichts daran, dass ich es versuchen muss. Und ich werde Sandmann nicht hilflos in den Händen dieses Mannes lassen."

Die Uhr auf dem Nachttisch tickte auf 23:00 Uhr zu.

„Das sollst du ja auch nicht. Aber geh nicht alleine!" Lange schien nicht zu wissen, wie er sie noch überzeugen sollte. „Lass uns versuchen, die Dinge noch einmal anders zu beleuchten, okay? Lass uns darüber nachdenken, was für andere Möglichkeiten es gibt. Weil das, was du gerade vorhast, verantwortungsloses Handeln ist, und das weißt du auch verdammt genau. Verzweifeltes Handeln. Und damit spielst du ihm direkt in die Hände."

Stille. Eine quälend lange Stille.

Dann sagte Julia leise: „Nicht verzweifelt. Ratlos."

„Er hat recht, Julia."

Julia wandte sich Eva zu. „Davon abgesehen, dass Jordan Sandmann hat, will ich jetzt die ganze Wahrheit wissen. Auch die über meinen Vater. Ich muss Klarheit darüber haben, was, verdammt noch mal, damals passiert ist. Sonst sterbe ich innerlich, verstehst du das?"

Eva antwortete nicht sofort. Sie sah aus dem Fenster und eine Zeit lang schien es, als würde sie gar nicht antworten. Erst nach einer Weile sagte sie mit leiser Stimme: „Du stirbst auch so schon innerlich."

„Du bist nicht Superwoman, Julia", schaltete Lange sich wieder ein. „Denk nach, du bist doch nicht dumm. Ich bin Polizist. Ich kümmere mich darum."

Julia seufzte. „Ich fürchte, ich habe keine Wahl." Sie erhob sich vom Bett und ging zur Tür. „Falls Sie sein Spiel immer noch nicht begriffen haben, Herr Lange, mir fehlt die Zeit, es noch einmal zu erklären. Sorgen Sie dafür, dass Eva keine Sekunde aus den Augen gelassen wird. Ich verlasse mich auf Sie."

Damit verließ sie das Zimmer.

Beklommene Stimmung.

„Ich hab das alles so nicht gewollt", sagte Lange leise. „Gott weiß, dass ich das alles so nicht gewollt habe."

„Sparen Sie sich das. Wir beide werden in diesem Leben keine Freunde mehr." Evas hilflose Wut brachte das Zimmer zum Knistern. Ihr Blick nagelte ihn fest. „Was passiert jetzt?"

Lange hielt sein Handy in den Händen. „Jordan wird zur Fahndung ausgeschrieben."

„Das habe ich nicht gemeint."

„Er wird versuchen, sie umzubringen."

Eva atmete tief durch. „Steht da draussen einer von Ihren Polizisten vor der Tür?"

„Natürlich."

„Dann gehen Sie ihr hinterher."

Lange hob beide Hände in die Höhe. „Ich habe es Julia versprochen. Ich habe ihr versprochen, Sie keine Sekunde aus den Augen zu lassen, und ich werde sie nicht noch einmal enttäuschen."

„Bewegen Sie sich und gehen Sie ihr hinterher!" Evas Blick war entschlossen. „Ich mache Sie persönlich dafür verantwortlich, wenn ihr etwas passiert. Und glauben Sie mir, das ist tausend Mal schlimmer, als sich mit Julia anzulegen. Los jetzt, gehen Sie!"

55. KAPITEL

Unter Schock

Edna Gabriel saß an Olivia Kloses Bett und hielt deren Hand. „Frau Klose? Frau Klose, hören Sie mich? Sie jagen mir gerade einen echten Schrecken ein …"

„Ich habe …", flüsterte Olivia so leise, dass sie kaum zu verstehen war. „Ich habe ihn erkannt."

„Wen?"

„Ich habe ihn erkannt."

„Wen, Frau Klose?"

„Den Teufelsmörder. Ich habe ihn erkannt, als er aus Jakobs Haus kam." Olivia fing leise an zu weinen. „Was für eine Gottlosigkeit. Was für eine verruchte Gottlosigkeit."

Währenddessen war Julia unterwegs.

Bei jeder Pfütze, in die sie trat, spritzte kaltes Wasser unter ihren Füßen auf. Dampfwölkchen kamen aus ihren halb geöffneten Lippen, während sie stoßweise atmete. Sie spürte deutlich, dass sie sich etwas Unfassbarem näherte. Es lag in der Luft, die sie atmete. Ein Gefühl, dass bald etwas passierte, das für sie eine Bedeutung haben würde, deren Ausmaß sie noch gar nicht einschätzen konnte.

Jetzt hat er mich. Jetzt hat er mich genau dort, wo er mich haben will. Und er lacht mich aus.

Trotzdem lief sie weiter. Eilte in die Pension, lief die Treppen hinauf.

Bevor sie Sandmanns Zimmer betrat, griff sie nach ihrer Waffe. Sie wusste nicht, was sie erwartete, aber sie befürchtete bereits das Schlimmste.

Und sie behielt recht.

Bereit, sofort zu schießen, betrat sie das Zimmer und wandte sich nach allen Seiten um.

„Oh mein Gott!"

Es war niemand sonst im Raum – nur sie und Sandmann. Er lag mit dem Rücken auf einem Altar. Über seine Kehle hinweg, von einem Kiefer zum anderen, funkelte ein langer, breiter Schritt.

Julia sank in die Knie, rang nach Atem.

Das war sein Meisterwerk. Genauso hatte Jordan es haben wollen. Er hatte ihr ein Bild ins Gehirn gepflanzt, das sie für den Rest ihres Lebens nicht mehr loswerden würde. Sandmann auf diesem Altar, mit durchgeschnittener Kehle. Das würde auf ewig in ihrem Gedächtnis bleiben, das würde sie nicht mehr vergessen. Und genau das war der Plan gewesen. Und noch etwas anderes … Die Erkenntnis schoss durch Julias Gehirn, übernahm das Kommando über alle Sinne, raste wie eine Lokomotive auf sie zu.

Eva!

So schnell sie konnte, rannte Julia die Treppen wieder hinunter, stürzte aus der Pension, warf sich in ihren Wagen und gab Gas.

Auch wenn Eva es niemals zugegeben hätte, sie machte sich grosse Sorgen. Natürlich, sie wollte es glauben. Sie wollte glauben, dass Julia Sandmann zurückbrachte, Pastor Jordan überführte und dass am Ende alles gut werden würde. Aber tief in ihrem Inneren wusste sie es besser. Trotz aller Bemühungen hatte Jordan die besseren Karten.

Sie musste kurz eingenickt sein, denn als sie die Augen öffnete, war die Dunkelheit im Zimmer so total, dass Eva einen Moment glaubte, sie wäre erblindet. Und auch der Geruch im Zimmer war plötzlich ein anderer. Sie hielt den Atem an und lauschte. Dann versuchte sie das Licht anzumachen, doch es ging nicht. Sie versuchte nach der Schwester zu klingeln, fand aber den Knopf nicht.

Dann nahm Eva eine Bewegung wahr. Sofort war ihr Körper starr vor Angst. Schweiss brach ihr aus. Sie wusste, sie musste etwas tun, aber was? Sie lag mit dem verfluchten Gipsbein im Bett, wohin sollte sie damit rennen? Sie öffnete den Mund, um zu schreien, aber es gelang ihr nicht. Sie bekam kaum noch Luft.

Dann wieder eine Bewegung. Eva warf den Kopf herum. Alles um sie herum war immer noch pechschwarz, aber inzwischen hatten sich ihre Augen genug an die Dunkelheit gewöhnt, um die Umrisse einer Gestalt zu erkennen, die auf sie zukam.

Und dann die Stimme.

„Hallo Eva …"

Leise und eindringlich.

Metallisch und kalt.

Eine Stimme, die Eva noch nie zuvor gehört hatte. Ihre Gedanken sprangen wie Funken in alle Richtungen. Adrenalin schoss durch ihren Körper, durch ihre Hände, ihre Arme. Sie versuchte die Augen zusammenzukneifen, um das Unausweichliche nicht sehen zu müssen, aber innerhalb einer Sekunde wurden ihre Augen von starken Fingern wieder aufgedrückt. Finger, die nichts anderes wollten, als dass sie sah. Und sie sah.

„Hallo Eva."

Dann war alles still.

Wie von Sinnen fuhr Julia zurück in Richtung Krankenhaus. Ihr Herz pumpte mit frenetischer Beharrlichkeit Blut durch ihren Körper, während sich irgendwo ganz in der Nähe ihrer Seele eine Stimme einfach nicht unterdrücken ließ. Zuerst in Form eines dünnen Vibrierens, dann wurde die Stimme lauter und deutlicher: *Sandmann ist tot.* Der warmherzigste, sanfteste Mensch, den Gott diesem Planeten jemals geschenkt hatte. Der kleine pummelige Sandmann, der den Suizid seiner Mutter nie verkraftet hatte, der im Waisenhaus eine Zuflucht bekam und in Pastor Jordan eine Art Vaterersatz gefunden zu haben glaubte, existierte nicht mehr. Er würde nie wieder in einem Buch lesen oder auf die Tastatur seines Computers einhacken und andere mit seinem Wissen beeindrucken. Er würde nicht mehr ohne Punkt und Komma reden. Nie wieder.

Julia dachte an Kerstin, die ebenfalls nicht mehr am Leben war, weil sie diesem Teufel bedingungslos vertraut hatte. Und all die anderen Menschen, die durch Jordans Hand sterben mussten. Hatte er es nur getan, weil er es konnte? Weil er wusste, dass niemals auch nur ein Mensch auf ihn als Täter kommen würde? Ihn, den heiligen Herrn Pastor aus Wittenrode? Den Besten aller Gutmenschen?

Er hat mit uns geredet. Er hat uns in die Augen gesehen, mit all den mörderischen Gedanken im Kopf. Und wir ... haben nichts bemerkt.

Kalt lief es Julia den Rücken hinunter, eine Eiseskälte, die weit schlimmer war, als alle Minusgrade eines Winters es jemals hätten sein können.

Warum hatte er sich die ganze Mühe gemacht? Warum hatte er auf die geringe Chance gesetzt, dass sie zurück nach Wittenrode kam? Wenn er sie wirklich so sehr hasste und sie umbringen wollte, dann hätte er das überall tun können. Und warum mussten all die anderen Menschen sterben? Warum Sandmann? Ausgerechnet Sandmann, der ihn immer geliebt und bewundert hatte. Sandmann, der nie eine Gefahr für ihn darstellte. Trotzdem schien sein Tod von Anfang an in dieser Inszenierung geplant gewesen, und das machte Julia erst richtig Angst. Denn wenn Jordan über Sandmanns Leiche ging, dann ging er auch ohne zu zögern über Evas.

Mit quietschenden Reifen parkte sie vor dem Krankenhauseingang.

Verrückt vor Angst rannte sie die Treppen hinauf, lief durch den Krankenhausflur und riss die Tür zu Evas Zimmer auf.

Das Zimmer war leer. Nur eine Botschaft in schwarzen Buchstaben an die Wand geschrieben: *Ich bin besser als du!*

„Oh nein", murmelte Julia. „Ohneinohneinohnein!"

Es war, als würde sie sich in einem dunklen Wachtraum befinden. Zum ersten Mal stellten sich Zweifel ein. Zum ersten Mal gestand sie es sich ein, dachte: *Das hier werde ich nicht schaffen.*

Sie stürmte wieder hinaus und schrie: „Wo ist Lange?"

Zwei Schwestern blieben stehen und sahen sie fragend an.

„Wo ist der Polizist, der auf meine Freundin aufpassen sollte?", schrie Julia außer sich. „Um Himmels willen, Leute, das ist wichtig! Meine Freundin ist nicht mehr in ihrem Zimmer! Wo ist sie?"

Doch jeder, den sie ansah, hob nur ahnungslos die Schultern.

Und Julias Angst wurde immer größer. Sie überlegte fieberhaft, spürte, wie ihr schwindlig wurde, riss sich zusammen, griff nach ihrem Handy und wählte Hans-Peter Machleids Nummer.

Die Uhr an der Wand zeigte Mitternacht.

56. KAPITEL

Was jetzt zu tun ist

„Ich brauche Ihre Hilfe!" Julia schwankte immer mehr. „Er muss es von Anfang an genau so geplant haben, aber ich verstehe nicht, warum? Wo hat diese verdammte Gewalt ihren Ursprung?"

„Er kann Ihnen irgendetwas nicht verzeihen", sagte Machleid am anderen Ende.

„Und deshalb tötet er alles um mich herum?"

„Ich denke, er sieht Ungerechtigkeit und kann über diese Ungerechtigkeit nicht hinausdenken. Wer weiß, was ihm angetan worden ist?"

„Ich muss jetzt aber kein Mitleid mit ihm haben, oder?"

„Ungerechtigkeit erzeugt Ausgrenzung, Frau Wagner, das müssen Sie verstehen. Und Ausgrenzung erzeugt Gewalt. So stehen die Dinge. Was ist das verbindende Element zwischen all den Ereignissen?"

„Gibt es denn eins?"

„Es gibt eins. Und Sie wissen es."

„Mein Vater. Aber mein Vater hat Jordan nichts getan. Die beiden kannten sich überhaupt nicht!"

„Wissen Sie das sicher?"

Julia schwieg.

„Es geht um etwas, was sehr lange her ist", sprach Machleid weiter. „Etwas, was ihn dazu veranlasste, Sie an den Ort Ihrer Kindheit zurückzuholen. Denn so sehr er Sie auch hasst, so sehr achtet er Sie auch. Er will um jeden Preis beweisen, dass er besser ist als Sie."

Julia schwieg immer noch.

„Denken Sie nach, Frau Wagner. Wo könnte er es beenden wollen?"

„Das will ich ja gerade von Ihnen wissen!"

„Es muss ein mächtiger Ort sein. Ein Ort, der dem Ende würdig ist, das er für Sie plant."
Ein mächtiger Ort ...
Dem Ende würdig ...
Ein mächtiger Ort ...
Klickklickklick.
Jordan ist katholischer Pfarrer ...
Ein mächtiger Ort ...
Nein, Jordan ist Satanist ...
Dem Ende würdig ...
Klickklickklick.
Die Kapelle auf dem Berg.

„Frau Klose, was soll ich denn jetzt tun?" Edna war völlig außer sich.

Olivia hatte die Augen geschlossen. „Das weißt du, Edna."

„Nein, ich fürchte, ich weiß gerade gar nichts."

„Sorg dafür, dass es aufhört." Endlich, endlich, begann Olivia Erleichterung zu spüren. Eine Befreiung, die sich zögerlich näherte. Auf einmal fühlte sie sich leicht wie eine Feder, schien in Schwerelosigkeit geradezu zu zerfließen. Sie wusste, sie begab sich auf die andere Seite. Frei. Frei wie Wellen in einem Meer.

„Für mich ist es in Ordnung, Edna. Ich gehe zu Hildchen. Aber sie. Er wird sie töten. Du musst etwas tun." Die Aufforderung waren ihre letzten Worte.

Kurz darauf atmete Olivia Klose nicht mehr.

Edna blieb ein paar Minuten vollkommen reglos sitzen. Dann ließ sie die Hand der alten Frau los, wölbte ihre eigenen Hände vor dem Mund und hauchte ein paar Mal in sie hinein, als wolle sie sie wärmen oder ihnen Atem einhauchen. Dann endlich fasste sie den nötigen Mut. Einen gewaltigen Mut. Sie stand auf und ging zum Telefon.

Vielleicht zum ersten Mal in ihrem Leben begann Edna Gabriel selbst Verantwortung zu übernehmen.

57. KAPITEL

Den Atem des Bösen im Nacken

Als sie auf die Kapelle zueilte, war Julia so angespannt wie noch nie zuvor in ihrem Leben. Geräusche, Gerüche, alles empfand sie als unglaublich laut und intensiv. Die Waffe in ihrer Hand zuckte, reagierte übereilt auf die Signale von ihrem Gehirn. Das Blut pochte in ihren Ohren und ihre Schritte prasselten auf den Steinen und den Zweigen unter ihren Füßen wie ein Brand.

Sie öffnete die Tür zur Kapelle, erkannte die Umrisse des Altars am anderen Ende – und prallte wie von einer Gewehrkugel getroffen zurück.

Das erste Gebot des Teufels:
Menschen sind Vieh. Schrecke nicht davor zurück,
sie zu deinem Zwecke zu schlachten.

Dies stand in übergroßen Buchstaben an der gegenüberliegenden Wand. Direkt darunter war ein überdimensional großes schwarzes Kreuz befestigt. Es stand auf dem Kopf und daran befestigt war Eva, nackt, ebenfalls mit dem Kopf nach unten. Um sie herum brannten jede Menge Kerzen und eine kleine Messinglampe. Ein süßlich-miefiger Geruch hing in der Luft, vielleicht das Lampenöl, und alles zusammen wirkte ... tödlich. Ja, genau das war es. Julia sah es mit beinahe prophetischer Klarheit vor sich. Das, dachte sie, ist unser Ende.

An den Wänden links und rechts sah sie Kerstin und Sandmann wie Projektionen. Und mittendrin befanden sich nun Eva, Julia ... und Jordan.

„All die Geheimnisse, die Schatten der Vergangenheit. Jetzt kriechen sie aus ihren vertrockneten Löchern, nicht wahr?"

Während er es sagte, zündete er eine weitere Kerze an. Dann strich er beinahe sanft über Evas Haare. Eine Reaktion ihrerseits darauf blieb aus, denn sie war an das Kreuz genagelt. Tatsächlich. Genagelt. Aus ihren Händen und Füßen ragten lange Nägel, er hatte sich sogar die Mühe gemacht, ihren Gips zu entfernen, damit das Bild auch wirklich perfekt war.

Ob Eva vor Schmerzen ohnmächtig war oder noch etwas von dem mitbekam, was um sie herum geschah, war nicht zu erkennen. In Julias Kopf jedenfalls erklang ein lautes Heulen. Wut, Hass, Angst – alles auf einmal – jagte in einem heftigen Strom durch sie hindurch. Noch nie in ihrem Leben hatte sie so sehr den Wunsch verspürt, jemanden töten zu wollen. Und nur diese von Zorn getriebene innere Kraft verhinderte, dass ihre Hand zitterte, und befähigte sie dazu, die Waffe ruhig zu halten und auf Jordan zu richten. „Machen Sie sie los."

Langsam wandte er sich zu ihr um. Nein, das war nicht mehr der Mann, den sie kannte. Es war, als hätte er sich in eine Kreatur des Bösen verwandelt. Sein Gesicht sah ausgezehrt aus, dunkle Schatten unter seinen Augen ließen es wie einen Totenschädel wirken. Überhaupt, diese Augen: Jordans Pupillen wirkten winzig, wie kleine dunkle Löcher, die alles Licht aus dem Raum sogen. Er hatte einen Plan. Natürlich. Julia war sich sicher, dass er einen Plan hatte. Deshalb fügte sie ernst und eindringlich hinzu: „Wenn Sie irgendwelche Tricks versuchen, Herr Pastor, blase ich Ihnen den Kopf weg."

Jordan lächelte dünn. „Ja. Davon bin ich überzeugt. Wie ich sehe, hast du verstanden und bist gekommen. Gut so. Es ist ja nun auch fast zu Ende, nicht wahr?"

„Ich glaube schon. Ich hab da ein gutes Gefühl." Die Waffe weiter auf ihn gerichtet, trat Julia einen Schritt näher an Eva heran. „Eva? Hörst du mich? Eva?"

Nichts.

Galle stieg Julia in die Kehle. Ein wilder, stechender Schmerz grub sich in ihren Bauch und krallte sich in ihr Herz. Noch einmal, dieses Mal lauter und eindringlicher: „Eva!"

Jetzt bewegte sie minimal den Kopf. „Ich will nicht sterben", sagte sie leise. „Bitte, lass mich nicht sterben."

Julia hätte nicht sagen können, was sie in diesem Moment empfand. Einerseits Erleichterung, weil Eva noch lebte, andererseits unsägliche Angst, dass das nicht mehr lange der Fall sein könnte. „Du wirst nicht sterben, hörst du? Er will mich, nur deshalb bist du hier. Er hätte nichts davon, dich zu töten. Du wirst nicht sterben." Sie dachte an Sandmann und war sich keineswegs sicher, dass das die Wahrheit war, doch Eva lächelte immerhin, wobei ein dünnes Rinnsal dunklen Blutes aus ihrem Mund floss und in ihre roten Haare tropfte.

„Machen Sie sie von dem Kreuz los! Sofort!"

Jordan versuchte einen Schritt zur Seite zu gehen, doch Julia folgte ihm augenblicklich mit dem Lauf der Waffe. „Versuchen Sie es gar nicht erst."

„Du liegst falsch, Julia."

„Das denke ich nicht. Sie sind ein von Grund auf böser und verdorbener Mensch, Herr Pastor."

„Da magst du recht haben. Wir sind wohl nicht gerade Seelenverwandte, du und ich, aber wir haben trotz allem auch ein paar finstere Punkte gemeinsam. Allerdings hast du bei deinen zweifellos klugen und gründlichen Ermittlungen etwas sehr Wichtiges übersehen …"

„Ach ja? Und was sollte das sein?"

„Den wahren Meister", hörte sie eine kalte, dämonische Stimme hinter sich. Eine triumphierende Stimme.

Und dann sah sie ihn tatsächlich für einen Moment aus den Augenwinkeln. Den Teufel. Ehe sie einen Schlag verspürte, taumelte, ihre Waffe verlor und bewusstlos zu Boden sank.

58. KAPITEL

Der Teufel

Nein, natürlich war es nicht der Teufel. Es war ein Mensch, der vor ihr stand und nun ihre eigene Waffe auf sie richtete.

Benommen öffnete Julia die Augen.

Ein Mensch in einem dunklen langen Mantel und einer bleichen Maske, die – zugegeben – ziemlich echt und angsteinflößend aussah. Von Weitem und bei gewisser Düsternis hätte man tatsächlich glauben können, dass es der Leibhaftige persönlich wäre, der da stand. Zwei Löcher befanden sich dort, wo die Augen waren, und dahinter blickte es scharf, kalt und schonungslos. Benommen fiel Julias Blick auf das fünfzackige Kreuz, das er um den Hals trug. Das Pentagramm. Das Zeichen der Seelenräuber.

„Bist du bereit zu sterben, Julia?" Die Stimme klang kalt und vernichtend. Gleichzeitig aber auch metallisch und verzerrt. Ein Gerät, um die Stimme zu verstellen, mehr nicht. „Das ist ein bedeutungsvoller Moment, findest du nicht auch? Genau so habe ich es mir vorgestellt. So muss es enden. Du und ich in dieser Kapelle. Du sollst sterben und du wirst sterben. Ich hab es satt, dass es dich gibt."

Was dann kam, ging so schnell, dass Julia nicht einmal mehr dazu kam aufzuschreien. Sie hatte es nicht kommen sehen. Sie hatte gedacht, er stünde zu weit von ihr weg. Nun aber traf sie blitzartig eine Faust auf den linken Wangenknochen, hart wie ein Betonblock.

„Das hier ist das letzte Kapitel. Zumindest für dich. Heute Nacht wird es enden." Er bückte sich mit ausgestreckter Hand, als wolle er ihr aufhelfen, dann traf er sie erneut, dieses Mal mit dem Handballen aufs Auge. Julia hatte den Schlag wie in Zeitlupe kommen sehen, sich aber nicht bewegen können. Ihr Kopf schmetterte auf den Boden.

Er straffte sich wieder. „Du hast dich verrannt, Julia. Nicht der Herr Pastor ist der Dämon." Er machte eine leichte Verbeugung und deutete auf sich selbst. „Ich bin es. Es gibt immer Opfer, und das ist auch gut so."

Die kalten Augen starrten sie weiter an und Julias Körper verkrampfte sich immer mehr vor Angst und Schmerz. Nur mühsam erinnerte sie sich daran, dass alle Mörder eins gemeinsam hatten, sie wollten verstanden werden. Und für diesen hier ging es um sie. Um sie und um ihren Vater. Ihr Vater war schon lange tot, also ergaben all die Morde nur einen Sinn, wenn sie verstand, worum es ging. Vor dem Akt des Tötens kam die Erklärung. Sie richtete sich an dem Gedanken auf. Es musste so sein.

„Heute Nacht wird es enden", wiederholte er und schritt nun auf Eva zu. „Es muss so sein. Es muss, muss, muss." Mit der linken Hand hielt er eine Kerze an ihre Schulter und Eva schrie auf. „Soll ich ihr das Gesicht wegbrennen? Dann brauche ich sie nicht zu töten. Ohne Gesicht existiert sie ja nicht mehr, nicht wahr?" Er lachte kalt.

Noch einmal schrie Eva auf. Diesmal lautlos.

Die Wange. Es roch nach verbrannter Haut.

„Hören Sie auf!" Adrenalin pulsierte nur so durch Julias Körper. Sie versuchte logisch zu denken, aber wenn man solche Angst hat, dann gibt es keine geordneten gedanklichen Abfolgen mehr.

„Warum sollte ich?" Er wandte sich ihr wieder zu. „Sie ist Vieh. Hast du eine Ahnung, wie viel unbedeutendes Vieh ich schon getötet habe? Wertlose Menschen. Ich habe ihnen gezeigt, wie wertlos sie sind. Ich habe übrigens auch deinem Freund Sandmann gezeigt, wie unwichtig er ist." Er richtete die Waffe erneut auf Julia. „Und du? Du wirst schneller, als dir lieb ist, merken, wie sich das anfühlt, verloren zu haben."

Jordan sagte: „Nein!"

„Halt die Klappe", zischte der Teufel in seine Richtung.

„Ziemlich viel Aufwand für einen Niemand wie mich", brachte Julia hervor, die ihn am Reden halten wollte, bis sie irgendwie wieder an ihre Waffe gelangte, aber er durchschaute sie sofort. „Das ist dein Plan? Mich am Reden zu halten, bis du wieder an deine Pistole kommst? Mehr hast du nicht zu bieten? Enttäusch mich nicht."

Angst pulsierte weiterhin durch Julias Körper. Sie hatte tatsächlich nicht mehr zu bieten. Sobald er fertig mit seinen Ausführungen war, das wusste sie, würde er Eva umbringen. Auf keinen Fall würde er sie zuerst töten. Er wollte, dass sie zusah. Das war sein Plan. Also musste sie ihn am Reden halten. *Wir müssen das hier schaffen. Irgendwie.*

„Ich scheine mich wirklich getäuscht zu haben", gab sie mit schwacher Stimme zu. „Ich dachte ernsthaft, Jordan wäre der kranke Bastard, der hinter all dem steckt."

Der Teufel antwortete nicht sofort. Während er die Waffe weiter auf sie richtete, griff er mit der linken Hand nach einem Messer und fuhr mit der stumpfen Seite über Evas Arm. „Du traust dem Pfaffen zu viel zu." Er drehte das Messer um und fuhr nun mit der Klinge über Evas Schulterblatt und von der Schulter bis zum Busen. Eva rührte sich nicht, aber ihre Augen waren weit aufgerissen, Tränen liefen aus ihren Augenwinkeln, verloren sich in ihren Haaren und vermischten sich mit dem Blut. „Sie ist eine wirklich schöne Frau", sagte er. „So wild. Erst ich konnte sie zähmen. Schau, wie zahm sie jetzt ist, Julia." Mit dem Messer fuhr er hin und her und zog zarte Striemen über Evas Arm.

„Ist es wirklich das, woran Sie glauben?", sagte Julia, um ihn von ihr abzulenken. „Oder ist das alles nur ein Spiel? So eine Art ganzjähriger Karneval?"

Es gelang. Er wandte sich von Eva ab und ihr wieder zu. „Hältst du es tatsächlich immer noch für ein Spiel?"

Als Julia darauf nicht antwortete, sagte er: „Aber vielleicht hast du gar nicht so unrecht. Vielleicht ist es tatsächlich nur eine Art Possenspiel. Die Menschen wollen Inszenierungen, das ist ihre Natur. Die Illusion ist ihnen am wichtigsten, den Menschen." Er brach ab, überlegte einen Moment, dann fügte er hinzu: „Weißt du, das Christentum ist ja nicht grundsätzlich falsch. Es ist einfach nur zu schwach. Die Menschen wollen etwas wirklich Revolutionäres." Er legte den Kopf etwas zur Seite. „Und jetzt schau dir den Pfaffen an. Wirkt der etwa revolutionär?"

Schweigen legte sich über den Raum.

War das die Definition des Bösen: Revolution? Julia wusste keine Antwort darauf. Sie schluckte, blickte zu Jordan, doch der starrte nun mit leerem Blick vor sich hin. Sie selbst schwitzte. Schweiß stand auf ihrem Rücken. Sie riss sich zusammen, rutschte auf dem Boden herum. Ihre Handflächen juckten. Schon wieder dieser süßlich-ranzige Geruch, der sich in ihre Nase und in ihre Kehle bohrte wie dünner Draht.

„Es gibt keinen Himmel, Julia. Es gibt nur die Hölle. Die Hölle auf Erden, in der wir leben. Hier findest du alle Schmerzen, alle Verletzungen, alles Leid, das du dir nur vorstellen kannst. Das hier ist die einzige Religion, die es wert ist, dass man ihr folgt. Die ganze Welt ist mein Altar. Ich kann tun und lassen, was ich will."

Julia hustete, eingehüllt in einen Kokon aus Schmerz.

„Was dir den Atem nimmt, Julia, ist der Geruch des Todes, der sich unaufhaltsam auf dich zubewegt."

Nein, durchschoss es sie in derselben Sekunde. Es ist etwas anderes. Und bereits im nächsten Moment prasselten alle Bilder, Worte, Fakten wie Gewehrkugeln auf sie ein. Und trotzdem, eigenartigerweise, wehrte sich ihr Verstand noch eine ganze Weile dagegen. Aber in dem Moment, in dem sie es klar und deutlich vor sich sah, spürte sie, wie etwas von ihr abfiel. Es hätte alles

Mögliche sein können. Ihr Mut, zum Beispiel. Oder ihre Denkfähigkeit. Es hätte auch ihre Zurechnungsfähigkeit sein können. Oder ihre Hoffnung. Aber es war nichts von all dem. Es war einmal mehr ihr Glaube.

Sie hustete, ihre Augen begannen zu brennen. „Das ist aber auch wirklich ein heftiges Kraut…"

„Lange", flüsterte sie.

59. KAPITEL

Irre, komplett irre

„Du bist wirklich ein kluger Kopf, Julia." Lange sah zu Jordan hinüber. „Ist sie nicht ein kluges Mädchen? Ganz der Vater."
Inzwischen hatte er die Maske abgenommen und zeigte ein Lächeln, das mehr einem Zähnefletschen glich.
War das möglich?
War das wirklich möglich?
Ja. Julia hatte sich täuschen lassen, in die Irre führen, war unachtsam gewesen, und jetzt würden sie dafür büßen.
„Sie hätten einen Oscar verdient. Wirklich. Die Show war perfekt."
Er verbeugte sich ironisch. „Ich weiß."
Julias Stimme zitterte. „Vor allem die Show heute Abend im Krankenhaus. Fantastisch."
„Das war nicht besonders schwierig. Ich musste nur dafür sorgen, dass der Pastor dich anruft und aus dem Zimmer lockt. Der Rest war ein Kinderspiel. Deine Freundin selbst hat mich dir hinterhergeschickt. Sie wusste ja nicht, dass ich kurz darauf wieder zurückkommen und sie holen würde."
„Und in Hannover", fügte Julia mit schwacher Stimme hinzu, „haben Sie zuerst Kämmerer aus dem Fenster des Hochhauses geworfen, dann mich gegen die Wand geschleudert, und anschließend kamen Sie zurück, um den besorgten Bullen zu spielen."
„Ich weiß, ich bin gut. Ich bin der Beste."
Für einen Moment schloss Julia die Augen. Dann öffnete sie sie wieder, schüttelte langsam den Kopf. „Erzählen Sie mir jetzt auch den ... ganzen Rest?"
In Langes Augen blitzte kurz etwas auf. „Gut. Ich will es dir erzählen. Genauer, ich will, dass du verstehst. Und du wirst ver-

stehen. Es ist schon viele Jahre her, dass ich das erste Mal darüber nachdachte, dass mir mehr zusteht als das, was ich bis dahin vom Leben bekommen hatte. Und so habe ich angefangen, nach Neuem zu suchen. Nach dem Dunklen. Nach der anderen Seite der Macht. Ja, so fing das an. Nebenbei habe ich auch angefangen, mir ein zweites Standbein aufzubauen. Habe mich mit Leuten zusammengetan, die osteuropäische Frauen nach Deutschland holten, ihnen hier die Pässe abnahmen und für sich arbeiten ließen. Aber es waren keine normalen Freier, die zu uns kamen. Nein, wir hatten ganz andere Visionen. Die Männer, die zu unseren Frauen kamen, waren auf der Suche nach dem ganz speziellen Kick. Mehr als das, was jeder andere Puff bietet. Heißt: Es ging alles ein bisschen härter zu. Ein bisschen sehr viel härter. Ich nehme an, du verfügst über genügend Fantasie, um dir vorstellen zu können, was ich damit meine. Und … nun ja, eines Tages kam der Herr Pastor vorbei und wurde Kunde von uns. Er wusste natürlich zu dem Zeitpunkt noch nicht, dass ich an dem Geschäft beteiligt war, aber ich hatte ihn von da an in der Hand." Lange brach ab und sah zu Jordan hinüber. „Stimmt das?"

Jordan nickte langsam.

Lange lächelte kühl. „Eine wirklich tragische Figur, der Herr Pastor. Fotos und Filme können sehr nützliche Instrumente sein, wenn Gefälligkeiten verweigert werden."

„Ich musste tun, was er sagt, ich hatte keine Wahl." Hilflos hob Jordan die Hände in die Höhe. „Es tut mir so leid, Julia. Es tut mir alles so schrecklich leid."

„Jetzt heult er gleich wieder." Lange machte ein verächtliches Gesicht. „Natürlich wollte er nichts von all dem tun, was er getan hat. Aber gleichzeitig freute er sich am meisten, wenn er über eine rüberdurfte."

„Ich konnte ihn nicht aufhalten." Kraftlos ließ Jordan die Hände wieder sinken. „Er hatte mich in der Hand. Was hätte ich tun sollen?"

„Die Wahrheit sagen und damit leben." Julias trockener Gaumen fühlte sich an wie ein Reibeisen.

„Na jetzt komm, Julia. Sieh dir den Mann an." Mit einer einzigen Bewegung zog Lange einen seiner stinkenden Zigarillos aus der Manteltasche und zündete ihn an. „Der wird niemals zu dem stehen, was er getan hat. Wozu sein Leben und sein Ansehen als heiliger Diener Gottes riskieren? Für ein bisschen hart ficken? Ich bitte dich." Ungerührt blies er ein helles Rauchwölkchen in die Luft. „Und du … du solltest allmählich versuchen zu akzeptieren, dass du verloren hast."

Sein Ton gefiel Julia überhaupt nicht. Sie spürte einen Adrenalinstoß, ihre Bauchmuskeln bebten. „Nach welchen Kriterien haben Sie die Opfer 1987 ausgesucht?" Sie hörte ihre eigenen Worte von den Betonwänden der Kapelle widerhallen.

„Ich habe sie beobachtet." Lange grinste eitel. „Bin ihnen gefolgt, habe mir einen Spaß daraus gemacht, alles über sie herauszufinden. Welche Träume und Wünsche sie haben, kurz, was es war, was sie am Leben hielt."

„Um sie dann auszulöschen", sagte Julia. „Mit all ihren Wünschen und Träumen."

„Sehr gut", machte er und tat, als würde er Beifall klatschen. „Ich selbst habe die Zeremonien durchgeführt. Hab ihnen die Kehle durchgeschnitten und ihnen die Pentagramme in die Bäuche geritzt."

„Nachdem Jürgen Jakob Sie auf die Idee brachte."

„Was soll ich sagen?" Lange hielt die Waffe zwar immer noch auf Julia gerichtet, machte aber einen kleinen Schritt zurück. „Er kam eines Abends auf mich zu und sprach mich darauf an, dass er und seine Freunde Langeweile hätten. Und ich sagte ihm, das könnten wir sofort ändern. Sie hatten es sich als Spaß gedacht. Keiner von ihnen hatte tatsächlich einen Mord im Sinn. Keiner, außer mir." Er lächelte kalt. „Dann haben zwei der Scheißer die Nerven verloren, haben einfach nicht verstanden, was gut für sie ist. Aber zumindest wussten sie, dass es besser war, die Klappe zu halten. Den anderen, Eddie Winter, den hatte ich in der Hand. Der war ganz glücklich, dass er dabei sein durfte. Auf einmal bekam sein kleines beschissenes Leben eine völlig neue Bedeutung."

„Wie haben Sie es geschafft, dass Jakob über zwanzig Jahre den Mund hielt? Und das, obwohl er wusste, was für ein kaltblütiges Monster Sie sind?"

„Gerade deswegen." Das kalte Lächeln lag weiter auf Langes Lippen. „Zuerst habe ich ihm damit gedroht, seiner Mutter den Bauch aufzuschlitzen. Und später wies ich ihn darauf hin, was für ein Spaß es doch wäre, Kerstin den Hals durchzuschneiden. Ich hätte es getan, und er wusste es. Da hielt er doch lieber die Klappe."

„Aber dann wurde Kerstin schwanger und auf einmal bekam Jakobs Leben eine völlig neue Bedeutung", sagte Julia. „Auf einmal wollte er nicht länger schweigen. Er wollte die Dinge aufklären und Sie im Gefängnis wissen. Und deshalb musste er sterben. Und Kerstin gleich mit."

„Richtig. Ich konnte mich nicht mehr auf ihn verlassen und musste dafür sorgen, dass er das Maul hielt. Du siehst, ich war gezwungen, noch einmal anzufangen."

Pause.

Julia fuhr sich mit der Zungenspitze über die trockenen Lippen, musste zweimal ansetzen, ehe sie weitersprechen konnte: „Wie hat sich der Mord an Jakob abgespielt?"

Lange rauchte, inhalierte tief, stieß den Rauch gegen die Decke. „Das interessiert dich, nicht wahr? Wie ich die ganze Sache eingefädelt habe. Das interessiert dich brennend."

Julia nickte. Da hatte er recht.

„Gut, dann will ich dich aufklären. Dein Wunsch, nicht dumm zu sterben, sei mir Befehl." Er holte tief Luft. „Ich hatte von Anfang an geplant, jemandem das Ganze am Ende in die Schuhe zu schieben, und deine Freundin Kerstin bot sich geradezu an, weil ich doch wusste, dass unser Herr Pastor gut mit ihr konnte. Gleichzeitig gehörte er aber auch mir. Ich hatte ihn in der Hand und er musste tun, was ich ihm sage."

Es war tatsächlich kein Zufall, dachte Julia. Er hatte es von Anfang an genauso vorgehabt.

„Dann war alles ein Kinderspiel", redete Lange weiter. „Kerstin musste an jenem Abend nur für einen kurzen Moment die Kontrolle über ihre Sinne verlieren. Psilocybe cyanescens – Blauender Kahlkopf. Ein ausgesprochen wirksamer Pilz."

„Ich weiß", murmelte Julia.

„Ich musste nur warten, bis die arme Kerstin in einer ganz anderen Welt war, so wie ich es von Jordan verlangt hatte. Dann schnitt ich Jakob die Kehle durch. Anschließend redete der Pastor so lange auf Kerstin ein, bis diese glaubte, sie hätte ihn getötet. Ein wirklich guter Plan, nicht wahr? Ich wusste, sie würde sich hinterher an nichts mehr erinnern. So wie ich wusste, dass Jordan alles tun würde, was ich von ihm verlangte." Langes Stimme verfiel nun in die Tonlage eines kleinen Kindes: „Er hatte doch solche Angst, der Arme." Dann sprach er wieder normal: „Er hatte solche Angst um sein eigenes kleines verdorbenes Leben, dass er ohne zu zögern deine Freundin ans Messer lieferte. Und sie glaubte ihm. Sie glaubte ihm jedes Wort. Immerhin vertraute sie dieser Pfeife." Er lachte leise auf. „Man kann die Menschen so leicht manipulieren, wenn man nur weiß, wie und womit. Dass Kerstin beim Verhör am nächsten Morgen allerdings derart geständig sein würde, das hat mich selbst überrascht, und dass sie sich dann im Gefängnis umbringen würde, das konnte ich nun wirklich nicht ahnen. Aber als sie es tat, war es eine Gratisbeigabe, mit der ich sehr zufrieden war. Immerhin hat es alle weiteren Untersuchungen sofort zum Erliegen gebracht." Lange lächelte hinterhältig. „Und es brachte dich zurück nach Wittenrode, nicht wahr?"

Julia antwortete nicht. Es war eine Tatsache, dass sein Plan funktioniert hatte. Dass sie zurückgekommen war. Dass sie jetzt hier am Boden lag, die eigene Pistole auf die eigene Stirn gerichtet, und dass Lange noch nicht einmal zwei Meter von ihr entfernt stand. Und dass er auf keinen Fall danebenschießen würde.

Er musterte sie mit kritischem Blick. „Denn an dich heranzukommen, war wirklich nicht einfach. Eine Einzelgängerin. Keine Freunde, keine Familie. Keinen Glauben an irgendetwas. Für wen solltest du bereit sein, dein Leben zu riskieren? Die Person, die dir am nächsten steht, bist du selbst. So kam es mir sehr recht, dass du wenigstens so viel Anstand besessen hast, zu Kerstins Beerdigung zurückzukommen. Und dafür sorgte wiederum der gute Herr Pastor." Die Arroganz in Langes Stimme war maßlos. „Na, wie geht es dir jetzt, Julia? Inzwischen bist du sicher all deine Möglichkeiten durchgegangen und hast festgestellt, dass du keine hast. Dein Glück ist aufgebraucht. Du wirst sterben." Er kam wieder einen Schritt näher, die Mündung der Waffe weiter auf ihren Kopf gerichtet.

Julias Herz hörte für einen Augenblick auf zu schlagen. Die Zeit stand still.

„Erklären Sie mir Folgendes", sagte sie mit bebender Stimme. „Warum so kompliziert? Sie wussten doch zu jedem Zeitpunkt, wo Sie mich finden können. Warum haben Sie mich nicht einfach aufgesucht, umgebracht und fertig? Das wäre doch viel einfacher und wesentlich weniger riskant gewesen als das hier. Und warum Sandmann? Warum musste Sandmann sterben?"

„Nun ja, wie soll ich sagen? Der Tod ist eine Befreiung, ein Happy End. Was ich dir jedoch bereiten will, ist eine Tragödie, schieres Leid. Ich will, dass du Schmerz empfindest, Leere und Hilflosigkeit. Denn wie kann man einen Menschen am ehesten zerreißen? Indem man ihn …"

„… an seinem schwächsten Punkt trifft", vollendete Julia leise, sah zu Eva hin und spürte, wie es ihr die Luft nahm.

„Jetzt hast du es begriffen." Lange ließ sie nicht aus den Augen. „Und was deinen Freund Sandmann betrifft … Vielleicht interessiert es dich zu erfahren, dass er um sein Leben gefleht hat, der kleine Scheißer. Heulte wie ein Baby. Ich schätze sogar, dass er dich in seiner letzten Sekunde verflucht hat. Weil er genau wusste, dass er wegen dir sterben muss." Der Ton in seiner Stimme war geradezu arktisch. „Ich gebe zu, ich war unsicher, ob es dir überhaupt etwas ausmachen würde. Ich war mir noch nicht einmal sicher, ob du deine kleine Freundin hier versuchen würdest zu retten oder ob du sie einfach ihrem Schicksal überlässt und dich verdrückst. Aber du bist gekommen." Er schwieg einen Moment und zischte dann: „Julia Wagner, die Märtyrerin. Was für ein beschissener Witz."

„Sie sind irre, Lange. Komplett irre."

„Vielleicht. Vielleicht ist das, was ich getan habe, tatsächlich irre. Vielleicht bin ich aber auch der gesündeste Mensch auf der Welt."

„Warum hassen Sie mich so sehr? Was habe ich Ihnen getan?"

Lange legte den Kopf etwas zur Seite, sah Julia an. „Aber ich hasse dich doch gar nicht. Warum sollte ich dich hassen? Im Gegenteil, du bist meine größte Herausforderung."

Als sie offensichtlich nicht verstand, fügte er hinzu: „‚Es kann nur einen geben', so heißt es doch in diesem berühmten Film, nicht wahr?"

Es mochte an den unsäglichen Schmerzen liegen, die Julias Körper in Wellen durchströmten, aber sie verstand es immer noch nicht.

Lange seufzte geduldig. „In meinen vielen Jahren bei der Polizei habe ich niemanden getroffen, der auch nur annähernd so gut war wie ich selbst. Erst recht niemanden, der besser war als ich. Niemanden. Bis du auf einmal vor mir standest. Du konntest mir gefährlich werden, ich habe es in deinen Augen gesehen. Wissen, Gespür, Intuition. Du hattest alles in hohem Maße. Von deinem ersten Tag an behielt ich dich im Auge. Was nicht besonders schwierig war, immerhin kannte ich deinen Vater, und das öffnete mir Türen, die anderen verschlossen blieben." Er machte zwei Schritte auf Julia zu, beugte sich zu ihr herunter und sah ihr tief in die Augen. „Wir hätten ein Team werden können."

Julia hob fragend die Augenbrauen in die Höhe.

„Ein Team", wiederholte Lange. „Wir hätten zusammen alles haben können, wenn du nur auf der richtigen Seite gestanden hättest."

„Auf der …?" Julia hustete. „Was, zum Teufel, reden Sie da?"

„Du hast dich für die falsche Seite entschieden, Julia, und das wirst du jetzt bereuen. Du bist besiegt. Ich habe keinen Fehler gemacht. Ich war perfekt." Langes Gesicht verzog sich zu einer überheblichen Grimasse. „Mich schlägt niemand. Ich bin zu gut. Ich bin intelligenter als du. Ich bin schneller als du. Du bist mir nicht gewachsen. Mein Plan war perfekt. Mein Verbrechen war perfekt. Ich bin perfekt."

Julia verlor ihn kurz aus den Augen, als er wieder in Evas Richtung ging. „Wie friedlich sie aussieht, nicht wahr?", sagte er.

Julia stockte das Herz. Sie wusste, ihr lief die Zeit davon. Lange machte sich bereit für den letzten Akt seiner ganz persönlichen Show.

Für einen kurzen Moment schloss Julia die Augen. Ziemlich genau fünf Sekunden lang. Dann sagte sie so laut und so deutlich, wie sie nur konnte: „Perfekt? Niemand ist besser als Sie? Wer hat Ihnen nicht zugehört, Lange? Die Welt? Oder waren es Mama und Papa, die sich nicht genug für Sie interessiert haben? Irgendwas oder irgendjemand hat Ihnen nicht zugehört. Und mit dieser Scheiße wollen Sie jetzt dafür sorgen, dass jeder Ihre Botschaft hört? Ich sage Ihnen: Sie können so laut schreien, wie Sie wollen, es wird Ihnen trotzdem VERDAMMT NOCH MAL KEINER ZUHÖREN!"

„Amen", machte er unbeeindruckt. „Und jetzt die schlechte Nachricht, Julia: Wer hört dir zu? Wer wird sich an dich erinnern, wenn du nicht mehr bist? Wird es überhaupt jemand mitkriegen? Gibt es auch nur einen einzigen Menschen auf dieser ganzen verdammten Welt, dem es nicht scheißegal ist, ob du tot oder noch am Leben bist? Gibt es auch nur einen einzigen Menschen, der dich vermissen wird? Wer wird auf dein Grab Blumen legen? Niemand. Und das, obwohl du doch für das Gute gekämpft hast. Obwohl du an das geglaubt hast, was du tust. Aber was kam dann? Du hast die Flinte ins Korn geworfen, hast deinen Job aufgegeben, weil du es selbst nicht mehr ertragen hast. Also bitte, lassen wir die Spielchen, es wird Zeit."

Julia spürte, wie Kälte sie innerlich lähmte. Als hätte ihr jemand eine Injektion mit Eiswasser gegeben. „Sie sind erledigt, Lange, das ist Ihnen hoffentlich klar."

„Aber nicht doch. Warum sollte ich erledigt sein? Ich habe nichts vergessen und nichts ausgelassen."

Jordan hatte dem Gespräch bis hierhin schweigend zugehört, zitternd und voller Konzentration. Jetzt richtete er sich mit einem Mal auf und sagte: „Sie hat recht, Lange. Ab heute ist es vorbei. Ich war lange genug deine feige Pfeife."

„Was faselst du da, Jordan? Willst du mir etwa Angst machen? Das lass mal bleiben."

„Es ist vorbei." Das Kinn des Pfarrers zitterte. Hektisch machte er einen Schritt auf Lange zu, doch der richtete sofort die Waffe auf ihn. „Bleib stehen, Jordan. Ich zögere keine Sekunde und bringe auch dich um. Was bist du doch für ein erbärmlicher Scheißer. Die Kleine da", er deutete mit dem Kinn auf Julia, „hat mehr Mumm in einem einzelnen Knochen als du in allen zusammen."

„Glaubst du, das weiß ich nicht?" Jordan wischte sich mit einer Hand über die Stirn und betrachtete für einen Moment seine schweißfeuchten Finger. Dann sah er Lange wieder an. „Aber jetzt habe ich keine Angst mehr. Du herrschst nicht länger über mich. Es ist …"

Julia folgte voller Anspannung dem Gespräch, sah abwechselnd von einem zum anderen.

„Es reicht", erklärte Lange kalt. „Glaubst du im Ernst, ich gehe über so viele Leichen, um mir dann ausgerechnet von dir drohen zu lassen? Mach dich bereit für deinen Gott im Himmel, Jordan, falls er dir deine Sünden vergeben will. Was ich nicht glaube. Ich glaube viel eher, dass euer Gott euch hasst. Ihr seid ihm so wichtig wie ein Wassertropfen in einem Glas."

„Ich werde zu meinem Gott gehen. Zum Licht."

Es war klar, was das bedeutete. Julia sah, wie Jordan einen Schritt nach vorne machte, und Lange drückte ohne zu zögern ab.

Der Pastor flog zurück wie nach einem Faustschlag. Er taumelte, presste die Hände an sein Herz. Das weiße Hemd, das er trug, färbte sich augenblicklich scharlachrot. Mit erschreckender Geschwindigkeit quoll das Blut aus ihm heraus. Seine Augen würden trüb, er stolperte, dann fiel er zu Boden.

Voller Entsetzen beobachtete Julia, wie Jordans Gesicht von einer Sekunde zur nächsten erschlaffte.

„Oh Shit …", flüsterte sie.

60. KAPITEL

Tot

Das war es.

Ende.

Für ein paar Sekunden schien die Zeit stehen zu bleiben.

Das Blut des Pfarrers klebte an den Wänden und auf dem Boden, aber seltsamerweise hing das meiste tropfend an der hohen Decke.

Julias Herz raste.

Denk nicht darüber nach.

Immer mehr Schweiß rann ihr den Rücken hinunter.

Denk um Himmels willen nicht drüber nach.

„Jetzt tu nicht so, als hättest du noch nie Blut gesehen, Julia." Lange wandte den Blick von Jordan ab und richtete ihn auf Eva. „Ich denke, es wird Zeit, dass ich mich um deine kleine Freundin kümmere. Sie ist inzwischen überreif, sozusagen. Du darfst mir dabei zusehen."

Mit den Fingern wischte Julia sich über den Mund, um den Schweiß abzuwischen, der sich auf Kinn und Oberlippe gesammelt hatte. Sie schloss die Augen und versuchte, die Zuckungen unter Kontrolle zu bringen, die durch ihren ganzen Körper jagten. „Damit kommen Sie nicht durch, Lange. Sie können nicht im Ernst so dumm sein zu glauben, Sie kämen damit durch."

Die Worte perlten von ihm ab wie Steinwürfe von einem Panzer. „Hast du es immer noch nicht begriffen? Wovor sollte ich mich fürchten? Ich bin das Gesetz. Jeder wird mir glauben, völlig egal, was für eine beschissene Geschichte ich jedem Einzelnen auch auftische. Niemand wird an meinen Worten zweifeln. Ich bin schon so lange ein so guter Polizist. Ich habe nicht einen Fleck auf meiner weißen Weste. Und wenn ich fünf verschiedene Versionen erzählen würde, ich käme damit durch. Wobei ich das nicht vorhabe. Mir genügt eine."

Julia fühlte, wie etwas Warmes auf ihre Stirn tropfte, und wischte es mit einer heftigen Bewegung weg. Sie schaffte es, noch genügend Speichel zu produzieren, um vor ihm auf den Boden zu spucken. „Sie sind ein irrer Schwachkopf. Mehr nicht."

Lange lachte trocken. „Vergiss es. Du schaffst es nicht, mich zu provozieren. Du hast verloren."

Doch Julia wusste, dass eine Reaktion kommen würde. Vielleicht nicht unmittelbar, vielleicht verzögert, aber sie würde kommen. So wie sie wusste, dass sie und Eva verloren hatten, wenn sie jetzt aufhörte zu reden. „Ein irrer, mieser, korrupter Scheißkerl", hieb sie weiter in dieselbe Kerbe. „Ein wild gewordener, größenwahnsinniger Drecksack, der es nicht mal hinbekam, bei dem ganzen Teufelsscheiß einen hochzukriegen."

Jetzt sah Lange auf.

„So ist es doch, nicht wahr?", fügte Julia hinzu, wild nach allem grapschend, was ihn irgendwie provozieren könnte. „Eddie Winter hat es bei seinem Geständnis erzählt. Sie können es noch nicht einmal, wenn jemand gefesselt und unterwürfig vor Ihnen auf einem Altar liegt. Nicht mal da kriegen Sie einen hoch. Sie wollen der Teufel sein? Sie sind eine Witzfigur. Ein …"

Dieses Mal saß der Treffer. „Halt das Maul!"

Julia spürte, wie ihr rechtes Bein verkrampfte. Sie versuchte es zu bewegen, und als sie das nächste Mal aufsah, blickte sie direkt in die Mündung der Waffe.

„Du solltest jetzt wirklich besser deine Klappe halten."

Die Mündung glitt abwärts zu ihrer Brust. Die Wucht des Schusses würde sie in der Mitte zerreißen. Sie würde vermutlich nicht einmal etwas spüren, nicht einmal den Schuss hören. Ihr letzter Augenblick würde genauso sein wie dieser jetzt.

„Ich werde dich umbringen und ich werde es genießen", sagte Lange mit leiser, eiskalter Stimme. „Aber vorher solltest du unbedingt noch etwas wissen, Prinzessin. Du hast keine Ahnung, gegen wen du kämpfst."

Julia erstarrte.

Klickklickklick.

Sie weiß nicht, gegen wen sie kämpft. Das hatte Hilde Baakes in ihr schwarzes Notizbuch geschrieben.

„Es gibt dunkle Mächte in Ihrem Leben, Frau Wagner, raffinierte Mächte, und die haben eine enorme Bedeutung …" Das waren Paula von Jäckles Worte gewesen.

Klickklickklick.

Sie meinten beide nicht Lange, in diesem Moment verstand Julia es. Lange war der Teufelsmörder, und sicher war es von Anfang an sein Ziel gewesen, sie umzubringen, und das mit dem größtmöglichen Schmerz, den er ihr dabei nur zufügen konnte. Aber er war noch lange nicht ihr mächtigster Feind. Da war noch jemand. Irgendwo.

Sie zwang sich, seinem Blick standzuhalten. „Worum geht es hier wirklich?", fragte sie leise.

Lange öffnete den Mund und genau in diesem Moment flog mit lautem Krachen die Tür zur Kapelle auf. Holzsplitter segelten durch die Luft und in der nächsten Sekunde stand Ebeling im Raum, die Waffe auf Lange gerichtet.

„Zeit für die Abrechnung, Arschloch", zischte er.

„Nein!", schrie Julia auf. *Nicht jetzt!*

Lange lächelte vollkommen unbeeindruckt, richtete weiter die Waffe auf sie. Und in diesem Moment wusste sie, dass sie es nicht mehr erfahren würde. So wie sie wusste, dass Lange sie mitnehmen würde.

Ein letztes Mal machte es in ihrem Kopf: *Klick.*

In der nächsten Sekunde drückte Ebeling ab.

Lange war getroffen, aber er lächelte weiter. Lächelte weiter und drückte ebenfalls ab. In der gleichen Sekunde, in der Julia mit dem Schmerz aufschrie und die Totenglocken läuten hörte.

Hitze schoss durch ihren Körper und Zeit verstrich. Sekunden? Minuten? Sie hätte es nicht sagen können. Sie kämpfte gegen schier unerträgliche Schmerzen, die ihren ganzen Körper durchfluteten. Der nächste Schuss knallte ihr in die Seite. Als wäre ein Zug direkt in sie hineingeprallt, stieß es sie regelrecht zur Seite. Sie schlug mit dem Kopf auf dem Boden auf.

Stille. Sie konnte nichts mehr hören, nichts mehr sehen, schmeckte nur noch eine salzige Wärme auf ihren Lippen … Sie weinte vor Schmerz.

In diesem Augenblick schloss Julia mit ihrem Leben ab und betete nur noch zu irgendeinem Gott im Himmel, dass Eva überleben mochte.

Bereits eine Sekunde später wurde sie unbarmherzig müde. Sie kämpfte gegen die drohende Bewusstlosigkeit, biss auf die Zähne, versuchte zu atmen, bekam aber keine Luft mehr. Irgendwo in der Ferne glaubte sie Sirenen zu hören. Vielleicht täuschte sie sich aber auch. Ihrem Verstand war nicht mehr zu trauen. Verschwommen nahm sie wahr, wie Lange in sich zusammensackte, und erst jetzt schloss sie erschöpft die Augen und ertrank in einer heilsamen Ohnmacht.

Was anschließend vor ihren Augen auftauchte, waren Sternschnuppen.

Julia dachte an ihre Eltern. Sie dachte an Kerstin, an Sandmann und an Eva. Sie dachte an Worte, die achtlos in den Himmel gesagt und wieder vergessen worden waren.

Das Letzte in ihrem Bewusstsein war ein regelrechter Sternenregen. Funken, die sprühten. Und dann …

Stummfilm.

– ENDE –

Die Zuckers – zwei unkonventionelle Ermittler:

Deutsche Originalausgabe

Laura Wulff
Nr. 13

„Er trug die Kutte eines Mönchs ...", so beschreibt die verwirrte alte Frau den Mörder, den sie in der gegenüberliegenden Wohneinrichtung für rehabilitierte Sexualstraftäter beobachtet haben will. Einzig mit dieser Aussage kann der Kölner Kriminalkommissar Daniel Zucker – nach einem Unfall, der ihn an den Rollstuhl fesselte, wieder frisch im Dienst – jedoch nicht anfangen zu ermitteln, ohne einen Eklat zu verursachen. Als Zeichnerin zu dem Fall hinzugezogen, stößt seine Frau Marie auf Hinweise, die ihren Chef in Verbindung mit den Straftätern bringen. Währenddessen beschließt Maries Cousin Ben, um Daniel zu helfen und seine eigenen Dämonen zu besiegen, das Vertrauen der Bewohner zu gewinnen. Wird es ihm gelingen, etwas über den Mord zu erfahren, ohne sich selbst in Lebensgefahr zu bringen?

Band-Nr. 25730
8,99 € (D)
ISBN: 978-3-86278-870-5
368 Seiten

Elizabeth Heiter nimmt den Leser mit auf eine nervenaufreibende Reise in die Welt der Serienmörder:

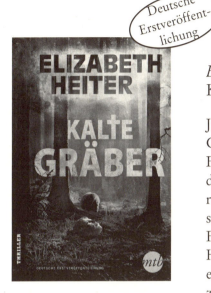

Deutsche Erstveröffentlichung

Elizabeth Heiter
Kalte Gräber

Jeder Fundort erzählt eine Geschichte. Und diese lässt FBI-Profilerin Evelyn Baine das Blut in den Adern gefrieren. Die Leichen zweier entsetzlich misshandelter junger Frauen, senkrecht bis zum Hals im feuchten Waldboden eingegraben. Die Gesichter zerstört durch Witterung und wilde Tiere. Das Werk des „Totengräbers von Bakersville". Scheinbar willkürlich macht er Jagd auf junge Frauen und hortet ihre Leichen. Evelyn weiß, um den Totengräber zu erwischen, muss sie ihm geben, was er will – und das ist sie selbst.

Band-Nr. 25738
9,99 € (D)
ISBN: 978-3-95649-000-2
eBook: 978-3-95649-305-8
320 Seiten

„Ein exzellenter Thriller – atemberaubende Spannung, rasante Entwicklung und einpragsame Charaktere."
Suzanne Brockmann, New York Times-*Bestsellerautorin*

Nach dieser Lektüre werden Sie Ameisen mit anderen Augen sehen ...

Deutsche Erstveröffentlichung

A.J. Colucci
Die Kolonie

Eine Serie bizarrer Todesfälle versetzt New York City in Angst und Schrecken. Die Opfer sterben qualvoll – nach Angriffen einer unbekannten Ameisen-Art. Paul O'Keefe, berühmter Wissenschaftler und Pharmakonzernberater, wird vom Bürgermeister der Stadt beauftragt, sich der Sache anzunehmen und steht vor einem Problem: Die Tiere breiten sich rasend schnell aus und sind nahezu unverwundbar. Um ihm zu helfen, lässt er Kendra Hart, Ameisenexpertin und ehemalige Öko-Aktivistin, einfliegen. Bald sehen sich die beiden nicht nur mit Billionen von Ameisen konfrontiert, sondern auch mit korrupten Politikern und machthungrigen Militärs. Wird es ihnen gelingen die Kolonie zu stoppen, bevor die Ameisen die Insel Manhattan verlassen und ihren erbarmungslosen Beutezug über den gesamten Kontinent beginnen?

Band-Nr. 25696
9,99 € (D)
ISBN: 978-3-86278-823-1
304 Seiten

„Die perfekte Kombination aus gewissenhafter Recherche und reinem Horror – ein fantastisches Buch." *Bestsellerautor Scott Sigler („Infiziert")*